“十三五”国家重点出版物出版规划项目

走向普及化阶段的中国大学生学习与发展研究

史静寰 罗 燕 赵 琳 等著
文 雯 郭 菲 黄雨恒

浙江教育出版社 · 杭州

前 言

大学生学情研究：与时代同步的老问题能否有新解

本书是清华大学“中国大学生学习与发展追踪研究”（CCSS）课题组历经十余年研究的成果汇总，于2020年初正式集结成书。为此书写前言时，正值“新冠”疫情由突发到蔓延并形成全球性公共卫生危机的阶段，不仅中国的学校，几乎全球的学校都受到影响。据联合国教科文组织的不完全统计，疫情期间全国范围的停课导致全球近70%学生无法继续学业，其他实施局部停课的国家亦有数百万学生受到影响。就我本人而言，无论是基于对中外教育史的研习了解，还是作为20世纪50年代出生的一代人特有的成长经历，我并不认为学校是学生学习的唯一场所，也不认同按课表安排集中上课是学生必需的学习方式。但“新冠”疫情引发的学校关闭、停学停课现象还是引发了我很多思考：在全球化时代，由“新冠”疫情导致的如此大范围的学校停课所反映出的教育及社会问题，由被动应对进而迅速发展起来的在线教育对学生、学校及社会所产生的直接和深远影响，全球性卫生危机的溢出性效应对当下和未来的教育改革与发展有何警示与启迪？由此再回到我准备写前言的大学生学情研究这一主题时，我头脑中闪现的主题词就多了起来。不仅有大学生学习、大学生学习与发展、大学生学情这样的直接表达词，还有和大学生学习与学情相关联，但内涵更加丰富、概念更难把握的如校情、国情、世情这样的外在环境关联词；有远程在线学习、线上线下融合式学习、无处不在的泛在学习等技术关联词，还有基于生师、生生互动及校园内外对大学生学习产生影响的社会关联词。如果再将这些词汇与更加宏观的背景和研究设计连接在一起，如高教改革，大众化、普及化阶段，理论，政策，实践等，就变得更加复杂了。

众多问题、概念和研究理路交叉在一起，使我迟迟难以下笔。反复权衡之后，我决定遵从自己的本心，围绕本书核心主题、概念、结构和特色，把撰写前言过程中发生的众多难以预料的事件及引发的与研究主题相关的思考结合在一起。虽然问题有些零乱，思维有些跳跃，表达也不是很有逻辑，但研究情景更真实，研究过程更完整，研究问题的复杂性也更能得以展现。

一、全球化时代的大学生学情研究

全球化是表现当今世界存在和发展趋势的一种现象，也是人们为概括这种客观现象而创造的一个概念。虽然以“新冠”疫情为代表的全球性公共危机加剧了社会早已存在的逆全球化甚至反全球化活动，使包括高等教育在内的国际化发展面临很多新挑战和不确定性，但在近半个世纪的历史进程中，全球化现象和影响已经被人广泛感知，表现主体努力方向的全球化或国际化政策也在国家、机构、个体等多层面产生了难以逆转的影响。自20世纪后半期开始，越来越多的研究者关注并研究全球化所具有的复杂特性。一些学者曾用“世界的压缩性”[①]来表现全球化所具有的时空变化特征，加拿大专门研究全球化与高等教育的学者简·奈特则使用“激流”一词来描述深受全球化影响的高等教育的时代处境。关于全球化发展的分期和阶段特征，美国新闻学者托马斯·弗里德曼在《世界是平的》一书中将全球化划分为1.0、2.0、3.0版，其独到之处在于：不仅关注影响全球发展的政治、经济力量，如民族国家、跨国公司等，还明确把个体——人的作用凸显出来，特别强调人的想象力与创造力，以及与此相关的人的学习力，在当下及未来推动世界发展所具有的重要作用与潜力。这种将外在宏观大势与个体内在特性结合在一起的分析思路，对我们更全面深入地解释全球化特点、更有准备地应对全球化所带

① 罗宾·科恩，保罗·肯尼迪. 全球社会学[M]. 文军，译. 北京：社会科学文献出版社，2001.

来的机会与挑战，特别是对于肩负培养未来社会所需人才的教育者来讲，意义尤其明显。由学生所代表的年青一代的想象力和学习力、对学习的热情与投入本身就是推动和影响全球发展的重要力量。点燃年轻人的学习热情、提升学生的学习投入、培养和发展学生的想象力与学习力，就是全球化时代学校应该着力推进的重要工作。

学习与成长是人的基本生物能力。早期人类在转变为能够思维的动物的过程中，学会了使用语言、工具和火，这些技术把人类从周围的动物中分离出来。现代人类通过科学技术已经成功飞出地球，在更大的宇宙空间进行探索。一部人类发展史就是人类活动范围的逐步扩展史，也是人类利用自己的学习能力不断探索与改变生存环境和生存状态的历史。正因如此，我们不仅从生物特性上定义人的学习与成长，还将其看成是人类社会特性的重要组成部分，是影响人类社会发展的不可忽视的构成要素。一些学者将教育和人的可行能力及人类发展目标有机联系在一起，如阿马蒂亚·森就提出著名的“人类可行能力”理论，该理论认为教育的本质功能是扩展人的可行能力，扩展其所拥有的真实选择能力。

由于全球经济一体化的发展速度很快，为此，与市场直接连接的高等教育可能是受全球化影响最大的领域之一。正如阿特巴赫所说，“大学是具有坚固民族根基的国际机构”①，大学的发展深受全球环境的影响。所以，在全球化时代研究高等教育，即使是一个国家的高等教育，也必须将其置于全球环境中，必须将世界看作一个不可分割的有机统一体，从全球化视角来分析特定国家或特定领域高等教育的具体问题。最近三四十年，中国的高等教育改革与发展既是世界瞩目的，也是影响全球的。当学者评论说“中国正在从质和量两个方面建设全世界增长最快的高等教育体系”②时，我们也要将中国高等教育的改革发展置于全球化宏观发展大势中进行定位，本书第一章就是这样处理的。

在全球化时代，受影响的不仅是国家层面的教育政策，还包括高校层

① 菲利普·阿特巴赫. 比较高等教育: 知识、大学与发展[M]. 人民教育出版社教育室, 译. 北京: 人民教育出版社, 2001: 2.

② 柯伟林, 谢喆平. 中国世纪？——高等教育的挑战[J]. 清华大学教育研究, 2014, 35(3): 1–8.

面的教育发展策略、师生微观层面的教与学行为等。由于全球化影响的穿透性与弥散性很强，高等教育领域中的很多问题会超越国家、地域、体制等限制，在全球范围内普遍存在，成为困扰各国的共同挑战。2014年，联合国教科文组织发表报告指出，无论是在发展中国家还是在发达国家，虽然教育事业日益兴盛，但仍存在学习危机，很多国家和地区尚未建立有效支持学习的教育系统。2017年，世界银行也发表报告深度探讨全球教育中“只见学校不见学习”的问题。经济合作与发展组织的研究发现，世界各主要国家高等教育机构在理念和模式日益趋同的情况下，人才培养质量却出现明显“分化”。[①] 无论是用“学习危机”这样严肃的词汇来描述，还是用比较学术的“教育质量分化”来定义，这些国际组织都在关注学生学习、学校教学和教育的人才培养质量问题是显而易见的。从这个角度来说，高等教育中的大学生学情研究是全球性课题。2019年11月，清华大学召开“面向新时代的高等教育评价”国际研讨会，来自全球近十个国家的专家学者，特别是各自国家从事大学生学情研究的团队代表参加了研讨会，共同就高等教育评价、大学生学习与发展研究等专题进行讨论，交流各自的研究和发现。

在高等教育领域，仅以学生赴海外留学这一很能反映教育全球化特征的现象为例，美国的研究数据显示：2020年，在美国大学学习的国际学生总数出现了多年以来第一次负增长，减少了将近20000人；与上一年相比，本科学生人数减少了2.9%，研究生及以上学生人数减少0.9%，非学位学生人数减少6.6%。这显然与“新冠”疫情的冲击和在全球蔓延有关，也与美国近年来的国内外政策变化有关。全球宏观形势及国内外政策变化对大学生学习选择、学习投入和结果的影响是当前和以后学情研究不可忽略的问题。

“新冠”疫情之下，世界很多大学对国际学生开展“在线教学”“在外学习”和“走入本地”等计划，是“本校之外”学习与教育实践的新形式。国际学生在不同国家同时进行在线与在外学习的结合，使全球大学的国际教育模式进一步丰富。这些新的学习方式和安排对大学生学习、大学教学产生的直接和持久影响也值得进行深入研究。

① 连志鑫，刘路. 全球化时代高等教育评价的挑战和探索——基于“面向新时代的高等教育评价”国际研讨会的分析[J]. 江苏高教，2019(3): 26–29.

为使学生适应全球化工作和生活环境，很多学校开始注重培养学生的全球胜任力、跨文化理解力以及作为全球公民所需要的核心素养等教育。2018年，经济合作与发展组织在其发布的《OECD PISA全球胜任力框架》中，首次将“全球胜任力”概念作为国际测评项目。2020年，经济合作与发展组织发布报告《学生们准备好在一个互联互通的世界中茁壮成长了吗？》，强调“全球胜任力是一个集知识、技能、态度和价值观的有机体，只有系统谋划全球胜任力培养体系，关注全球胜任力各维度和要素的内在联系，才能促进学生全球胜任力的发展”。直接面向全球知识生产和劳动力市场的高校，近年来也纷纷将全球胜任力培养作为21世纪人才核心素养的重要指标。如清华大学2016年发布首部《清华大学全球战略》，明确指出全球胜任力是清华大学人才培养的核心目标之一，要将其融入学校的教学体系。由于学生全球胜任力的发展是在真实情境中得以发生的，因此学生要将所习得的知识与技能得体有效地应用于情境，与不同文化背景的群体开展互动并创造性地解决问题，逐步发展成为具有全球胜任力和行动力的世界公民。大学生在真实情景中的学习体验、理解和运用习得知识的技能、与不同群体学生共同解决实际问题的情况，也需要更有针对性的学情调查研究予以揭示。

如果说培养什么样的学生、怎样培养学生是各国教育一直在研究的问题，那么在全球化时代的大学，这样的问题具有更值得关注的新特点。如全球化时代要求院校更加注重对学生国际观、多元文化观和价值观的培养，但由于二战后所建立的国际秩序仍然是以维护和增进西方发达国家的利益为主，地缘政治所带来的一系列负面影响可能会成为培养和使学生习得这些观念过程中的“文化障碍”；关于如何培养的问题，虽然随着在线教学技术、方法和教学基础设施的不断完善，学习资源和途径得到快速增长，但陈旧过时的教育教学模式仍未发生彻底改变，存在的学习危机仍未得到真正缓解。总之，全球化时代仍在继续，我们的研究仍将在这一大背景下进行。

二、中国走向高等教育普及化阶段的高质量教育体系建设与大学生学情研究

改革开放以来，我国高等教育以前所未有的速度发展，取得令世界瞩目的成就。自1999年实行高等学校扩招以来，高等教育在20年中实现了从精英到普及化的迈进。2020年，我国高等教育毛入学率已达到54.4%，各种形式的高等教育在学总规模达4183万人。

虽然马丁·特罗的高等教育大众化理论主要源自西方，是美国高等教育发展历程的经验性总结，但其揭示的高等教育从数量增长而引发的内在“质”的变化，在一定程度上反映出全球高等教育发展历程中的普遍性规律。

中国在高等教育进入大众化、普及化阶段以后，提升教育质量成为政府和社会关注的热点。2016年中国首次发布高等教育质量“国家报告”，2018年教育部又发布《普通高等学校本科专业类教学质量国家标准》，表现出政府对高等教育质量的高度关注。近年来，各种名目的大学排行榜的流行反映了商业市场对高等教育质量的介入与影响。

中国近年来强调“扎根中国大地办教育”，这里的“中国大地”不仅是一个地理位置概念，还是一个社会和文化概念，是指综合中国的社会需求、文化根基和心智特性而形成的支撑学校教育体系发展和学生学习行为特质的文化基础及价值认同。在中国社会及教育发展的新时期，高等教育要实现“有灵魂的质量提高，有方向的水平引领，有坐标的内涵发展，有特色的‘双一流’建设”等[①]，高等教育评价和大学生学情研究如何适应新时代的发展是我们必须认真思考、回答并实践的一个时代命题。

大学生群体的多样化和分化可以说是大众化和普及化高等教育时代区别于精英化高等教育阶段的一个显著特性。本书第二章对走向普及化阶段中国大学生群体的多样性特点及相关研究进行了总括性介绍，又用专题研究方式在第四、五、六章对大学生群体中的相对弱势群体，如家庭第一代大学生、少数民族大学生和农村女大学生的学情状况进行了比较深入的剖析。

① 陈宝生在新时代全国高等学校本科教育工作会议上的讲话，2018年6月21日。

为什么要特别研究大学生中的这些群体？他们与其他大学生群体的差异何在？我们揭示这些差异后要做什么？就学术研究而言，很多学科都关注这几个问题，如生理学、心理学、经济学、社会学、政治学等，但不同学科研究这些问题的出发点、理论基础和逻辑思路是有所不同的。本书作为以教育学为主要学科根基、吸收其他学科研究方法及成果而形成的研究成果，不仅关注不同学生群体在学习（包括过程与结果）上的差异所在，还关注学校作为人才培养单位可以进行的改进对减少甚至消除这些差异的可能性与实现路径。其实，基于教育学相信人的可塑性和通过学习所具有的可变化性，大学生中的所谓弱势群体，更多是由于家庭和社会性因素所形成的非智力性因素上发展受限所造成的；换个角度来看，如果其成长的社会性环境条件有所变化，特别是有目的、有方向、有专业水准的教育力量的介入，这些人的发展潜力被有效激活，其成长和发展空间会更大、速度可以更快、变化可能更大。也就是说，从人才培养目标的达成和可实现度上看，这些人不仅不一定弱势，还可能具有一定优势，关键是其后天所处教育环境能否为其变强提供必要支持，其在校学习经历是否可以弥补甚至超越其曾经不利的早期境遇。正因为如此，本书第十二章专门论述了我国本科教育中院校支持的构成与影响机制，希望能帮助院校树立起培养和影响学生，特别是相对弱势学生群体有效学习和健康成长的信心，并一定程度上理解、掌握院校影响大学生学习发展方面的可能路径与机制。

中国作为世界第一人口大国、第一高等教育大国，拥有丰富人口资源。中国教育现代化进程与高等教育进入普及化阶段相伴随。近年来，关于中国国情和未来发展趋势的有关研究显示：中国正从传统意义上的数量型“人口红利”向质量型“人力资源红利”阶段过渡，对于教育，特别是高等教育的质量要求成为重点。2010年，《国家中长期教育改革和发展规划纲要（2010—2020年）》指出“提高质量是高等教育发展的核心任务”。2020年，党的十九届五中全会通过的《中共中央关于制定国民经济和社会发展第十四个五年规划和二〇三五年远景目标的建议》（以下简称《建议》），又明确提出建设高质量教育体系，形成更高水平的人才培养体系的目标与任务。从政府通过的这些重头文件中，我们可以明显感受到我国高等教育正处于实现内涵式发展、建设高等教育强国的关键阶段。增（人才培养）能力、强(人才培养)体系，是高等教育事业发展的重中之重。我们对部分“双一流”建设高校中期自评报告中学校自选特色案例进行分析发现：院校对人才培养和培养质量问题非常关注，以人才培养为主题的案例数量最多。这表明人才培养作为“双一流”建设的核心内容之一，不但在“双一流”建设实践中得到贯彻，而且已经被大学作为展现自身特色和发展质量的主要指标。院校在态度和政策上的重视是否真正落实在院校的教育教学实践及人才培养过程中，转化为学生学习发展的收获和院校人才培养的成果？学生走出校门后的职业表现和生涯发展是评价的重要渠道之一，目前由政府和第三方评价机构定期对高校进行的教育评估、专业认证、学科评价等基本都包括毕业生调查和用人单位反馈等，但这种意见对学校人才培养过程的及时改进来说有些周期过长。可以借鉴国外越来越多采用的“知证改进”评价思路，及时采集学校培养过程中的各种证据，包括教学主体（教师与学生）及其利益相关者的意见，直接针对在校大学生的学情调查，考虑学生的学习投入、学习体验、就学满意度、自我报告的收获与成长等方面的信息，同时也要考虑教育教学专家的个人判断、观点等在内的主观要素，形成以改进为导向的评价系统改革。

这里，我们特别概括在研究中国高等教育发展到普及化阶段的大学生学习问题时要注意的几个特征：

第一，全球共性与中国特色并存。高等教育进入大众化、普及化阶段以后高校在办学理念和模式上的趋同使大学生学习问题表现出超越国别和地域的一致性，如高等教育入学机会扩大，但也面临财政等资源压力；学生群体更加多样化，发展需求也更为多元；本科教育的专业性和职业性特点在淡化，大学学习内容与就业市场的直接关联性变弱；大学生群体由社会精英成为各行业普通劳动者，曾经的身份和就业优势不再彰显。与此同时，由中国社会文化传统、当下政治经济需要和院校条件差异所混合形成的学生的形象和学习经历又很不相同，形成独特的“中国学习者”现象。研究中国大学生学情尤其要关注这些身处全球化环境又深受中国文化传统和社会习俗影响，其在思维习惯和行为方式乃至心智结构、价值取向上的复杂特性。

第二，新老问题交织。普及化阶段呈现出的大学生学习发展问题，是中国高等教育历史上各阶段大学生学习问题的延续，也是当前社会环境下新生成的现象，因此它需要“旧题新解”，也需要“新题新解”，要看到其稳定性与普遍性特点，也要捕捉到其可能的突变性和爆发性。因此，研究大学生学情，就需要回到人成长的原点，回归教育发展的规律；也要基于学生当下所处的社会环境，考虑其成长发展的独特性，采用创新和突破性方法进行研究。

第三，个体性、系统性问题混合。我们的研究必须同时考虑三个层面的问题：一是作为主体和对象的学生（个体）存在学习禀赋、学习意愿（动机）、学习投入等方面的差异，这导致学生的学业表现在个体之间存在显著差异；二是作为施教者的大学教师、管理者、家长等群体的教育理念、方式、能力等存在差异，使接触不同施教者群体的学生能够获得的指导和支持也存在差异；三是大学生生活于其中的教育系统（社会环境）的条件、制度、文化传统（价值观）等也会对其学习成长产生不同影响。因此，研究大学生学习问题需要有整体性思维框架，需要从学情、校情、社情等全方位视角进行考察和分析。

第四，教育目标与过程统一。进入普及化阶段的大学生学习问题首先表现为教育过程问题，如大学生的学习行为表现、心理和情感特征，大学生的同伴与师生互动，大学生学业表现的评价与改进等，但同时也需要在教育目标、学习结果预期上进行相应变革。正如西方发达国家在20世纪80—90年代先后进入高等教育普及化阶段，高等教育培养目标逐渐从精英阶段的“个人修养”、大众化阶段的“知识技能传授”改变为“提供广泛的新经验”。可以说，高等教育由精英阶段向普及化阶段过渡，不仅是学生数量的扩大、多样性的增加，还要进行培养目标的调整、培养过程的优化。大学生学情研究是基于需要统一教育的人才培养目标和结果，深入研究达成目标和结果的教育过程要素及其外显行为表现。

三、以学生为中心的教育理念和以“学”为本的大学生学情研究框架

本书所关注的大学生学习问题，从本质上说是人的问题，是人的学习与成长问题。

认识人的学习能力，揭示人类学习的生物原理，从古代先哲就已开始。近代以后，发展出了专门的学科和学派，形成丰富而延续不断的研究成果、清晰而严格的研究规范。然而，人类区别于其他生物最主要的是其社会性和文化性。学习的目的性、成长的精神性与发展的社会性使人类学习、成长与发展超越其他生物的本能基础，成为人类所特有的社会及文化现象。在现代科学及学科发展框架下，人类学习已成为哲学、自然科学、生命科学、社会科学等很多学科的核心研究问题之一，也成为学习科学等新型跨学科、多学科深度涉足的领域。

从事大学生学情研究十余年的经历使我越来越深刻地意识到，学生学习问题不仅是一种基于生理和心理机能的生物行为，还是建构在特定社会环境、文化传统和心智习惯上的社会行为。现代生理学、神经科学、脑科学与学习科学的多学科交叉研究也已经发现，人的大脑是可以被后天环境影响和塑造的。因此，研究大学生学习问题既要了解其作为生命体所具有的普遍意义上的学理基础，如剖析人类学习行为的生理与心理机制问题，也要研究学生学习得以产生的社会环境、文化传统和心智基础，认识影响其学习行为的政治经济背景、民族文化认知和心智价值传统，这是人类社会得以繁衍和传承不可缺少的社会文化基因。

本书第三章关于大学生学习投入的文献梳理和路径分析已经揭示出大学生学习研究的复杂性，这种复杂性在研究中国大学生学习过程和经历中体现得更为明显。中国大学生不仅是生理和社会意义上“形成中的成年人”，要经历“个人内心的转型过程”，还正处于中国社会转型期和高等教育扩张期的客观环境，这使得他们必须面对的外在环境变化的挑战尤为激烈。在这样的情境下研究中国大学生的学习问题，不可能只关注个体，仅停留在行为层面，只使用单一学科的概念解释和研究方式，而必须综合考虑多种因素的复杂影响，构建能解释大学生学情的整体框架。本书更多使用大学生“学情”研究，而不是大学生“学习”研究，正是为了突破学界业已形成的对学生“学习”的狭窄学术定义，凸显大学生“学情”研究不仅在学理上，还在政策结构和社会形势上所具有的复杂性。

高等教育阶段大学生的学习发展问题是中外高等教育研究者关注的重点课题之一。以美国为主的西方高等教育研究者分别从社会学、心理学、文化学、经济学等多个视角对大学生学习发展问题展开了全方位的研究。近年来，构建多视角、整体性的理论框架成为国际学术界的趋势性共识。如新西兰学者卡胡和泽普克分别提出了高等教育学习投入的综合概念框架①和理解大学生学习投入的四维结构②；我国学者尹弘飚也认为应关注大学生学习投入与社会文化情境之间的密切联系，迈向"整体观"的大学生学习投入研究③；史静寰带领的清华大学CCSS课题组结合中国大学生学习发展面临的"大众化""国际化""市场化"和"基础教育改革"背景，建构了综合多个研究视角的"中国大学生学情研究宏观框架"④。

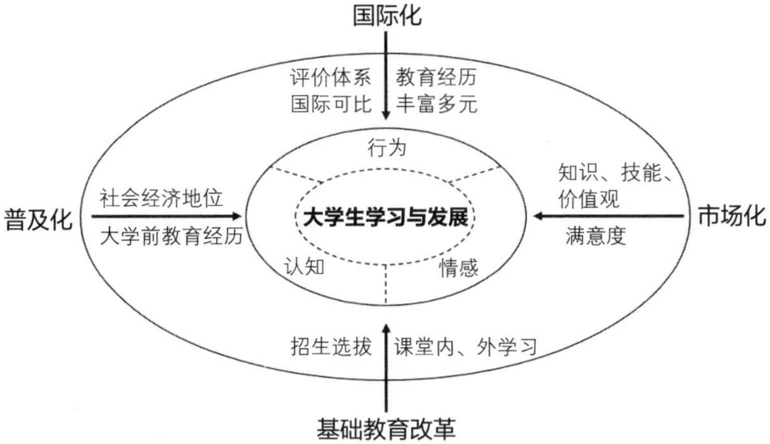

图1　CCSS宏观分析框架：影响大学生学习与发展的因素

然而，研究大学生学情的宏观框架如何具体运用于大学生学情研究的实际问题？我们认为需要借助于教育学研究中的其他一些重要概念和相关思路。本书第二、三章在分别介绍了国内外大学生学习与发展研究的相关理论与方法后，又专门分析了以学生为中心的教育理念及实践对大学生学习研究

① Kahu E R. Framing Student Engagement in Higher Education[J]. Studies in Higher Education, 2013, 38(5): 758–773.

② Zepke N. Student Engagement Research in Higher Education: Questioning an Academic Orthodoxy[J]. Teaching in Higher Education, 2014, 19(5): 697–708.

③ 尹弘飚. 行为观、心理观与社会文化观: 大学生学习投入研究的视域转移——兼论中国高校教学质量改进[J]. 华东师范大学学报(教育科学版), 2020, 38(11): 1–20.

④ 史静寰, 王文. 以学为本, 提高质量, 内涵发展: 中国大学生学情研究的学术涵义与政策价值[J]. 华东师范大学学报(教育科学版), 2018, 36(4): 18–27+162.

的影响。

始自西方的以“学生为中心”的理念，通过批判传统的“三中心”（课堂、教师、书本）教学范式，以及大学教育中的“以专业为中心”，过于强调“资源”“产出”“声望”等评价，确立学生在学习中的主体地位，强调学习过程的建构性、学生学习的主动性等，超越狭窄的工具主义、功利主义目标和功能定位，突出教育以人为本、促进人的全面发展的教育目标，在教育发展史上具有重大意义。然而，正如教育社会学家张人杰先生所问：为什么学生中心论无足行千里，不胫走天下，但在课堂教学实践中的影响却不大？他认为应该重构学生中心的基本含义，对其功过利弊应予重新评价。①我们既不想论证以学生为中心的基本定义，也不评价其功过利弊，而是在充分肯定学生为中心教育理念在改变传统教育弊端上的重要作用的基础上，进一步探索是否有更合适的词汇和概念来表现教育教学的复杂特性。

其实，我们如果更深入地走进学校教育教学现场，对学生系统性学习过程进行分析，就会发现，无论是强调以教师为中心，还是强调以学生为中心，单一中心论都难以表现教学共生、师生互动，相互依存、共生共长的复杂关系。这时，如果我们换个词汇，特别是摆脱西方学术界已经定型并熟化的概念，可能就有柳暗花明的感觉。而中国文化中的“学”字就有着远比西方定义更丰富的内涵和外延：“学”既可以指代学生、学习与学问，也可以用于表现学者、学校和学术。虽然在具体使用时，我们必须明晰其内涵，但在框建综合分析框架时，我们可以借助其多义性，形成更丰富包容的特性。所以，本人在多篇文章中都使用了富有中国特色的“学”字，作为构建大学生学情分析框架的基础，提出以“学”为本的设计思路。②这个“学”字包括三层含义：

首先是指代学生，学生既是教育的对象，也是教育的主体，还是教育的产品，必须突出学生在教育中的重要地位。“真正的学习是要达到和实现人

① 张人杰. 应以“学生中心”取代“教师中心”吗？[J]. 苏州大学学报(教育科学版), 2014, 2(4): 34–42+127.

② 史静寰, 王文. 以学为本, 提高质量, 内涵发展: 中国大学生学情研究的学术涵义与政策价值[J]. 华东师范大学学报(教育科学版), 2018, 36(4): 18–27+162. 黄雨恒, 周溪亭, 史静寰. 以学为本的大学课程教学质量评价研究[J]. 中国教育政策评论, 2020: 262–278.

的内在素质与能力的持久的或永久的变化”。[①]

其次是聚焦学习，强调学习是学生的主业，教育是帮助学生学习和成长的专业性工作。因此，教育者必须了解学生，研究学习。

再次是关注学校，努力推进学校的改进。学校是有目的、有计划的教育和学习活动集中发生的地方，也是由专业人员系统管理，帮助学生学习成长的场所。任何不真正触及学校的帮助学生学习的努力效果都不会太好。

总之，强调以学为本，就必须立足于学生作为独立个体和社会成员在成长和发展上的需求，凝聚在学生主动投入、积极探索的学习过程中，体现为学生延续终身的学习与发展能力的全面提升，转化成社会可持续发展和进步的丰硕成果。高等院校要通过教师的教书育人过程，学校系统的价值塑造、文化熏陶、能力培养和知识传授，培养学生成为各行业管用实用的技能型人才、高素质专业人才和拔尖创新人才。强调以学为本，就是彰显教育的本质所在，看到由学生的学习、教师的教学、学校对教学活动的支撑共同构成的形成学校教育不可缺少的核心要素。

以学为本的设计思路将学生、学习和学校置于复杂的社会现实环境中，将其赖以生存、难以摆脱的全球化环境和中国社会改革与转型大潮作为支撑和制约其学习发展的宏观舞台；将大学生在大学期间的学习经历，看成是包括行为、情感、价值观投入的综合体验，是学生作为完整的人在与教师、同学及学校的全面互动中，所取得的知、情、意、行等各方面外显与内隐的变化与成长。这种变化与成长不仅发生在大学期间，也包括学生入学前的经历比较及毕业后的人生及职业发展，学生在校期间的主体性学习态度与投入，师生、生生在课堂内外的交往与互动，学校对学生学习的支持与帮助（物质、政策及文化）等是以学为本的核心要义。总之，以学为本的设计思路特别关注影响大学生学习成长的三大要素：学生自身、承担教学的教师和支撑学生学习的校园环境。

图2给出了以学为本整合性大学生学情分析框架，这一分析框架是清华大学CCSS课题组2020年后半年开始修订原有工具，正式推出2.0版的主要基础。虽然由于时间差，这一框架并未体现在本书的写作中，但随后CCSS课题

① 谢维和在2018年“论在线教育的学习基础”讲座上的发言。

组将陆续推出关于中国大学生学情调查工具2.0版的系列研究。

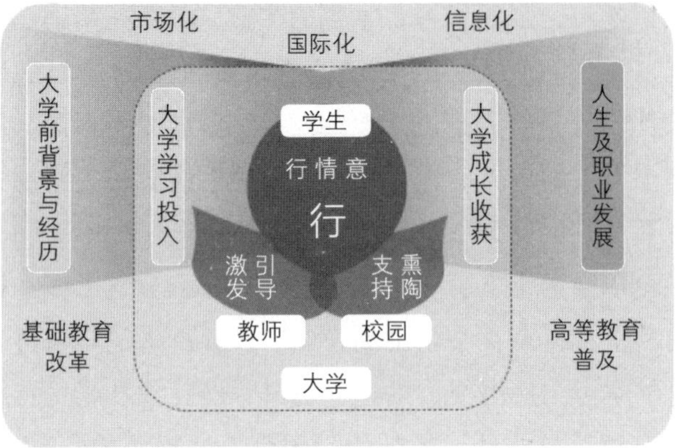

图2　以学为本整合性大学生学情分析框架

中国在前进，世界在发展，大学也在改变，身处其中的大学生的学情一定也会发生变化。CCSS课题组将与时俱进，不断更新研究理念与思路，设计并运用更适宜的工具，让我们的研究不仅能解释大学生学习的现状，也能一定程度上揭示影响其学习发展的机制与路径。

四、本书的基本结构和主要作者

我们在研究过程中，坚持以问题为导向，开展跨学科的综合研究。采用的方法包括文献分析、案例分析、问卷调查、深度访谈、实地考察、专家咨询等，涉及的研究类型也呈现出定性研究与定量研究相结合、理论研究与实证研究相结合、宏观研究与微观研究相结合等特点。

本书共有十二章，内容结构分为四个部分：

第一部分为第一章到第三章。这一部分首先深入剖析了伴随我国高等教育普及化进程的全球化背景、中国高等教育组织变革与评价制度化的历史与改革趋势，为研究高等教育普及化阶段的大学生学习发展问题描绘了广阔的时代图景和深厚的文化情境。接着通过大量文献研究分析了普及化阶段多样性大学生群体的形成以及身心发展特征，强调基于“以学为本”的教育理念识别多样化大学生群体的特征及需求。最后在理论上依次阐述当代学术领域中有关大学生学习发展的理论和研究方法，包括大学生发展理论、大学影响力模型、中国学习者解释框架以及基于调查的大学生学习评价、现象描述分析方法、基于数据挖掘的学习分析方法等。

第二部分为第四章至第九章，分别描述和分析了高等教育普及化阶段不同类别大学生群体（家庭第一代大学生、少数民族大学生、农村女大学生、内地高校港澳台大学生、应用型院校大学生、海外交换大学生）的背景和学习特征，研究主要采用的数据均来自于CCSS课题组开展的大学生学情调查，并在量化为主的研究中融入了访谈、观察等质性研究方法，力图呈现我国高等教育普及化阶段不同大学生群体的“群像”特征，为高等教育机构和管理者制定相关政策措施提供直观实证依据。

第三部分包括第十章和第十一章，这两章的研究内容超越传统大学生学业成就的客观评价标准，如考试成绩、综合素养得分、升学毕业率等，分别阐述了全球化时代大学生的国际素养以及普及化阶段大学生学习发展的收获和满意度。在当今全球化和高等教育国际化的大背景下，培养大学生的国际素养对其个人发展、社会进步、国家富强乃至世界和平都有着重要的意义。高等教育机构不仅要促进大学生的学术性发展，同时也要强调学生的社会性成长，使人才的综合素质得到提升，更要关注学生对自己在校期间的收获与成长的满意程度，并与此为标准改进大学“最有价值的工作”。

第十二章作为第四部分，阐述了高等教育普及化背景下我国本科教育中院校支持的水平和因素，从促进学生学习和发展的角度考察了高等院校在培养教育过程中对学生的支持，关注哪些院校支持因子能引发学生更强的学习兴趣、更好的学习行为，并基于研究发现对我国院校的本科生培养工作提出针对性的建议，为进一步优化我国本科教育中的院校支持提供可靠研究支持，助力我国本科教育的发展与质量提升。

本书各章节作者为：前言，史静寰；第一章，罗燕；第二章，陈乐；第三章，张华峰；第四章，张华峰、郭菲、赵琳；第五章，史静寰、黄雨恒；第六章，李瑞琳、王文；第七章和第九章，钟周、韩双淼、郭琳汇、梁潇、蔡晶磊；第八章，史静寰、杜艳秋；第十章，文雯；第十一章，史静寰、黄雨恒；第十二章，史静寰、连志鑫。全书由史静寰、黄雨恒统稿。在准备此书的过程中，来自清华研究团队的许多研究生参与了收集资料、分析数据、专题调研等工作，也得到CCSS课题组的大力支持与配合，在此一并表示感谢。还要特别感谢为本书出版做出卓越贡献的编辑同志与出版社各位朋友，感谢在此书写作与出版过程中提出宝贵学术建议的学界同侪。

本书的研究得益于清华大学教育研究院CCSS课题组持续十余年在全国开展的大学生学情调查，借此机会也感谢在此过程中陪伴CCSS成长的各合作院校，尤其是认真填写问卷的大学生们，正是他们的积极反馈，才使得高等教育的研究者和管理者得以突破“视域”局限，一步步接近打开大学生学习与发展“黑匣子”的目标设定。

前言写作接近尾声时，我才发现，虽然码了不少字，但好像并未回应最初动笔时萦绕在脑海中的问题，而且“新冠”疫情历时一年多，不仅没有结束，还在多国多地出现反弹。但是，当我再来回望这些问题时，好像已不像当时那样困惑，也不再急于获取对问题的答案。的确，大学生学情不是静止的，是与时代同步、不断出现变化的动态现象。我们对其的了解并不一定会随研究时间的增长而深化，相反，可能会发现，我们越研究，越发现更多的问题；越研究，得到的结果离我们的期待和设定的目标越远。不过这不正是对人的研究的困难之处，也不正是研究人学习特质的魅力所在吗？

史静寰

2020年12月

目　录

第一章　全球化视野中的中国高等教育发展

全球化已成为现实来到我们身边。虽然学界对全球化仍缺乏较为一致的概念定义，但全球化作为一种不断加深、加宽和加速的世界性连接现象却得到普遍认可，特别是由于贸易、对外直接投资和金融的去管制化所带来的资本跨国性流动，弱化了国家通过制定政策回应其公民要求的能力。如果我们将全球化最早追溯为对以一种奢侈品（丝绸）为代表的货物流通需求，那么17世纪之后人类所经历的全球化基本可以分为两个阶段：一个是以打通全球市场为目的的自由贸易阶段，另一个则是以制度趋同为核心的全球化新阶段。比较人类历史上这两次全球化的进程，我们可以发现以老欧洲一些国家为首的全球化，是建立在对全球市场抢占和利润攫取的原始动机基础上的。而以美国为首的全球化，因为其理念和机制主要形成于和苏联对抗的时期，为了避免美国的盟友和中立国倒向苏联，美国主动选择了对世界进程的干预。

事实上，全球化在一定历史时期其进程也具有西方化的特质。作为一个后发国家，在这两个全球化阶段，中国曾采取过不同的策略，并因此收获了不同的结果。回顾中国近代历史我们可以发现，当时中国面对全球化的态度总体上是抗拒性的，并表现出强烈的被动卷入的特征。20世纪70年代末，美苏冷战结束前夕，我国领导层审时度势提出了主动寻求全球化的战略。当时，世界经济开始出现趋同融合的现象，这种现象的发生主要与以下三个因素有关：（1）发达国家经济体制的进一步自由化；（2）发展中国家的对外开放；（3）计划经济国家的制度转型。我国于70年代末开始计划经济体制改革，并选择了在对外开放的基本国策下进行——随着外国直接投资携带着技术与管理作为新的生产要素流入，我国在既有的国家计划经济之外培植出市场经济这一经济制度的增量，并在短暂的两轨并存时期之后最终于1992年启动了以国企产权改革为核心的现代企业制度转型。自此我国有了融入全球经济体系的前提，改革开放的战略也因此变得更为坚定。

与此同时，中国积极寻求进入全球秩序和体制，这主要表现为在政治上与西方各国建交，在社会制度上加入“人权公约”，在经济上加入世界银行和国际货币基金组织。历经15年漫长且艰巨的谈判之后，2001年中国正式加入了世界贸易组织，成为现有国际经济体制和秩序的一部分。由于参与了全球生产体系，在巨大的外在需求推动下，我国经济获得了长足发展。2010年，我国经济总量超过日本，成为全球第二经济体；时年制造业生产总值超过美国，位居全球第一。无疑，这是一场目标清晰、路径合理、行动稳健的宏大社会变革。

与经济体制改革同时开展的，还有我国的教育体制改革。正如我国经济体制改革是被挟裹在经济全球化这一洪流中一样，从某种意义上可以说，我国的教育体制改革也是被挟裹在世界教育自由化的浪潮中的，这突出表现为从话语到政策层面的对国家在教育供给中职能的改革——批判过去那种无所不能、无所不包的大政府模式，力图调整政府与市场的关系，将政府职能限定在解决市场失灵和促进社会公平的有限范围之内，以实现“教育的市场化重建”。①我国教育变革的社会运动，是从1978年关于教育本质的一场大讨论开始的。正是在这场大讨论中，以于光远为代表的改革派学者对教育学者秉持的“教育是上层建筑”观点进行了批判，并提出了“教育是生产力”的新观点。②80年代，改革派陆续推出教育具有商品属性的讨论。90年代，该讨论迅速升级为“教育市场化”与“教育产业化”，从认知层面重构了中国社会对教育本质的认识，而这为教育制度的转变提供了必要的基础。

具体而言，我国教育体制的改革以1985年中共中央颁布《中共中央关于教育体制改革的决定》为起始点，整个历程大致可以分为三个阶段：（1）放权阶段，即以“办学自主权”为核心对政府权力在中央与地方、政府与学校

① 劳凯声. 回眸与前瞻: 我国教育体制改革30年概观[J]. 教育学报, 2015, 11(5): 3-12.

② 刘煜, 张烨, 田大海. 关于教育本质问题大讨论的历史影响[J]. 湖北民族学院学报(哲学社会科学版), 2002, 20(1): 101-105.

之间进行重新分配，强化后者的权力额度。（2）变革教育供给阶段。随着民办教育渐成气候，教育供给出现了两种模式——公共途径和市场途径，并在相互竞争中呈现出一种复杂多变的关系状态。（3）再平衡阶段。由于前面两个阶段的教育政策和制度的变革，主要服务于我国经济的宏观转型和新的发展模式，教育的社会功能没有得到同等的关注和审视，导致教育资源在不同社会群体之间的分配出现失衡，“教育公平”成为日益严峻的社会问题。为了平衡社会结构，我国开始了对中央与地方、政府与学校、公办学校与民办学校的权力和关系做出再平衡的努力。而我国高等教育的变革正是嵌入在这宏观经济和教育制度变革的框架之中的。

一、中国高等教育的扩张与分层

我国高等教育扩张既是社会经济和高等教育发展长期趋势的自然结果，又是特定条件下对具体事件和政策的应对反应，更是国家发展战略的选择。我国在大举兴建并改善基础设施的同时，推行了高等教育扩张政策。国内外不少学者认为我国高等教育的扩张始于1999年的扩招政策，甚至认为我国之所以在1999年推出扩招政策，是为了缓解当时国企改革所致的下岗工人给劳动力市场带来的就业压力。这当然是比较显见的，也有一定道理，却不是更深层的趋势和原因。实际上，即使没有1999年的扩招，中国高等教育的扩张也是必然的，这是社会政治经济发展的内在要求，也是教育和高等教育发展自然演进的结果。其实，在1999年之前，中国高等教育的扩张就已存在了。两次较为显著的扩张分别发生在1985年和1993年，恰是我国改革开放期间两个里程碑式教育改革文件《中共中央关于教育体制改革的决定》和《中国教育改革和发展纲要》发布时间的前后。到1999年我国正式实施高等教育扩招政策时，我国高等教育毛入学率相比1978年的1.55%，已实现近6倍的增长，此后继续以每年2个百分点的速度增长着，并于2002年达到了16%，正式宣告进入大众化阶段。在此之后，我国高等教育的扩张速度并未因此而减缓，2017年我国高等教育毛入学率达到42.7%，2020年我国高等教育毛入学率达到

54.4%，正式进入高等教育普及化阶段。由此可以看出，我国的高等教育扩张政策绝非仅仅是权宜之计。若是权宜之计，就不可能持续这么久，规模扩张得这么大。国家高等教育的长期政策取向其实也是确定且不可逆的，一定会顺应历史的大趋势和人民的需要。

事实上，西方各国高等教育发展到一定阶段都经历了高等教育规模的快速扩张，只是不同国家间路径和方式存在差异。美国自20世纪以来高等教育规模呈现出强劲的扩张势头，虽然受到经济大萧条和两次世界大战的短暂冲击，但扩张的力量反而更强。1944年，美国通过《退伍军人再适应法》，规定政府资助退伍军人上大学，由此产生大批大学生，直接导致高等教育进入大众化。1945年美国高校学生达到167万，到1955年增长到265万。1958年，美国通过《国防教育法》等法案，运用各种奖学金或贷款吸引大批青年进入高等学校，大学生数量由1960年的350万激增到1980年的1200万。直到20世纪70年代末，美国高等教育扩张的势头才减弱。在这整个扩张的历史进程中，虽然有偶然的事件和因素，但更有社会和历史的必然规律，而国家的政策也在其中起着重要作用，加速了历史的进程。英国一贯奉行精英高等教育的传统，1963年英国高等教育委员会发布《罗宾斯报告》，在否定高等教育精英模式的“有限智力库论”基础上，提供了英国高等教育扩张必备的社会合法性，英国大学生的数量也由1960年的12万增长为1980年的80万。和美、英相比，法国高等教育扩张的路径有所不同，它是由1968年的“五月暴动”为代价而实现的，暴动的主旨是反对戴高乐政府高等教育入学考试的精英选拔制度，主张高等教育是人人可以享受的权利。

相比之下，虽然我国高等教育的扩张晚了近半个世纪，但却是同时期世界上将高等教育扩张作为国家发展战略的唯一的发展中国家，这与我国主动寻求全球化的大国发展战略是不可分开的。1986年，中国提出重返关贸总协定的申请，并随之启动加入世界贸易组织的进程。我国的高等教育也在同年实现了第一次跨越式增长。随着我国高等教育规模不断扩大，我国启动了高等教育机构分化策略。1995年，我国推出了“211工程”，即面向21世纪重点建设100所左右的高等学校和一批重点学科的工程，为此各省都积极整合资源打造能跻身榜单的旗舰大学，最终有112所高校入围“211工程”大学名单。1998年，我国又推出了“985工程”，即要努力建设若干所具有世界先进水平的一流大学，“211工程”大学中有39所大学分三期入围了“985工程”大学名单。2009年，第一期进入“985工程”大学名单的9所高校参照美国常春藤联盟和英国罗素大学集团等模式，自发组织成立了我国首个顶尖大学的高校联盟，被称为“C9”。应该说，随着我国高等教育规模的急速扩大，我国高等教育机构之间的差异分化也开始显现，社会学将这一现象称为体系分化。

社会学研究发现，一个社会体系的规模扩大必然会带来结构和功能上的分化，但是我国高等教育机构体系的分化模式却是与众不同的。如果以世界上影响最深远的美国卡内基大学分类（化）作为参照，我们可以发现卡内基体系的分类（化）标准是以知识为中心的——根据知识生产的广度（学科的数目）和深度（授予学位的层次水平），美国大学被分为博士学位授予大学、硕士学位授予大学、学士学位授予大学、副学士学位授予大学、专门机构和原住民学院几个大类。相比之下，我国大学分类的划分逻辑是不同的——基本上可以划分为世界级大学、全国旗舰大学、全省旗舰大学、地方大学以及高职高专与民办院校。

美国大学的卡内基分类（化），虽然经历了1976年、1987年、1994年、2000年、2005年和2010年的多次修订，且参与分类的美国高等教育机构从1973版的2837所增加到2015版的4665所。但从整体上看，美国各类高等教育机构的比例保持着一种相对平衡。例如，各版本中，博士学位授予大学所占比例保持在7%左右，硕士学位授予大学所占比例保持在15%左右，学士学位授予大学所占比例保持在18%左右，三大类高校总占比保持在40%左右。不过其中有一点变化，即在卡内基分类（化）2015年的版本中，副学士学位授予大学占比下降明显，相比专门机构的占比有较大提升，高达31%。这与我国地方性大学和高职高专，日益追求学科综合化的发展方向很不一致。我国高等教育机构体系的分化虽和总体规模扩张有关，但不可否认国家政策在其中发挥了至关重要的引导作用，而且这其中最为关键的影响要素是国家资源的重点投放。数据显示，我国为三期“985工程”共投入554亿元，加上部委和地方政府的配套资金，我国对“985工程”的投入金额高达904.76亿元。如果再算上市场资源出于优化配置的规律快速向该类院校聚集，特别是大量的社会捐赠与就业市场的专向投放，可以得出这样的结论，即我国高校的分化体系是在中央政府、部委和地方政府、企业和社会力量多方共同打造下产生的一个高等教育机构分层体系。

如果对比中美高等教育机构体系的分化，大约可以清晰看到两者的根本区别。美国大学的卡内基分类（化）实际上是一个分层内的分类体系，且“分类”多于“分层”。对此，我们无须美化地说美国大学只见分类不见分层。若果真如此，美国国内最有影响力的大学排行榜为何总把博士授予大学密集性地排在榜单前列？但即便如此，美国高等教育机构的分化体系的分类属性仍然很强烈，这是因为它在每一个分层内存在更为丰富的类型划分，且越是授予学位层次低的高等教育机构其分化类型越为丰富。例如，在卡内基分类（化）中，四年制专门机构的类型划分就有9种之多，授予副学士学位的高等教育机构类型的划分也多达9种。相比之下，我国大学的分化呈现出“分层即分类、分类分层合二为一”的封闭性特征，而这会影响高等教育对外部环境需求适应的多样性。

总结来说，虽然中国和美国的高等教育机构分类体系都是其高等教育规模扩张到一定程度的分化产物，正如卡内基分类（化）就产生于第二次世界大战后美国高等教育快速发展的30年间，而且很长时期内卡内基分类（化）都把美国联邦政府对高校的资助列为分类考察标准之一，分类从根本上来说依据的是知识生产的广度与深度，这显然是一个教育内在特征的分类，而我国目前的高校分化更多体现为教育体系外部权力资源体系的遴选与塑造。

二、中国大学的组织制度变革

我国大学体系的产生乃至此后不断发生的变革，都是和中国面对两次全球化进程所采取的策略和应对方式密切相关的。众所周知，我国大学先学日本（日本学习的是德国体系），又学英国、美国，新中国成立后转而学习苏联（苏联学的是法国体系），改革开放后重新专注于学习美国模式。百年之间，大学体系数度经受系统性变迁。事实上，早在中国主动学习外来的高等教育机构制度并创建京师大学堂（北京大学前身）之前，西方教会便已在中国设立了一些高等教育机构，但基本不受中国政府管制。以新中国成立前我国大学系统为例，当时210所高等教育机构可以分为大学、独立学院、专科学校三个层次。其中，大学以通识教育为基础，培养国家精英；独立学院培养专门化人才，如师范、工科、法科等未来从业者；专科学校虽同是专门人才培养所，但修业年限比独立学院少。而在56所大学中有25所是私立的，其中13所大学的举资兴办者是西方的教会组织，较著名的有燕京大学、辅仁大学、齐鲁大学、东吴大学、圣约翰大学、震旦大学、金陵大学和岭南大学等。这些大学从北到南覆盖了我国的沿海地域，是中国与西方经济、文化碰撞的前沿，且都具有世界性大学的特征，尤以燕京大学为最。燕京大学建于1916年，由美、英基督教会联合举办，教师多为欧美学者和自欧美学成回国的中国学者。美国驻华大使司徒雷登曾任该校校长，在其主持下燕京大学与美国著名的哈佛大学结成哈佛—燕京学社，同享国际声誉。事实上，这些收费极其昂贵的教会大学成为当时我国社会精英的十分重要的供给者。

与当时国立大学所培养的精英不同，教会大学培养的学生大多熟谙西方语言和文化，且具有宽广的国际视野。毕业后，他们多服务于中西方沟通交流的各个重要领域。例如，中国与国际秩序的协调和治理（以顾维钧为代表），中国与西方文化的交流汇通（以林语堂、冯友兰为代表），世界市场与经济体系在中国运行的中介（各种买办机构）。除了供给能有效促进中西方沟通交流的各类精英，这些大学还提供诸如法律和医科等重要的传统专业领域的人才，当然都是全新规格的。例如，东吴大学就因其现代法律人才培养而称誉当时的中国，而北平协和医学院作为首个设置八年制临床医学专业和护理专业的学府，成为中国现代医学的殿堂。

两次世界大战之后，以老欧洲一些国家为首的全球化进程被打断，世界进入以美国和苏联为首的意识形态对立的冷战时期。整个东亚，特别是中国成为美、苏两国角力的场所，中国社会中不同的力量卷入该进程。数据显示，仅1945至1965年期间，美国对国民党政府（后败逃至台湾）的援助金额便达到22.63亿美元之巨。然而美国的干预并未取得理想的效果。由于一个世纪以来，中华文明被西方中心主义的全球化进程严重侵蚀，引起了中国广大民众的反感，经过中国共产党与中国人民的艰苦斗争，1949年中华人民共和国成功建立。成立之后的新中国很快加入了社会主义国家阵营，并以收回教育主权的国家意志，接管了境内所有的西方教会学校，随之启动了对大学系统的全面调整。仔细考察这轮调整，可以发现它主要进行了两项结构性变革：一是改变了过去国家精英供给的本土与西方二元供给的格局，使之统一在党的领导下，并制度化，在大学中确立党委领导体制；另一个重要转变是人才培养模式从通识教育转变为专门人才培养模式，即苏联和法国模式。人才的培养类型也从过去的注重文、法学科转为注重理、工学科。新的大学体系服务于新的政治、经济体制，不断增加的理工科人才的供给为新中国的快速工业化提供了持久的动力。

20世纪70年代末，美苏争霸进入尾声，全球化进程即将迎来一个新的阶段。我国领导人高瞻远瞩，确立了主动寻求全球化的战略。我国在大举兴建并改善基础设施的同时，推行了高等教育扩张政策。为了使高等教育扩张能够得以持续，我国对大学体系进行了两方面变革。一是改变大学的所属关系。除了少数对国家具有重要战略意义的精英型院校仍由国家教育部管理外，大部分院校（包括过去由不同中央部委所管辖的院校）都下放给地方政府，由其所在地的地方政府负责经营和管理。二是改变大学的财政来源。中央财政主要负责其直接管辖下的战略性精英院校，地方院校则主要由地方财政和学生的成本分担（学费）来支撑。为了提高办学效率，政府引导并推动了大学之间的合并重组，并鼓励地方政府使用土地和银行信贷等杠杆来支撑并完成高等教育的扩张。变革后的地方大学成为我国高等教育大众化的主要承担者。另一个转变是通识教育被一些精英院校重新引入其学生培养模式中。从北京大学的元培学院、复旦大学的复旦学院到中山大学的博雅学院等，通识教育在中国又一次风生水起。这一转变对新中国建立以来所确立的专门人才培养体系造成了根本性冲击。

在把世界先进的大学体系进行了一番试验之后，中国大学体系变革的成效依然有待检验。更重要的是，虽然我国大学体系的变革每次都有清晰的目标和有效的政府驱动，但在历次变革中，各种制度残余复杂交错。大学因其举办者、管理者、学科以及人才培养的规格类型等特质被贴上不同标签，并束缚于体系里相互隔离的格子中。生产知识的高等教育机构（以文章的国际发表为主要衡量指标）被置于体系的顶端，并得到资源倾斜；以应用知识为使命的高等教育机构则大多被置于体系的底部，当代技术革命的趋势和巨大影响力被完全无视。大学因此缺乏选择定位、确定战略的自主性，也失去了对全球资本和市场做出灵活应对的可能。可是高等教育全球化的趋势却依然强劲。面对来自欧美大学体系的竞争，中国大学体系的竞争压力传导并转化为院校个体之间和学者个体之间的比拼。这也是进入21世纪以来，大学制度的概念开始在中国出现并流行起来的原因。

如果将中国加入世界贸易组织作为中国主导寻求全球化所取得的阶段性成功，那么几乎是在同一时期，中国大学的制度转型问题被清晰地提出。对中国知网文献的研究可以发现，虽然“大学制度”一词最早出现于20世纪90年代，但那时主要是针对大学招生、收费和就业等子制度而言的。真正对大学组织制度予以整体阐述的，是2000年，时任北京师范大学校长袁贵仁在《中国高等教育》上所发表的题为《建立现代大学制度　推进高等教育改革与发展》的文章。在这篇文章里，作者提出了市场经济制度环境下大学的法人地位和自主性等核心问题。翌年，时任同济大学校长的吴启迪和同济大学改革与发展研究室主任的章仁彪发表了《全球化时代的现代大学理念与创新》一文，文中作者清晰地提出大学国际化这一重要的制度转型命题。这一时期提出的现代大学制度建设命题，对其仔细辨析后可以发现，其本质是针对大学的“去单位制”而言的。新中国成立后，我国实行了政府调控的计划经济模式。由于市场制度被取消，劳动者对所从事劳动的社会组织形成了一种依附性的关系，其生活机会和对社会财富以及资源的拥有，都离不开这种作为中介的组织，即我们所说的“单位”。所谓单位，就是国家统一的社会经济、政治制度向组织的投放。单位组织因其属性不同可以分为企业、事业单位和政府——企业是生产性营利单位，事业单位是生产性非营利单位，政府则是行政性单位，这些组织的管理属性的构成和运行机制不由组织自身决定。以大学为例，大学的教职员工有国家事业编制身份（由国家财政拨款付给薪酬），中央政府把社会资源按计划分配给大学，大学按中央政府的计划培养学生，再按中央政府的计划把学生分配给社会的各部门。而现代大学制度建设的目标则与此相反。正如袁贵仁在其文中所阐述的，建设“现代大学制度”就是要实现大学以市场制度为核心的转型——发展出一套完备的制度来规范政府与高校的关系，以及高校中行政权力和学术权力的关系，以确立大学在市场中的主体地位。

这场大学转型运动可以分为两个阶段。第一阶段是针对学生群体的招生、收费、后勤和就业制度等的改革，应该说这一阶段各大学都进行得比较顺利。这一方面源自市场的引入可以极大地扩张大学作为社会组织的资源（学费收入、后勤服务收入、土地和贷款等），另一方面也是由于大学所属权的变更，不少大学原来的举办者（中央各部委）不能再为其注入经费和资源，或者是将资源投放方式转变为需要竞争才能获取项目经费。在这一拉、一推之间，大学组织里与学生群体有关的制度因素很顺利地完成了市场导向的转变。进入21世纪，我国大学开始了针对教职员工的市场化改革。学生管理制度的市场化转变对于大学而言主要是增量改革；而针对大学教职员工的市场化改革则是减量属性的。因此，这个阶段的大学改革开始于大学体系的顶端，事实上是在国家“建设世界一流大学”的增量改革小环境中起步的。

2003年，北京大学启动了以“教师评聘制度”为核心的人事制度改革，改革的依据是2000年6月由中组部、人事部、教育部下发的《关于深化高等学校人事制度改革的实施意见》这份文件。文件的主旨是打破大学的“铁饭碗”，全面推行聘用制，加大对海外人才的吸引力度。应该说，2003年北京大学改革的方案是因应了这一主旨的，其实质就是向全球学术市场开放学术职位，运用市场的机制来置换教师（主要是副教授群体），以达到重建师资队伍、实现学科国际化接轨的目的。虽然方案一出，便得到了包括时任中国科学技术大学校长朱清时等的赞赏，一些高等教育研究专家也对北京大学的改革表示支持，但是北京大学改革的方案在学校内部却遭到激烈反对，尤其是人文类学科的学者。

如果说北京大学改革的目标主要是实现学术市场全球化，相比之下，北京师范大学同期出台的教师评聘制度则是以提高教师的工作绩效为中心。北京师范大学的方案虽然也强调优秀人才的引进，但方案更落在教师的薪酬制度改革上——改革方案强调教师的教学时数、论文国际发表、课题经费等学术产出指标，并运行出一套不同学术产出之间可以置换的积分系统，最终根据教师积分的数值来分配教师的薪酬，并以此引导教师的上岗分流。虽然这套方案出台之后曾被学界调侃性地称为“大学工分制”，但其奖励绩效的改革理念最终还是被中国的大学所接受。2010年，浙江大学正式推出教师岗位分类管理系统，其方案结合了北京大学改革和北京师范大学改革的长处，同时因应了大学功能的扩展与分化（教学、研究、创新、服务等）的需要。目前，清华大学也正沿着这一路径推进其人事制度改革。有一点值得指出的是，在这一过程中，国家发挥了重要的推动作用。鉴于我国大学与全球人才市场直接接轨还存在风险和障碍，为了缓解全球性人才注入带给大学的内部张力，2008年由中组部牵头，我国启动了“海外高层次人才引进计划”。正是在这一计划支持下，清华大学、北京大学引进了诺贝尔物理学奖获得者杨振宁教授，世界著名应用数学家林家翘教授，世界著名计算机科学家、图灵奖获得者姚期智教授，著名数学家田刚教授，以及生命科学领域著名学者施一公教授，等等。中国大学的气象为之一新。

总结来说，我国从21世纪开始的以建设现代大学制度为目标的大学变革，是在我国成功纳入全球化进程背景下而展开的大学转型。这场大学转型的本质是，在不改变大学的政治属性的前提下，以学术市场和学术工作绩效为核心，建构大学组织管理的新理性系统。该理性系统最终被要求以大学宪章的形式确立下来。

如前所述，中国大学的转型究其根本是对全球化进程压力的反应。然而，要顺利地实现大学的全球化转型并非易事。改革者必须同时实现多重目标：应对全球化压力（来自西方大学对生源和学术劳动力的竞争），实现社会利益的增长（培养的人才成功进入国家经济体系，并带来强有力的增长），加强党在大学中的领导，完成大学制度在输入过程中与既有部分的融合（平衡大学内部不同的利益，如学术与行政权力、海归学者与本土学者的平衡）。这些目标并不总是一致的，有时甚至存在冲突。而这其中的根本在于为谁生产知识，以及生产什么类型的知识。注重基础性研究，所产生的知识并不直接服务于民族国家等特定利益群体，所带来的是全人类在认知体系上增进的福祉。然而，针对民族国家某些关键的需求而展开的研发、设计和工艺，多以技术专利的形式被垄断，服务于民族国家争霸的有限目标。当这两个目标同时落在一所大学组织身上时，其中的复杂和冲突便会真切地显现出来。以清华大学为例，在2015年10月《美国新闻和世界报道》（*US NEWS*）发布的世界大学排名中，清华大学的工程类专业力压麻省理工学院（MIT），位列全球第一。考察此次*US NEWS*排名，可以发现它选取了2009—2013年的数据指标，其中作品发表、论文引用率总量、高质量论文引用率各占比15%，全球性调研声誉、区域性调研声誉各占比12.5%，标准化论文引用影响力、高质量论文引用百分比、国际化合作各占比10%。清华大学能夺得该学科世界排名的第一，说明它在科研投入和论文发表方面有了实质性的进步，并且具备了全球竞争力。然而，清华大学科研的长足进步并没有溢出其对国家工程能力提升的贡献，在航空发动机、数控机床、手机芯片等核心技术等领域未取得世界领先的成就。由于清华大学过去"真刀真枪做毕业设计"的工程教育优良传统被重科研、重设计和轻制造、轻工艺的取向所取代，清华大学对中国核心领域的辐射性影响慢慢被其他院校接近甚至超越，这已经在清华大学内部引起了警醒。

事实上，大学的全球化取向和民族国家取向在大学组织转型过程中的冲突，不仅表现在知识的维度，还表现在价值的守望上。全球化除了带来全球市场的形成以及全球资本的流动，还带来全球人文主义潮流的盛行——也就是全球公民主义的传播。当全球公民性与特定民族国家的核心价值系统并不完全匹配时，追求大学的全球化转型便会带来学者（师生）对民族国家忠诚度的下降和迁移的风险。不过，这些风险虽存在，对中国大学转型来说，还构不成真正的危机。正如20世纪末中国的改革者能很好地调和全球化与民族复兴目标一样，只要中国大学的领导者们有足够的智慧，上面提到的冲突不是不可以平衡和兼顾的。在可预见的未来，改革将会撬动引人注目的产出绩效。而在笔者看来，这才是中国大学转型中最值得忧虑的地方——以竞争为导向的绩效主义管理理性。

在人类的历史中，制度从来就是一个多层次、复杂的社会构建。新制度主义理论认为，制度包含法令条文、行为规范和社会认知三个相互统一的层面，真正成功的制度构建或转型必须在这三个层面上均完成，若只有其中一个或两个层面发生了转变，其他的层面未能跟上或者根本缺失，制度的转型便会蕴含危机。笔者以中国历史上的变革为例予以说明。中国变法存在两种不同的取向：一种是管仲的取向，一种是商鞅的取向。管仲变法的基本准则是"令顺民心"。"俗之所欲，因而予之；俗之所否，因而去之。"也就是说，当社会已发生变化，而法令却没有变化，改革者要使法令顺从社会的变化，让新的法令成为一股可持续推动社会变化的力量，从而顺应民心。用新制度主义理论术语来表达就是，制度的法令层面要与制度的行为规范、文化认知层面一致且相互呼应，由此形成一个牢固的相互支撑的体系。商鞅的变法与此不同，其变法的基本思想是“论至德者不和于俗，成大功者不谋于众”。也就是说，在明确的国家目标引领下，使用强大的奖惩手段，将社会力量快速向推进目标发展的方向聚集，即使它与民俗（行为规范）、民心（文化认知）有违。改革者期待着用法令层面高屋建瓴的变革，带动社会规范和文化认知层面的变化。毋庸置疑，我国目前的大学变革属于后者，而不是前者。改革强调制度的法令层面，强调制度的杠杆作用——教师达不到学术产出的要求便会被分流、裁员，以此提升学术的生产力。制度作为一种生产性要素进入了组织的管理理性系统。

笔者认为，这才是中国大学在面对全球化转型中真正的危机。我国大学的转型虽强调市场和学术绩效以提升竞争力，但竞争力的提升并不能完整地提供大学的合法性。这是因为，制度除了有生产性的特质，还有价值维系的特质，这在中国古代被称为制度的“教化”功能。商鞅之法虽效果突出，但正如赵良所说，“教之化民也深于命，民之效上也捷于令”。如果一种制度不能宣扬并彰显更优的价值理性，即使建立权威以变更法度，也无法提供持续的制度竞争力。在全球化情境下，中国大学要对全球资本和市场灵活地做出反应，但中国的大学要实现有效的全球竞争，除了绩效还要回答一个更核心的问题，即生产什么知识和价值观。如果说，知识可以按全球需求和民族国家需求进行分类生产，甚至在两者冲突时可以用机构隔离和保护性合同予以调节和保障，那么生产什么样的价值观就变得更重要且急迫了。

对中国大学来说，存在两种路径：一种路径就是欧美学者所倡导的制度趋同，即在价值上趋同于西方知识和价值的生产体系；还有一种路径就是在求同的大方向下贡献新的民族性的要素。中国的大学可以在求真上与西方主流取向趋同，提倡学以求真，在价值取向上提出符合中华文明的理念。20世纪50年代美苏争霸的历史告诉我们，美国最大的成功便是20世纪60年代伊始的“理想主义”外交取向——利用对外援助的手段，向世界宣扬美国的人权和自由民主理念。而这并不是随机产生的，它是针对苏联模式刻意提出并构建的战略。笔者认为中国《礼记》中所表述的大学理念——“大学之道，在明明德，在亲民，在止于至善”，特别是“至善”可以成为中国大学制度的价值引领。这是因为，民主虽能体现以个体为基础的自由，却往往失之于社会整体意义上的“善”。我国大学正经历全球化转型的关键时期，要使中国的大学屹立于世界之林，必须使学者得到学术价值的滋养，使学术伦理不再涣散而得以自立。

三、中国高等教育评价的制度化

全球化催生了我国高等教育的规模扩张，也带来了我国大学组织制度的变革。一起带来的还有我国高等教育的评价制度化构建。

事实上，我国的高校评价体系是在我国高等教育规模扩张的制度环境中产生的。它的最初发展与科学计量学这一学科在我国的产生与发展是分不开的。所谓科学计量学是指运用数理统计和计算技术等数学方法对科学活动的投入（如科研人员、研究经费）、产出（如论文数量、被引数量）以及过程（如信息传播、交流网络的形成）进行定量分析，并从中找出科学活动规律性的一门科学分支学科。科学计量学在我国的发展可以算是一种偶然性，它与学者赵红州在该领域拓荒式的研究密不可分。赵红州是一位传奇学者，物理学出身的他不仅独立发现了世界科学中心转移的“汤浅现象”，而且深刻地揭示出“汤浅现象”发生的深层次原因是一个社会的科学能力。赵红州对世界科学史的计量分析，以及基于此对中国科学能力的预测和期许，得到了科学家钱学森、钱三强和钱伟长等人的强烈认同，后经他们推荐并由陈云同志批示，于1986年9月1日成立了中国管理科学研究院。翌年，中国管理科学研究院科学学研究所就在赵红州的领导下，率先利用美国《科学引文索引》（SCI）的数据，在《科技日报》上发布了《1987年我国科学计量指标的排序》，首次对国内86所重点大学的科研能力进行了排序。[①]无论是从科研能力这个概念构想的提出，还是选择对《科学引文索引》数据的使用，以及对大学进行排序的做法，赵红州及其团队的工作都当之无愧地成为我国高校科研评价的始祖。在赵红州推出大学科研能力排序（1987—1989年）之后，1992

① 刘则渊. 赵红州与中国科学计量学[J]. 科学学研究, 1999(4): 104–109.

年湖南大学推出了《1992年全国86所重点高校1985—1989年科技活动评价》，紧接着1993年广东管理科学研究院发布了《中国大学评价》（武书连排行榜），自此中国排名式的大学评价实现了从北部地区到中部和南部地区的推进，完成了初步的社会构建。事实证明，无论是武书连版本的《中国大学评价》，还是上海交通大学版本的《世界大学排行榜》，所使用的技术手段都是科学计量的思路和方法。

如果说，基于科学计量学的大学科研能力评价为我国高校评价奠定了范式基础，那么随此之后不断拓展的评价客体则见证了该体系的不断丰富和完善。1994年，国家教委（后改为教育部）便着手实施普通高等学校的本科教学工作水平评估。该项工作相继经历了三种形式——合格评估、优秀评估和随机性水平评估。2002年，教育部将合格评估、优秀评估和随机性水平评估三种形式合并为一个方案，即《普通高等学校本科教学工作水平评估方案》，并从2003年至2009年对1200余所各类高校展开评估，这是我国规模最大、时间最长、影响最为深刻的周期性大学教学评价活动之一。与此同时，几乎同步开展的还有教育部下属的学位与研究生教育发展中心开展的学科评估。自2002年第一次学科评估开展以来，学位与研究生教育发展中心共开展了四轮评估，其中第一轮（2002—2004年）对229个单位的1366个学科进行了评估，第二轮（2006—2008年）对331个单位的2369个学科开展了评估，[①]第三轮（2012年）对391个单位的4235个学科开展了评估，第四轮（2016年）则是对95个一级学科（不含军事学门类）开展了评估。此时，国家已落子布局的高校学位点评估也已经在路上。我国高校评价的客体由最初的科研逐步拓展到教学、学科和学位点，可以说是捕捉到了大学学术制度的核心构成要素。

随着我国高校评价客体的不断增加，我国高校评价的主体也呈现出多元化的取向。如果我们从评价委托人、评价主体与评价客体之间的利益关联来看，我国目前的高校评价可以分为以下几类：官方评价、半官方评价和非官方评价。所谓官方评价，是指政府为评价委托人，组织并聘请评价者对高校展开的评价，国家教委（后改为教育部）所实施的普通高等学校本科教学工作水平评估便是此类；半官方评价，是指政府虽不是高校评价的直接委托

---

① 王硕，魏巍，孟凡英，等. 教育部第四轮学科评估指标体系变化分析[J]. 创新科技，2016(8): 54-56.

人，却为评价委托人和评价主体提供了具体实施评价活动的准则，例如，国家教育部下属的学位与研究生教育发展中心，按照教育部和国务院学位委员会颁布的《学位授予和人才培养学科目录》所展开的学科评估；而非官方评价可以理解为评价并没有具体的委托人，评价主体可能来自高校内部（例如上海交通大学版的排行榜），也可能来自高校外部，如某个专业领域（中国管理科学研究院）或利益相关群体（中国校友会网），还有可能来自国外的商业机构（英国QS全球教育集团）。

由于评价主体不同，以及评价委托人、评价主体与评价客体的利益关联不同，不同类型的评价对高校所发挥的影响也不尽相同。相比较而言，官方评价具有权威性，其评价结果可以直接用于引导政府的教育资源分配，而且它们对高校的影响可以直达高校运行体系内部，影响既直接又强大。半官方评价虽说是允许高校自愿参加，但实际上具有官方评价类似或同等的利益关联性，差别可能仅在于其评价指标和过程的决策表面上具有广泛的社会参与性。非官方的高校评价则因其评价主体与评价客体之间不存在直接的利益关联，因此对高校的影响既间接又有限，多数时候可能还会涉及咨询等相关业务的商业费用。这三种评价模式事实上展示了高等教育三大主体——政府、大学和市场——之间的相互构建关系。无论是官方评价还是半官方评价，政府都在其中起到了主导性的作用；相比之下，非官方评价更多的是市场驱动且市场在其中发挥着主导作用。

总结来说，自1987年推出第一期大学排名以来，我国陆续建立了以大学科研能力、本科教学、学科发展以及学位点为评价客体的多元高校评价体系。高校评价体系的建立，客观上强化了我国高等教育领域的质量意识，为完善高等教育质量保障体系奠定了基础，在我国定向投放资源的过程中扮演了高等教育机构分化助推器的功能。事实上，我国绝大多数的官方和半官方属性的高校评价，对于高等教育机构来说都是高风险评价。也正因为如此，我国的高校评价一直处于风口浪尖之上。

虽然我国围绕高校科研能力、本科教学、学科以及学位点逐步建立起了多元评价主体的、日益制度化的评价模式与体系，但该体系建立和运行的时间短，且在评价理念以及评价指标体系构建上存在着明显不足。突出表现为：在评价理念上，我国高校评价性质过于传统，基本上仍属于以测量、描述为主要特征的鉴定性评价，并表现为将高校从其所依存的社会情境中抽离出来，然后从理论上将其组织功能碎裂化为不同的观测点或指标，试图对其进行客观测量与描述，并在此基础上进行判断。我国目前高校评价体系的两大核心缺陷，即评价指标对社会情境的抽离性和碎片化特征，最终导致我国目前的高校评价对组织战略和国家战略的失焦。

这里以较为知名的上海交通大学软科世界大学学术排名为例加以说明。考察上海交通大学软科评价体系可以发现，该体系主要是将国际可比性和可操作性作为核心考虑的要点，最终选择获诺贝尔奖和菲尔兹奖的校友折合数（权重10%）、获诺贝尔奖和菲尔兹奖的教师折合数（权重20%）、各学科领域被引用率最高的教师数（权重20%）、在*Nature*和*Science*杂志上发表的论文折合数（权重20%）、被《科学引文索引》（SCI）和《社会科学引文索引》（SSCI）收录的论文数（权重20%）、师均学术表现（权重10%）六项指标对世界大学的学术表现进行排名。

从它的指标选取上来看，可以发现除了该排行体系属于鉴定性评价，且缺乏学生与院校发展的视角之外，仅从技术上来看它还存在着三大明显不足：首先，它将50%的权重赋予了发生概率极低的事件（获诺贝尔奖和菲尔兹奖的校友、教师折合数，以及在*Nature*和*Science*杂志上发表的论文折合数），而这会带来较大的测量偏差；其次，在数据来源上该排名体系主要选取了以英文发表的论文，这样便将大量的基于本土需求的学术生产过滤掉了；最后，也是最重要的，该排名体系的指标设计实际上是把一个学术组织的学术活动分化为个体的学术获奖与学术发表，从而将现代大学有组织学术活动的传递、创新与转化等深刻内涵过滤掉了。这也就是该排名体系仅在排到100名以后，便基本失去了分辨度的缘故。举例而言，中南大学与同样处于200—300名的其他中国大学相比，中南大学拥有中国高速铁路、高原铁路、重载运输的研学基地，为我国高铁的腾飞做出了重大贡献，且中南大学在若干领域拥有世界级的学派（如金氏理论、地洼学说等），然而在软科的世界大学学术排名中，中南大学对国家、学术界的结构化群体性贡献，被还原为个体发表篇目与引用量的简单叠加——大家都明白一把被融合锻造的剑和一堆零散的铁块在质量上也许是相同的，但两者在结构形态与社会价值意义上完全无法等同！

我国高校常常引用或对标的另一个评价体系是出身于中国管理科学研究院的武书连所主持的“中国大学评价”。与上海交通大学软科世界大学学术排名不同，武书连的评价体系设有人才培养和科学研究两项一级指标。其中，人才培养一级指标下设本科生培养、研究生培养两项二级指标。本科生培养的二级指标下又设14个三级指标，分别为本科毕业生就业率、新生录取分数线、本科教学评估结果、全校生师比、本科毕业生数、教师平均学术水平、双语教学示范课程、实验教学示范中心、特色专业、教学团队、规划教材、“挑战杯”本科生学术竞赛奖、本科数学建模竞赛奖、本科教学成果奖。这其中10项指标采用国家有关部门公开的数据，而新生录取分数线、全校生师比、本科毕业生数3项指标则采用根据国家有关部门公开数据为基础计算出的数据。教师平均学术水平指标是为提高本科生教学质量而设定的，其中教师数量采用国家有关部门公开的数据。再比如，武书连指标体系在科学研究指标下设自然科学研究和社会科学研究两个二级指标，以及国内引文数据库论文及引用、国外引文数据库论文及引用、学术著作引用、艺术作品、专利授权、科学与技术奖、国家大学科技园共7项三级指标。其中专利授权、科学与技术奖、国家大学科技园3项指标采用了国家有关部门公开的数据，国内引文数据库论文及引用、国外引文数据库论文及引用、学术著作引用、艺术作品4项指标源于国内外公开出版的期刊。

显而易见，武书连的中国大学评价体系在指标选取上覆盖更全面、构成也更丰富，这无疑有助于提升评价的区分度，而且在相关指标评价所选取的数据方面，武氏体系也有效融合了国家有关部门的数据，因而更契合中国的情境，但其指标选取的方式依然是将大学从其对所生存依赖的具体社会情境中抽离，并将其功能碎片化后逐一加以鉴定，既看不到学生发展与社会情境的连接性，也看不到院校发展与其所制定战略之间的连接性，特别是看不到学科在将院校战略与外部社会情境相连接过程中所处的关键核心地位。

当然，我国高校目前常援引的还有一个外来的评价体系，它便是由总部设在英国的教育组织Quacquarelli Symonds（简称QS）所发表的年度世界大学排名。该排名的第一次发布是在上海交通大学软科世界大学学术排名发布（2003年）后的第二年，但该排名体系在指标构建上与上海交通大学软科世界大学学术排名完全使用硬性指标不同，QS体系大量使用主要依据于大规模全球问卷调查所获得的软性同行评价指标，此外它还增加了师生比与国际学生和老师的占比。具体来说，QS世界大学综合排名运用6个方面的具体指标来衡量世界大学的水平，这6个指标和它们所占的权重分别是：学术领域的同行评价占40%，全球雇主评价占10%，师均论文引用数占20%，师生比例占20%，国际学生比例占5%，国际教师比例占5%。通过分析可以发现，QS排名中软性指标与硬性指标各占50%。虽然该评价体系增加了师生要素的考察，但其指标的碎片化特征更为突出。

对此，我们必须务实地看到，虽然我国高等教育机构分化的初始动力来源于高等教育规模的快速扩张，但它是伴随着我国作为全球化追随者姿态而确立的这一点却是毫无疑问的。无论是学者赵红州拓荒式的研究，还是上海交通大学软科世界大学学术排名的勇敢抛出，抑或是我们对QS排名的接受，中国学术界勇于接受知识竞争和科研能力挑战的姿态，既鲜明又突出。事实上，“世界一流大学”这个概念是中国提出的，欧美并无此概念。对于欧美而言，它们就是世界。中国站在世界体系的外围和下端，要想成为“世界的”，首先便需要与之融合。而这也决定了在这一阶段，我国建设世界一流大学最核心的评价需求，便是要获得国际高等教育界的关注与认可。上海交通大学软科世界大学学术排名酝酿推出的时间正是中国成功加入世贸组织，并要着手重建世界一流大学之时。

如果说，上海交通大学的世界大学排行榜出台初衷或许是为了满足我国高校建设成效评估的内部需求，那么在Times-QS世界大学排行榜出台之后，两者之间便形成了一种协力，与中国缔造的“世界一流大学”概念以及发起建设“世界一流大学”这个政策动议一起，实实在在地引发了一轮全球高等教育竞争运动。作为一场高等教育全球化运动，最核心的机制便是“脱域化”，亦即将社会关系从所在地的互动情境中抽离出来，而这源自于时间与空间的分离，以及空间与位置的分离。前者主要表现为全世界范围内的时间标准化和跨地区的时间标准化，本质上是一种“时间的虚化”；后者则表现为不受“在场”支配的社会活动空间，实际上是一种“空间的虚化”。正是在两者的作用之下，基于位置的社会关系结构被延展性关系重构，“脱域化”得以实现。在此过程中，符号筹码扮演着重要的作用，所谓符号筹码是指通用的信息媒介，在我国发起并推动的这场高等教育全球化运动中，学历、论文和奖项便扮演着学术符号筹码的功能——无论你在哪国从事知识生产活动，只要你具有国际知名院校的博士学位、发表过高质量的SCI或SSCI论文、获得过国际知名奖项，就可以凭此实现流动；当你结束学术职业生涯时，又可以凭手中的学术符号筹码换取意向国家的社会回报，从容离场。一言以蔽之，学历、论文和奖项作为高等教育全球化的符号筹码，是高等教育实现“脱域化”的关键。事实上，这一进程源自20世纪80年代和90年代我国在科学计量学领域的研究实践，学历、论文和奖项从学术生产力模型中的关键变量演化为排行榜的核心指标，再依据高校、学科或学者个人所占有的符号筹码多少进行竞争性排序，为学术市场提供选择的信号系统。职称和“帽子”大概只能算是我国本土学术市场通用的符号筹码，而课题因为受限于经费管理制度无法随着学者的流动而迁移，因而不具备成为通用学术符号筹码的可能。

四、反“五唯”与中国高等教育发展的未来趋势

作为一个历史悠久的大国，我国对人才的重视是一以贯之的。自20世纪末我国提出“人才是第一资源”并于2002年启动人才强国战略①以来，便开始了全面加强专业技术人员队伍建设并将其推入经济主战场的行动。改革事业单位人事制度，大力开发海外留学人才，更是这些举措中的重中之重。2003年的北京大学人事制度改革，学界亦称“癸未改革”，便是在这样的背景下产生的。2008年，我国开始实施海外高层次人才引进计划，可以说我国政府从制定人才强国战略到组织实施国家级人才计划，其力度不可谓不大。在美国计划启动对试图升级产业链的中国进行打压，而打压的重点便在科技领域的紧迫形势下，中国科技和产业创新人才稀缺的实际状况更是突出地展现出来，尤其与中国一流大学排名的快速爬升相对照，创新人才短缺的加剧更是显得特别刺眼。

① 2002年5月，中共中央和国务院制定并下发了《2002—2005年全国人才队伍建设规划纲要》，并明确提出“走人才强国之路，是增强我国综合国力和国际竞争力，实现中华民族伟大复兴的战略选择”。

2016年3月，中共中央印发了《关于深化人才发展体制机制改革的意见》，特别指出要推进人才评价机制的改革，“坚持德才兼备，注重凭能力、实绩和贡献评价人才，克服唯学历、唯职称、唯论文等倾向”。这是“三唯”作为负面清单首次出现在国家的政策文本中。2018年5月28日，习近平总书记出席中国科学院第十九次院士大会、中国工程院第十四次院士大会并发表重要讲话，指出“唯论文、唯职称、唯学历的现象仍然严重，名目繁多的评审评价让科技工作者应接不暇，人才‘帽子’满天飞”。在场的院士们想来定有万千感慨。同年7月3日，中共中央办公厅、国务院办公厅印发了《关于深化项目评审、人才评价、机构评估改革的意见》(以下简称《意见》)，重申要“科学设立人才评价指标，突出品德、能力、业绩导向，克服唯论文、唯职称、唯学历、唯奖项倾向”。至此，作为负面清单的“三唯”变成了“四唯”。《意见》还明确指出，“推行代表作评价制度，注重标志性成果的质量、贡献、影响”。作为国家政策文本，如此清晰地写到人才评价的操作性层面，非常少见。2018年9月10日，习近平总书记在全国教育大会上再次强调，“要扭转不科学的教育评价导向，坚决克服唯分数、唯升学、唯文凭、唯论文、唯帽子的顽瘴痼疾，从根本上解决教育评价指挥棒问题”。2018年10月，《科技部、教育部、人力资源社会保障部、中科院和工程院关于开展清理“唯论文、唯职称、唯学历、唯奖项”专项行动的通知》出台。2018年11月，教育部办公厅印发了《教育部办公厅关于开展清理“唯论文、唯帽子、唯职称、唯学历、唯奖项”专项行动的通知》(以下简称《通知》)。《通知》把“唯帽子”也加进去了，于是“四唯”负面清单被最终定格为“五唯”。

如果我们考察“三唯”“四唯”和“五唯”负面清单的政策出台过程，可以发现这其中之变化实际上是与我国推出“双一流”战略实施不顺畅有关的。自2015年8月18日，中央全面深化改革领导小组会议审议通过《统筹推进世界一流大学和一流学科建设总体方案》之后，职能部委迟迟没能拿出具体的实施办法，直到2017年1月24日，教育部、财政部、国家发展和改革委员会才联合印发了《统筹推进世界一流大学和一流学科建设实施办法(暂行)》。又过了大半年，2017年9月21日，世界一流大学和一流学科建设高校及建设学科名单才正式公布。也就是说，从中央制定“双一流”建设战略，到该战略被相关职能部门开始付诸实施，足足花了2年多时间。反“三唯”正是出现在“双一流”战略迟迟未能被落实的2016年。事实上为了推进“双一流”建设，2016年6月7日，教育部宣布《关于继续实施“985工程”建设项目的意见》和《“985工程”建设管理办法》等一批文件失效，从政策层面终结了“985工程”。但是尽管如此，“985工程”与“双一流”建设之间的关系在学界却始终未能理清，反“四唯”和反“五唯”正是出现在这段混沌时期。直到2019年，教育部宣布“已将‘211工程’和‘985工程’等重点建设项目统筹为‘双一流’建设”，才从话语上彻底终结了“985工程”。

笔者认为，反“五唯”根源于全球化内在的危机。就像我们会好奇，为什么当今世界的全球产业链明明是美国为首缔造的产物，不少美国人却不遗余力地要拆解它？因为，所谓全球产业链，不过是将一个商品的生产环节依据不同国家的优势进行分配，以期将生产成本降到最低，从而实现利润的最大化。不同的生产环节所增加的价值是不一样的，美国握有核心技术，毫无意外地成为利润分配中的赢家。但即使这样，也不能忽视这样一个事实，即在美国不具比较优势的环节，例如依赖劳动力的制造环节被转移到劳动力成本相对较低的国家和地区，原本属于美国劳动阶层的工作机会便被剥夺了，这便是全球化带给所有卷入其中国家的共同后果——社会撕裂。同一个社会中，一些群体是全球化的受益者因而拥笃它，另一些则是被其剥夺者所以反对它，并因此埋下认同危机的种子。

认同是指相信自己是什么样的人以及希望自己成为什么样的人。对于国家来说，其制度存在之基础是其成员的文化认同。然而，全球化却让同一个国家的不同社会群体在相信什么以及想要成为什么样的人这个根本问题上产生着分化。这在我国发起的这场高等教育全球化运动中也毫不例外地有所表现。自从我国若干所高校在国家的强力驱动下开始了世界一流大学的建设，我国的知识阶层便出现了分化，并产生出这样一个群体——他们相信学术的政治无涉价值观，使用非母语的英语作为工作语言，遵循欧美学术期刊通用的同行评议的发表制度在世界范围生产着知识，并积极参加欧美学术会议，分享自己的研究成果。但他们的研究很少来自对本土社会现实问题的回应，更多是对欧美一些理论或观点的印证与发展，以此寻求为其所接受，成为“国际性学者”。为此，他们积极积累学术符号筹码，向外寻求国际学术市场的流动，向内攫取学术体系顶端的精英位置以掌控规则与资源。无疑，他们是高等教育全球化的赢家，但他们与所在的社会（无论是其本土还是流动所至）都无紧密的情感和道德连接，用哈佛学院院长哈瑞·刘易斯的话来说，他们的卓越“丧失了灵魂”。这正是高等教育全球化的通病，于中国如此，于美国也不例外。

事实上，高等教育全球化在我国带来的还有所谓的“利益无涉”评价取向，特别是对独立的“第三方评价”的格外推崇。然而评价与测量不同，测量是根据一定准则给测量对象分派数值以描述其状态的过程，评价用著名评价专家库巴和林肯的话来说则是“对被评事物赋予价值”，是参与评价的人或团体关于评价对象的一种主观性认识，本质上是一种通过协商而形成的共同心理建构。事实上，评价的概念本身已经蕴含了目的以及与目的一致的价值判定准则。如果评价者是独立于被评价对象之外的，是“利益无涉”的，他们又依照何种目的和标准来判定其价值呢？因此，所谓“利益无涉”的评价事实上是根本不存在的，它如果不是评价代理人掩盖其自身目的与准则的托词，便是对“脱域化”的一种高调宣扬。

正是这样一种价值虚无的“利益无涉”评价取向，使得一些学者关注符号筹码远甚于学术价值，也因此生出了重重乱象。一些学者一边从国家申请项目资助，用项目经费支付国际期刊高昂的版面费，一边凭借发表的SCI或SSCI论文从校方领取科研业绩奖励作为资源回报，这还不包括那些由“第三方”代写、代投等严重的学术欺诈行为。

综上所述，“五唯”学术评价产生于我国以“985工程”建设为代表的高等教育全球化的大环境中，其本质是一种“脱域化”的符号筹码，以促进学术的市场流动与竞争。这种学术流动与竞争是以资源为导向的，事实上博弈的也是诸如国家财政拨款、银行信贷、土地、国家项目经费等庞大的资源利益。“五唯”学术评价为高等教育领域的资源分配提供了一套合法性机制，但同时它也带来深刻的认同危机，特别是对一个并没有形成自己的学术共同体的发展中国家。现在摆在我们面前的难题是：如果我们成功地清算了“五唯”学术评价制度，对已有相关的管理文件进行清理，我国未来的学术评价又将何去何从呢？笔者认为要回答这个问题需做两方面的审视：其一是制度环境，其二是制度的文化认知取向。

所谓制度环境，是指一个制度所嵌套的由其他制度所构成的外部系统；

而制度的文化认知取向则是指共同的意义框架，即一种通过协商而形成的共同认知建构。“五唯”学术评价是嵌套在我国发起的建设世界一流大学这场高等教育全球化运动中的，其指向的是“全球知识融合”这一意义框架。然而，随着美国奉行“美国优先”政策，我国建设世界一流大学的进程便有了方向性改变。我们把自己的学生送到美国一流大学中去学习关键领域的科学技术越来越难，也将无法依靠美国的学术同行评价制度来对我国的学术成果进行评价，更重要的是我们不能让美国的学术系统来限定我国知识生产的内容，并因此形塑我国学者的身份认同。所有这一切都打破了人类知识融合的认知前提。而没有了美国学术系统的合作的学术评价，管理者所信赖并依托的量化指标可能会失去质量的基础，因此而建立起来的控制权也可能会丧失激励学术生产力的制度含义。正如美国对我国产业界实施技术制裁，让我们看到我国繁荣的经济增长下面悬浮的基础，当前美国对中国实施的学术不合作的战略行为，也让我们看到我国繁荣的科技论文增长下面的不足。即使是我国很好的大学，对于一个学者或一个学术发现的价值评判，常常仍指望国际同行来帮助完成。我国的学术市场很大，很多方面却是依附性的。

无论是学术的依附属性，还是学者的认同危机，它们所带来的严峻挑战仅从管理的角度已无法应对。事实上，自从我国致力于在学术组织外部构建学术市场的全球流动与竞争机制，在学术组织内部实行严格的筛选与淘汰制度——从合同淘汰到岗位分流淘汰，再到准聘、长聘的职业阶段淘汰，我国管理层在使用的管理技术和手段上不断翻新。我们需要中国的学术界有能力对自己的学术成果进行有效的实质评价，而这是靠单纯改变学术评价的指标或其他技术特征无法实现的。我国学术评价的整体模式亟须改变。笔者认为，构建一种基于学术共同体的实质性评价制度已迫在眉睫。

共同体作为概念，最先由德国社会学家滕尼斯提出。在其著作《共同体与社会》中，滕尼斯指出共同体是一种自然形成、整体本位的有机体，它以本质意志为基础，通过默认一致和信仰将人们联系起来。相比之下，社会是非自然形成的、个人本位的机械聚合和人为产物，是以选择意志为基础，通过法律和公众舆论将人们联系起来。相比于共同体，社会是具有现代性的人类连接模式。然而，随着现代社会的发展，特别是全球化的进程，人们逐渐生出对归属感和认同感的强劲需求，因此迎来了共同体概念的回归。“学术共同体”作为概念，则是由英国科学哲学家波拉尼1942年在《科学的自治》一文中首次使用。他将学术共同体定义为“具有相同或相近的价值取向、文化生活、内在精神和具有特殊专业技能的人，为了共同的价值理念、目标或兴趣，并遵循一定规范而构成的群体”。这个概念后来得到广泛认同。从该定义中，我们可以洞悉学术共同体具有以下核心要素：（1）共同主体，即具有共同价值追求，精神意趣和文化生活的人群。（2）共同规范，全体成员自觉遵守学术行为准则，违背学术准则的行为称为失范，其中蓄意违背学术行为准则以攫取不当利益的行为称为学术不端，而以权力为手段攫取不当利益的学术不端行为，又被称为学术腐败。（3）共同治理，即由学术主体基于共同的学术价值和学术规范，展开相互评价并依此进行裁决的机制。

虽然我国目前也运行着学术的同行评价，但它并不是基于学术共同体的。其中一个表现是我国目前的学术同行评价一般使用的是无记名投票的决策审议机制，也就是说在这种机制中评价者的评价行为不接受来自学术共同体的监督。于是，我们不知道学术评价者评判的依据是什么，是否遵从了学术共同体的共同价值和规范，因此也就难以确定评价人的责任，更无法调动他们对学术共同体的责任感。这在学生被授予博士学位以及教师职称晋升这种关乎学术共同体守门制度以及学术体系维系的关键环节，显得尤其突出。基于学术共同体的实质性评价制度，需要围绕学术共同体的价值和规范体系，来构建评价者资质、评价的程序性规范，以及裁决机制。

事实上，大学作为学术共同体其学者构成不仅有教师还有学生，师生之间所结成的学术共同体也正体现出教育的真谛——教育是一个灵魂唤醒另一个灵魂，是师生互为主体之间的心灵交流。然而，我国高等教育研究中对学生的关注和研究依然匮乏，这一薄弱与不足必须得到弥补和加强。大学生参与学术活动的特质、模式分类将成为我国高等教育未来研究的重要方向。

第二章　走向普及化阶段的中国大学生群体特点

高校扩招政策的实施根本性地改变了我国高等教育的结构属性，伴随着入学率的快速增长，我国高等教育在短时间内实现了从精英化时代向大众化阶段的跨越，并正朝普及化阶段迈进。高等教育大众化、普及化的外显性表征在于入学人数规模的扩增，然而与规模扩增同等重要甚至更为重要的是结构性的变革。在大众化、普及化时代，高等教育入学门槛相对降低，使得高等教育入学机会得以覆盖更为广阔的社会阶层，因而非传统性大学生在高等教育场域中日渐增多，大学生群体的日渐多样化也成为高等教育大众化、普及化时代的诸多重要特性之一。多样化大学生群体有着多样化、个性化的身心发展需求及特征，而在日益强调以学生为中心的教育理念的时代，如何识别多样化大学生群体的特征及需求，则成为高等教育大众化与普及化时代教育教学改革的实践依托，也相应地成为深化高等教育改革所面临的一大挑战。

一、多样化大学生群体的形成及特点

（一）多样化大学生群体的形成

美国著名高等教育专家马丁·特罗以适龄青年高等教育毛入学率为衡量标准，对一个国家高等教育所处形态进行了三个阶段的划分：高等教育毛入学率小于15%，处于高等教育精英化阶段；高等教育毛入学率大于15%小于

50%，处于高等教育大众化阶段；高等教育毛入学率大于50%，处于高等教育普及化阶段。对高等教育的阶段划分所依循的毛入学率，其具体数值并非一定要严格限定于15%和50%，14.9%和15.1%不见得具有绝对性差异。撇开具体数值不论，单就这种划分方式而言，其无疑有利于研究者和实践者更清晰地把握不同阶段高等教育的特征，以便依循相应的特征而采取与之适应的改革策略。马丁·特罗对高等教育三阶段的划分背后更为深层的意义在于，他认为由量到质的转变过程中，精英化、大众化、普及化三个不同的高等教育阶段在教育观念、功能、课程以及管理等诸多方面存在质的变化。[①]而大学生群体的多样化和分化则是高等教育大众化和普及化时代区别于高等教育精英化阶段的一个显著特性。高等教育大众化、普及化时代大学选拔性相对降低意味着高等教育入学门槛的下降，于是更高比例的中学毕业生获得了大学入学机会，使得大学生的社会属性、学习能力、价值取向等诸多方面都日益呈现多元化的趋势，大学生群体的这种分化结果即是不同大学生群体之间呈现出较大的差异。[②]相对而言，高等教育精英化时代，大学生群体类型相对单一，表现为较高的同质性特征；而高等教育大众化阶段，入学人数的增长以及社会需求的多元化使得大学生群体的多样化成为某种程度上的必然结果。[③]一方面，入学门槛降低使得进入大学的学生群体已有特征呈现多样化，即多元化的学生进入大学时已然携带多样化特征，从他们进入大学伊始，便将多元化的家庭背景、教育经历、个性特征等带入大学场域，这种多样化特征的带入势必会对大学的教育、管理等诸多方面带来不同的需求和挑战；另一方面，社会对人才的多样化需求在某种程度上更进一步驱动大学生群体朝多样化、个性化方向发展，使得他们个人发展期望、对大学教育的需求等方面均呈现出多元化的特征。不同于毕业包分配等更具预测性、稳定性的就业方式，在大学生自主择业的时代，大学生需根据社会需求及自身期望而采取不同的自我发展路径，因而使得不同大学生在接受大学教育时呈现出差异化的

① 安世遨. 基于高等教育大众化的大学生管理方式变革[J]. 大学（学术版）, 2012(1): 26–30+16.

② 窦心浩. 大学生的学习状况与高等教育质量保障——关于大学生群体分化的实证分析[J]. 复旦教育论坛, 2013, 11(4): 69–74.

③ 白波, 张应强. 高等教育大众化与高校多样化人才培养[J]. 黑龙江高教研究, 2008(1): 152–154.

学习目标和学习行为，而且也会获得不同的学习成果。这种多元化学生群体的存在，意味着学生群体之间呈现出较大的差异与分化。由此可见，进入高等教育大众化、普及化时代，由学生入学规模的扩增所带来的高等教育结构性质的改变是显著的，因而新时期的高等教育改革无法忽视这种质的变革，而需要对其进行深入研究以便获得深刻的理解和把握，并指导教育教学改革实践。

事实上，在当今时代，高等教育大众化并非某些国家和地区的特殊现象，而是全球高等教育发展的普遍特性和趋势。实际上，高等教育从精英化向大众化转变是当代世界高等教育发展的基本趋势，亦是21世纪全球高等教育发展的重要特征。[①]早在2013年，全世界已有100多个国家的高等教育毛入学率超过了15%（进入高等教育大众化阶段），有50多个国家的高等教育毛入学率超过了50%（进入高等教育普及化阶段），有14个国家的高等教育毛入学率甚至已超过75%。整体上，全球高等教育毛入学率已达32%，高等教育已成为“现代社会的基础教育”。[②]而且全球高等教育仍在持续发展，到今天进入高等教育大众化和普及化阶段的国家和地区的数量已进一步增多，全球高等教育毛入学率也相应地有所增长。不过不同国家和地区因历史、经济等方面的不同特征，因而在高等教育发展上存在一定的差异性。相对而言，欧美发达国家更早进入高等教育大众化和普及化阶段。欧美等发达国家和地区20世纪60年代以来陆续完成了从高等教育精英化向高等教育大众化的转型，许多国家已进入高等教育普及化阶段，其高等教育毛入学率甚至已超过80%。而我国在20世纪末实施高校扩招以来，高等教育毛入学率也已在2002年达到了15%，正式进入高等教育大众化阶段。2017年，我国高等教育毛入学率已达到45.7%，全国各类高等教育在学总规模达到3779万人。2020年，我国高等教育毛入学率已达到54.4%，正式进入高等教育普及化时代。经过十几年的快速发展，当前我国高等教育的特征与2002年刚进入高等教育大众化阶段时相比已有较大不同，当前已达到高等教育普及化时代的特性。伴随着高等教育

① 安世遨. 基于高等教育大众化的大学生管理方式变革[J]. 大学（学术版）, 2012(1): 26–30+16.

② 史静寰. 走向质量治理：中国大学生学情调查的现状与发展[J]. 中国高教研究, 2016(2): 37–41.

毛入学率的不断增长，高等教育的结构性质将随着量变而发生质变。进入大众化阶段以来的十多年间，我国高等教育一直处于不断的量变与质变的发展进程中，而且这种巨大的转变仍将持续进行。而由高等教育毛入学率的增长而带来的高等教育阶段的更替在高等教育具体实践中的重要体现则是大学生群体的多样化。因而，随着高等教育继续发展，大学生群体的多样化与分化仍将继续进行。高等教育大众化与普及化是一种全球性的特征，因而大学生群体的多样化也非少数国家和地区的特殊状态，而是全球高等教育的普遍形态，并对全球高等教育发展带来深远的影响。因而，对高等教育大众化和普及化时代多样化大学生群体的特征进行深入研究与理解，是新时期高等教育改革的必要依托，也是遵循高等教育规律、大学生学习与发展规律办学的重要依据。

（二）多样化大学生群体的特点

大学生群体的多样化已成为高等教育大众化与普及化时代的基本特性，并对高等教育提出了新的需求和挑战。因而，识别多样化大学生群体及其特征则成为当下高等教育改革所不可回避的要点之一。因为只有识别出不同大学生群体的特征，方能给予与之匹配的教育并促进大学生的持续性发展。

大学生群体多样化整体上的表现在于：一方面，大学生群体构成的复杂多样——由于选拔范围的拓宽以及选拔方式的多样，使得大学生在年龄结构、生活方式、入学动机、专业志向、学历水平、学术能力和兴趣爱好等方面呈现多样化特征；多元化的家庭背景遍布社会不同阶层，带来不同的文化价值取向；学生进入大学之前的教育经历和人生阅历也千差万别，表现为当代大学生群体实际上是一个多元化的聚合体。另一方面，大学生的综合素质呈现差异化特性——高校扩招使得大学生生源质量呈现差异，一些基础知识、文化素质、思想修养、学习能力等素养不足的学生也被纳入大学场域之中。[①]大学生在家庭背景、教育经历、个性特征等方面表现得越多样化，对大学的课程教学、学习氛围、管理方式、评价模式等诸多方面的需求也势必更加多样化，因而给高校带来的挑战也会更大。

---

① 安世遨. 基于高等教育大众化的大学生管理方式变革[J]. 大学（学术版）, 2012(1): 26–30+16.

关注大学生群体的多样化，一方面需要识别大学生群体的不同类型。日本学者金子元久根据学生自我认知和社会认知是否确立以及对大学教育是否认同等维度，将大学生划分为四种类型：高度匹配型（即学生具有较为明确的自我认知和社会认知，而且学校教育与学生个人期待相匹配）、被动顺应型（即学生的自我认知和社会认知不明确，而被动接受大学的教育）、独立型（即学生具有较明确的自我认知和社会认知，但不认同大学的教育内容）、排斥型(即学生的自我认知和社会认知不明确，也不认同大学的教育内容)。[①]这种对大学生群体的分类框架，为理解不同大学生的特性及其需求提供了思考的方向。有学者基于金子元久的大学生分类框架对我国6省市18所高校的日语专业学生进行了问卷调查，结果显示：在这些学生中，高度匹配型、被动顺应型、独立型、排斥型学生分别占36.4%、17.8%、15.4%、30.4%，其中独立型学生和排斥型学生（两类学生占学生总数的45.8%）都不认为大学的课程内容和自己将来的职业期望有密切联系，而被动顺应型学生和排斥型学生（两类学生占学生总数的48.2%）没有明确的发展目标。[②]由此可见，不同大学生群体具有不同的发展期待（或者没有明确的发展目标）以及对大学教育的不同需求，识别不同类型学生的构成和特征直接关系到大学生学习与发展的质量以及高等教育的质量。

另一方面，进入大众化和普及化时代并非对精英教育的绝对取消，高等教育也并非千校一面，高校类型、层次的差异仍将持续存在。因而不同类型、不同层次高校的办学目标、招生标准等方面存在的差异性表明不同高校的大学生之间也存在群体性差异。在高等教育大众化和普及化时代，普通高校承担了高校扩招的主要任务，而高层次的研究型大学则承担着在大众化和普及化时代实施精英教育的重任。高等教育大众化时代的时代特性也赋予了精英高校大学生不同于以往的特征，那么在大众化和普及化时代精英高校大学生群体又呈现出怎样的特征？

“中国大学生学习与发展追踪研究”（CCSS）项目课题组成员持续多年以清华大学本科生为调查对象的系列研究揭示了清华大学本科生的某些特征，

① 金子元久. 大学教育力[M]. 徐国兴, 译. 上海：华东师范大学出版社, 2009.

② 窦心浩. 大学生的学习状况与高等教育质量保障——关于大学生群体分化的实证分析[J]. 复旦教育论坛, 2013, 11(4): 69–74.

为了解精英高校大学生特征提供了一个重要的视角。例如，罗燕、史静寰、涂冬波使用“全美大学生学习性投入调查”（NSSE）问卷的汉化版（NSSE-China）为测量工具对清华大学本科生进行随机抽样调查，并将调查结果与美国顶尖研究型大学进行比较，发现：清华大学低年级学生在学业挑战度、主动合作学习水平、教育经验丰富度、校园环境支持度等指标上优于美国顶尖研究型大学的学生，在师生互动方面则不如美国顶尖研究型大学的学生；而清华大学高年级学生在学业挑战度、主动合作学习水平、师生互动等指标上不如美国顶尖研究型大学的学生。从调查数据来看，清华大学学生的学习动机很强，但学习目标和意义感则相对而言较为薄弱。[①]史静寰、文雯对清华大学本科生的随机抽样调查显示，清华大学学生的教育经验丰富度优于美国顶尖研究型大学的学生，主动合作学习水平也与之相近，而在师生互动和学业挑战度方面，清华大学学生的表现则不如美国顶尖研究型大学的学生；清华大学学生课下学习优于课上学习，课堂外拓展性学习优于课堂内的课程学习；清华大学学生比美国顶尖研究型大学的学生更多地参与老师的研究项目，参加实习、社会实践、学习团体活动等，而在课堂学习的自主性和主动性以及课程认知目标的达成上，清华大学学生与美国顶尖研究型大学的学生还存在一定差距。[②]文雯、罗燕、董华星、马迪对清华大学2014级本科新生的调查显示，清华大学本科新生中有近半数认为自己最大的特征是“踏实”（包括务实、稳重、专注、细心、靠谱、勤奋、有责任心等），而认为自己聪明绝顶、有创造性、才华横溢以及有领导力的比例则远远低于“踏实”；此外，清华大学本科新生具有较高的学习内部动机，其学习动机更多地出于对知识的好奇以及自我发展的需求。但调查也显示，参与调查的清华大学本科新生领袖潜质和全球化素养相对较为薄弱。[③]文雯、史静寰、周子矜基于“中国大学生学习与发展追踪研究”项目在清华大学的调查数据的研究揭示了清华大学的“大四现象”所存在的特征：第一，大四学生对非课程性、高影响

① 罗燕, 史静寰, 涂冬波. 清华大学本科教育学情调查报告2009——与美国顶尖研究型大学的比较[J]. 清华大学教育研究, 2009, 30(5): 1–13.

② 史静寰, 文雯. 清华大学本科教育学情调查报告2010[J]. 清华大学教育研究, 2012, 33(1): 4–16.

③ 文雯, 罗燕, 董华星, 等. 精英的特质与选拔——“清华大学本科新生入学调查”报告[J]. 清华大学教育研究, 2015, 36(4): 62–70.

力教育活动的投入显著增加，自主探究性学习显著提高；第二，大四学生具有更大的学习自由度和自主权，也具有更强的内部动机；第三，大四学生更多采用反思性学习和整合性学习方式，自主探究性学习行为得分更高；第四，大四学生与教师的互动更加频繁，互动方式更加深入和个人化。①

此外，王文、张清、史静寰基于“中国大学生学习与发展追踪研究”数据，以山东大学泰山学堂为案例对基础学科拔尖人才培养进行的研究发现：相对于其他学生而言，入选“基础学科拔尖学生培养试验计划”的学生在学习行为上表现突出，在师生互动中注重学术性交流，具有浓厚的专业兴趣和较高的学业期望；但在社会性发展方面则有所欠缺。②文雯、管浏斯以9所“985工程”“211工程”高校自主招生群体为例，基于“2010年中国大学生学习性投入调查”的数据研究发现，通过自主招生渠道进入大学的学生在大学期间的学习行为和表现上呈现出与统招学生不同的特征，主要表现为：自主招生的学生在学习性投入、主动合作学习水平、师生互动、教育经验丰富度等方面优于统招学生，但两者的差异主要表现在有效的学习性投入和学习活动上而没有表现在学业成绩上。③

针对清华大学等高校的调查研究为识别精英高校学生的特征提供了重要的视角，精英高校学生也表现出某些群体性的特征。史静寰、陈乐基于对35所“双一流”建设A类高校（除国防科技大学）本科毕业生升学率数据的分析发现：这35所“双一流”建设A类高校本科毕业生升学率平均已达55.32%，其中有21所高校本科毕业生升学率超过50%，有4所高校（清华大学、北京大学、中国科学技术大学、北京航空航天大学）这一比率甚至超过了70%；这些高校本科毕业生中，选择出国或出境升学的平均比率达到了17.13%。此外，从部分A类高校的数据中可以看出，这些高校本科毕业生中选择在国内升学的学生里有大量学生是在本校继续深造。④由此可见，我国精英高校本科毕

① 文雯, 史静寰, 周子矜. 大四现象：一种学习方式的转型——清华大学本科教育学情调查报告2013[J]. 清华大学教育研究, 2014, 35(3): 45-54+80.

② 王文, 张清, 史静寰. 基于学习过程的基础学科拔尖人才培养研究——以山东大学泰山学堂为例[J]. 大学教育科学, 2014(2): 58-64.

③ 文雯, 管浏斯. 大学自主招生学生学习性投入初探——以九所“985”、“211”高校自主招生群体为例的实证研究[J]. 复旦教育论坛, 2011, 9(6): 19-25.

④ 史静寰, 陈乐. 构建“本研一体”“双一流”高校人才培养模式[J]. 中国高等教育, 2019(1): 23-26.

业生中多数将继续深造，而且为数不少的学生选择出国或出境深造，此种发展路径的选择反映出精英大学学生个人发展期望的不同，因而他们在大学期间的学习行为和学习期待也与普通高校学生有所差异。

此外，诸如来自农村的大学生、家庭第一代大学生等群体规模的日渐扩大亦成为高等教育大众化和普及化时代的基本特性。在高等教育大众化和普及化时代，许多来自农村的学生获得了接受大学教育的机会，农村大学生（家庭居住在农村的大学生）与城市大学生（家庭居住在城市的大学生）也成为大学场域中两个差异明显的群体。大量研究揭示了城乡大学生在自我管理、综合素质、个人发展等方面所存在的差异。①②这实际上反映的是两者之间的差距，即城市大学生在学习与发展等诸多方面相对于农村大学生而言呈现出一定的优势。实际上，来自农村的学生成功考入大学只是其实现个人发展的一个新起点，进入大学之后这一群体往往表现出一定的自卑倾向。这种自卑倾向反映的是城乡关系及其背后的不平等权力格局，农村大学生需要不断抛弃原生的文化并习得新的文化才能融入主流文化当中。③与城市学生相比，农村学生进入大学不仅要完成从中学场域向大学场域的转换，同时也要完成从其所属的乡土社会向现代城市的场域转换。②因而，与城市大学生相比，农村大学生进入大学除了要跨越高考的屏障，还需跨越城乡文化差异的屏障。城乡二元结构的客观存在将城乡差异附着在城乡大学生身上，两个学生群体将不同的家庭背景、教育经历、个人阅历、文化心理等特性带入大学场域，而这些方面的差异会在他们学习与发展的诸多方面表现出来。农村大学生在大学场域中的心理状态、行为策略、学习与发展等方面与城市大学生存在一定差异，有研究显示城市大学生在学习能力、创造性思维、言语表达能力、交流合作能力等方面整体上优于农村大学生。④不过，与来自城市的大学生相比，来自农村的大学生并非绝对处于劣势地位，农村大学生也可能

① 徐新林. 农村大学生社会化过程中的文化冲突[J]. 青年研究, 1998(3): 16–20.
② 马道明. 输在起点的流动：农村大学生的城市之路[J]. 中国青年研究, 2015(10): 56–60+65.
③ 谢爱磊. 精英高校中的农村籍学生——社会流动与生存心态的转变[J]. 教育研究, 2016, 37(11): 74–81.
④ 陈乐. 农村大学生与城市大学生学习差异分析——基于上海四所研究型大学的调查数据[J]. 大学（研究版）, 2017(4): 47–57+46.

表现出基于其特定家庭背景和成长环境所生成的某些优势。有学者指出，来自社会底层却取得较高学业成就的学生并非全然是因为习得了中上层特有的文化资本，反而是他们充分利用底层特有的文化资本（先赋性动力、道德化思维和学校化的心性品质）的结果。[①]由此可见，来自社会底层家庭的大学生在大学场域中并非显现出绝对的劣势，他们亦具有其他群体所不具有的优势特性，对这些特性的有效把握亦能成为他们取得学业成功与个人发展的重要依托。

此外，高等教育跨入大众化和普及化阶段，在多样化大学生群体当中，家庭第一代大学生由于规模庞大也日渐引起广泛的注意。所谓家庭第一代大学生，指的是父母未接受过高等教育的大学生，这一群体在当前大学生群体中规模十分庞大。张华峰、赵琳、郭菲基于“中国大学生学习与发展追踪研究”项目的调查数据分析发现：在2011年到2015年间，我国家庭第一代大学生占比均超过70%，处于71%至74%之间；而发达国家高校中这一学生群体的占比则相对较小，根据经济合作与发展组织（OECD）的报告，家庭第一代大学生在美国、加拿大、澳大利亚的占比分别为36%、30%和51%。[②]家庭第一代大学生这一规模庞大的学生亚群体表现出与非家庭第一代大学生十分不同的异质性。张华峰、赵琳、郭菲的研究指出，家庭第一代大学生在个人和家庭情况、大学前学习经历等方面都明显异于非家庭第一代大学生，两者的差异表现在诸多方面：其一，家庭第一代大学生家庭经济资本和文化资本相对更低，大都就读于普通高中，高中时期较少参加补习，他们主要是通过高考的方式进入大学，并且较集中于地方本科高校接受高等教育；其二，家庭第一代大学生更倾向于选择职业性和技术性较强的专业；其三，在大学期间，家庭第一代大学生在学习行为和学习成果上均与非家庭第一代大学生存在显著差异，尤其是在诸如师生互动、探究性学习等对个体主动性要求更高的学习行为上，以及在诸如跨文化学习、资源驱动型高影响力教育活动、毕业后升学或出国等对关键性资源依赖较高的学习行为上，非家庭第一代大学生优

① 程猛, 康永久. “物或损之而益”——关于底层文化资本的另一种言说[J]. 清华大学教育研究, 2016, 37(4): 83–91.

② 张华峰, 赵琳, 郭菲. 第一代大学生的学习画像——基于“中国大学生学习发展和追踪调查”的分析[J]. 清华大学教育研究, 2016, 37(6): 72–78+94.

于家庭第一代大学生，而且这两个群体之间的此种差异在学校层次上亦有明显的表征，比如在“985工程”高校中，家庭第一代大学生与非家庭第一代大学生在上述学习行为与成果方面的差距更大，尤其表现在合作性学习、在线学习、资源驱动型高影响力教育活动、毕业后升学或出国等方面。①此外，家庭第一代大学生在社会实践类活动中的参与度较高，但在拓展性学习和研究性学习活动中的参与度则相对低于非家庭第一代大学生。②相比于非家庭第一代大学生具有较高的家庭经济资本、文化资本和社会资本，家庭第一代大学生家庭资本缺失的困境给他们在获取学业成功上带来了或显性或隐性的阻滞，使得他们需要付出更大的努力、克服更大的挑战方能实现与非家庭第一代大学生相似程度的学业成就。而且家庭资本的窘境还限制了家庭第一代大学生在学业之外的多元化发展，由此更进一步拉大了他们与非家庭第一代大学生之间的差距。随着高等教育进入大众化和普及化时代，高等教育入学率的逐步升高使得家庭第一代大学生在高校中的比例日益扩大，因而对该群体的关注应成为新时期高等教育改革的重要依据。

大学生的多样化特征表现在家庭背景、教育经历、个人特征以及学习期望、学习目标、学习方式等诸多方面，“不同类型的学生具有不同的认知方式，在面对高挑战度的学习任务时，个人禀赋、学习能力与自我认知不同的学生会采取不同的措施、获得不同的体验以及不同的收获”。③因而，这种差异最终将表现为不同学生的发展需求、发展过程、发展结果等方面的差异，并对高等教育提出新的需求和挑战。由此可见，大学生群体之间存在诸多方面的差异是高等教育不可回避的事实。在高等教育场域中，每个个体都有平等的权利获得充足的发展，因而真正公正的高等教育不应偏袒任何单一的群体，而应充分考虑多样化大学生群体的差异而设计与之相匹配的教育实践，如此才能促进多样化大学生群体的持续性发展。

大学生群体的多样化特性也给高等教育治理带来了诸多方面的挑战，其

① 张华峰, 赵琳, 郭菲. 第一代大学生的学习画像——基于“中国大学生学习发展和追踪调查”的分析[J]. 清华大学教育研究, 2016, 37(6): 72–78+94.

② 张华峰, 郭菲, 史静寰. 促进家庭第一代大学生参与高影响力教育活动的研究[J]. 教育研究, 2017, 38(6): 32–43.

③ 文雯, 初静, 史静寰. “985”高校高影响力教育活动初探[J]. 高等教育研究, 2014, 35(8): 92–98.

中多样化的管理和评价体系的建设则是大学生群体日趋多元化时代的基本诉求。过去，人们往往依凭一个格式化的标准来评价人才，而1998年巴黎世界高等教育会议通过的《21世纪的高等教育展望与行动宣言》则提出："高等教育的质量是一个多层面的概念"，要"考虑多样性和避免用一个统一的尺度来衡量高等教育质量"，而随着知识经济和信息时代的持续发展，社会对人才的多样化、个性化需求也已成为基本趋势。①不仅需要针对不同类型高校设置不同的人才培养目标及相应的质量评价体系，在高校内部，由于高等教育大众化所导致的高校内部学生的多元化使得高校在实际工作中必须辨认和重视学生多元化的学习目标、意识和行为，而非用同样的指标体系衡量校内的所有学生。②高等教育从精英化走向大众化和普及化不单纯只是一种入学率升高或规模扩大的进程，而是随着这种规模扩大所带来的结构性变革。进入高等教育大众化和普及化时代，大学生群体的多样化势必需要转变高等教育的逻辑和理念，需要实施多样化的高等教育管理和评价体系，而在高等教育大众化以及大学生群体多样化的现实背景下，多样化的高等教育管理和评价体系需依托于对多样化大学生群体及其特征的深入理解。当下大学生群体特性的转变，不只外在于高等教育大众化的推动，还受到诸多方面时代性因素的影响，比如社会主义市场经济改革、互联网信息技术等发展，多重因素复杂交织作用，使得当下大学生在身心及社会发展需求等方面呈现出新的特征，而且随着时代的发展，大学生群体的特性亦将相应地持续转变。因而，我们不能用静止的、僵化的、单一的视野来审视大学生，而应该用动态的、发展的、多元的视角来看待他们。正因为步入大众化与普及化时代的高等教育及大学生存在诸多方面的特性，因而我们有必要对他们的多样化特性进行深入的剖析和理解，方能为高校教育教学改革提供较为准确且较有价值的信息。

① 白波, 张应强. 高等教育大众化与高校多样化人才培养[J]. 黑龙江高教研究, 2008(1): 152–154.

② 窦心浩. 大学生的学习状况与高等教育质量保障——关于大学生群体分化的实证分析[J]. 复旦教育论坛, 2013, 11(4): 69–74.

二、大学生身心及社会化发展的需求与特点

在高等教育大众化时代，大学生的思想与行为特征呈现出与高等教育精英化时代的不同，而伴随着改革开放进程成长起来的当代大学生，他们所面对的社会条件、教育目标、自身特征均发生了质的变化。[①]若将时代特性与高等教育特性整合思考，则可以看到在高等教育大众化时代，大学生群体的多样化与大学生自身特征的时代性相结合，赋予了当代大学生更加丰富的特性，而充分把握大学生的特征则是实施合理有效的高等教育改革的必要依据。大学生的综合全面发展涉及多方面要素，既包含身心发展的需求，也包括社会化发展的需要，如此才能实现大学生德智体美劳的全面性发展。

（一）大学生身心发展的需求与特点

大学生一般处于18岁至24岁之间，这个年龄阶段在生理上已跨入青年期，身体各系统的机能日趋成熟，整个机体具有旺盛的机能和蓬勃的朝气，能够较好地承受压力并适应外部环境。[②]陈晓蕾、单常艳、田云平的研究指出，处在这一人生阶段的大学生，其生理发展总体上存在如下特征：其一，形体方面的特征表现为，大学生基本已度过了生长发育的高峰期，形体逐渐转入缓慢发展阶段，体格体型已接近成年人；其二，神经系统方面的特征表现为，大学生处于脑细胞建立联系的生长期，专业化学习能促进皮层细胞活动的增加，扩大神经元的联系，并促进大脑发育的不断成熟；其三，性机能日渐成熟，出现比较明显的性别特征，易对异性产生爱慕、关注等情感。[③]大学生的心理发展则存在如下特征：其一，自我意识较为强烈但不甚成熟，

① 周太，罗春洪，李敏. 高等教育大众化视阈的大学生特点与管理契合性研究[J]. 中国成人教育，2011(17): 42–44.

② 曹士云. 大学生身心健康需求与高校健康教育的发展策略[J]. 黑龙江高教研究，2009(12): 114–116.

③ 陈晓蕾，单常艳，田云平. 当代大学生身心发展特点和规律[J]. 科教导刊（上旬刊），2011(3): 15, 17.

表现为希望得到他人的关注和承认，不喜欢他人的干涉，但自身的能力和经验以及社会认知不足，存在一定的片面性和幼稚性；其二，抽象思维具有一定的发展但较为主观片面，表现为大学生能够独立辩证地思考问题，但由于缺乏经验和阅历，思维具有片面性，存在固执、偏激、冲动、感情用事等思维和情绪弱点；其三，情感丰富但情绪存在波动，表现为情绪控制能力不断增强，但仍不能很好地掌控自身的情绪，较易受刺激而情绪波动；其四，意志力有所增强但仍不稳定，表现为大学生能够自觉地确定自身的发展目标，并克服困难实现个体的发展，但意志力不够稳定，做决定时常显优柔寡断。[①] 由此可见，大学生身心发展总体上呈现的是从未成熟状态向成熟状态的快速转变，因而大学阶段是大学生身心逐步走向成熟的过渡阶段，过渡阶段所发生的一系列转变构成了大学生身心发展走向成熟的条件。而身心方面持续发生的一系列转变则表明在大学阶段，大学生身心总体上处于不稳定的状态。身心的不稳定状态将在大学生思想和行为等外化形态中体现出来，并可能表现为主动、上进、渴望求知等积极状态，也可能表现为焦虑、迷茫、抑郁、厌学、情绪化等负面状态。在高等教育大众化时代以及社会主义市场经济日渐成熟的社会背景下，大学生在高度竞争的压力下，其身心发展的不稳定性则表现得更为明显。

处在从未成熟状态快速向成熟状态转变的阶段，大学生身心发展势必会产生诸多方面的需求。大学生在年龄上已基本属于成年人的范畴，但在生理和心理的发展上存在的不成熟性表明其尚未达到成年人在身心方面的成熟度，因而仍处在生理和心理向成熟性方向的转变阶段，而这一日渐走向成熟的过程对其身心发展方面产生了某些具有阶段性特征的需求。曹士云指出大学生身心发展的需求表现在：其一，对身体锻炼的需求，表现为积极参与体育锻炼以及自我保健能力的提升；其二，世界观、人生观、价值观的发展需求，成功通过高考进入大学之后，大学生的心态结构、理想内容和水平都表现出一些新的特征，他们需要建立正确的人生观、价值观，渴望实现自身的理想并获得相应的社会地位，以实现个体的社会价值；其三，获得自尊与独

① 陈晓蕾，单常艳，田云平. 当代大学生身心发展特点和规律[J]. 科教导刊（上旬刊），2011(3): 15, 17.

立的需求；其四，情感发展的需求，表现为对友情、爱情等方面的渴望。[①]相对而言，中学时代更强调知识与智力方面的发展，而且中学时代以应试为主要目标的学习过程淡化了对其他发展维度的关注，而大学阶段则更重视综合性、全面性发展，因而大学生在知识与智力之外的其他维度上的发展需求受到了关注与重视。实际上身心发展与智力发展有着直接且密切的联系，大学阶段，学生从高考的单一目标中解放出来反而容易因缺乏明确的发展目标和外部压力而陷入松懈与迷茫的境遇，这种心理状态的持续演变有可能制约大学生在学业、职业等诸多方面的健康发展。因而，大学阶段学生身心发展所呈现出的重要特征应得到深入的研究与把握，并成为大学教育教学与学生工作的重要依据。

除了由于处在个体发展的特定年龄阶段而具有的身心特征之外，处于特定社会时代也赋予了当代大学生某些鲜明特征。当代大学生是在我国改革开放、社会转型、经济体制转轨的时代进程中成长起来的一代，当代大学生与前几代人相比存在自身的特征。[②]高媛指出，成长于当代社会背景中的大学生在身心发展方面的鲜明特性表现在：其一，经济发展给当代大学生创造优越物质生活条件的同时也给他们带来了现实压力，在学业、就业等市场性竞争压力下，当代大学生表现出较强的目的性、功利性和实用性，学习往往被视为获得外部物质的渠道，而非获取知识本身；[③]其二，成长于信息时代的当代大学生，具有较强的获取知识和技能的能力，善于接受新事物，更富于创新，更有主见；其三，当代大学生具有更强的综合素质，也具有更强的自我表现欲望，希望通过自我展示而获得他人的关注和认可，但成长于条件优良的环境中，当代大学生往往缺乏承受挫折和压力的能力。[③]

整体上而言，进入成年阶段的大学生身体机能日渐成熟，但其身心发展处于迅速走向成熟而尚未完全成熟的阶段，而且心理的成熟往往落后于生理的成熟。[①]然而大学生正处于人生发展的急剧变化阶段，大学生在校期间将面临诸多重要的人生发展任务，也较为容易出现心理上的冲突与不稳定，因

① 曹士云. 大学生身心健康需求与高校健康教育的发展策略[J]. 黑龙江高教研究, 2009(12): 114–116.

② 步宝珊. 试论当代大学生的心理、思想特点及教育策略[J]. 科技信息, 2011(4): 57.

③ 高媛. 分析当代大学生特点，创新理想信念教育工作[J]. 中国校外教育, 2011(4): 2, 5.

而表现为当代大学生承受挫折的能力、意志力、危机意识等心理品质较为薄弱，并时常感到困惑和迷茫，严重的还存在心理障碍。[①]大学生处于身心日渐成熟而尚未成熟的过渡阶段，也使得他们在面对日益激烈的竞争压力时容易表现出较为强烈的迷茫性与挫败感，因而当下大学生心理问题日渐多发，而且对学习意义的认同感也存在问题，甚至怀疑学习的意义。大学生身心发展存在的阶段性问题或将影响他们在学业和未来职业上的持续发展。

充分把握当代大学生身心发展的需求和特点，既是大学教育教学实践的重要依托，也是学生工作及高校管理等诸多方面的重要指引。大学生自身的自我认知尚处于持续发展阶段，他们对自身特征的把握并不清晰，而又常常陷于自我发展的困惑与迷茫之中，个体发展的方向性模糊，同时个体发展需求却又未得到足够的关注和满足，从而演化为大学生身心发展方面的诸多问题。高校作为实施高等教育的重要载体，负有满足大学生身心发展需求的责任，肩负引导并促进大学生身心健康发展的使命。而且大学生身心发展的需求及特点既受个体发展所处的年龄阶段的影响，亦形塑于特定的社会时代性特征。前者具有相对稳定性，即处于特定年龄阶段的个体具有与之相应的身心特点，这种特点是个体发展的一般规律，表现为代际之间的稳定性；而后者则具有较强的变化性，因为社会发展的步伐在不断加速，时代变迁所带来的大学生代际特征的差异是显著的。因而，深入研究当代大学生的特征，需要以动态的、变化的观点去审视，需要以持续追踪的研究视角去把握。

（二）大学生社会化发展的需求与特点

社会化是个体由生物人成长为社会人并逐步适应社会生活的过程，大学生社会化是大学生通过与社会环境的交互作用，习得社会公认的行为准则、道德规范、价值观念并内化为自身行为规范，进而成长为合格的社会成员的过程。[②]大学阶段作为大学生由自然人向社会人转变的关键阶段，是促进大学生社会化的重要环节。在大学场域中，大学生在接受大学教育过程中，通

① 曹士云. 大学生身心健康需求与高校健康教育的发展策略[J]. 黑龙江高教研究, 2009(12): 114–116.

② 王德强, 许晓辉, 薛彦华. 大学生社会化的学校影响因素及其教育启示[J]. 国家教育行政学院学报, 2012(3): 78–83.

过与他人的交往互动获得社会影响，学习各种社会角色和行为规范，从而建构适应社会的人格特质、心理品质和行为方式等①，逐步实现大学生个体的社会化。虽然大学并非实现个体社会化的唯一场所，也并不能提供完成个体社会化的全部要素和全部过程，但大学自身的独特性以及大学作为个体走向成熟化过程中的一个重要阶段，在大学生社会化过程中扮演着重要角色。大学场域就是一个微型社会，大学为学生提供了社会化所需的环境、条件、活动、机会、资源等，同时为学生正式进入社会之前提供一个训练和预演的平台，对学生进行充分的社会化训练，促进其从不成熟状态向成熟状态转变、从自然人向社会人转变、从学生向职业人转变等多重角色的质性转变，从而为承担社会角色做好一系列相应的准备。因而，大学阶段作为促进大学生社会化的重要阶段，对大学生有特定的社会化要求，而大学生为了自身的发展亦会产生对社会化发展的需求。在大学阶段，大学生开始逐步具有社会人的特质，在衣、食、住、行等基本生理需求之外，对安全、情感、尊敬以及自我实现等更高层次的需求日益增强。①

从大学生发展的综合要素来看，为了承担相应的社会角色，履行相应的社会责任，在大学阶段大学生除了生理、心理、智力等方面的发展需求之外，同时存在日益强烈的社会化发展的需求，这种社会化发展的需求既是社会对大学生作为即将成熟的社会人的一种角色要求，同时也是大学生为了自我发展与自我实现而产生的内在的需要。总体上而言，李淑霞指出大学生社会化发展大致包含以下几个方面的内容：其一，政治社会化，即大学生认同和接纳占统治地位的思想体系、政治信念、政治制度、法律制度等过程，并继而建立正确的世界观、人生观、价值观以及政治信仰和政治态度；其二，道德社会化，即建构与社会主流道德相一致的道德观念和道德行为的过程；其三，专业社会化，即学习并掌握专业知识和能力的过程；其四，角色社会化，即在正确的角色意识指引下，学会扮演各种社会角色。②大学生社会化的各个方面的内容并非相互割裂，而是相互融合、共同发展的一个体系。政

① 徐显金, 朱延龙, 於倩, 等. 高等教育与大学生的社会化发展[J]. 科教导刊（中旬刊）, 2016(29): 1–2.

② 李淑霞. 对大学生社会化问题的思考[J]. 赤峰学院学报（汉文哲学社会科学版）, 2006, 27(4): 104–106.

治社会化作为统筹，对大学生整体的思想立场、政治信仰做了根本性的规定，从而为道德社会化、专业社会化、角色社会化奠定底色、指明方向。而道德社会化则是专业社会化和角色社会化的重要基础，大学生将要扮演的职业角色、社会角色均要求较高的道德水准，这种较高的道德水准确保大学生将自身的专业知识和专业能力转化为社会福利而非成为危害社会的潜在要素。专业社会化则是大学生角色社会化的重要依托，大学生进入社会获得职业位置并创造社会价值需要凭借其所掌握的专业知识和能力，失去了专业知识与专业技能，大学生创造社会财富的能力会受到限制，因而也将制约其社会角色的扮演。大学生社会化的诸多方面实际上构成了一个完整的体系，任何一个方面的社会化都关系重大。不同的社会化内容对大学生具有不同的要求，也有不同的发展渠道，但总体而言，大学生社会化是在接受大学教育的整体过程中建构起来的。课程学习、课外活动、社会实践等诸多教育环节均具有促进大学生社会化的功能，大学生在参与一系列教育活动的过程中潜移默化地实现了自身的社会化或为自身的社会化做好了一系列的准备。大学生社会化并非像考试成绩那样以量化的结果表征出来，大学生社会化程度将体现在思想观念、情感、行为以及与他人互动的过程中。由此可见，对大学生社会化程度的衡量难以像考试成绩那样量化评价，对大学生社会化程度的考察需要更为综合性的观测方式，需要在其各种行为表现中进行系统性的观测。

在高等教育大众化与普及化时代，大学生群体的多样性表明大学生之间存在显著差异性，而在社会化方面，不同大学生个体之间亦存在一定差异。王德强、许晓辉、薛彦华的研究指出，大学生社会化差异表现在：一方面是性别差异，男大学生在政治信念和行为、知识与能力社会化方面更有优势，而女大学生在政治情感和道德认知以及心理社会化方面存在优势。另一方面是学科差异，理科大学生在政治行为和道德社会化方面存在优势。此外，班干部和党员大学生在政治社会化、道德社会化、学习适应、知识与能力社会化方面均具有优势。[①]大学生社会化差异既与大学生本身的个性特征有关，也与他们在大学期间的行为与角色扮演有关。不同个性特征、价值取向、行

① 王德强, 许晓辉, 薛彦华. 大学生社会化的学校影响因素及其教育启示[J]. 国家教育行政学院学报, 2012(3): 78–83.

为方式、角色扮演等可能导致不同的社会化水平以及在不同社会化内容方面的不同优势，因而有必要针对不同大学生的特征及其需求进行更具个性化的支持体系。大学生社会化应具有统一的要求和个性化的要求，统一的要求在于政治与道德等方面的规定性，而个性化要求则在于不同个体所希冀从事的社会职业以及所希望做出的社会贡献可以因人而异。在正确的政治立场与道德素养的社会化之基础上，让学生在适合自己的社会角色方面进行个性化发展，也是因材施教的一种体现。尤其在高等教育大众化和普及化时代，大学生群体的多样化特性使得大学生在社会化的内容及社会化程度等方面势必会形成一定差异。

大学生处于从不成熟的成年初期向成熟个体转变的特定阶段，其身心发展尚未完全成熟，其社会化也同样处于逐步完成的阶段，因而在这一阶段，大学生的社会化势必存在一定的问题。王德强、许晓辉、薛彦华指出，大学生社会化所存在的问题表现在：大学生在政治社会化方面呈现出功利化现象，在心理社会化方面呈现出心理承受能力差、心理问题日益增多等特性，在道德社会化方面表现出思想道德素养下降、社会责任感淡化等问题，在知识社会化方面表现出知识结构不合理、厌学情绪强烈等特征。①这些问题的存在表明大学在促进大学生社会化方面仍有大量工作需要推进，不能完全寄希望于大学生随着年龄和阅历的增长以及身心发展的日渐成熟而自然地实现社会化，也不能完全寄希望于依靠大学生自身的摸索而自动地实现社会化。大学生在大学期间将面临人生发展的诸多重大选择与重大转折（比如恋爱、就业、升学等），作为一个阅历尚浅的未成熟个体，大学生在面对诸多重大的人生选择与转折的时候容易陷入困惑与迷茫，倘若不能得到学校、教师、家长等重要他者的指引、鼓励与支持，大学生轻则容易陷入自我发展的困境之中，重则容易导致心理问题。当大学生步入职场正式走向社会后，将面对更复杂的社会情境，犯错的代价也更为昂贵。而在大学阶段，大学生处于更为包容的环境之中，他们可通过一系列的试错与纠正的过程逐步完成个体的成长与成熟，有充分的机会去训练和排练，因而大学阶段是大学生社会化的重要时期，在大学期间的社会化水平将在很大程度上影响着大学生在社会职

① 王德强, 许晓辉, 薛彦华. 大学生社会化的学校影响因素及其教育启示[J]. 国家教育行政学院学报, 2012(3): 78–83.

场中的持续性发展。许多在知识与智力的单一化发展方面取得成功，而在社会化方面发展不充分的大学生，在进入社会之后的长远发展常常受到制约。由此可见，大学生的社会化是大学生综合性发展的重要环节，是与大学生的身心发展、智力发展、知识发展、能力发展等诸多发展相互促进、相互依托的关键要素。

三、“以学生为中心”的教育理念与实践

“以学生为中心”的教育理念从20世纪中叶在西方国家产生并快速发展，促进了从“教师中心”向“学生中心”的转变，成为西方国家教育领域主流的教育理念与模式，并带来了教学、学习、教育质量评估等一系列领域的变革。[①]此外，“以学生为中心”的理念驱动了人们对高等教育质量的重新理解，正在根本性地改变人们的高等教育质量观。尽管人们对于高等教育质量仍然存在着多元性的理解，但将对质量的关注焦点转向学生发展已成为高等教育实践层面的一个共同趋势，逐渐形成“以学生为中心”“成果导向”“持续质量改进”等重要理念并成为新时期高等教育质量保障的行动指南。[②]“以学生为中心”的教育理念已日渐成为教育研究与实践话语体系中的强大力量，在某种程度上，它已成为当下教育教学改革以及教育评价和教育管理与服务改革的一种指导性逻辑。

“以学生为中心”是由美国心理学家卡尔·罗杰斯于20世纪50年代正式提出的。1952年，卡尔·罗杰斯在哈佛大学举办的一次学术研讨会中提出“以学生为中心”的理念，引起广泛的议论，其体现的是一种人本主义的教育观念。[③]随后，“以学生为中心”的教育理念在教育研究与实践中得到进一

① 李恋.“以学生为中心”教育理念的内涵解析[J]. 黑龙江教育（高教研究与评估），2014(3): 56–58.

② 薛成龙, 邬大光. 中国高等教育质量建设命题的国际视野——基于《高等教育第三方评估报告》的分析[J]. 中国高教研究, 2016(3): 4–14.

③ 李嘉曾.“以学生为中心”教育理念的理论意义与实践启示[J]. 中国大学教学, 2008(4): 54–56.

步的接纳与认可，而联合国教科文组织的宣传与推广则为该理念在全球范围内的传播赋予了更强大的权威性。1998年，联合国教科文组织在巴黎召开的“世界高等教育大会”的大会宣言中指出：“在当今日新月异的世界，高等教育显然需要‘以学生为中心’的新视角和新模式。”[①]时至当下，“以学生为中心”的教育理念已得到了全球性的认知、认可与认同，并成为当代教育改革的重要指导性理念。虽然“以学生为中心”的教育理念的正式提出始于20世纪中叶，但在某种程度上其理论渊源可追溯到3个世纪之前。

（一）“以学生为中心”教育理念的理论渊源

“以学生为中心”的教育理念可以说经历了从自然主义、进步主义到人本主义和建构主义教育理念的传承演替而形成并发展起来。[②]在某种程度上来说，“以学生为中心”的理念是伴随着文艺复兴以来世界认知体系由神的中心向人的中心转变以及对人性的尊重和解放的进程而逐渐形成并发展起来的。具体到教育领域中，对学生的中心地位的辨识与认同实际上是经历了一系列教育理念的发展和演替的结果，并非是在某一时刻突如其来的全新的价值认知。

文艺复兴运动主张对人性的尊重，使得尊重人的天性日渐受到认同，而17世纪捷克教育家夸美纽斯提出教学的适应自然原则，则将遵循自然天性纳入教育教学所应遵循的原则之中；18世纪启蒙思想家卢梭崇尚自然主义，提出了自然教育理论，反对经院式教育而崇尚自然和自由的教育，卢梭提倡遵循自然规律、顺应儿童的天性、按照儿童自然发展的要求和顺序进行教育，使儿童的身心得到自由发展；瑞士教育家裴斯泰洛齐和德国教育家福禄培尔也都反对教育对儿童的压制，强调适应自然、遵循儿童天性，让儿童的内在天赋得到充分发展。从自然主义教育理念的阐述中可以看出，实际上“以学生为中心”教育理念的轮廓和雏形已开始在自然主义的教育信念中得以呈现。[②]自然主义教育理念或许带有一定的浪漫色彩，在工业化时代到来之际，

① 李嘉曾．“以学生为中心”教育理念的理论意义与实践启示[J]. 中国大学教学, 2008(4): 54–56.

② 肖锋．试论“以学生为中心”的教育理念[J]. 杭州师范学院学报（人文社会科学版）, 2001(6): 98–102.

教育的逻辑被工业化大生产的逻辑所影响，继而通过大班教学等模式提高教育效率的诉求反而压制了对学生天性和个性的强调。因而在工业化蓬勃兴起的时代，人们或许更在意的是如何提高效率，大批量生产势必会在很大程度上淹没学生的中心角色。

19世纪，以赫尔巴特为代表的传统教育流派崇尚教师、教材、教室等外在于学生的教育要素，这是一种传统的教育范式，体现了工业化时代的特征。而到了19世纪末20世纪初，美国教育家杜威则明确提出“儿童中心主义”的教育观，杜威指出：“现在我们教育中将引起的改变是重心的转移。这是一种变革，这是一种革命，这是和哥白尼把天文学的中心从地球转到太阳一样的那种革命。在这里，儿童变成了太阳，而教育的一切措施则围绕着他们转动，儿童是中心，教育的措施便围绕他们而组织起来。”①这种儿童中心论的提出，的确是一种类似于哥白尼式的天文学革命，是一种超越时代性的观念，具有进步的意味，因而这种观念在19世纪末20世纪初契合了进步主义教育运动的旨趣。实际上，在那个时代，人们已经逐渐开始反思大工业生产所带来的弊病，比如对人性的禁锢。卓别林电影里呈现的场景鲜明地描绘了机械劳动对工人的禁锢。而在教育领域里，以教师为主导的知识灌输也同样具有人性禁锢的弊端。杜威的“儿童中心”教育观实际上已拉开了“以学生为中心”教育理念的序幕，其倡导的“教育无目的论”即是强调消除外在于学生的他者的目的而遵循学生主体自身的发展需求，这种观念鲜明地强调了学生在教育中的中心性地位，教育应围绕学生的发展需求而展开，而非围绕教师或家长的需求而实施。对学生天性与成长规律的辨识与体认应成为教育实践的重要依据。

到了20世纪中叶，以马斯洛和罗杰斯为代表的心理学家、教育学家发展了人本主义的心理学与教育学，其中罗杰斯首先正式提出“以学生为中心”的教育理念。罗杰斯倡导“非指导性教学”，反对教师对学生的压制，提倡营造人本、和谐的课堂氛围，强调师生之间的相互讨论。①曾德琪指出，罗杰斯所倡导的“以人为中心”的理念尊崇了人本主义观念，其核心要点表现在：其一，将每个个体视为不断变化的经验世界的中心，个人经验为个体所

① 肖锋. 试论“以学生为中心”的教育理念[J]. 杭州师范学院学报（人文社会科学版），2001(6): 98-102.

拥有而他人难以完全把握；其二，个体的人的自我概念是在与环境及他者的互动中形塑的，而自我概念的形成则将成为个体行动的指引，因而只有真正立足于所要理解的个体的视角才能充分理解个体的行为；其三，每个个体都有提高自我、实现自我的基本趋向；其四，功能的充分发展是人的发展的最高境界。①从人本主义教育观对人的理解来看，“以学生为中心”正是看到了学生作为个体的人在建构自身经验过程中的主体性和不可替代性，只有学生自己才能充分理解自我，充分发展自我。因而教育实际上就是要尊重和遵循学生作为个体的人在发展自我这个任务中的中心性。具体到课堂教学中，对学生个体的发现和尊重、和谐的互动氛围的营造，为学生自我意识的觉醒以及自我潜能的释放提供了良好的环境。因而这种人本主义教育观正是在这种情境中体现了对学生作为个体的人的关怀。

进入20世纪后叶以来，随着建构主义教育观的产生和发展，“以学生为中心”的理念得到进一步的推进。建构主义教育观强调学生主体的前置经验，将学习看作是一个主体与环境相互建构从而不断修正与发展已有经验结构和认知结构的过程。建构主义的核心理念在于：以学生为中心，倡导学生对知识的主动探索和主动发现，并对知识的意义进行主动建构。②因而，建构主义教育观所倡导的教育教学方式强调学生的主体作用，将教师作为学生主体认知过程的支持者和帮助者而非替代者，强调师生之间的互动，强调学生的主动学习、主动探究。实际上，正如建构主义教育观所指出的那样，个体的学习是个体自身的自我建构的过程，这一过程是他人难以替代的。建构主义教育观所指引的新的学习理论强调教师不再扮演知识传递的权威，而是作为学生建构知识的促进者和支持者，在学生的学习与发展过程中师、生是作为平等的参与者和对话者而存在的。③建构主义教育观可以说是进一步解释了“以学生为中心”的理论依据，之所以应该“以学生为中心”，正是因为学生的学习是一个主动建构的过程，具有他者不可替代性，因而外在于学

① 曾德琪. 罗杰斯的人本主义教育思想探索[J]. 四川师范大学学报（社会科学版）, 2003, 30(1): 43–48.

② 李恋. “以学生为中心”教育理念的内涵解析[J]. 黑龙江教育（高教研究与评估）, 2014(3): 56–58.

③ 周光礼, 黄容霞. 教学改革如何制度化——“以学生为中心”的教育改革与创新人才培养特区在中国的兴起[J]. 高等工程教育研究, 2013(5): 47–56.

习主体的要素均是作为学习者进行学习与发展的条件、指导或支持性要素存在，而非作为学生学习与发展的某种规制、压抑或替代。

从自然主义到进步主义，再到人本主义和建构主义的教育观念演进过程实际上是一个前后继承与不断创新的发展路径，而贯穿这个路径的核心要素则是不断强化对学习者自然天性及其主体性的尊重和遵循，这一脉络的发展将“以学生为中心”的教育理念日渐清晰地描绘出来并将其不断发展和深化。从自然主义、进步主义、人本主义和建构主义教育观念的核心旨趣中可以看出，“以学生为中心”的教育理念实际上倡导的是释放学生自身的天性、潜力以及主动性，发挥其自我建构的意愿和能力，将学习与发展的主动权交给学生自身，将学校、教师或家长的权威性和压迫性不断祛除，将学生置于教育的中心、学习的中心，而将外在于学生的他者的角色转变为支持者和帮助者的角色，从而让教育、教师、教学成为促进学生发展而非压抑学生发展的存在。从这种对人性的关怀中可以窥见，“‘以学生为中心’实际上是从教育意义上对人的生命意义的尊重，不是将学生作为被动接受知识的机器，而是认同学生作为教育活动的主体地位，是从‘成人’的目的而非手段去认识教育”。①

（二）“以学生为中心”教育理念的实践

倘若要在教育教学实践中遵循和贯彻“以学生为中心”的教育理念，则要对其进行具体化的理解。“以学生为中心”并非对教师和学生进行角色、身份和地位的高低区分，而是一种教学、评价、管理和服务理念的转变，“以学生为中心”即是强调以学生的学习和发展为中心。②赵炬明指出“以学生为中心”具有三个特征：以学生发展为中心、以学生学习为中心、以学习效果为中心——学生发展强调的是每个学生个体的全面发展而非统一模式的全面发展，学生学习强调学习的中心性地位，学习效果则强调将学习效果的测量与反馈作为评判与改进教学与学校工作的成效的重要依据。③

① 李培根. 以学生为中心的教育：一个重要的战略转变[J]. 中国高等教育, 2011(Z2): 8–9.
② 刘献君. 论“以学生为中心”[J]. 高等教育研究, 2012, 33(8): 1–6.
③ 赵炬明. 论新三中心：概念与历史——美国SC本科教学改革研究之一[J]. 高等工程教育研究, 2016(3): 35–56.

"以学生为中心"的教育理念之所以在教育实践中日益得到认可和实施，反映的是该理念与学生学习过程的本质特征的某种契合。人本主义理论主张人具有学习的潜能，当学生主动地参与学习时，学习效果最好，学习行为也最为持久。[①]而脑科学与神经科学、认知心理学、学习科学等领域的知识拓展，使人们对人类学习有了更深的理解，传统教学模式已不能很好地契合人的学习，必须进行改革，从而推动了20世纪80年代以来"以学生为中心"的教育改革。[②]

美国大学课堂也曾陷入教师讲授与学生听讲记笔记的窠臼，这种教学模式难以促进学生心智的充分发展，因此布鲁姆主张教学要从低阶学习向高阶学习转变，从而培养善于思考和创造的人。美国高校的教学从20世纪90年代开始发生重要转变，即强调"课前阅读、课中讨论、课后练习"的教学模式。[②]这种教学模式改革实际上就是将学习的责任和主动性交给学生自身，使学生成为自身学习与发展的中心者。课前阅读帮助学生建构前置性的知识经验作为课堂互动的基础，而课堂在很大程度上从新知识的灌输与传习中解放出来，从而得以实现更多的思维碰撞与情感交流，将学生沉浸在充足的思维挑战之中以促进其思维发展，课后练习则进一步强化和巩固学生新发展的认知结构。这种教学改革实际上是"以学生为中心"教育理念的具体实践的一种表现形式，因为它将学习的任务、责任和权力交还给学生，通过调动学生学习的主动性而释放学生的认知潜力，教师与课堂的任务则在于提供给学生一个刺激和挑战思维活动的环境，并激发和促进学生个体的思维运转以及师生之间的思维碰撞，从而帮助学生建构自身的知识系统与认知结构。这种教育教学模式主要强调的不是灌输知识的效率，而是强化求知能力和认知结构的建立。而当学生的学习主动性被充分调动，求知能力以及认知结构被不断发展和完善，那么学生便可以在剥离外在压力的强迫或他者的强制下而进行自主性、持续性地学习与成长，从而实现"教是为了不教"的教育理想。

从这个意义上来看，"以学生为中心"教育理念在实践中的实施并非是

① 赵炬明. 论新三中心：概念与历史——美国SC本科教学改革研究之一[J]. 高等工程教育研究, 2016(3): 35–56.

② 赵炬明, 高筱卉. 关于实施"以学生为中心"的本科教学改革的思考[J]. 中国高教研究, 2017(8): 36–40.

一种口号式的宣传，可能某些教育教学改革并没有提到“以学生为中心”的字眼，但其所倡导的方法和模式正契合了“以学生为中心”教育理念的核心旨趣，那么这便是一种呼应了“以学生为中心”教育理念的教育改革实践。相反，那些高唱“以学生为中心”口号，却没有根本性地动摇知识权威对知识接受对象的知识灌输的传统逻辑的教育改革，只能是一种虚假的“以学生为中心”。

“以学生为中心”教育理念在我国高等教育改革进程中也开始越来越受到认可与倡导。改革开放以来，我国本科教育改革的总体趋势便是打破专业教育的人才培养模式以及刚性的教学管理模式，从而促进从“以专业为中心”向“以学生为中心”的教育转变。[①]尤其是进入高等教育大众化时代以来，大学生群体多样化带来管理理念与管理模式的根本性转变，转变的方向是更加关注大学生的个性特征以及大学生群体之间的差异，并遵循大学生个性差异，进行与之相适应的教育教学以及管理和服务，而这种对学生特征的关注正契合了“以学生为中心”的教育理念。“以学生为中心”的教育理念的倡导正在逐步扭转和改变传统的高等教育质量观。史静寰指出：传统的教育质量观体现的是一种“资源观”“产出观”“声望观”——“资源观”，即依赖于办学经费、办学条件、师资力量等资源条件进行大学质量评价；“产出观”，即以学校科研项目、发表论文的数量、毕业生就业率等产出为标准进行大学质量评价；“声望观”，即关注学校的声望和地位、学校的产出、优秀学生的数量等。而在新的时代，新的高等教育质量观则强调大学到底给学生带来了多大的变化，这种教育增值的观点已成为国际上评价大学质量的主要指标。[②]“以学生为中心”的理念的重要体现是，注重以“学”（学生、学习、学校）为本提高人才培养质量以实现高等教育内涵发展；“学”的含义首先是指学生，学生既是教育的对象也是教育的结果；而且在现代教育观念中，学生不再是被动的知识接受者，也不简单是教育的消费者，而是独立自主的学习者；对学生的此种角色定位，实际上是凸显学生在教育活动中不可

① 周光礼，黄容霞. 教学改革如何制度化——“以学生为中心”的教育改革与创新人才培养特区在中国的兴起[J]. 高等工程教育研究, 2013(5): 47–56.

② 史静寰. 以“学”为本的高教质量评价与改进：从教师做起[J]. 无锡职业技术学院学报，2012, 11(6): 1–5.

替代的主体性地位和作用。[①]从传统的高等教育质量观向现代的高等教育质量观的转变，首先需要扭转对学生及其学习与发展的看法。不能将学生视为被动接受知识的容器，教育不能仅仅作为用知识填补学生头脑的过程，而应该尊重学生在其自身发展上的主体性地位，围绕学生的发展和需求设计教育环节，这样才能更好地促进他们的持续性成长。实际上，“以人为本、促进人的全面发展与社会可持续发展是高等教育现代化的核心理念。人是高等教育现代化的出发点、立足点与归宿。教育现代化的核心是人的现代化，是以人为中心的教育体系、教育制度、教育观念和教育行为的现代化”。[②]将“以学生为中心”“以人为本”的理念贯彻在教育实践中的一种体现是推进教育质量观、教育评价理念和原则的转变——“从注重院校资源、声誉和产出的‘静止质量观’，转变为强调大学教育为学习者带来的变化和提高、为满足不断扩大的市场需求而形成的‘增值性质量观’；从关注教师的‘教’到重视学生的‘学’，努力建设以‘学’为中心、注重学习过程和结果的教育质量评价体系”。[②]

“以学生为中心”的教育理念具有一种强大的指导性与统合性，它涉及高等教育的方方面面，它在教育质量观、教育管理与服务、教育评价、教学改革等教育实践中将具体化为不同的表现形式。其核心要旨在于，倘若某种教育实践契合了“以学生为中心”教育理念所倡导的对学生个性、天性、潜能、主体性的尊重，对学生作为建构自身知识体系与认知结构的主体性地位的维护，以及教师和家长等他者从对学生的权威性规制的角色转向作为学生实现自我过程中的支持者与帮助者角色等价值取向，那么这就是一种“以学生为中心”的教育实践的体现。

（三）“以学生为中心”教育理念的认识误区

教育观念的丰富性以及教育实践的复杂性使得人们对“以学生为中心”的教育理念存在多元性的理解。多元化地理解“以学生为中心”在某种程度

① 史静寰, 王文. 以学为本，提高质量，内涵发展：中国大学生学情研究的学术涵义与政策价值[J]. 华东师范大学学报（教育科学版）, 2018, 36(4): 18-27+162.

② 史静寰, 叶之红, 胡建华, 等. 走向2030：中国高等教育现代化建设之路[J]. 中国高教研究, 2017(5): 1-14.

上是对该理念的一种丰富和充实，有利于在不同教育情境中实践“以学生为中心”的理念。然而，多元化的理解在某种情况下可能会产生对“以学生为中心”教育理念的歪曲和误解。有一种误解是将“以学生为中心”和“以教师为中心”截然对立。[①]实际上，教师和学生是教育活动中两个重要的、不可或缺的角色，“以学生为中心”并非对教师的角色和作用的完全忽略，也并非将教师置于教育活动的从属者角色。教师仍然是教育活动的重要参与者、设计者、指导者和支持者，他们扮演着引导和支持学生发展的重要角色。“以学生为中心”倡导的是消解教师以知识权威的面貌对学生认知主体性的淹没，而非取缔教师在学生发展中的建设性作用，也并非将学生凌驾在教师之上。“以学生为中心”倡导的是平等的师生关系，学生的中心性体现在学生作为自身学习与发展的建构者的地位上，教师与学生作为平等的合作者和对话者而存在，其努力的共同方向是促进学习者的发展与自我实现。另外一种误解是将“以学生为中心”理解为一种教学方式，将其狭隘化为教学方法的改革。[②]教学改革固然是“以学生为中心”教育理念的重要实践方式，但“以学生为中心”并非一种具体的教学范式，它是超越教学之上的一种指导性理念。“以学生为中心”不仅体现在教学范式的转变之中，而且也体现在教育质量观、教育评价模式、教育管理与服务模式等诸多方面。可以说，某种教育实践遵循并体现了“以学生为中心”教育理念的旨趣便可以看作是对“以学生为中心”教育理念的具体化。

“以学生为中心”的教育理念已显现出其广泛的认可度、接纳度和强大的教育生命力。新时代的教育改革应充分地融入“以学生为中心”的教育理念，从而构建一整套遵循和体现“以学生为中心”教育理念的教育质量观、教育管理和服务模式、教学模式以及教育评价模式。赵炬明指出，如果希望在知识经济时代的国际竞争中取胜，就应将“以学生为中心”的教育理念贯彻在本科教育教学改革之中，以改变传统教学模式。[③]以人为本、促进人的

① 朱欣.“以学生为中心”教育理念的历史审视与价值定向[J]. 现代教育管理, 2012(4): 6–9.

② 李莉. 浅议“以学生为中心”的教育理念[J]. 科教文汇（上旬刊）, 2014(2): 37–38.

③ 赵炬明. 打开黑箱：学习与发展的科学基础（下）——美国“以学生为中心”的本科教学改革研究之二[J]. 高等工程教育研究, 2017(4): 30–46.

全面发展、以学生为中心，要体现对每一个学生的发展的关注。[①]尤其是在高等教育大众化和普及化时代，大学生群体多样性的客观存在要求对学生个体差异性的关注以及对每一个学生个体发展的关注。人与人之间的差异是客观存在的，大学生不可能都发展为同样的人，从事同样的职业。人的差异性以及社会的多元性需求表明了大学生差异化发展的必然逻辑，大学生的差异化发展则决定了大学教育的多元化实践。在高等教育大众化和普及化时代，大学生的这种多元性和差异性将得到更大程度的彰显，因而倡导“以学生为中心”的教育理念需在这个时代呼吁根本性地扭转那种不分差异地用相同的标准和模式看待人、培养人、评价人的教育观念和教育模式。

① 杨德广. 提高高等教育质量贵在落实[J]. 大学教育科学, 2011(6): 16–21.

第三章　大学生学习与发展研究的理论与方法

大学生的学习是兼具生理性、社会性和文化性的复杂现象。无论是理论和模型的建构，还是研究视角和方法的选择，都已超越单一的教育学视角，扩展为涉及生理学、心理学、教育学、社会学甚至文化学的多学科研究领域。本章秉承着彰显本领域多视角研究特点的理念，在理论上依次对大学生发展理论、大学影响力模型以及中国学习者解释框架进行阐述，在方法上依次对基于调查的学习评价、现象分析描述方法以及基于数据挖掘的学习分析方法进行阐述。

一、大学生学习与发展研究的相关理论

（一）大学生发展理论

大学生发展理论从发展心理学的视角出发，关注学生在认知等方面发展和完善的本质或结果。这可以继续划分成心理社会学理论、认知—结构理论以及整合性的理论。其中，心理社会学理论关注的是个体在不同阶段如何解决具有挑战性的个人成长问题，并强调自我同一性的核心地位，比如埃里克森提出的心理社会八阶段发展理论、齐克林提出的学生发展七向量理论等。认知—结构理论关注的是学生感知、解释自身经验的方式（而非内容），比如皮亚杰提出的儿童认知发展阶段，以及佩里提出的智力和道德发展阶段理论。整合性的理论认为学习与发展不仅涉及认知过程，还涉及心理、环境等

诸多方面，因此推崇从更加全面和复杂的视角来看待这一过程，比如巴克斯特·玛格达提出的自我主导理论，布朗芬布伦纳提出的生态系统理论等。本章从三个子类中分别选择具有代表性的理论进行具体阐述和分析。

1.学生发展七向量理论

埃里克森提出的自我同一性是关于青少年人格发展理论中的重要概念，①也是本领域研究不断扩展的核心。在此基础上，齐克林基于对白人男性大学生的研究，提出大学生在校期间在情感、社会、身体、智力、自我认同等七个方面会产生怎样和多大的变化和发展，其中自我同一性的建立是核心。因为这既涉及发展方向，又涉及发展的程度，因此使用七个“向量”予以表示。1993年，齐克林与罗克兰社区学院（Rockland Community College）学生服务部门主任雷塞尔在修订的《教育与自我同一性》一书中进行了完善。②这七个“向量”包括能力培养、情绪管理、从独立到共存、成熟人际关系的建立、建构自我同一性、目标建立、健全的人格。

能力培养。大学为学生能力发展提供了良好环境。不同方面能力的发展不仅促进学生的课程知识学习，还为其融入社会奠定基础。齐克林和雷塞尔主要关注了三个方面的能力培养：学识发展、体质和动手能力以及人际交往能力。其中，学识发展指的是基于个体心智，通过不同方式去理解外部世界并且形成自身的观点。体质和动手能力指的是体质和审美方面的表现和成就，并且兼顾自律、力量、健美、娱乐等方面。人际交往能力包括倾听、理解、交流以及在不同类型关系中扮演不同角色的能力。

情绪管理。紧张、生气、抑郁、欲望、内疚等不良情绪的极端化会影响学习过程和效果，因此，大学生要意识到这些不良情绪的存在，并且找出处理方式。正如齐克林所言，“当学生们在暴跳如雷之前就能够找到恰当的方式去释放心中的怒气，在恐惧降临时学生们不会目瞪口呆，也不会因为自己情感上的伤痛而影响到他人，那这些学生就已经具备了管理自己情绪的能力”③。

---

① Kemph J P, Erikson E H. Identity, Youth and Crisis. New York: W. W. Norton Company, 1968[J]. Behavioral ence, 1969, 14(2): 154–159.

② Chickering A W, Reisser L. Education and Identity[J]. International Journal of Childrens Spirituality, 1993, 12(2): 207–219.

③ 王鹏. CHICKERING的教育认同理论与我国高校学生工作的适应性问题探讨[J]. 武汉科技学院学报, 2008, 21(1): 121–124.

从独立到共存。齐克林认为，大学生在自我发展的过程中，必须在一定程度上做到自立而不过度受到他人影响，并且为自己的选择承担责任。他进一步指出，这种独立性既有情感层面的，也有现实（工具）层面的。其中，情感方面的独立指的是个体要从支持性团体中逐渐脱离出来，后者包括家庭、教师和同学，努力形成和表达自己，并且独立完成目标。现实层面的独立指的是，能够独立提出想法、付诸实施，从而解决现实问题。但是，仅仅独立和自主是不够的，与不同的个体和群体共存是非常重要的。

成熟人际关系的建立。齐克林和雷塞尔认为，大学生必须培养良好的人际交往能力，这主要包括两个方面，一是对差异的包容与欣赏；二是与他人建立亲密关系的能力。[①]这是因为，大学是多元文化、多重价值观、多种族群聚集的地方，建立成熟的人际关系的前提就是要对与自身不同的价值文化给予包容与尊重，这既是文化上的，也是交往上的。后者指的是从过度依赖他人转变为相互依赖的关系。

建构自我同一性。齐克林认为，自我同一性是大学阶段学生在身体与人格等方面初步成熟的重要标志。自我同一性可以认为是前述四个方面的延伸和统合。这种同一性的形成涵盖以下七个方面：（1）对自己身体与外表的接纳；（2）对自己性别和性取向的认同；（3）在社会、历史、文化背景中对自我的认知；（4）通过生活风格和角色明确自我概念；（5）在重要他人的反馈中感知自我；（6）自我接纳与自尊；（7）人格的稳定与完整。[①]

目标建立。在齐克林看来，大学生的目标形成涉及以下内容：不断提升的目标意识、对利益与选择的客观评价、详细地阐明目标、制订计划并持之以恒。在形成目标的过程中，还要在职业规划、个人兴趣、人际交往与家庭责任的承担三者之间进行综合考虑和权衡。[②]

健全的人格。齐克林认为这包括三个前后相继但又相互重合的阶段：（1）人文价值的养成，即不再机械地固执己见，而在坚持原则的前提下寻求自我利益与他人利益的平衡；（2）价值观念的人格化，即有意识地强化核心

① Chickering A W, Reisser L. Education and Identity. The Jossey-Bass Higher and Adult Education Series[M]. Jossey-Bass Publishers, 1993: 48.

② 王鹏. CHICKERING的教育认同理论与我国高校学生工作的适应性问题探讨[J]. 武汉科技学院学报, 2008, 21(1): 121-124.

价值观念的同时尊重他人的观点；（3）人文价值与人格化价值的和谐统一，即要使人格化价值与社会责任相匹配。

这七个方面反映的是大学生发展的不同领域和层次，并非是线性和同步发展的，它们之间也不是相互独立的，[①]一个领域的发展为其他领域的发展创造条件。而且，这七个向量之间不是严格的单方向发展关系，即学生的发展不总是沿着从向量1到向量7 的线性顺序发展。当学生在某个向量的发展中碰到困难，遇到难以解决的发展问题时，就会回到前面的向量。七向量发展理论为美国学生事务领域的工作实践提供了坚实的理论基础。比如，有些学生活动或宿舍管理部门设计和开展各种活动以促进学生这七个向量的发展，研究者也会用这七个向量作为指标来衡量学生干部各方面能力的发展情况。

2.智力和道德发展体系

20世纪50—60年代，哈佛大学学业咨询部门主管佩里为了探讨学生如何解释自身学习以及意义建构的过程，以本校学生为样本进行研究，提出了智力和道德发展体系。尽管这一理论体系以皮亚杰提出的儿童认知发展阶段理论为基础，但是尝试使用“位置”而非“阶段”进行阐述。这是因为：第一，和儿童认知发展阶段理论不同，佩里并没有假定学生认知状态可能存在的“持续时间”。第二，使用“位置”反映出个体认知发展的大致位置和集中趋势，并允许有一定的波动范围。第三，使用“位置”体现出一种认知方式的“可变性”，发展就是在不同的“位置”之间转变的过程。[②]总体上看，佩里认为大学生思维和认知方式的发展频谱中有九个位置，并且可以划归为四个逐渐推进的范畴：二元论、多元化、相对主义和承诺。[③]

二元论（范畴一）。处于这一范畴的学生，其总体的认知方式是对立二分的，认为知识要么是对的，要么是错的。教师和书本是“金科玉律”的代言人，学习就是去记住这些“金科玉律”。这一范畴可以细分为两个位置：基础二分性（位置一）和完全二元论（位置二）。其中，处于基础二分

① Evans N J. Theories of Student Development[J]. Student Services: A Handbook for the Profession, 1996, 3: 164-187.

② Evans N J, Forney D S, Guido F M, et al. Student Development in College: Theory, Research, and Practice[M]. John Wiley & Sons, 2009: 85.

③ Perry Jr W G. Forms of Intellectual and Ethical Development in the College Years: A Scheme. Jossey-Bass Higher and Adult Education Series[M]. Jossey-Bass Publishers, 1999.

性位置的学生，以二元对立的方式看待世界：对与错、好与坏、黑与白。知识是事实性和绝对性的，所有问题都存在唯一的正确答案；学习就是去接受这些最正确的答案，而没有必要质疑权威。在完全二元论位置，学生开始意识到并不是所有领域都存在唯一正确的答案。比如，像数学、物理等理工科领域就存在绝对答案，但是如文化、哲学等领域则存在非权威性和不确定性的答案。换言之，唯一正确的答案或解决问题的唯一方案依然存在，只不过在不同知识领域中的体现程度不同，学生需要从中选择出绝对正确的答案再接受。

多元化（范畴二）。佩里认为，处于这一状态的学生体现出对各种观点的包容性，认为所有观点在没有经过检验之前都是同等有效的。此外，知识的绝对对错在学生那里开始消解，开始产生不确定性，学生从简单接受知识向学习如何思考转变。这包括两个位置：早期多样化（位置三）和晚期多样化（位置四）。早期多样化是二元论的延伸，学生认识到世界存在已知的知识（或已经得出的问题解决方案）和未知知识（或未知的问题解决方案），学习就是去学习如何思考以及学习找到正确答案的方法。处于晚期多样化位置的学生发现，知识在普遍意义上是不确定的，每种观点都有同样的价值，每个人都有权利表达自己的观点。

相对主义（范畴三）。处于这一范畴的学生认为权威并不拥有唯一正确的答案，但是无法判断哪些是对的，哪些是错的。整个世界被看作是相对的，摆在眼前的知识和观点不再是平等有效的，那些与情境相符、支持论点或者有助于解决问题的是更重要的知识。这包括情境相对主义（位置五）和“前承诺”（位置六）两个位置。在情境相对主义上，学生发现不论是所有问题的解决方式，还是评价观点的好坏，均需要结合情境来理解。换言之，学生意识到知识是质性的、是基于证据的，具有很强的情境性。对处于“前承诺”位置的学生而言，他们发现自己需要在学习过程中自主做出选择，并且从中确认一个解决方案，从而超出了认知的范畴。需要说明的是，相对主义者和二元主义者可能在表面上呈现出类似之处，均展现出强有力的观点，如对书本或教师的观点表示赞同。但是，前者的赞同往往是经过思考和分析的，后者则是盲目的。

承诺（范畴四）。处于承诺范畴的学生认为知识是相对的、是社会构建的、是与情境相关的，需要评估和鉴别，并在此基础上做出成熟决定。承诺不再涉及认知复杂度的提升，而因为受个体价值判断影响而涉及道德发展。这包括承诺、对承诺的挑战以及后承诺三个位置。其中的承诺体现为对自我的认可和同一性的建立；对承诺的挑战指的是对自我职业发展和风格的确认，如关于专业、职业、信仰、关系等的决策；后承诺指的是学生建立起与自己个人目标相一致的生活方式和风格，并且发现承诺是一个不断进行和演化的活动。在承诺范畴中需要关注领域和风格两个方面。其中，领域指的是学生需要在哪些社会性内容（如专业、职业、宗教、关系、政治等）中进行选择。风格意味着个体要在平衡外部因素（如时间应用、人际关系等）和内部主体性（行动与沉思、控制与开放）关系的基础上进行选择。①

总之，佩里认为学生的认知发展是从简单的、二元的、具体的特征向复杂的、抽象的、审辩性的特征转变。而且，从位置一到位置九并不是线性的，经常充满偏差。这主要体现在三个方面：（1）拖延。认知发展并不是直线的，在发展过程中会出现暂时的“高原期”，即延迟和停滞。（2）逃避。学生对自身责任的放弃，不去承诺或追求任何东西，出现异化形态。（3）后退。大学生的认知发展可能出现倒退甚至暂时回到二元论范畴。这有可能是因为学生在学习过程中经历了过大的挫败感。①总而言之，佩里的理论是不少学生认知发展理论模型的基础，也构成了高校学生事务工作的重要理论基石。

3.自我主导理论

最先提出自我主导概念的是美国教育心理学家罗伯特·凯根（1994）。他认为，人是从自身作为主体的角度出发，以外部环境等因素为客观条件，在实践活动中发展与建构自我。他在构建的意识发展理论中认为，个体心智和意识的发展包括五个阶段：以好奇为特征、以自我为中心、遵从社会规范、自我主导阶段、追寻生命意义。在自我主导阶段，个体能够从外部主导（被外部的规则、权威等所主导）的状态走出来，开始根据自身的内部基础（知识、信念、经验、动机等）自觉地对外部系统进行检验和选择性的吸

① Evans N J, Forney D S, Guido F M, et al. Student Development in College: Theory, Research, and Practice[M]. John Wiley & Sons, 2009: 87.

纳。[①]对自我主导进行更为全面和深入研究的是美国迈阿密大学教育领导系教授玛格达。1986年，玛格达对迈阿密大学的101个本科生（51个女生和50个男生）进行跟踪调查，从而探讨大学生认知发展的过程，并提出了认识论反思模型。她进一步发现，个体认识论的发展与个体内部因素和人际关系因素有着紧密的联系。因此，玛格达在本科生毕业之后继续追踪了30名学生（均为白人，其他样本丢失），从单纯的认识论发展逐步扩展到全人（认识论、自我、人际三个方面）的发展，进而提出自我主导性的概念和理论。

在玛格达看来，自我主导性是个体意义建构的心理结构。所谓意义建构，指的是个体对生活事件、人际关系以及自我进行分析、理解和赋予意义的过程。人们作为积极的能动体，通过强化、修改或完善原有意义建构的结构，去促进自我主导性的升级。这其中包含三个相互影响、相互促进的维度：第一是认识论维度，指的是个体对外部世界本质的理解；第二是个体内部维度，指的是个体对自己身份的理解以及自己相信什么；第三是人际间维度，指的是个体如何理解并与其他人建立关系。处于自我主导阶段的人，认为知识乃至世界的本质是不确定和建构性的；认为应该通过自身经历和反思去了解自己，而不是任由别人定义自己；认为应该建立一个持久性的、支持性的但不被别人主导的关系。不过，上述三个维度在大学阶段往往不能协调发展，到中年阶段才能达到协调统一。也就是说，多数大学生在三个维度上发展有高有低，其中发展更强的维度称为核心维度或引导维度。个体倾向于首先使用核心或引导维度去处理外部的挑战，让自身的情境、经验和关系变得有意义。[②]

个体自我主导性发展的过程，可以形象地比喻为外部影响不断减弱、内部声音不断加强的过程。这两个过程是同时进行的，而不是顺序进行的。2012年，玛格达将自我主导性的发展进一步细化为三个意义建构的阶段：外部意义建构或外部主导阶段，十字路口阶段，内部意义建构阶段或内部主导

① Kegan R. In over Our Heads: The Mental Demands of Modern Life[M]. Harvard University Press, 1994.

② Pizzolato J E, Olson A B. Exploring the Relationship between the Three Dimensions of Self-authorship[J]. Journal of College Student Development, 2016, 57(4): 411–427.

阶段。外部主导和内部主导是互为反面且此消彼长的关系。[1]如图3-1所示，下面主要针对教育情境对每一个发展阶段进行阐述。

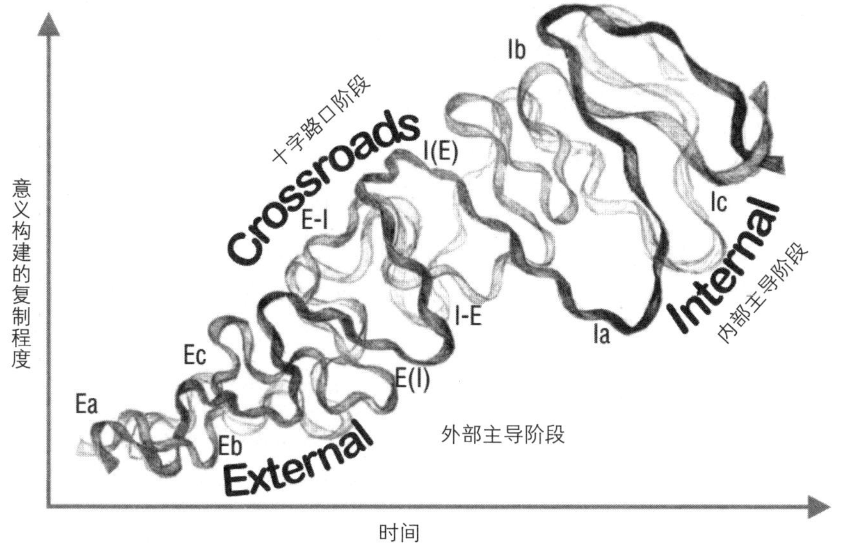

图3-1 通往自我主导性的发展之路

[资料来源：Magolda M B B，King P M. Assessing Meaning Making and Self-suthorship: Theory，Research，and Application[J]. ASHE Higher Education Report，2012，38(3)：17.]

外部意义建构阶段，也就是外部主导阶段，强调的是个体习惯于遵循和接受外部权威或规则[2]提供的信息、知识和要求，通过外部的期待去理解自己，在人际互动过程中比较被动。具体而言，在认知上，个体相信知识是非对即错的，相信权威（教师、父母等）拥有更好的甚至正确答案。倾向于接受和记忆知识，不会主动挑战和质疑权威，不会尝试多视角地看待问题，不喜欢模糊而不确定性的问题，尽力寻找所谓唯一的正确答案。在自我内部维度上，个体不了解、没有形成自己的信念、价值观和发展目标，相信别人比自己更加了解自己，没有信心去发现知识或解决问题。在人际建构上，和权威之间有距离感，不认为自己能够建立合作和支持性的关系，不愿意主动寻

① Magolda M B B, King P M. Assessing Meaning Making and Self-Authorship: Theory, Research, and Application[J]. ASHE Higher Education Report, 2012, 38(3): 1-138.

② 外部的规则包括社会的期待、与之交流的成年人、同伴、父母、恋人和老师等。被自己采纳的外部的规则，不一定总是和个体的想法一致。

求甚至避免寻求支持和帮助，只愿意和与自身特征类似的人交往，不愿意和不同背景的群体交往，以规避可能出现的冲突。

在十字路口阶段，个体开始意识到，权威的观点并不一定是正确的，需要根据自己的经验、知识和判断去解决问题，但是内部信念和判断的力量较弱。具体的，在认知上，个体开始意识到自己可能拥有不同的观点，因而开始对外部权威的观点产生怀疑。在个体内部，个体开始探索自身是谁、重视什么、承担的是什么角色，信心开始提升。在人际建构上，个体开始意识到朋友、父母、教师等是如何影响自己的，但是并不能建立更为主动的关系。遇到问题的时候，不知道是否要去寻求他们的支持，担心被他们的观点左右。

内部意义建构阶段，即自我主导阶段。内部的声音是主流，自己已经生成对知识、身份认知和社会关系的理解，从而能够基于内部的准则对外部影响进行批判性分析和判断。在认知上，个体认为知识的不确定性是正常的，不再盲从权威或直接接受他们的观点和知识；对于新的知识或信息，个体能够将其纳入到自己的观点、知识、经验系统中进行加工检验，而不是直接接受或全盘反对。[①][②]在自我内部维度，个体重视内省，了解自己的价值、信念和未来规划，同时明白当下所做事情对于自身的意义，面对挑战体现出信心和积极的动力。在人际关系建构上，个体开始不满于充满权威感的关系，致力于构建相互支持的关系，遇到问题或困难的时候积极寻求支持，并愿意和不同背景的群体进行交流。此外，诺梅斯特也总结了自我主导阶段的特征：建立支持和依赖的关系、拥抱不同的观点、失调和变化、认知复杂性、承担责任、个人和集体的效能感、对外部新观念或经验的开放性。[③]

（二）大学影响力模型

从社会学的视角出发，学习被理解成为学生个体与学校不同方面互动的

① Evans N J, Forney D S, Guido F M, et al. Student Development in College: Theory, Research, and Practice[M]. John Wiley & Sons, 2009.

② Cen Y. Student Development in Undergraduate Research Programs in China: From the Perspective of Self-authorship[J]. International Journal of Chinese Education, 2014, 3(1): 53–73.

③ Neumeister J R. This New Whole: An Exploration into the Factors of Self-Authorship in College Students[J]. Dissertations & Theses-Gradworks, 2007.

过程。这一视角的理论或解释框架可以追溯到20世纪30年代泰勒提出的“任务时间假设”。以此为开端，佩斯提出了“努力的质量”概念，认为要在时间之外关注学生的行为；汀托提出了学术和社交整合的概念；齐克林提出了良好本科教学实践；等等。在此基础之上，库综合多个理论或解释框架提出了大学生学习性投入的概念和理论。尽管上述理论或模型各有侧重，但在整体上体现出对两个方面的关注。第一是学生的投入行为，从时间投入扩展到心理和生理上的投入。第二，强调学校的各项具有教育意义的支持和干预，其目的是促进学生的投入。这样，学生的主体性发挥与学校和教师的主导性作用结合在一起，共同促进学生的学习与发展质量。和大学生发展理论相比，大学影响力模型更容易理解，实践应用性更强。本章主要阐述汀托提出的学生退学理论，库提出的学习性投入理论以及日本教育学家金子元久提出的大学教育“射程”模型。

1.学生退学理论

根据迪尔凯姆的自杀论，自杀动机的产生取决于个人与社会生活融合的程度。缺乏融合会导致个体和社会间的隔离，进而产生自杀倾向与行为。汀托将此迁移到高校系统内部探讨学生退学问题，认为学校存在两个子系统——学术系统和社交系统，学生能否较好地融入这两个子系统会对学习成果和是否退学产生重要影响，并基于此提出了退学理论。

如图3–2所示是学生退学的交互模型，学生在进入学校之前的特质如家庭背景、技能和态度、以前的教育程度等，塑造了学生大学前的学业目标（承诺）以及对学校的承诺。院校经验在学术和社交两个系统中产生。学术系统中的经验包括正式的学业表现以及和教师之间的互动。社交系统中的经验包括正式的、有组织的课外活动以及非正式的、随意的同伴交流。学生在两个系统中的表现促进了学业融合和社交融合。两方面的融合程度再次影响了个体的学习目标（承诺）以及对学校的承诺，进而影响了学生是否退学的决定和行动。

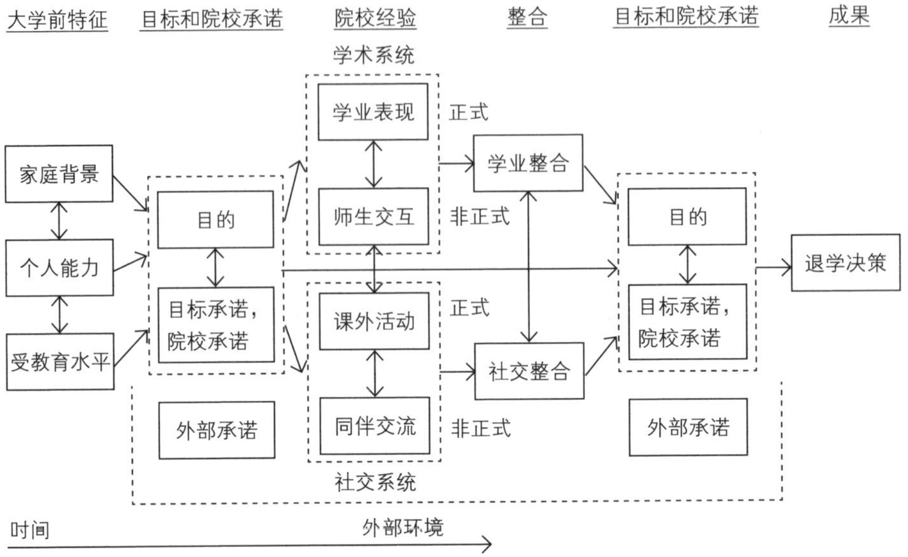

图3-2　退学的纵向发展模型

（资料来源：Tinto V. Leaving College：Rethinking the Causes and Cures of Student Attrition[M]. University of Chicago Press, 1993.）

整合是汀托在此理论中提出的核心概念，包括学术整合和社交整合两类，可以预测学生的目标和对学校的承诺，从而预测学生是否做出离开学校的选择。[①]其中，学术整合关注学生是否遵循大学组织所蕴含的学术价值观以及与之匹配的行为规范，并基于此获得学业成功的能力，比如通过考试、认同高校教学理念，并投入时间和精力学习等。学术整合一般从两个方面去测量，一个是外部的成绩表现，另外一个是内部的智力发展。后者指的是学生专业学习行为和过程、认同和归属感乃至满意度。换言之，如果个体和机构主流推崇的文化氛围一致，个体将会有更好的学业表现。社交整合指个体和学校社会环境相适应的程度，主要通过非正式的同伴交流、半正式化的课外活动、和教师或行政人员的交流来完成。[①]在测量上，一般使用生生互动和师生互动来指代。可见，整合不仅是最终结果和静止的状态，而且是过程性的发展过程。好的大学教育能帮助学生个体顺利实现学术整合和社交整

① Tinto V. Dropout from Higher Education: A Theoretical Synthesis of Recent Research[J]. Review of Educational Research, 1975, 45(1): 89-125.

合，而且每一个大学都有其独特环境，在具体的社交或学术整合指标上可能会有差异。此外，两种整合并不是相互独立的。当一种整合做得好的时候，另外一种有可能表现不好。例如，社会整合不充分有可能导致学生主动退学，但是过多的社交整合，也会使得学生没有时间花在学术整合上，导致学生学业成就下降。①而且，学术整合和社交整合之间还存在重合部分，并被里贾纳称为社会性的学术整合活动，如教室内外与教师的交流等。②

实际上，汀托提出的学术整合和社交整合，与阿斯汀提出的参与和佩斯提出的努力的质量基本一致。只不过，汀托将参与或努力的质量进行了更加清晰的结构划分，从而指导其他研究者更加方便地进行变量建构和测量。因此，尽管这一理论建构的初衷关注大学生退学的问题，但也在一般性的过程性学习研究中得以应用，①并一度成为研究最多的、检验最多的、修正最多的，也是批评最多的学生学习与发展理论。③不过，此理论模型相对忽视了学校的干预作用。为此，汀托于1995年在此基础之上提出了院校行动模型。院校行动模型弥补了之前的缺憾，重点关注了院校特征变量（包括院校承诺，院校的期望、支持、反馈和参与），并将学生的成果从不退学扩展到涵盖面更广的学生成功。④这一模型与库提出的学生成功模型存在诸多类似之处，这里不再进行阐述。

2.大学生学习投入理论

基于努力质量、学生参与、学术和社交整合等概念，美国印第安纳大学教授乔治·库提出了大学生学习性投入的概念和理论。学习性投入的基本假设是，学生在某一门课程上投入的时间越多，就学到越多；学生在写作、分析和解决问题上练习得越多，得到的反馈越多，就越熟练，掌握得越好；学生的投入程度越高，在技能和性情方面的发展也就越大。同时，学校越是从

① Tinto V. Dropout from Higher Education: A Theoretical Synthesis of Recent Research[J]. Review of Educational Research, 1975, 45(1): 89–125.

② Regina D A. Socio–Academic Integrative Moments: Rethinking Academic and Social Integration among Two–Year College Students in Career–Related Programs[J]. The Journal of Higher Education. 2011, 82(1): 54–91.

③ Braxton J M , & Hirschy A S. Theoretical Developments in the Study of College Student Departure[J]. College Student Retention: Formula for Student Success. 2005: 61–87.

④ Tinto V , Pusser B. Moving from Theory to Action: Building a Model of Institutional Action for Student Success [R]. National Postsecondary Education Cooperative, 2006.

各方面创造条件鼓励并支持学生主动参与到这些有效的学习活动中，学生便越会在这些活动中投入更多的时间和精力，从而获得更好的学习效果。据此可知，学习性投入指的是学生个体在自己学业与有效教育活动中所投入的时间和精力，以及学生如何看待学校对他们学习的支持力度，其本质是学生行为与院校条件的相互作用。而这不仅仅是个体性学习质量的核心保障，也应该成为判断一所大学教育质量高低的重要标准。

如图3-3所示，虽然库的大学生成功模型并不像整体变化评定模型那样将各类影响因素之间直接和间接的关系描绘得非常清楚，但是同样将影响个体投入和学习结果的因素，即个人特征和大学前经验、高校结构性特征、学校活动开展、课程与教学等因素进行了阐述。其中，学生个人背景和大学前经验，涉及性别、民族和种族、父母受教育水平、社会经济地位、教育期待

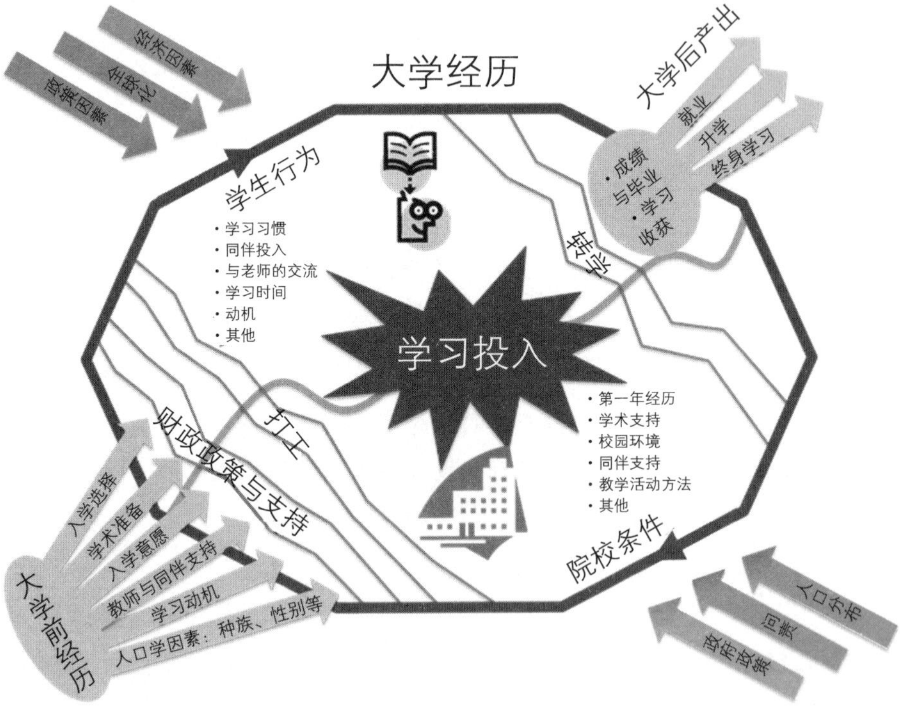

图3-3 大学生成功模型

（资料来源：Kuh G D，Kinzie J，Buckley J A，et al. What Matters to Student Success：A Review of the Literature[R]. Washington，DC：National Postsecondary Education Cooperative，National Center for Education Statistics，2006: 8.）

和家庭支持、高中学术表现等。高校结构性特征，包括高校的任务和使命、学生住宿情况、学生结构的多样性等。学校组织活动和提供的服务，涉及新生适应项目（如新生导引课、新生研讨课）、学校咨询和服务中心、经济支持服务、学业预警机制等。在课程与教学层面，库主要强调了教师教学理念以及具体的教学方式产生的作用。在学习成果方面，最直接的就是知识获取、各种能力收获以及价值观方面的塑造，这些进一步影响学生的就业、升学等方面的世俗成就。此外，库并没有忽视学校系统之外的社会环境和政策影响，全球化趋势加深、社会经济发展和政策变革、高校学生数量扩张、各界对高等教育的问责、高等教育政策等，都会对学生在校期间的投入产生间接的影响。

美国大学生学习性投入调查（NSSE）是根据学生学习性投入理论直接开发的评价工具，从两个层面进行考察：一是学生做了什么，即测量学生投入到有效学习活动中的时间和精力；二是高校做了什么，即大学是否以及如何采用有效措施吸引学生参与到各项活动中去。2010—2012年使用的五大指标，分别为学业挑战度（LAC）、主动合作学习水平（ACL）、师生互动水平（SFI）、校园环境支持度（SCE）以及教育经验的丰富度（EEE）。但是对于这一理论，现在的批评声音很多，其中最具有代表性的就是认为这一投入概念是不完整的，是行为主义导向的，而且从心理学和测量学的视角上看存在诸多不足和缺陷。2013年，NSSE对其进行了修改，修改后的指标包括学业挑战度、同伴学习、师生交往经验和大学环境四个投入性主题以及十个投入性指标。其中，学业挑战度包括高阶学习、反思和整合性学习、学习策略、定量推理，同伴学习包括合作学习、与不同的同学交流，师生交往经验包括师生互动和有效的教学实践，大学环境包括交互的质量和支持性环境。

尽管有此修改，但是有“换汤不换药”之嫌。而且，也已有学者从心理学视角进行建构。比如，弗雷德里克斯等使用行为投入、认知投入和情感投入三个维度来保证结构的严谨性。[①]其中，行为投入可以细分为几个层次。第一是基本的学习行为，如遵循学校规则、服从课堂准则、远离不良学习行

① Fredricks J A, Blumenfeld P, Friedel J, et al. School Engagement[M] // Moore K A, Lippman L H. What Do Children Need to Flourish? Conceptualizing and Measuring Indicators of Positive Development. Springer, 2005: 305-321.

为（如逃课、上课玩手机或睡觉等）。第二是参与课堂学习和学术相关活动，如课前预习、完成作业、认真听讲、提问、参与课堂讨论等。第三是参与课外相关活动，如参加学校运动会或学校治理。认知投入指学生心理层面的投入，涉及对知识和技能的学习、理解和掌握，特别是学生的认知自我调节和深层的学习策略。情感投入反映出对教师、同学、专业和学校的积极或消极的态度，会影响个体学习的意愿。这很明显采取了经典的心理学范式，强调概念建构的合理性，更加适用于研究而不是学校和教学方面的改进。

3.大学教育“射程”模型

20世纪80年代之后，日本高等教育扩张使得大学教育质量受到社会各方面的质疑：“大学是游乐场”一语被世人普遍接受，企业界抱怨高校学生质量明显下滑、基础知识和学业能力薄弱。①因此，如何提升大学的“教育力量”、促进高水平人才培养，成为日本高等教育研究和实践领域的重中之重。在《大学教育力》一书中，日本高等教育研究学者金子元久提出“大学教育力”的概念。他认为，大学教育力就是大学教育对学生的影响，而教育力量并非单纯由大学方面的教育工作决定，而是发生于大学教育规律与学生成长规律的交接之处。这进一步形成了“射程”概念，即大学的教育活动在多大程度上对学生产生了积极的影响。②大学“射程”不仅受到大学本身的影响，还与学生的特征紧密相关，其中的两方面成为大学学习与发展质量的基础。第一，入学前学习积累而获得的学力水平。第二，学生基于成长和经验，对自身形成的认知和对自身未来发展的预见，也称为“自我认识和社会认识”。

如图3–4所示，根据学生自我—社会认识的确立程度，以及大学教育影响所能涉及的范围和程度，金子元久将学生划分成为四种类型：第一类是“高度匹配型”，此类学生有充分的自信和明确的未来展望，大学教育的定位和指向与学生的未来展望保持一致。他们完全在大学“射程”之内，双方均体现出更强的主动性和契合度。第二类是“独立型”或“有限认同型”，这一类学生的自我认识和社会认识程度很高，但是却与大学教育和人才培养目标不一致。此类学生一般游离于大学教育“射程”之外。第三类是“接受型”或“被动顺应型”，这类学生的自我认识和对将来的展望未必清晰，但

① 金子元久. 大学教育力[M]. 徐国兴, 译. 上海:华东师范大学出版社, 2009: 14.
② 金子元久. 大学教育力[M]. 徐国兴, 译. 上海:华东师范大学出版社, 2009: 2.

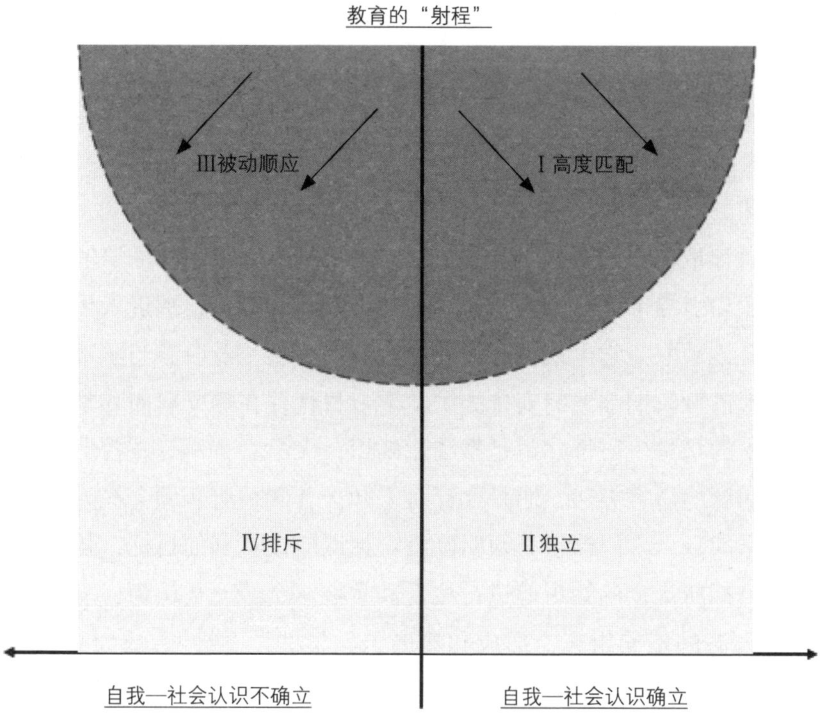

图3-4　大学教育的“射程”与学生

（资料来源：金子元久. 大学教育力[M]. 徐国兴, 译. 上海：华东师范大学出版社, 2009：3.）

是他们对大学教育抱有更高的信任和期待，认为大学的教育和干预是正确且必要的。因此，此类学生会主动完成其要求，希望通过进入大学教育的“射程”完成对自我的确认和对将来的预见。第四类是“排斥型”或“疏远型”，这类学生的自我和社会认识尚未确立，而且与大学教育意图符合的程度较低，在大学“射程”之外。

大学教育的“射程”主要由大学教育目的和方法规定。教育目的可以分为三种：特定专门职业导向、学术专业取向和教养取向。当然，三者并不是相互矛盾的，大学往往进行侧重的定位和选择。具体的教育方法存在三要素：教育组织（学习框架）、教育形态（授课样态）、学习目标。[①]教育组织指的是如何选拔和招生、如何安排课程、对学习有何要求等，可以划分为“纵向分割取向”和“综合取向”。前者指的是将大学新生编排进细分的

① 金子元久. 大学教育力[M]. 徐国兴, 译. 上海:华东师范大学出版社, 2009: 10-14.

专业，在毕业之前均在这一细分专业中学习，效率更高，以欧洲大学教育为代表。后者指的是，如果多数学生并没有形成清晰的自我和社会认识，大学期间就不应该过早局限而是强调适应，在入学时仅仅进行较为粗的划分，在2—3年级再决定具体专业，以美国大学为代表。教育形态指的是一堂课的学生数、讲课方式、授课频率、考试和小论文等的特征和组合方式，包括学生视角的“自律取向”和学校视角的“控制取向”。前者指的是学生在教育者刺激、启发和引导下进行自主学习，去获得知识与能力，塑造人格。后者指的是大学应该采取向学生积极灌输教育内容的态度，及时参与学术的学习过程，对学生进行长期细致的安排。大学学习目标存在探究取向和掌握取向两种。前者指的是学生所学并不是系统化知识，大学教育不是教授那些已经知道答案的问题的解答方法，而是要针对未知去开阔视野、领会探究问题的态度。后者指的是，各门课程必须明确设定授课应该达到的目标，强调学生应该对这些目标所规定的知识等进行接受和掌握。金子元久认为，上述教育目标和教育方法的不同组合，形成和塑造了大学的“个性”，成为其“射程”的规定性条件。

尽管这一理论假设大学生已经是成年人，存在稳定的自我和社会认识，因此能够使用人与环境匹配的视角来看待大学对学生的影响。但是金子元久认为，上述大学生的类型并非固定不变。按照自我—社会认识的清晰程度，学生可以划分为确定选择型和暂定选择型。前者指的是学生在入学前已经对自身和大学毕业后的人生发展有了较为明确的预见，并基于此选择了大学专业。这是典型的精英阶段的高等教育所设想的大学生形象。后者指的是学生在入学前并没有在学力、自我认识和社会认识上形成清晰理解和一致性。高等教育的大众化和普及化，使得这类学生迅速增多，对应图3-4中的被动顺应型。金子元久认为，大学教育面临双重课题。第一是要向本来就在“射程”之内的学生施加更加强大的影响。第二是要改变大学“射程”或辐射范围，将过去未在其“射程”范围的学生纳入其中，比如使得“排斥型”“疏远型”学生进入“射程”之中，接受大学的引导和影响。

（三）中国学习者解释框架

如史静寰所言，学生学习问题不仅是一种基于生理和心理机能的生物行为，更是建构在特定文化传统和心智习惯上的社会行为。不论是此前阐述的学生发展理论，还是学校影响力框架，都忽视了中国本土文化和情境的作用，在适用性上呈现出一些值得探讨的问题。比如克里斯汀认为，齐克林的七向量理论可能有几个对中国学生适用，但是同一向量所指的具体发展内容可能不符合中国情境。比如，中国学生在管理情绪的方式上可能与美国学生不同，成熟人际关系的标准也因为文化不同而存在差异。①在不同的情境中，个体对自我的认知方式和内容可能是不同的。此外，备受关注的中国学习者悖论，尽管有诸多解释方式，但也是使用西方学术概念、内涵和框架来解释中国学生学习时出现的不适用现象。关于中国学习者学习的解释框架，有两个代表性的人物及其提出的解释框架值得关注。第一，在美国布朗大学教育学院任教的华人心理学家李瑾，提出了中国学习者美德取向的学习模式。第二，香港大学教育学院的两位学者提出了新时期的中国特色教学框架。下面进行具体阐述。

1.美德取向的学习模式

进入21世纪，任教于布朗大学教育学院的李瑾开始关注中国儿童的学习特点，并探讨了“好学心”“羞耻心”的概念。2005年，她初步提出中国学习者偏重美德、西方学习者偏重心智的学习模式。2015年，《文化溯源：东方与西方的学习理念》出版。李瑾在书中更加鲜明地指出，中国学习者不论是在学习目的、学习情绪，还是在学习方式上，都与西方有着很大的差异，并系统地提出了中国学习者美德导向的学习模式。

如图3–5所示，李瑾认为中国学习者的学习目的主要有五个。第一是在道德上完善自我。这受到儒家“仁”的影响，甚至不是一段时间的学习目标，而是个体一生为之奋斗的目标。第二是认知上的目的，强调知识和能力的获得。而这也会促进经济地位的获得（第三个目的），甚至促进社会地位和声誉的获得（第四个目的）。比如，在古代，道德高尚、写作能力强的人被选拔出来给予政府职务。现代的高考也是通过这种方式，选拔认知能力强的学生进入高等学府学习，为此后的社会和经济地位奠定基础。中国学习者最终的目的是贡献社会，这就使得学习超出了自身，需要对社会承担更大的

① 克里斯汀·仁，李康. 学生发展理论在学生事务管理中的应用——美国学生发展理论简介[J]. 高等教育研究，2008(3): 19–27.

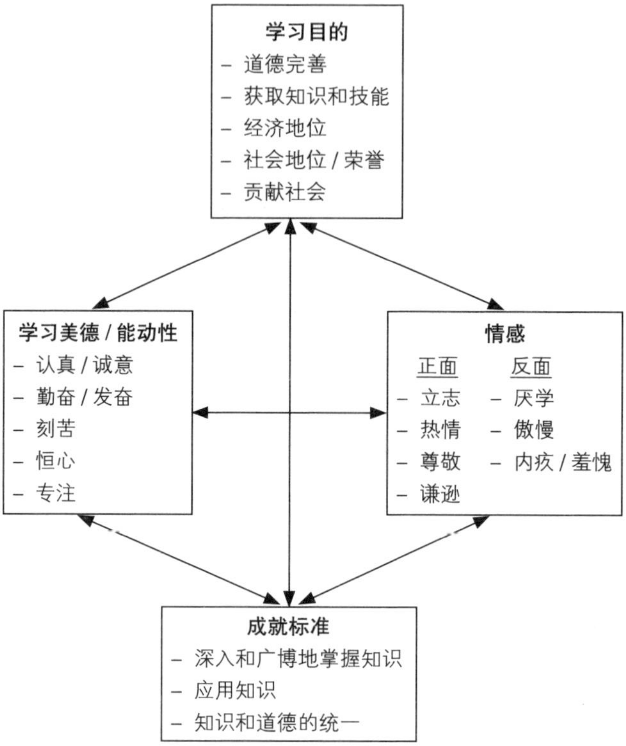

图3-5　中国学习者学习的动态关系模型

（资料来源：Li J.Learning to Self-Perfect：Chinese Beliefs about Learning[M]// Chan C K K，Rao N. Revisiting the Chinese Learner：Changing Contexts，Changing Education. The Comparative Education Research Centre，University of Hong Kong & Springer，2009：49.

责任。李瑾认为，这些目的之间都是相互关联的，追求社会经济上的成功和更加高尚的贡献社会之间并不冲突，这些是完整的生命都应该达到的。

能动性指的是个体有意识的行动，也是主体性的核心体现。对于一些研究者认为的中国学习者缺少能动性，笔者赞同李瑾的观点，认为中国学习者并不缺少能动性，而是更加紧密地和美德联系在一起。李瑾认为，体现中国学习者能动性的传统美德包括发奋、勤奋、刻苦、恒心和专心。这些道德品质的基本假设就是学习者有较强的好学心，也就是学习的动力。此外，成就标准有三个，第一是知识的收获，第二是知识的应用，第三是知识和道德的统合性发展。

学习中的情感可以划分为积极情感和消极情感两类。积极情感包括立志、热情、尊敬和谦逊。其中，立志是延伸到未来的发展目标，这是学习的重要动机，同时又给学习者提供动力。热情是在学习过程中产生的愉悦感。对于美国学习者而言，内部的兴趣、自治和选择是热情的必要条件。但是对于中国学习者而言，自治和选择并不是必需的，如果是学习者非常信任的人（如父母或教师）为他们做出选择并进行引导，他们同样会表现出学习热情。此外，尊敬是学生学习和日常交往中对教师表达自身的态度。李瑾认为，这并不是对教师的害怕，而是对教师丰富知识和品德的羡慕，并表现出自身的谦逊。相比之下，厌学、傲慢和羞愧都是不利于学习的情绪。

上述分析表明，李瑾超越了西方学者的理论和框架，鲜明提出应该以本土美德为逻辑起点来考量中国学习者的学习特点。在中国学习者这里，学习是生活的一部分，而所有的生活都要遵循社会约定俗成的本土美德。这些美德对能动性的表现起到了重要的调节性作用，并使之呈现出与西方学习者不同的形式。

2.新时代下中国特色的教学分析框架

2009年，香港大学教育学院的学者编写了《再论中国学习者——变革的环境与教育》（*Revisiting the Chinese Learner: Changing Contexts, Changing Education*）一书。在总结部分，提出21世纪中国教学的解释框架（图3-6），认为中国传统价值和信念以及现代性的变革，共同影响了学校、课程和教学，进而形成了中国的教育教学特点。

如图3-6所示，要分析中国教学特点，应该关注两大方面。第一是传统的信念和价值，涉及儒家文化、中国历史发展、集体主义价值观和相关的哲学理念。这些内容已经被多位学者（如李荣安、李瑾等）提及，其中重点强调了社会性—情感性—道德方面（socio-affective-moral）的变量。相比之下，西方学习者更加强调认知结构，如智力、能力和策略的发展。第二是现代性的变革，主要涉及社会经济发展、技术进步、学习范式、教育政策的改革。这些变革从近代就开始了，并且在改革开放之后不断加速，既改变了中国学习者的学习环境、授课方式，进而影响学生的学习表现，还有可能影响数千年来中国教师与学生的信念和价值判断。

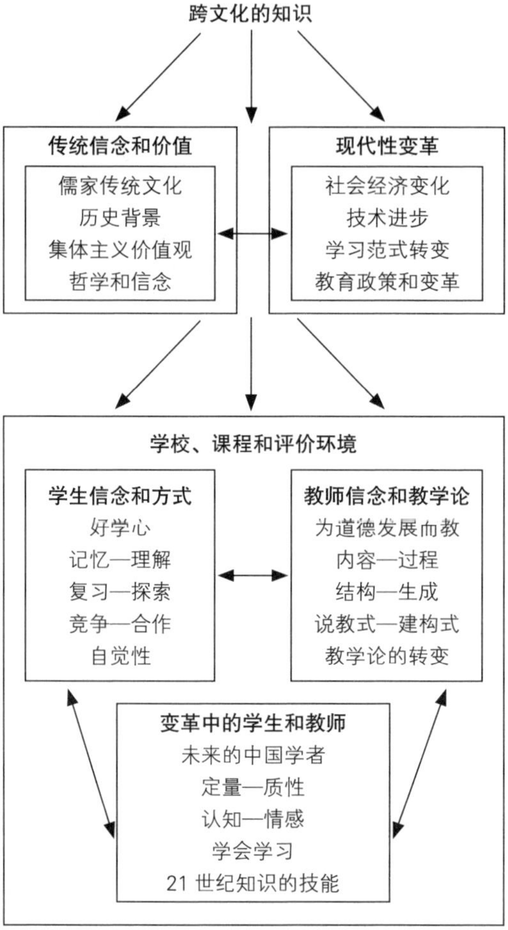

图3-6　新时代下中国特色的教学分析框架

（资料来源：Chan C K K，Rao N. Revisiting the Chinese Learner：Changing Contexts，Changing Education[M]// Comparative Education Research Centre，University of Hong Kong & Springe，2009：319.）

和李瑾提出的模型相比，这个中国特色的教学框架更加全面。为避免“过度儒学化”，这一框架在指出传统信念和价值重要性的同时，也指出现代性的教育教学变革的重要性。此外，香港大学的研究者总结了已有研究体现的中国学习者的学习特点：使用系统性、关联性和辩证性的观点理解看似矛盾的术语，比如在认知策略中将理解和记忆进行结合、将常规性的复习和探索新东西结合起来、将同学之间的竞争与合作结合起来。相比之下，西方研究者往往倾向使用二元对立的框架来解释学习者，比如竞争与合作对立、说教与建构对立、个体与集体主义对立。

应该说，国内外对中国学习者的探讨，是关注学习文化和情境属性的典型代表。对中国学习者的研究始于20世纪50年代的国际学界，经历了从刻板印象阶段到重新审视中国学习者的转变，并逐渐形成共识：使用西方的视角来解释中国学生的学习现象要非常谨慎，这样做可能不能够清晰地理解中国学习者的特点，甚至会带来曲解。21世纪以来，中国学者在此研究领域从旁观者转变为参与者，从探讨华人如何学习数学开始（代表人物如张奠宙、范良火、黄毅英等），延伸到探讨中国学习者普遍性的学习特点（代表人物如李瑾、吕林海等），并得出了体现中国文化和情境特色的研究结论。可见，尽管中国传统文化在近代受到一定冲击，但是“变化在表层蔓延，更深的层面却保持着稳定，文化就像不死鸟一样从灰烬中浴火重生”。换言之，在中国本土文化环境中生活和受教育的学生群体，在心智结构和思维习惯上受到文化传统、社会习俗和行为规范的影响，这使得在探讨中国大学生学习与发展这一主题的时候，需要考虑中国本土文化和现实情境因素。这大概就是扎根中国大地研究教育的主旨。

二、大学生学习与发展主要研究方法概述

由于本领域研究的多学科属性，研究方法同样涉及多个学科视角。本章不能面面俱到地进行阐述，主要对基于调查的学生学习评价、现象描述分析方法以及基于数据挖掘的学习分析方法进行了阐述。

（一）基于调查的大学生学习评价

对高校学生的学习进行评价，具有不同的视角和方法。美国加州大学伯克利分校校长办公室的常桐善曾经介绍了十组评估方法：直接评估和间接评估、定性评估和定量评估、正式评估和非正式评估、形成性评估和总结性评估、过程评估和结果评估、标准参照性评估和常规参照性评估、个体评估和

集体评估、探索性评估和终端性评估、学生评判性评估和教师评判性评估、校内组织评估和校外组织评估。本章主要从过程评估和结果评估的视角出发进行探讨。[①]其中，过程评估指的是针对学生的学习行为和参与程度进行评价，比如是否持续性与教师和同学互动等；结果评估是对学生学习的客观性学习程度进行评价，比如各类考试和测验等。

从历史的脉络看，针对学生学习成果的评价较早就开始，评估方式层出不穷。以美国为例，上海师范大学黄海涛将其划分为五个阶段：口试、论文等早期综合考核，标准化考试缘起，通识教育和研究生教育评估，测试机构快速发展和大学内部学习评估改革，回应外部问责。[②]20世纪之后心理测量技术的发展为此提供了重要技术支持，使得标准化测试不仅缘起较早而且至今盛行。比如，美国教育测试服务中心（ETS）开发了大量的客观性、可比性较好的标准化测试，如研究生入学考试（GRE）、英语语言测试（TOEFL）、本科生学术能力评估考试（SAT）等，成为人才选拔的重要方法。而在国内，国家公务员考试、某些职业资格考试、汉语水平考试（HSK）、英语四六级考试等，都可以称为标准化测试。

显然，标准化考试存在实施主体的差异，涉及国际组织、国家考试机构、社会第三方组织等。以国际大学生学习成果评估项目（AHELO）为例，这是国际经济合作与发展组织（OECD）在成功开发和实施国际学生测试项目（PISA）之后，尝试在高等教育领域推行的国际测评项目。AHELO试图回答大学毕业生应该掌握什么样的知识和技能这一问题，主要考察“通用能力”和“具体学科能力”这两方面，从而对各国高校教育教学水平和学生学习成果进行评价。其中，通用能力测试主要借助了美国教育援助委员会（CAE）推行的“大学校际学习成果评估项目”（CLA），关注评价通用性技能，如批判性思维能力、分析推理能力、解决问题能力以及书面交流能力等。学科专业能力主要考察经济学和工程学。但是，因为高等教育独立性和自主性更强、学生学习成果涉及利益相关者更多、项目实施成本更高，此项目受到诸多批评，比较教育研究专家阿特巴赫甚至建议放弃这个“坏且昂贵的项

① 常桐善. 建构主义教学与学习评估方法的探讨[J]. 高教发展与评估, 2008(3): 47–55+76+122.

② 黄海涛. 美国高校“学生学习成果评估”的历史演进[J]. 外国教育研究, 2013, 40(7): 112–121.

目"[①]。因此，尽管AHELO项目早于2012年完成了试测，但是并没有能够顺利推行下去。尽管如此，由民间自发进行的类似的国际测评项目得以尝试。其中有代表性的有斯坦福大学、ETS、中国多所高校（清华大学、河南大学等），俄罗斯、印度等国家高等教育机构共同合作进行的SUPERtest项目。这一项目从2015年开始实施，内容关注工科学生的学科知识（数学、物理、计算机）和通识性能力（批判性思维能力、量化素养等）。基于最新的研究成果表明，美国高校STEM领域的毕业生在计算机技能上高出中国、印度、俄罗斯0.76—0.88个标准差。

相比之下，尽管针对学习过程经验的大规模国际测评起步较晚，但是在20世纪70年代之后迅速扩展。"因为学业成就测试只能表明学生学到了什么，却无法揭示他们是怎么学的，以及大学在其中发挥了什么影响。在这个意义上，高等教育的学习性过程指标就显得特别具有质量评价的意义。它可以直接带来院校改进的行动——让大学了解到它所提供的学习机会和活动是否充分，以及学生是否有效地使用了这些教育资源，从而让大学政策制定者可以做出具有针对性的有效决策，以提高该校学生的学习过程和效果。"[②]国际上影响力较大的针对学生学习过程的学情调查项目包括美国的大学生学习性投入调查（NSSE）、研究型大学学生就读经验调查（SERU），澳大利亚的课程体验调查（CEQ）和大学生经验调查（UES），英国的大学生学习调查（NSS），国内的中国大学生发展和追踪调查（CCSS）、首都高校质量检测项目等。

不同学情调查项目的组织和实施机构不同。具体而言，美国的过程性学情调查种类较多，一般由高等教育机构组织实施，各院校自愿参与并不强制进行，体现了高校自治的理念。如NSSE和SERU均由基金会资助，由高校组织实施，也都成为了美国高等教育资源问责系统（VSA）向高校推荐的用于展现教育成效、回应外部问责的工具。英国的NSS和澳大利亚的CEQ由政府积极推动，体现了政府对高校教学质量的积极干预。中国的学情调查项目多由高校学者组织进行，政府也在积极关注。这些调查，不论是全国性、区域性的，还是院校内部的，都反映出中国高校学者和管理人员对教育教学质量

① Altbach P G. AHELO: The Myth of Measurement and Comparability[J]. International Higher Education, 2015 (82): 2–3.

② 海迪 · 罗斯, 罗燕, 岑逾豪. 清华大学和美国大学在学习过程指标上的比较: 一种高等教育质量观[J]. 清华大学教育研究, 2008 (2): 36–42.

问题的关注度以及对教育教学改革的思考和探索。学情调查项目在各国的组织过程不仅体现出各国的特色，也反映出对教学质量问题的关注和问责已经超出了学校界限，逐步扩大到社会各界。

如表3-1所示，从评价内容上看，过程性学情调查项目关注的是高校教与学的全过程。而且，此类调查项目对教与学的理解已经走出教室这一传统而局限的教学环境，扩展到学生在学校相关活动的所有参与经验上来，转变到学生主观努力和校园、教师和课程支持之间进行互动的成果。不过，在反映教与学过程的时候，不同的调查项目依然有不同的侧重点。比如，澳大利亚的CEQ以及英国的NSS更加关注学生的课程学习体验，而NSSE、CCSS和SERU等关注学生更加整全的体验。这就弥补了大学排行榜的不足。后者通常侧重科研产出、声誉等更加容易获得和比较的指标，即使涉及教学，也是用简单的师生比和教师质量（如获得诺贝尔或菲尔兹奖的数量）等来表征，并不能够真正反映教与学的过程。国内外学者对基于学情调查方法回收的数据进行了诸多研究，内容涉及多元背景学生的学情分析、学生学习经验和投入、学生成长与收获、学生满意度等，并且在实践上产生作用，如清华大学基于CCSS数据的研究提出提升学业挑战度、加强师生互动的要求等。

表3-1　各学情调查项目的内容和指标

项目名称	组织机构	内容和指标	
NSSE	印第安纳大学高等教育研究中心	2000—2012	学业挑战度、主动合作学习水平、师生互动水平、校园环境支持度以及教育经验的丰富度五大综合指标
		2013年以后	学业挑战度、同伴学习、师生互动经验和校园环境四个主题，包括十个投入性指标
SERU	加州大学伯克利分校高等教育研究中心	学生学习投入情况、学术和个人的发展成果、整体满意度以及学生对教育经验的评价	
CEQ	澳大利亚	1993	良好的教学、清晰的目标、适当的工作量、恰当的评价和通用技能
		1999年以后	在原有基础上增加了学生援助、学习资源、学习共同体、毕业生质量和学习动机五大项
NSS	英国	课程教学、评价和反馈、学业支持、课程组织和管理、学习资源、个人发展以及课程整体满意度七个方面	

续表

项目名称	组织机构	内容和指标	
CCSS	清华大学教育研究院	2007—2012	学业挑战度、主动合作学习水平、师生互动水平、校园环境支持度以及教育经验的丰富度五大综合指标
		2013年以后	在五大综合指标的基础上，重构了院校教育过程诊断指标和学习过程诊断指标
首都高校教育质量监测项目	北京大学	涵盖所有有关教与学的内容，但不预设结构；关注学生的多元特征变量	

（二）现象描述分析方法

第二次世界大战之后，多国高等教育迅速扩张，在学人数的激增促进了大学生学习相关的研究。但是，欧洲的一些研究者认为，传统的教育心理和教学研究存在明显的局限性，特别是单纯的经验描述和观察，不仅不能够理解学生的内隐认知方式，甚至还将学习与学习者区分开来，使得学习研究脱离了真实情境。①

在这样的背景下，瑞典学者马顿提出了现象描述分析方法。这起源于1976年马顿和萨廖发表的关于大学生学习方式的论文。②他们以哥德堡大学的学生为研究对象，要求他们阅读文章以回答两方面问题：文章的意义是什么以及自己如何看待学习的过程。结果发现，学生对待学习采取了两种不同的理解和信息加工方式。第一类学生关注作者的整体意图，将阅读重点放在整篇文章所想要表达的意思上，力图从整体上把握文字背后的主题思想、文本的构思和建构过程等。这种相对应的理解方式和学习策略被整合为深层加工方式。第二类学生则关注章节的细节，将阅读重点放在文章的具体内容和细节上，并力图将这些材料一字不漏地装进自己的大脑中，以便在回答问题的时候准确复述。这被称为浅层加工方式。顺着这条路径，马顿于1981年正式提出了现象描述分析方法。③

① 高凌飚. 现象描述分析学与学习观、教学观的研究[J]. 华南师范大学学报(社会科学版), 2000(3): 97–104.

② Marton F, Saljo R. On Qualitative Differences in Learning: I—Outcome and Process[J]. British Journal of Educational Psychology, 1976 (46): 4–11.

③ Marton F. Phenomenography — Describing Conceptions of the World around Us[J]. Instructional Science, 1981, 10(2): 177–200.

国内外学者对现象描述分析方法进行了诸多介绍，并提出多个特点和基本假设。首先，从现象描述分析方法的视角看，学习是个体在看待、经历、理解、概念化外部世界的过程中，内部产生的质的变化，[①②]外部世界和情境的影响很重要。其次，研究对象是人们对现象所做的描述和认知，再具体就是学生或教师的观点和想法。之所以以此为研究对象，是因为“它认为人们在从事某项实践活动的时候，总是从自己对这一活动的基本观念出发，采取与这一基本观念相适应的策略，获得与这一基本观念相适应的成果”[③]。这又被称为第二层次的视角：观察者所面对的并不是客观世界本身，而是人们对客观世界的描述。相比之下，从第一层次的视角出发，观察者将眼光直接投向客观世界，并从观察者的立场对世界进行描述。再次，现象描述分析方法假设，在某个特定的时候和在给定的样本中，人们对同一现象的各种各样的描述可以归类为有限的一些类型，而且不同类型的描述之间有质的不同。这实际上就将自身与现象学研究范式进行了区分。现象学会区分概念性思考和先前反思经验，以及对现象做出全面、完整、系统、详细的描述。而且，在研究目的上，现象学的最终目的是要澄清现象的经验性基础，并得出其本质。

现象描述分析学收集数据的方法首选个体深度访谈。研究者可以就一般现象如课程学习等请受访者谈自己的理解，激发他们在这个过程中的深层感悟和观点显现。[④]对于得出的对话资料，可以使用两种方法进行分析和确定观念种类。一种是相似分析法，即当发现有两种不同的文字描述指向同一种理解的时候，就得到一种类别。另一种是比较分析法，即当两种表述含义存在本质上的差异时，就得到两种不同的观念类别。通过这种分类，最终得出由“描述的种类”所构成的“结果空间”。各类型本质上存在区别，但是也常常呈现为由低级到高级、由简单到复杂的层级式关系。[⑤]换言之，各种观

① Bowden J. Achieving Changes in Teaching Practice[M]// Ramsden P. Improving Learning: New Pecspectives. Kogan Page, 1988.

② Ramsden P. Learning to Teach in Higher Education[M]. Routledge, 1992.

③ 高凌飚. 现象描述分析学与学习观、教学观的研究[J]. 华南师范大学学报(社会科学版), 2000(3): 97–104.

④ 吴维宁. 现象描述分析学：一种质的研究与评价方法论[J]. 教育测量与评价(理论版), 2009(9): 18–21+17.

⑤ Marton F, Booth S.Learning and Awareness[M]. Lawrence Erlbaum Associates, 1997: 107.

念内部存在着潜在的逻辑联系，其中的一些复杂且更具包容性，而另外一些则显得简单。[①]当然，低层次、简单化的观点并非错误，它们只是不够全面，并且不涵盖高级学习观中所蕴含的关键要素。[②]

现象描述分析方法也在不断演进。传统的现象描述分析范式以描述为主，研究内容包括关于教学观的研究、关于知识观的研究，甚至从学习领域扩展到生活领域。但是，此类研究均止步于发现和描述不同类型的观念，并不追求去解释这些观念的形成过程和原因。进入20世纪，这一类研究正在从描述走向教育干预和实践，以求发挥更大效用。比如香港大学彭明辉教授认为，现象描述分析学的发展可以划分为五个阶段：探讨学生学习的差异阶段，研究人们经验世界方式的差异阶段，形成解释人们经验世界方式的理论框架阶段，应用变易理论描述及分析课堂教学阶段，使用变易理论设计学习环境来促进学习的发生阶段。如果说前两个阶段属于传统现象描述分析学范畴，主要研究人们对于特定现象的质性差异方式，那么后三个阶段属于“新”现象描述分析学范畴，强调解释及促进经验现象的特定方式。[③]

（三）基于数据挖掘的学习分析方法

互联网技术促进学生学习方式的变革，在线学习已经成为更具有普惠性的学习方式。和线下学习相比，在线学习者从学校注册的学生转变为任何有学习需要的人，特别是大批在职人士加入慕课学习大军中“充电”，促进慕课学习者身份趋向多样化。同时，在线学习提供了与实体学校完全不同的学习情境：校园内接触的教师和同学被线上视频、音频和文字取代；课堂上的纪律和秩序被自主的学习策略取代；线下学校与外界社会的“围墙”在线上被打破，与整个世界实现“即时联通”；线下按部就班、循序渐进的学习内容被线上根据自身需求进行“跳跃式”的学习顺序模式取代。[④]在线学习情

① Pang M F, Ki W W.Revisiting the Idea of "Critical Aspects"[J]. Scandinavian Journal of Educational Research, 2016, 60(3): 323–336.

② 赵显通. 大学生学习观研究: 基于现象描述分析学的视角[J]. 教师教育学报, 2019, 6(2): 69–76.

③ 彭明辉. 现象图析学与变易理论[J]. 教育学报, 2008(5): 33–38.

④ 张蕾, 张华峰. 为什么选择MOOC——基于“学堂在线”学习者数据的在线学习动机研究[J]. 江苏高教, 2019(4): 50–57.

境新的特点，使得原有线下理论、线下学习者的特征分析结果不再适用，亟须相关研究的引导和支持。但是一方面，线下的观察、访谈和调查研究方式不太适用于大规模的在线学习者，强行使用还会影响在线学习者的学习体验；另一方面，在线学习者的学习过程产生了大量的、非结构化的学习行为数据，并在平台上得以收集和保存，成为潜在的分析和研究宝库。因此，采用新的方法对线上学生学习方式进行研究成为必然选择。

基于数据挖掘的学习分析方法是其中的重要选择。这主要对Web 服务器日志、学习模块后台数据库、用户访问序列数据库等进行挖掘。研究者借此获取各类学习数据，通过机器学习、贝叶斯回归、词向量分析等，去分析学习者个体或群体的学习路径、学习模式和学习经历，描述学习者的学习习惯，探讨学习效果等，[1,2,3,4]从而理解和分析在线学习者的学习特征。下面按照处理数据类型的差异，进行具体分析方法的简要介绍。

Web日志数据的处理和分析。这主要涉及两种分析技术：基于已有设计量表的数据挖掘方法和表示学习技术。基于已有设计量表的数据挖掘方法，指的是将一个学习者表示为多个量表项构成的向量，形式可以为<习题完成率，平均日论坛发帖数，视频观看比例，……>，比如一名学习者就可以表示为<0.8，1.3，24.3，……>，从而反映出该学习者的在线学习行为投入的具体表现。[5]不过这种方法忽视了权重的重要性，而且没有考虑到学习行为的时序性。表示学习指的是，借助机器学习的方法得到实体的向量表示，来替代基于人工设计的向量表示。表示学习具体的技术包括支持向量机（SVM）、贝叶斯回归等。这些方法不需要专家知识来设计权重向量，可以自动从数据中学习到每一门课程的权重向量。有研究者利用该方法得到的学习者向量表

① 李曼丽, 徐舜平, 孙梦嫽. MOOC学习者课程学习行为分析—以“电路原理”课程为例[J]. 开放教育研究, 2015, 21(2): 63–69.

② Romero C, Ventura S, García E. Data Mining in Course Management Systems: Moodle Case Study and Tutorial[J]. Computers & Education, 2008, 51(1): 368–384.

③ Wang F H. On Analysis and Modeling of Student Browsing Behavior in Web-Based Asynchronous Learning Environments: Advances in Web-based Learning, First International Conference, Icwl, Hong Kong, China, August, 2002[C].

④ 韩锡斌, 黄月, 马婧, 等. 学习分析的系统化综述: 回顾、辨析及前瞻[J]. 清华大学教育研究, 2017, 38(3): 41–51+124.

⑤ Seber G A F, Lee A J. Linear Regression Analysis, Second Edition[M]. John Wiley & Sons, 2012.

示和权重对学习者的退课率进行了预测，取得了良好效果。[①]

基于自然语言处理的在线文本数据分析，可以使用词向量分析的方法进行。这涉及三种具体的分析方法。第一，通过Word2vec等机器学习方法得到每一个词的向量表示，然后通过对这些词向量的分析来完成对文本内容的量化分析。第二，使用主题模型等机器学习方法发现每一个文本文档的相关主题和每一个词对应的主题。如文档主题生产模型（LDA）是一种非监督机器学习技术，可以用来识别大规模文档集或语料库中潜藏的主题信息。

学习序列也是研究者关注的重要话题。学习者进入平台后，会进行一系列学习状态，包括看视频、做习题、看帖等，每个状态会持续一段时间，状态之间的变化是通过日志识别学习者操作得到的。基于有限状态自动机的分析模型，可以通过基于日志生成多个学习事件。结合慕课学习的关键环节，可以从多个学习事件中得到少量学习状态以及状态之间的顺序。学习者的每一次“学习”，都可以当作是进入平台后的一个行为序列，序列上的每个单元记录了学习者的学习状态、学习对象、如何转移、开始时间、持续时长等相关信息。这样就可以对学生的学习模式进行进一步分析。

和其他方法相比，基于数据挖掘的学习分析方法不仅降低了测量成本，也能够得到更加真实的学习行为数据。特别是，现在数据正以飞快的速度积累与增长，数据云端的形成将大大加速数据的采集、存储、应用和分析。这些非结构性数据很可能为教育研究带来新的突破，使得大数据时代的教育研究不再是仅靠理念和经验传承的学问，而成为一门实实在在的实证科学。尽管基于数据挖掘的在线学习分析还处于初期探索阶段，但容易取得新的研究成果。当然，这种研究方法也存在一些局限性。比如，在线实时行为数据的表现解释起来比较难，因为并不能判断学习者是否在认知方面有实质性的投入。另外，这对研究者提出了更高的要求，研究者不仅要具有深厚的教育情怀和理论修养，还要求具有深厚的处理非结构性数据的技术。换言之，基于数据挖掘的学习分析方法将促进本领域的研究从“单一学科的个体性研究”向“跨学科的团队式研究”转型。

① Qiu J, Jie T, Liu T X, et al. Modeling and Predicting Learning Behavior in MOOCs: ACM International Conference on Web Search & Data Mining, 2016[C].

第四章　家庭第一代大学生的学习与发展

改革开放之后，中国经济和各项社会事业蓬勃发展，高等教育也取得了举世瞩目的成就。截至2018年，全国高等学校（包括普通高等学校和成人高等学校）数量共计2940所，普通本、专科和成人在校生约2971万人，在学规模世界第一。2020年，我国高等教育毛入学率达到54.4%，已进入普及化阶段。但是，教育规模和教育公平之间并不存在必然的一致性，甚至存在悖论：当高等教育的入学率很低的时候，对教育公平问题的探讨主要集中在初等和中等教育阶段；而随着教育规模扩大和适龄人口接受高等教育的比例提升，参考群体的变化容易使得民众产生相对剥夺感，从而引发社会对高等教育公平更加广泛的批评。[①]

在国内对高等教育公平问题的研究中，对弱势学生群体的关注和探讨是重中之重，且呈现出两个特点和趋势：第一，关注群体类型不断扩展。以往文献主要关注女性学生、家庭贫困生、少数民族学生和农村生源学生等。但是近年来，随着国民受教育水平成为现代社会公平和流动情况的重要指征，对那些没有接受过高等教育的个体组成的家庭而言，其子女能否进入大学学习成为家庭第一代大学生，正在受到高等教育研究和实践领域的关注。第二，研究问题从关注“入学机会”扩展到关注“学习过程”。随着我国高等教育资源供给的不断增多，进入大学正在变得容易，2018年全国高考录取率高达73%。近年来在网络上受到广泛讨论的“读书无用论”，从根本上反映出

① 谢维和, 李乐夫, 孙凤, 等.中国的教育公平与教育发展（1990—2005）——关于教育公平的一种新的理论假设及其初步证明[M]. 北京: 教育科学出版社, 2008: 104.

“能否读大学”已经不再是国民关注的核心问题，读何种类型的大学，以及大学能否为学生提供更有价值的学习体验，能否给学生带来较高的增值或成长幅度，正在成为核心关注点。特别是对于家庭第一代大学生而言，尽管受益于高等教育扩张而进入大学，但因为家庭文化资本不足、对大学情境了解不足、不知道如何有效和高质量地度过大学时光，致使其过程性学习质量难以得到保障。

在这样的背景下，本章节超越“入学机会”，探讨了家庭第一代大学生在读期间的学习与发展现状，以及如何进行改进的问题。这有助于认识我国高等教育迅速发展进程中的质量和公平问题，也为从实践上提升家庭第一代大学生的学习质量、真正促进其家庭社会经济地位的升迁奠定基础。

一、中国家庭第一代大学生的界定和基本特征

“第一代大学生”作为术语最早出现在美国联邦政府针对处于劣势处境中的大学生提供的资助项目中，被界定为父母没有获得中学后教育学历的学生。[①] 1982年，家庭第一代大学生的研究先导比尔森和特里认为，家庭第一代大学生来自父母没有经历过大学教育的家庭，是高等教育进入普及化阶段之后，“新学生群体”（如妇女、少数民族学生以及大龄学生等）和传统学生群体之间的最大差异。[②]此后，关于家庭第一代大学生的研究不断增多，对其的界定方式也开始存在差异。

（一）家庭第一代大学生的界定

国外研究文献中对这一群体界定的差异，主要体现在“第一代”和“大

① Auclair R, Belanger P, Doray P, Gallien M, Groleau A, Mason L, Mercier P. First-Generation students: A Promising Concept?[R] Montreal: Canada Millennium Scholarship Foundation, 2008.

② Billson J M, Terry M B. In Search of the Silken Purse: Factors in Attrition among First-Generation Students[J]. College and University, 1982, 58(1): 57-75.

学生”两个词语上。

“第一代”有三种界定方式。第一种界定以“父母是否获得本科学位”为判断标准。只要父母均没有获得本科学位，他们的子女就是家庭第一代大学生。①②③第二种界定以“父母是否拥有大学经历”为标准，认为家庭第一代大学生的父母没有读过大学、没有任何的大学经验或高中以上的学习经验。④⑤第三种界定以“是否为家族中的第一个大学生”为判断标准。⑥⑦⑧这不仅考虑到了父母的受教育程度，还考虑到了家庭中其他成员（如兄长或姐姐，甚至祖父祖母）的受教育程度。“大学生”的界定也存在两种，主要区别在于，就读于不能提供本科学位的第三级教育项目的学生是否是大学生。Eurostudent IV report借用了ISCED的分类标准，认为就读于5A阶段（能够提供本科学位，重视学术训练）以下教育项目的学生不是大学生。⑨相比之下，更多的研究者认为，即使在社区学院等少于四年、且不能提供本科学位的项

① Davis J. The First-Generation Student Experience: Implications for Campus Practice, and Strategies for Improving Persistence and Success[R]. Sterling, VA: Stylus, 2010.

② Engle J, Tinto V. Moving beyond Access: College Success for Low-Income, First-Generation Students[R]. Washington, DC: The Pell Institute, 2008.

③ Willett L H. Are Two-Year College Students First-Generation College Students?[J]. Community College Review, 1989, 17(2), 48–52.

④ Chen X. First-Generation Students in Postsecondary Education: A Look at Their College Transcripts[R]. Washington, DC: U.S. Department of Education, National Center for Education Statistics, 2005.

⑤ Ishitani T T. A Longitudinal Approach to Assessing Attrition Behavior among First-Generation Students: Time-Varying Effects of Pre-College Characteristics[J]. Research in Higher Education, 2003(44), 433–449.

⑥ Hellman C M, Harbeck D J.Academic Self-Efficacy: Highlighting the First-Generation Student[J]. Journal of Applied Research in the Community College, 1997, 4(2), 165–69.

⑦ Inman W E, Mayes L D.The Importance of Being First: Unique Characteristics of First-Generation Community College Students[J]. Community College Review, 1999, 26(4), 3–22.

⑧ York-Anderson D C, Bowman S L. Assessing the College Knowledge of First-Generation and Second-Generation College Students[J]. Journal of College Student Development, 1991, 32(2), 16–22.

⑨ Orr D, Gwosć C, Netz N. Social and Economic Conditions of Student Life in Europe. Synopsis of Indicators[R]. Final Report. Eurostudent IV 2008–2011. Bielefeld: W. Bertelsmann Verlag, 2011.

目中就读，他们同样是大学生。①②③④

相比之下，国内对家庭第一代大学生的研究数量较少，并没有对此概念进行更为细致的分析，但是都认为只要其父母接受过大学教育、拥有大学经历，其子女就不是第一代大学生。比如，鲍威和熊静在研究农村家庭第一代大学生的时候，认为家庭第一代大学生指的是“父母均没有接受高等教育的大学生”。⑤⑥⑦陆根书、刘进等的理解与此界定一致。⑧⑨之后的研究仍然延续了上述理解，只是在“大学生”的界定上更加细致。比如，黄维等认为，家庭第一代大学生指父母未曾接受过四年制高等教育的学生。⑩

实际上我们在探讨家庭第一代大学生这一群体时，有一个潜在假设：没有读过大学的父母，不能为其子女在升学报考、大学学习提供丰富和有价值的指导，无法帮助他们更好地度过珍贵的大学时光。因此我们认为，第一，即使父母均没有拿到学位，只要有大学学历（即就读于大学的经历），就可以为子女提供更多的经验分享和针对性指导，其子女就不是家庭第一代大学生。第二，即使父母并非就读于本科院校，而是专科院校甚至是成人高等教

① Chen X. First-Generation Students in Postsecondary Education: A Look at Their College Transcripts[R]. Washington, DC: U.S. Department of Education, National Center for Education Statistics, 2005.

② Hahs-Vaughn D. The Impact of Parents' Education Level on College Students: An Analysis Using the Beginning Post-secondary Students Longitudinal Study 1990—92/94[J]. Journal of College Student Development, 2004, 45, 483-500.

③ McCarron G P, Inkelas K K. The Gap between Educational Aspirations and Attainment for First-Generation College Students and the Role of Parental Involvement[J]. Journal of College Student Development, 2006, 47, 534-549.

④ Pascarella E T, Wolniak G C, Pierson C T, et al. Experiences and Outcomes of First-Generation Students in Community Colleges[J]. Journal of College Student Development, 2003, 44, 420-429.

⑤ 鲍威. 第一代农村大学生的升学选择[J]. 教育学术月刊, 2013(1): 3-11.

⑥ 鲍威, 陈亚晓. 经济资助方式对农村第一代大学生学业发展的影响[J]. 北京大学教育评论, 2015, 13(2): 80-96+190.

⑦ 熊静. 第一代农村大学生的学习经历分析——基于结构与行动互动的视角[J]. 教育学术月刊, 2016(5): 74-81.

⑧ 陆根书, 胡文静. 师生、同伴互动与大学生能力发展——第一代与非第一代大学生的差异分析[J]. 高等工程教育研究, 2015(5): 51-58.

⑨ 刘进, 马永霞, 庞海芍. 第一代大学生职业地位获得研究——基于L大学(1978—2008年)毕业生的调查分析[J]. 教育学术月刊, 2016(2): 3-11.

⑩ 黄维, 要攀攀, 李凡. 助学贷款对中国第一代大学生学业发展的影响[J]. 中国高教研究, 2016(9): 77-82.

育项目，但是依然可以对大学教育内容和形式有更多的认知和深刻的反思，对指导子女的大学就读具有重要作用，其子女也不是家庭第一代大学生。综上所述，我们认为，家庭第一代大学生指的是父母双方受教育程度或学历均在高中或高中以下的大学生。换言之，如果父母接受了成人高等教育、进入高职高专学习，则其子女均不是家庭第一代大学生。其兄长或姐姐或祖父祖母的受教育程度水平不予考虑。

（二）中国家庭第一代大学生的基本特征

我们借助清华大学史静寰教授主持的“中国大学生学习与发展追踪研究”（CCSS）数据，分析中国家庭第一代大学生的基本分布和背景特征。该项目重点研究大学生在校期间的学习性投入情况，问卷分为A和B两个部分。A部分主要反映学生在学期间经历，包括学习行为和态度、高影响力教育活动的参与情况、自我感知的学习收获、对所在院校教育教学和各方面支持的评价，以及在校经历满意度等；B部分为学生背景信息，主要反映学生人口统计学特征、家庭情况以及大学前教育经验等内容。

2015年，课题组在参与调查的38所普通本科院校内发放问卷121140份，回收71969份，回收率为59.41%。根据调查前的分层随机抽样设计，仅使用有效随机样本计算权重并构建常模，常模样本来自37所本科院校，总样本量为60703，分布在中国东部直辖市、东部非直辖市、东北、中部和西部地区，涉及7所“985工程”院校（样本量为9664），8所“211工程”院校（样本量为10723），14所地方本科大学（样本量为25481）和8所地方本科学院（样本量为14835）。为减少留级、休学等特殊学生对研究的影响，本研究进一步将样本限定为2011级到2014级的学生群体，最终得到有效随机样本量60181个。样本的特征分布如表4-1所示。

表4-1 2015年CCSS数据样本特征

	分布	数量（人）	加权比例（%）		分布	数量（人）	加权比例（%）
学校类型	“985工程”高校	9551	3.37	民族	汉族	51715	89.55
	“211工程”高校	10670	8.59		少数民族	8466	10.45
	地方本科大学	25167	42.46	年级	大一年级	17344	25.08
	地方本科学院	14793	45.58		大二年级	15827	25.20
学科	人文学科	8870	15.21		大三年级	15157	26.49
	社会科学	16571	32.92		大四年级	11853	23.23
	自然科学	9126	9.14	父母受教育程度	高中及以下	39439	73.91
	工程类学科	25614	42.73		大专、本科及以上	19672	24.67
性别	男	31260	53.45		缺失	1070	1.42
	女	28921	46.55				

在问卷中，我们询问了学生父亲或母亲的受教育程度或学历，包括未受正式教育、小学、初中或相当（技校或中专等）、高中或相当、成人高等教育、普通大学专科、普通大学本科、硕士或博士，并以“父母双方受教育程度均为高中或高中以下的学生”作为家庭第一代大学生的操作性定义。

1.家庭第一代大学生是我国本科高校学生的主体

如图4–1所示，从2011年到2018年的CCSS数据看，中国本科高校中的家庭第一代大学生占比稳定在70%至75%之间。①这表明，家庭第一代大学生是我国本科高校学生的主体部分。不过纵观世界，进入高等教育普及化阶段的国家，家庭第一代大学生占比普遍不高，根据OECD 2012年的统计，家庭第一代大学生在美国、加拿大、澳大利亚的均值分别为36%、30%、51%。这容易理解，因为样本中学生的父母多出生于20世纪70年代，尽管“文革”之后恢复了高考，但是高等教育依然处于精英化阶段，因此他们中的绝大多数并没有读过大学。而由于我国高等教育迅速持续的扩招，其子女能够在高等教育进入大众化阶段、报录比大幅提升的背景下参加高考，因此有非常大的概

① 2017年参与院校数量较少（不超过30所），即使加权依然会造成较大误差，因此没有纳入计算。

率进入大学学习，并成为家庭的第一代大学生。

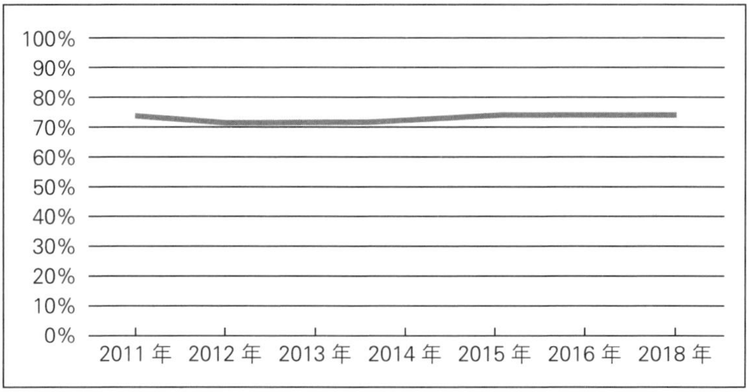

图4-1　近几年我国本科高校家庭第一代大学生的占比

家庭第一代大学生最大的特点是对大学文化和情境的不熟悉，背后是父母乃至家庭的文化资本积累不足的问题。不过，文化资本不足与社会经济地位不足往往具有相关性，因此与传统教育实践关注的贫困生、农村生源学生、少数民族学生等存在交叉，却不能画等号，否则就不存在研究的必要性。从表4-2可知，家庭第一代大学生：

（1）不等同于少数民族学生。中国本科高校的家庭第一代大学生中，少数民族学生的占比仅为10.02%，而且这一比例与非家庭第一代大学生占比相差很小。这表明家庭第一代大学生与少数民族学生之间存在很大的差异性。相比之下，美国家庭第一代大学生曾经几乎是少数族裔学生的一个“代理概念”：因为两者存在较大程度的重叠，比如2005年，在美国四年制高校家庭第一代大学生新生中，有86.8%是少数族裔学生。[①]

（2）不等同于农村生源学生。相比于非家庭第一代大学生（3.96%），家庭第一代大学生进入大学之前在农村居住和生活的比例高出约30个百分点，但是这一比例也不足40%，因此不能将其与农村生源学生等同。

（3）不等同于“农民的儿子”。家庭第一代大学生中，父母为农业生产人员的占比为24.20%，远高于非家庭第一代大学生中的占比（1.29%）；为蓝领工作人员的占比为47.97%，高于非家庭第一代大学生中的占比（11.60%）。

① Saenz V B, Hurtado S, Barrera D, et al. First in My Family: A Profile of First-Generation College Students at Four-Year Institutions since 1971[R]. Los Angeles: The Foundation for Independent Higher Education, 2007.

表4-2 家庭第一代大学生的基本特征分布

类别	民族		大学之前居住地	
	少数民族	汉族	农村	非农村
家庭第一代大学生	10.02%	89.98%	39.24%	60.76%
非家庭第一代大学生	11.92%	88.08%	3.96%	96.04%

类别	家庭年收入			
	低收入组	中低收入组	中高收入组	高收入组
家庭第一代大学生	31.83%	30.92%	22.17%	15.08%
非家庭第一代大学生	14.41%	17.74%	29.98%	37.86%

类别	父母职业地位			
	农业生产人员	蓝领（工人、服务员、个体商户）	白领（初级技术人员、一般办事人员）	高级专业人员（公司高管、政府领导、中高级专业技术人员）
家庭第一代大学生	24.20%	47.97%	8.15%	15%
非家庭第一代大学生	1.29%	11.60%	23.39%	62.12%

相比之下，家庭第一代大学生中父母为白领或高级技术人员的占比为23.15%，低于非家庭第一代大学生的85.51%。但是，我们并不能将家庭第一代大学生误认为是“农民的儿子”。

（4）不等同于绝对意义上的贫困家庭学生。将样本中学生家庭收入水平进行排序并平均划分为四组①，发现家庭第一代大学生在中等收入（中低、中高）学生家庭分组的占比最高，超过50%，非家庭第一代大学生主要分布在中高和高收入组中，占比超过60%。尽管如此，家庭第一代大学生的家庭年平均收入为73182.74元，虽然低于非家庭第一代大学生（136783.2元），但是仍然高于《中国家庭发展报告2015》中的城乡家庭收入均值69090元，明显高出农村家庭收入均值49497元。这在一定程度上反映出，能够进入本科高校就读的家庭第一代大学生，其家庭并非总体国民中的低收入群体。

上述结果表明，一方面，和非家庭第一代大学生相比，家庭第一代大学生家庭背景不占优势：有更大占比的学生来自于农村、低收入组或父母职业

① 根据CCSS 2015年的数据，将家庭年收入超过200万元/等于0元/缺失的数据删除，将收入平均划分成低、中低、中高、高收入四组。因为有较多的家庭第一代大学生选择不报告自己家庭年收入情况，因此这里的测算并不精确，仅作为参考。

均为农业生产者。这使得其在受教育过程中难以从家庭获得更为充分的经济支持、经验支持。另一方面，家庭第一代大学生并不是少数民族学生，不是绝对意义上的家庭贫困生，不是农村生源学生，也不是“农民的儿子”，具有特殊性。这种差异更加凸显了对家庭第一代大学生群体进行探讨的意义。

2.家庭第一代大学生主要分布在地方高校中

如图4–2所示，从院校类型视角看，家庭第一代大学生在地方本科学院中占比最高，为77.43%；其次是地方本科大学，占比75.83%。随着学校层次的提升，家庭第一代大学生占比逐渐下降，“985工程”院校占比最低，为55%左右。这表明，父母没有接受过高等教育的子女，更多进入到地方本科类高校就读。此类高校为万千家庭培养了家庭的第一代大学生，使其成为家庭乃至社会的希望。与此同时，这为各类教育教学资源本来就不够充足的地方高校在如何帮助家庭第一代大学生取得更高水平的增值方面提出了更大的挑战。

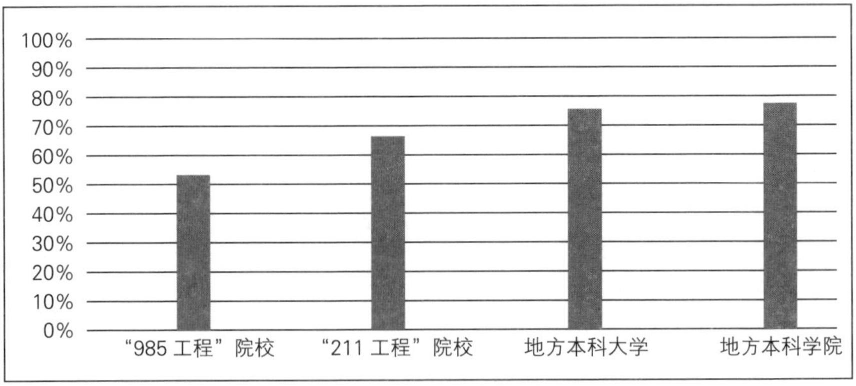

图4–2　家庭第一代大学生的学校分布情况

如图4–3所示，在专业类型上，不论是否为家庭第一代大学生，均更多分布在工科、管理学、文学、艺术学方面。而家庭第一代大学生占比超过非家庭第一代大学生的专业是管理学（2.91%）、工学（2.03%）、教育学（1.38%）、理学（0.69%）四个。相比于文、史、哲等，此类学科的实用性更强，毕业之后更可能迅速找到工作，改善自己和家庭的生活。这有可能是形成这种差异的原因。

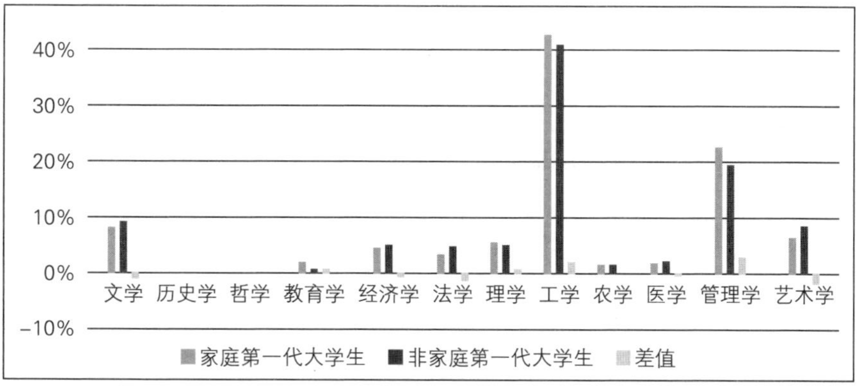

图4-3　大学生的专业学科分布情况

二、中国家庭第一代大学生的学习经验与发展情况分析

与对高等教育精英阶段大学生的了解相比，我们对高等教育大众化乃至普及化阶段中国家庭第一代大学生的学习特点并不了解，不能够针对性地对其给予指导和支持提供依据。本节基于2015年的CCSS数据，从三个方面对此进行分析：第一，课内学习经验，指的是培养计划中的、与课程教学直接相关的就读经验，具有更强的强制性和统一性；第二，课外学习经验，指的是培养计划之外的、课程教学规定之外的就读经验，具有更强的自主性和选择性。第三，学习成果和收获，指的是学生在学期间的各项学习成果、收获和毕业去向选择。

（一）课内学习经验

我们从以下四个方面分析家庭第一代大学生的课内学习经验。第一是学生学习策略，反映学生对知识进行处理的方式。第二是学术性互动，反映学生就课程内容与教师和同学进行交流的情况。第三是课下学习时间，反映学生围绕课程内容的时间投入情况。第四是学生学习动机，反映学生为什么学习的心理状态。

1.学习策略：接受式学习尚可，其他方面表现不足

我们将学习策略划分为接受式学习、主动性学习、深层学习和在线学习四类。其中，接受式学习是课程要求的基础性、接收性学习行为，由四道题目构成（课堂专心听讲、有侧重地做笔记、课后复习课堂笔记以及总结课程中学到的东西），克隆巴赫α系数为0.78。主动性学习指的是学生在课堂上参与到需要积极表达的学习活动中，由三道题目构成（课堂上主动提问或参与讨论、课堂上质疑教师提出的观点、在课堂上就某一研究主题做报告），克隆巴赫α系数为0.73。深层学习是指对知识进行多视角、反思性和整合性的分析，由九道题目构成（做作业时融合不同课程内容、反思并评价自己的学习过程、通过学习改变对某个问题/概念的理解、挑战自己对问题的已有看法、换位思考和理解他人观点、从不同的视角综合考虑问题、反思/检查自己的观点有何优点和不足、将学习与社会问题相联系、将课程的观点与先前的经验和知识联系起来），克隆巴赫α系数为0.88。在线学习指的是借助网络和信息技术媒介进行讨论或资料查询等的情况，由两道题目指征（使用网络媒介讨论或完成作业、在学业中使用信息技术），克隆巴赫α系数为0.50。

如表4–3所示，在四类学习策略上，家庭第一代大学生的表现均显著低于非家庭第一代大学生。根据科恩d值的值可知，两类群体在接受式学习上没有实质性差距，但是在主动性学习上差距明显，深层学习和在线学习方面的差距次之。主动性学习要求学生将所思所想在教师和同学面前积极表达出来。家庭第一代大学生表现不足，有可能是因为家庭文化资本的不足使得他

表4–3　在不同学习策略上的表现

学习策略	家庭第一代大学生		非家庭第一代大学生		差值[①]（显著性）	科恩d值
	均值	标准差	均值	标准差		
接受式学习	57.55	19.20	59.22	21.04	–1.14	–0.06
主动性学习	40.50	21.12	45.74	24.69	–4.57	–0.20
深层学习	56.99	17.15	60.05	18.93	–2.55	–0.14
在线学习	63.70	20.91	66.98	21.71	–3.00	–0.14

① 这里的差值是在控制了社会称许性之后进行比较得出的，和两类群体得分的直接差值有微小差异。下同。

们不擅长伯恩斯坦所说的“精致型符码”（复杂、抽象和规范的语言结构），而更多采用与高校语言环境不一致的“限制符码”（简单、朴素、模糊的语言结构），这增加了他们在表达观点上的顾虑。在在线学习方面，家庭第一代大学生有可能受制于在线学习意识和相关设备的不足，因而表现低于非家庭第一代大学生。

2.学术性互动：均与非家庭第一代大学生存在差距

学术性互动包括学术性生生互动和学术性师生互动两类。前者指的是围绕课程学习与同伴进行的交流，由四道题目构成（与其他同学合作完成课程作业、就课程内容向其他同学请教、课后和同学讨论课程内容、使用网络媒介讨论或完成作业），克隆巴赫α系数为0.73。后者指的是围绕课程学习与教师进行的交流，由两道题目构成（课外和任课教师讨论课程相关内容、和任课教师讨论作业或分数），克隆巴赫α系数为0.76。

如表4–4所示，在学术性互动方面，不论是师生之间还是生生之间，家庭第一代大学生表现水平均显著较低。这并不能认为，家庭第一代大学生没有在学习上遇到问题或困难，或不需要别人的帮助。相反，有可能他们尽管遇到了问题或困难，却很少向同学或教师交流、讨论或求助。

表4–4　学术性互动表现

学术性互动	家庭第一代大学生		非家庭第一代大学生		差值（显著性）	科恩d值
	均值	标准差	均值	标准差		
学术性师生互动	37.15	24.57	41.95	27.11	−4.02	−0.16
学术性生生互动	58.52	18.54	61.87	20.47	−2.88	−0.15

3.课下学习时间：与非家庭第一代大学生没有实质性差距

和高中阶段相比，大学生的课下时间增多，且不会被教师主导和安排。具有自律和自主学习能力的学生往往抓住课下时间，继续加深对课程内容的理解，以获得更好的学习效果。如表4–5所示，家庭第一代大学生每周在课下投入到课程相关学习（如预习、复习、做作业/实验、阅读文献等）的时间均值为13.51小时。尽管这低于非家庭第一代大学生0.36小时，但是差距已经很小，缺乏实质意义。换言之，在具有统一性的课程学习时间投入方面，家庭第一代大学生与非家庭第一代大学生的表现基本一致。

表4-5　课下学习时间

	家庭第一代大学生		非家庭第一代大学生		差值（显著性）	科恩*d*值
	平均值	标准差	平均值	标准差		
每周课下学习时间	13.51	8.93	13.87	9.06	−0.34	−0.04

4.学习动机：与非家庭第一代大学生没有明显差异

基于CCSS问卷，我们将学习动机划分为七种类型。其中，对所学内容感兴趣、挑战/提升自我、国家和社会的使命感为内部动机，就业/升学、满足老师和父母的期望、学校氛围和同学的影响、在考试中获得高分为外部动机。①

如表4-6所示，在每一种不同的学习动机方面，尽管家庭第一代大学生选择“最强”的占比均低于非家庭第一代大学生几个百分点，但是总体而言

表4-6　学习动机表现

学习动机类型	学生类别	很强（%）	强（%）	弱（%）	很弱（%）	较强（很强+强）%
对所学内容感兴趣	家庭第一代大学生	18.05	52.90	25.67	3.37	70.95
	非家庭第一代大学生	23.42	48.27	23.85	4.46	71.69
挑战/提升自我	家庭第一代大学生	22.62	58.90	16.79	1.69	81.52
	非家庭第一代大学生	28.73	52.62	16.41	2.24	81.35
国家和社会的使命感	家庭第一代大学生	9.20	36.48	41.09	13.23	45.68
	非家庭第一代大学生	10.41	35.39	37.66	16.54	45.80
就业/升学	家庭第一代大学生	36.81	52.87	9.28	1.04	89.68
	非家庭第一代大学生	40.41	47.73	10.39	1.47	88.14
满足老师和父母的期望	家庭第一代大学生	22.72	55.48	18.54	3.25	78.20
	非家庭第一代大学生	25.76	50.31	19.36	4.57	76.07
学校氛围和同学的影响	家庭第一代大学生	11.38	49.15	33.27	6.20	60.53
	非家庭第一代大学生	13.26	47.39	32.00	7.35	60.65
在考试中获得高分	家庭第一代大学生	20.12	47.76	26.90	5.22	67.88
	非家庭第一代大学生	23.00	45.82	25.57	5.62	68.82

① “国家和社会的使命感”题目出自2012年问卷，“学校氛围和同学的影响”“在考试中获得高分”题目出自2013年问卷，均加权重计算以保证不同年度的可比性，但是因为年份不同没有计算内部一致性系数。

并没有明显差异。当然，尽管我们在课内学习经验的范畴中分析学习动机的表现，但是实际上学习动机并不分课内和课外。

（二）课外学习经验

我们从以下三个方面分析家庭第一代大学生的课外学习经验。第一是社会性互动情况，即超出课程知识内容与教师和同学进行互动的情况。第二是课外活动投入时间，即学生在课外兼职、校园社工等方面的时间投入情况。第三是课外活动具体参与情况，这些活动往往不在培养计划内，因此不具有强制性和统一性，较大程度上反映出学生的自主选择。

1.社会性互动：总体水平较低，特别是跨文化交流水平不足

将社会性互动划分为社会性师生互动和跨文化交流两类。前者指的是以明确自身世界观、人生观、价值观和未来发展规划等为内容的师生交往，由五道题目构成（和任课教师讨论自己的职业计划、和辅导员/班主任讨论自己的职业计划、和任课教师讨论人生观和价值观、和辅导员/班主任讨论人生观和价值观、和任课教师一起参与课程以外的活动），克隆巴赫α系数为0.75。后者指的是以丰富课余生活等为指向、与不同背景和类型的人进行的互动和交往，由四道题目构成（与不同民族、不同经济背景、不同宗教信仰、不同地域来源的人进行交流），克隆巴赫α系数为0.75。

如表4–7所示，在非学术导向的社会性互动上，家庭第一代大学生的表现均显著低于非家庭第一代大学生，尤其是在跨文化交流方面的差距很大。这一方面可能是因为，家庭第一代大学生的人际交流能力有待提升；另一方面可能是因为，他们的社交圈子比较窄，并没有太多机会与不同背景和类型的人进行交流。

表4–7　社会性互动表现

社会性互动	家庭第一代大学生		非家庭第一代大学生		差值（显著性）	科恩d值
	平均值	标准差	平均值	标准差		
社会性师生互动	34.80	26.33	40.97	29.06	−5.18	−0.19
跨文化交流	45.56	19.71	51.47	21.73	−5.49	−0.27

2.课外活动投入时间：打工兼职多、校园社工少

在课外活动投入时间上，我们主要关注了两类最为常见的课外活动：课

外兼职打工（校内/校外）和校园社会工作（如学生会/团委、社团活动、校园刊物等）。

如表4-8所示，在课外兼职打工上，家庭第一代大学生高出非家庭第一代大学生1个多小时/周。而且，这并没有纳入学生在兼职打工路程上所花费的时间，否则差距会更大。而在校园社工上，家庭第一代大学生用时少于非家庭第一代大学生0.86小时/周。两类活动有着不同的特点，前者指向额外的经济收入，后者则是融入校园生活、提升适应性和社交能力的重要手段，具有更强的教育意义。家庭第一代大学生尽管并非均来自绝对意义上的贫困家庭，但在家庭经济收入平均水平上与非家庭第一代大学生存在差距。这容易使他们有更高的家庭责任感，并通过兼职打工减轻家庭在自身学业上的经济投资负担。

表4-8　课外不同活动的时间投入

课外活动投入时间	家庭第一代大学生		非家庭第一代大学生		差值（显著性）	科恩d值
	平均值	标准差	平均值	标准差		
每周兼职打工时间	6.27	8.07	5.28	7.67	1.10	0.14
每周校园社工时间	7.45	7.26	8.41	7.77	−0.86	−0.12

3.课外活动参与：扩展性和研究性高影响力教育活动参与率低

我们继续探讨在其他具有教育意义的、课程要求之外的活动方面家庭第一代大学生的表现。美国学者乔治·库提出的“高影响力教育活动”为此提供了重要抓手，认为这是课程要求之外、学生课外自主选择和参与的活动，需要学生投入大量时间和精力、积极与教师和同伴互动、不断反思并在实践中应用知识，同时从各方面获得及时而丰富的反馈。[①]

高影响力教育活动在不同文化和高校情境中具有不同的表现形式。如库提出新生研讨课、写作强化课程、合作性任务、服务性学习/社区学习等九种高影响力教育活动。[②]之后，加州州立大学富尔顿分校根据本校实际情况

① Kuh, G. High-Impact Educational Practices: What They Are, Who Has Access to Them, and Why They Matter [R]. Washington, DC: American Association of Colleges & Universities (AAC & U), 2008: 14-17.

② Kuh G. High-Impact Educational Practices: What They Are, Who Has Access to Them, and Why They Matter [R]. Washington D C: American Association of Colleges & Universities (AAC & U), 2008: 9-11.

建构了包括研究、体验、主动学习、团体学习和人性探索在内的五类高影响力教育活动，每一类又包括多项具体的活动形式。[①]清华大学CCSS课题组曾经针对中国“985工程”院校的实际情况，总结出实习、和老师一起做研究、海外学习等六种高影响力教育活动。[②]我们在此基础之上，建构起适用于中国不同类型院校的高影响力教育活动，并整合为“拓展性学习活动”“研究相关性活动”和“社会实践类活动”三类九项（表4-9）。其中，“拓展性学习活动”指的是在常规课程和专业要求之外的深入或跨领域学习，包括课程要求以外的语言学习、海外学习、辅修第二学位三种。“研究相关性活动”是指在知识学习基础上进行的研究探索，这需要自身具有较强研究意向及教师给予充分的学术指导，包括和任课教师一起做研究，向专业学术期刊/学术会议投稿，参加各类学术、专业、创业或设计竞赛三种。“社会实践类活动”是指在校外现实情境中进行的，能够增加学生社会经验、促进知识在现实情境中应用的活动，包括实习、社会实践或调查、社区服务或志愿者三种。

表4-9 家庭第一代大学生与非家庭第一代大学生参与各项高影响力教育活动的比例

	高影响力教育活动	观测值数	家庭第一代大学生（%）	非家庭第一代大学生（%）	Pearson卡方检验[③]
拓展性学习活动	课程要求以外的语言学习（如修第二外语等）	58844	15.20	27.22	305.31***
	海外学习（短期或长期）	58846	5.46	10.19	133.44***
	辅修第二学位	58840	6.65	12.13	126.73***
研究相关性活动	和任课教师一起做研究	58837	20.25	25. 65	44.89***
	向专业学术期刊/学术会议投稿	58815	12.49	16.65	40.71***
	参加各类学术、专业、创业或设计竞赛	58833	23.85	27.38	23.23***

① McMahan S. Creating a Model for High Impact Practices at a Large, Regional, Comprehensive University: A Case Study[J]. Contemporary Issues in Education Research–Second Quarter 2015, 8(2): 111–116.

② 文雯，初静，史静寰. “985”高校高影响力教育活动初探[J]. 高等教育研究，2014, 35(8): 92–98.

③ 样本经过加权处理，故此处汇报的是使用Rao and Scott (1984)的二阶纠正法调整后的数值及其显著性水平。

续表

	高影响力教育活动	观测值数	家庭第一代大学生（%）	非家庭第一代大学生（%）	Pearson卡方检验
社会实践类活动	实习	58840	37.64	39.10	2.79
	社会实践或调查	58830	53.45	54.28	0.89
	社区服务或志愿者	58814	46.41	47.72	2.26

注：$^{*}p<0.05$，$^{**}p<0.01$，$^{***}p<0.001$。

结果表明，家庭第一代大学生在扩展性学习活动上的参与率最低，为19.82%；其次是研究相关性活动，参与率为38.04%；而在社会实践类活动上的参与率最高，为71.02%。相比之下，非家庭第一代大学生在这三类活动上的参与比例分别为33.27%、43.11%和69.70%。在各项扩展性学习活动上，家庭第一代大学生的参与率均显著低于非家庭第一代大学生（$p<0.001$），且比例差距最大，为4.73—12.02个百分点；在各项研究相关性活动上，家庭第一代大学生的参与率亦显著低于非家庭第一代大学生（$p<0.001$），但差距相对略小，为3.53—5.4个百分点；而在各项社会实践类活动上，两类学生的参与比例之间没有显著性差异（$p>0.05$）。这与国外的相关研究基本一致。[①]

三类活动尽管都属于课外高影响力教育活动，但是参与门槛（如对个人知识和能力的要求、对资源投入的依赖等）和学校支持力度（如学校提供的参与机会和支持条件等）存在差异。如图4–4所示，扩展性学习活动具有“高参与门槛/低学校支持”的特点，参与此类活动不仅需要学生有参与意愿，更需要争取到相应的参与机会和充足的经济支持，而学校只能在较低程度上提供上述资源。研究相关性活动具有“中参与门槛/中学校支持”的特点，参与这类活动要求学生具备从事科学研究的强烈愿望和较为扎实的知识基础，而高校和教师可以在一定程度上为学生提供参与研究或学术竞赛的机会。社会实践类活动属于“低参与门槛/高学校支持”的活动，其对学生的自身条件并无特别要求，而且此类活动逐步向培养计划中的必修环节转变，高校鼓励所有学生参与并提供必要支持。

① Kuh G. High–Impact Educational Practices: What They Are, Who Has Access to Them, and Why They Matter [R]. Washington, DC: American Association of Colleges & Universities (AAC&U), 2008; Finley A, McNair T. Assessing Underserved Students' Engagement in High–Impact Practices[R]. Washington, DC: Association of American Colleges and Universities, 2013.

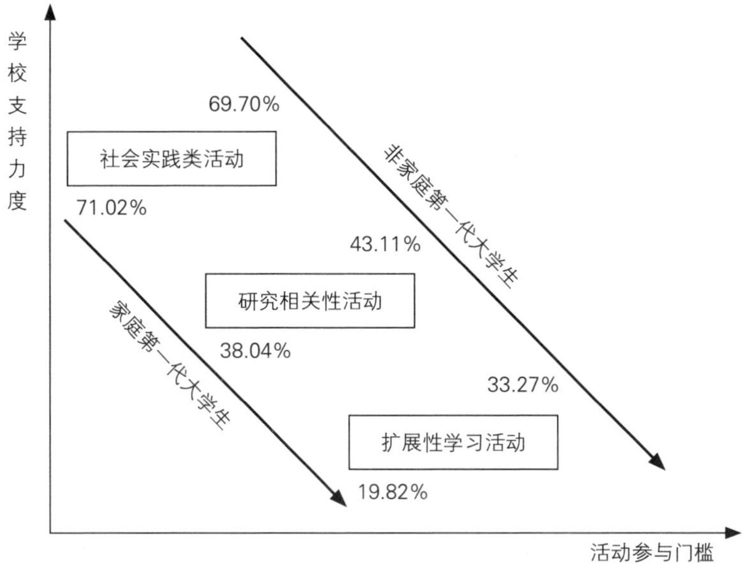

图4-4　不同类型高影响力教育活动的特征及学生参与情况

三类高影响力教育活动在参与成本和学校支持力度上的差异，使得无论是家庭第一代大学生还是非家庭第一代大学生，均在“高门槛/低支持”的扩展性活动上参与度最低，而在“低门槛/高支持”的社会实践类活动上的参与度最高。而对于中、高参与门槛的扩展性学习和研究相关性活动来说，由于学校能够提供的参与机会和资源支持有限并且需要竞争获得，来自家庭的建议指导和额外资源支持就显得更加重要。而正因为和非家庭第一代大学生相比，家庭第一代大学生的父母缺少大学教育的相关经验，父母职业地位往往较低，才使得他们无法获得有效的指导和资源支持，因此在这两类活动的参与率上与非家庭第一代大学生有较大差距。

（三）学习成果和收获

我们从三个方面分析家庭第一代大学生的学习成果和收获情况。第一是基于测试得到的客观性学习成果，可以较为客观和真实地反映出学生学习的成果。第二是学生自我汇报得到的主观性学习收获，体现出学生自我建构的学习收获和主观获得感。第三是学生的毕业去向，反映出学生经过四年学习之后的初步发展去向。

1.客观水平：学科知识和综合思维能力无明显差异

我们借助2015年国内多所高校（如清华大学、河南大学等）与美国斯坦福大学、美国教育考试中心（ETS）、俄罗斯国立高等经济学院（HSE）等机构合作开展的国际工科大学生学习成果测试数据，对家庭第一代大学生学习成果的情况进行了分析。这一数据样本量为9286个，涉及8所“985工程”和“211工程”高校，29所地方普遍院校；53.06%的学生为计算机类专业，46.94%为电气工程类专业；男生和女生的占比分别为68.91%和31.09%；大一和大三学生的占比分别为55.35%和44.65%。如表4-10所示，控制学校类型和高考分数，家庭第一代大学生与非家庭第一代大学生在基础知识（数学、物理）、综合思维能力（批判性思维能力、量化素养能力）上的表现仅仅相差1.5分以下（百分制），而且在统计学上并没有显著差异。

表4-10　家庭第一代大学生与非家庭第一代大学生在基础知识和综合思维能力上的差异

类型	第一代与非第一代（一年级）	第一代与非第一代（三年级）	显著性水平
数学成绩	0.85	1.50	$p>0.05$
物理成绩	−0.69	0.32	$p>0.05$
批判性思维能力	−1.26	−0.79	$p>0.05$
量化素养能力	0.83	0.64	$p>0.05$

2.主观学习收获：沟通和领导力方面的收获最低

我们将学生自我汇报的教育收获划分为知识收获、能力提升、自我认知发展三类。其中，知识收获指的是学生在通识和专门领域的知识提升情况，由两道题目构成（广泛涉猎各个知识领域、深厚的专业知识），克隆巴赫α系数为0.73。能力提升指的是学生在各项可迁移能力方面的收获，由十道题目构成（口头表达、书面表达、运用信息技术、统计分析、有效合作、灵活应变、组织领导、解决复杂问题、创新性解决问题、批判性思维等能力），克隆巴赫α系数为0.92。自我认知发展指的是学生在自我认知和价值观念方面的清晰度，由两道题目构成（确立并明晰个人人生观和价值观、明确自己未来的发展规划），克隆巴赫α系数为0.81。

如表4-11所示，尽管家庭第一代大学生在各类教育收获上均显著低于非家庭第一代大学生，但是从效应值看差距都很小。特别是学生自我认知发展方面，两类群体基本没有差异。这有可能是因为学生自我认知发展是高校课程教学的“盲点”，也往往为家庭教育所忽视，更多是学生个体自然生长和发展的结果，因而两类群体之间的差异很小。

表4-11　自我汇报的学习收获

	家庭第一代大学生		非家庭第一代大学生		差值（显著性）	科恩d值
	均值	标准差	均值	标准差		
知识收获	62.80	22.06	65.16	23.00	−1.70	−0.08
能力提升	59.75	19.44	62.47	20.90	−2.02	−0.10
自我认知发展	63.47	23.55	64.79	25.18	−0.68	−0.03

3.毕业去向

在分析家庭第一代大学生与非家庭第一代大学生毕业去向差异的时候，我们以大四学生为样本。问卷中询问的是“学生毕业后准备做什么”，指向学生的受教育期望。不过因为学生往往在5月份就得知考研是否被录取的确切结果，并基于此在6月份填答问卷，因此所填信息更为现实和明确。

如图4-5所示，约80%的家庭第一代大学生选择了在国内就业，高出非家庭第一代大学生约15个百分点。相比之下，他们选择升学的比例为12.83%，仅为非家庭第一代大学生的一半左右（24.73%）。特别是，在是否去国外升学方面，家庭第一代大学生比非家庭第一代大学生低出7.24%，差距较大。这

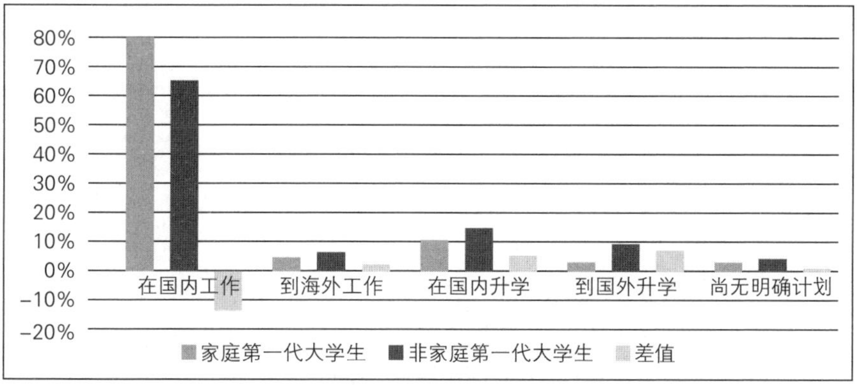

图4-5　毕业去向

有可能是因为，毕业就工作以减轻家庭负担是他们的第一选择，即使其能力达到继续读研的水平，但是也经常会因为给家庭带来经济负担而放弃，这使得他们的受教育目标总体上低于非家庭第一代大学生。

综上可知，相比于非家庭第一代大学生，中国家庭第一代大学生在学习过程中的不足主要体现在两个方面。第一，基于互动的学习表现不足，包括课堂主动性学习、围绕课程内容的师生互动和同伴互动、社会性的师生互动以及跨文化交流等方面的表现水平较低。第二，课程要求之外的、具有教育意义的活动参与较少，包括校园社会工作投入时间较少、高影响力教育活动特别是扩展性和研究性相关活动参与率较低。由于我国大学主要是以西方现代大学为榜样建立起来的，在教育教学制度、学校文化等方面与更多地继承了传统的高中和基础教育阶段存在较大差异，无论是家庭第一代大学生还是非家庭第一代大学生，进入大学均会发现原有的学习习惯不能与大学场域合拍的情况，均需要经历适应、调整和转变的过程。但是，相比于非家庭第一代大学生，家庭第一代大学生在这样一个转变的过程中缺乏外部有效的指导和资源支持，使得其学习观和学习方式依然拘囿于课内的、个体性的、低成本的学习，而没有转变为整合课内外的、基于互动的、参加具有高影响力但需要资源支持的活动，从而在上述方面的表现较低。

三、提升家庭第一代大学生过程性学习质量

上节的分析表明，家庭第一代大学生在学习过程的多方面表现与非家庭第一代大学生存在差距，特别体现在基于互动的学习以及课程要求之外的活动参与方面。为方便高校教育教学进行干预，我们针对后者，以高影响力教育活动作为切入点，深入分析如何促进家庭第一代大学生参与此类活动，原因为以下三方面。

第一，高等教育教学观的转变要求关注课程要求之外的内容。在我国高等教育改革和发展过程中，严格而统一的课内学习要求正在逐渐减少，强调自主性和选择性的课程要求之外的活动日益增多。这彰显出“大学习观”的

理念，被认为是高校教育的重要组成部分。比如，史静寰和文雯认为高等教育要“超越课程教学的范畴，更加全面地认识和理解学生学习，将学生在校全部生活经验视为具有教育学意义和价值的整体”。[①]与此类似，吕林海和龚放也认为，“对大学生学习方式的理论应当拓展，大学生学习方式应当从传统的仅关注基于课堂的学习，拓展到对更加整全的学生学习经历和体验进行分析”。[②]第二，家庭第一代大学生在课外学习活动方面的参与率较低。上节的分析表明，在课程直接相关的时间投入乃至成绩上，家庭第一代大学生与非家庭第一代大学生之间并没有显著性差异。但是，在课外活动特别是有可能对学生发展产生重要积极影响的高影响力教育活动方面，家庭第一代大学生参与度不足，可能为家庭第一代大学生长远发展带来不良影响。而且，高影响教育活动往往以频繁的师生、生生互动为重要特点。如果可以促进家庭第一代大学生参与此类活动，那么他们在基于互动的学习方面自然会得到改善。第三，高影响力教育活动对学生发展的意义得到众多研究的证实。如库和维哈等的研究表明，参与高影响力教育活动可以有效降低学生的退学率，积极参与此类活动的学生往往有更高的GPA。[③]芬雷的研究表明，参与这些活动对学生的深度学习、通识教育收获、个人发展以及实践能力有较强促进作用。[④]此外，也有研究表明，参与高影响力教育活动中的多元文化学习团体有利于学生自我认知的发展。[⑤]对CCSS的数据分析表明，参与过高影响力教育活动的学生，在知识、问题解决能力、沟通和领导力、自我认知发展四方面的收获均显著高于没有参与此类活动的学生（$p<0.001$，$0.29<$科恩d值<0.79）（见表4-12）。

① 史静寰, 文雯. 清华大学本科教育学情调查报告2010[J]. 清华大学教育研究, 2012, 33(1): 4-16.

② 吕林海, 龚放. 中美研究型大学本科生深层学习及其影响机制的比较研究——基于中美八所大学SERU调查的实证分析[J]. 教育研究, 2018, 39(4): 111-120.

③ Vaughan A, Parra J, Lalonde T. First-Generation College Student Achievement and the First-Year Seminar: A Quasi-Experimental Design[J]. Journal of the First-Year Experience & Students in Transition, 2014, 26(2): 51-67.

④ Finley A. Assessment of High-Impact Practices: Using Findings to Drive Change in the Compass Project [R]. Washington D C: American Association of Colleges & Universities (AAC&U), 2011: 29-33.

⑤ Jehangir R, Williams R, Jeske J. The Influence of Multicultural Learning Communities on the Intrapersonal Development of First-Generation College Students [J]. Journal of College Student Development, 2012, 53(2): 267-284.

表4-12　高影响力教育活动类型以及是否参与在教育收获上的差异

高影响力教育活动		参与情况	知识收获 均值（标准差）	能力提升 均值（标准差）	自我认知发展 均值（标准差）
拓展性学习活动	课程要求以外的语言学习（如修第二外语等）	未参与	61.61（21.92）	58.64（19.25）	62.36（23.83）
		参与	74.76（21.59）	71.75（20.11）	72.75（23.04）
	海外学习（短期或长期）	未参与	60.69（21.91）	57.70（19.08）	61.30（23.78）
		参与	73.17（21.09）	70.21（19.57）	72.82（22.52）
	辅修第二学位	未参与	60.97（21.92）	57.86（19.19）	61.34（23.76）
		参与	70.75（21.98）	68.15（19.91）	71.17（23.16）
研究相关性活动	和任课教师一起做研究	未参与	62.33（22.06）	59.34（19.45）	62.90（23.87）
		参与	78.08（20.87）	75.12（19.83）	72.84（22.34）
	向专业学术期刊/学术会议投稿	未参与	61.69（21.89）	58.56（19.20）	61.97（23.71）
		参与	70.99（22.69）	68.66（20.68）	71.88（23.57）
	参加各类学术、专业、创业或设计竞赛	未参与	62.30（22.04）	59.30（19.43）	62.84（23.81）
		参与	75.79（21.90）	72.90（20.46）	74.34（23.41）
社会实践类活动	实习	未参与	60.12（21.86）	57.27（19.32）	60.90（24.01）
		参与	68.73（22.06）	65.52（19.69）	68.47（23.20）
	社会实践或调查	未参与	58.97（21.76）	55.90（19.10）	59.25（23.53）
		参与	67.22（22.11）	64.30（19.70）	67.70（23.69）
	社区服务或志愿者	未参与	60.42（21.94）	57.12（19.27）	60.37（23.75）
		参与	66.79（22.29）	64.15（19.89）	67.67（23.66）

（一）分析框架

根据库提出的学生成功影响因素模型及相关实证研究来建构分析框架。一方面，学生成功影响因素模型指出，学生在大学期间的学习与发展由其学习性投入水平决定，而学习性投入水平受到其大学前特征（人口学变量、家庭背景等）、个人行为（学生努力程度、与教师的交流程度等）和学校特征

（学校提供的政策和资源等）的共同影响。[①]参与高影响力教育活动是学习性投入的重要组成部分，因而可以根据此理论框架去理解参与高影响力教育活动的影响因素。另一方面，相关实证研究表明，家庭资源[②]、学校提供的学业指导[③]、就业咨询等服务[④]等都会促进学生在寻找自己的发展目标时，有针对性地参与相关课外活动。而在一些具体的高影响力教育活动上，如出国交流、参与科研等，既受到个体因素（年级、学习成绩、个人能力、发展目标等）和家庭因素（家庭所在地、父母职业等）的影响，又与学校因素（教师对科研的重视程度、教学质量）显著相关。[⑤⑥⑦]上述理论和实证研究表明，影响个体参与高影响力教育活动的因素，主要涉及个体背景性因素（人口学变量、家庭因素等）、大学期间的个体性因素（发展目标、个人能力等）及校园环境因素（学校资源支持、教师交流和指导）等。

我们构建了如图4–6所示的分析框架。该框架基于经典的投入—过程—产出模型，以参与高影响力教育活动为核心，将影响因素划分为个体背景性因素、大学期间个体性因素、校园环境因素三大类。其中，由于大学生的背景性因素难以改变，大学期间的个体性因素（未来发展目标）与参与高影响力教育活动之间存在相互影响的关系（用双向箭头表示），难以通过横截面数据验证，因此，本研究重点关注了学校支持性环境，特别是教师指导和学校支持对学生参与高影响力教育活动的影响。

① Kuh G D, Kinzie J, Buckley J A, et al. What Matters to Student Success: A Review of the Literature[R]. Washington, DC: National Postsecondary Education Cooperative, National Center for Education Statistics, 2006: 7–8.

② Bouffard S, Wimer C, Caronongan P, et al. Demographic Differences in Patterns of Youth Out-of-School Time Activity Participation[J]. Journal of Youth Development, 2006, 1(1): 1–17.

③ Ellis K C. Academic Advising Experiences of First-Year Undecided Students: A Qualitative Study [J]. NACADA Journal, 2014, 34(2): 42–50.

④ Bailey T R, Badway N, Gumport P J. For-Profit Higher Education and Community Colleges[R]. Stanford, CA: Stanford University, National Center for Postsecondary Improvement, 2001: 33–35.

⑤ 陆根书, 田美, 黎万红. 大学生出国留学意愿的影响因素分析[J]. 复旦教育论坛, 2014, 12(5): 36–44.

⑥ Hu S, Scheuch K, Gayles J G. The Influences of Faculty on Undergraduate Student Participation in Research and Creative Activities[J]. Innovative Higher Education, 2009, 34(3): 173–183.

⑦ Mina S, Mostafa S, Albarqawi H T, et al. Perceived Influential Factors toward Participation in Undergraduate Research Activities among Medical Students at Alfaisal University—College of Medicine: A Saudi Arabian perspective[J]. Medical Teacher, 2016, 38: S31–S36.

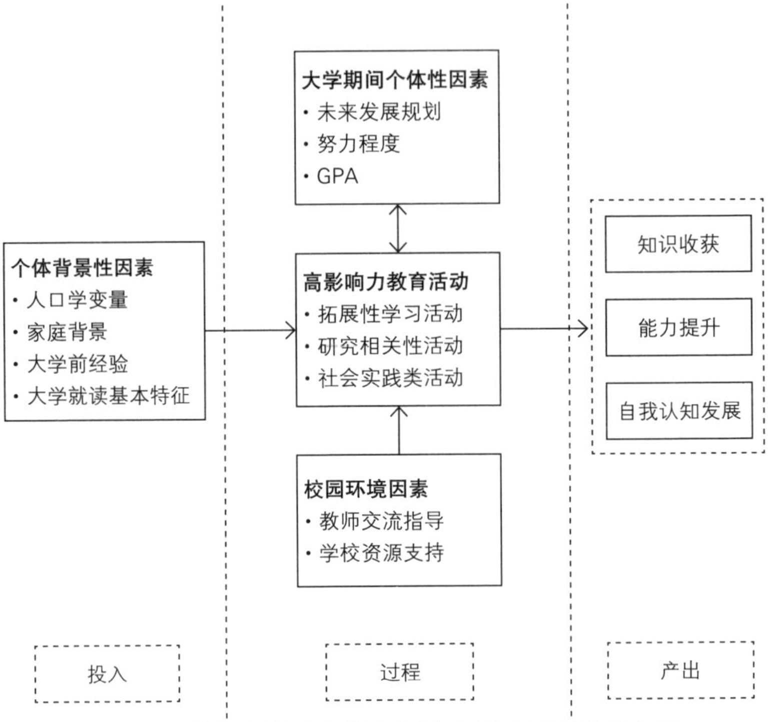

图4-6　参与高影响力教育活动的影响因素分析框架

（二）研究方法

为探索影响家庭第一代大学生参与高影响力教育活动的因素，本研究分别以三类高影响力教育活动的参与情况为因变量，以学生个人背景特征、教师指导、学校支持为自变量，构建多元回归模型如下：

$$HIP_i=\beta_0+\beta_1 Faculty_i+\beta_2 Campus_i+\beta_3 X_i+\varepsilon_i \quad (4.1)$$

在上述模型中，因变量HIP_i代表学生是否参与过相应的高影响力教育活动。若学生参与了该类活动中的任何一项，则记为1（参与过），否则为0（未参与过）。由于该模型因变量为二分变量，故采用logistic回归进行估计。[①]

① 在本研究中，学生嵌套在学校层面，检验院校层面因素对学生的影响采用多层模型分析可能更为合适。研究者尝试了使用多层模型，在不加入任何控制变量的时候，三个不同因变量模型的组内相关系数都在0.01至0.02之间，即院校之间的差异只占到总体差异的1%—2%。加入控制变量并使用随机截距模型进行估计，所得到的结果与使用单层logistic模型的估计结果基本没有差异。因此，本研究选择使用单层的logistic回归模型进行分析。

该模型的主要解释变量为分析框架下校园环境因素中的“教师交流指导（$Faculty_i$）”和“学校资源支持（$Campus_i$）”。根据分析框架和已有研究发现，结合CCSS问卷的指标和题项，构建师生关系、交流人生发展、激发学生学习志趣等三个指标来反映教师交流指导，构建学生对经济支持、社交支持、成长指导的感知情况以及学校提供支持的平均水平四个指标来反映学校提供的资源支持。各指标构建时为百分制计分，得分标准化后进入模型。模型的控制变量（X_i）为学生个体背景性因素，包括人口学特征、家庭背景、大学前教育经验以及学生所属的高校、专业和年级特征。其中，家庭背景主要通过父母最高职业地位以及是否为农村生源、农家子弟或农业户口来反映。大学前教育经验主要通过是否就读于重点高中及高考成绩来反映。

模型中各变量的定义、测量方式和描述统计如表4–13所示。回归分析使用的样本为家庭第一代大学生样本，即父母受教育程度均为高中及高中以下的学生（样本量39439）。为纠正同一学校内个体样本残差不独立的问题，在回归估计时以学校为单位进行了聚类。同时，为纠正样本结构与总体的差异，所有描述统计和回归分析均使用了样本权重。

表4–13　变量定义、测量方式和描述统计（家庭第一代大学生）

变量名	变量定义和测量方式	描述统计（加权后）均值（标准差）/分类变量分布	缺失率（%）
扩展性学习活动	因变量。学生是否参与过三种扩展性学习活动的任何一项。虚拟变量，1=参与过，0=没参与过（对照组）	1= 19.77% 0= 79.99%	0.24
研究相关性活动	学生是否参与过三种研究相关性活动的任何一项。虚拟变量，1=参与过，0=没参与过（对照组）	1=37.94% 0= 61.79%	0.27
社会实践类活动	学生是否参与过三种社会实践类活动的任何一项。虚拟变量，1=参与过，0=没参与过（对照组）	1= 71.53% 0= 28.21%	0.26
师生关系	自变量（教师交流指导）。学生感知到的与教师、辅导员/班主任之间的关系。由4道题目构成，克隆巴赫α系数为0.79	65.40 （22.92）	0.22
人生发展交流	学生与教师、辅导员/班主任在职业规划、人生观价值观等方面的交流。由4道题目构成，克隆巴赫α系数为0.92	36.68 （27.91）	0.01
激发学习志趣	学生感知到的教师对自身学习兴趣的激发和对自主学习的鼓励。由4道题项构成，克隆巴赫α系数为0.83	67.95 （20.18）	0

续表

变量名	变量定义和测量方式	描述统计（加权后）均值（标准差）/分类变量分布	缺失率（%）
成长指导	自变量（学校资源支持）。学生感知到的学校在学业、心理和就业上提供的支持。由3道题项构成，克隆巴赫α系数为0.82	62.78（21.65）	0.23
社交支持	学生感知到的学校对参与社交活动的鼓励和社交平台的提供。由3道题项构成，克隆巴赫α系数为0.81	62.99（22.35）	0.23
经济资助	学生感知到的学校为自身提供的经济支持。由1道题项构成	61.76（25.54）	0.25
学校总体支持水平	学校为学生提供支持的平均水平。由7道题项构成，克隆巴赫α系数为0.89。由校内学生平均分测量。	62.67（4.28）	0
女生	自变量（控制变量）。学生为女生。虚拟变量，1=是，0=否（对照组）	1=46.82% 0=53.18%	0
少数民族	学生为少数民族学生。虚拟变量，1=是，0=否（对照组）	1=10.02% 0=89.98%	0
独生子女	学生是独生子女。虚拟变量，1=独生子女，0=非独生子女（对照组）	1=30.01% 0=69.90%	0.09
父母最高职业地位	父亲和母亲两人中最高的职业地位。类别变量，0=农业生产人员（对照组），1=一般工人/商业服务人员，2=技术工人/个体商户，3=初级技术人员/一般办事人员，4=中高级专业技术人员，5=党政机关、企事业单位中高层管理者，6=其他人员（自由职业者、流动摊贩、村主任/书记、军人/警察以及其他难以分类的职业）	0=23.74%， 1=15.06%， 2=32.00%， 3=8.00%， 4=3.65%， 5=11.06%， 6=4.60%	1.89
农村	学生是农村生源、农家子弟或农业户口。虚拟变量，1=是，0=否（对照组）	1=70.91% 0=29.08%	0.01
高考分数①	学生在高考中取得的成绩。连续变量，根据生源地、入学年份、高考类型（文、理科）进行了标准化处理	495.70（77.39）	11.20
重点高中	学生就读高中为地市级以上的重点高中。虚拟变量，1=地市级以上重点高中，0=一般高中（对照组）	1=45.19 0=2.70	2.20
高校类型	学生目前就读学校的类型。类别变量，1=“985工程”院校（对照组），2=“211工程”院校，3=地方本科高校，4=地方本科学院	1=2.37%， 2=7.57%， 3=42.89%， 4=47.18%	0

① 数据中高考成绩缺失较多，如删除有缺失值的观测点会损失较大比例的样本，因此本研究采用“缺失标注法”处理了高考成绩的缺失值。对于其他变量，因缺失比例较小，采用了成对剔除法的方式进行处理。

续表

变量名	变量定义和测量方式	描述统计（加权后）均值（标准差）/分类变量分布	缺失率（%）
专业类型	学生目前就读专业所属的学科领域。类别变量,1=人文学科（对照组）,2=社会科学,3=自然科学，4=工程类学科	1=14.04%，2=33.59%，3=9.23%，4=43.14%	0
年级	学生目前就读的年级。类别变量，1=一年级（对照组），2=三年级，3=三年级，4=四年级	1=25.44%，2=25.09%，3=26.67%，4=22.80%	0

（三）研究结果与分析

表4-14汇报了对模型（1）进行logistic回归估计的结果。下面从个人背景因素、教师指导因素、学校支持因素三个方面进行分析。

表4-14　家庭第一代大学生参与高影响力活动logistic回归分析结果

		扩展性学习活动 Odds Ratio/（se）	研究相关性活动 Odds Ratio/（se）	社会实践类活动 Odds Ratio/（se）
教师指导	人生发展交流	1.677***（0.0685）	1.535***（0.0184）	0.962（0.0277）
	师生关系	0.905**（0.0278）	1.059***（0.0168）	1.050**（0.0160）
	激发学习志趣	0.963（0.0277）	1.074**（0.0251）	1.159***（0.0272）
学校支持	感知到的成长指导	1.162***（0.0303）	1.076**（0.0290）	1.197***（0.0382）
	感知到的社交支持	1.063（0.0337）	1.104***（0.0291）	1.118***（0.0207）
	感知到的经济资助	1.147***（0.0430）	1.100***（0.0233）	1.050**（0.0178）
	“985工程”院校*总体支持水平	1.083（0.128）	1.122（0.0823）	1.219*（0.109）
	“211工程”院校*总体支持水平	1.309***（0.103）	0.932（0.0671）	1.230（0.224）
	地方本科大学*总体支持水平	0.961（0.0638）	1.039（0.0513）	1.034（0.0902）
	地方本科学院*总体支持水平	0.950**（0.0183）	0.964*（0.0152）	0.900***（0.0258）
个人背景	女生	1.452***（0.147）	1.168*（0.0857）	1.482***（0.101）
	少数民族	0.927（0.0662）	0.774***（0.0497）	0.822*（0.0743）
	独生子女	1.075（0.0473）	0.961（0.0406）	0.906*（0.0384）

续表

			扩展性学习活动 Odds Ratio/（se）	研究相关性活动 Odds Ratio/（se）	社会实践类活动 Odds Ratio/（se）
家庭背景	父母的最高职业地位（以农业生产劳动者作为对照组）	一般工人/商业服务人员	1.089（0.0707）	0.895（0.0526）	0.944（0.0329）
		技术工人/个体户	1.327***（0.0944）	1.026（0.0355）	0.947（0.0310）
		初级技术人员/一般办事人员	1.328***（0.0976）	1.009（0.0881）	0.872***（0.0339）
		中高级专业技术人员	1.701**（0.311）	1.172（0.109）	0.759*（0.0974）
		党政机关、企事业单位负责人	1.487***（0.130）	1.058（0.0557）	0.731***（0.0358）
		其他	1.184**（0.0611）	1.071（0.0787）	0.900（0.147）
		农村生源、农业户口或农家子弟	1.000（0.0615）	1.055（0.0639）	0.982（0.0666）
大学前经历	重点高中（地市级以上）		1.236***（0.0583）	1.074*（0.0380）	1.006（0.0366）
	高考分数		1.072**（0.0286）	1.082（0.0456）	1.061*（0.0315）
大学特征	高校类型（以“985工程”院校作为对照组）	“211工程”院校	1.017（0.138）	0.926（0.112）	0.853（0.173）
		地方本科大学	0.767（0.107）	0.914（0.121）	0.909（0.157）
		地方本科学院	0.700**（0.0836）	0.853（0.0980）	0.599***（0.0933）
	年级（以一年级作为对照组）	二年级	1.582***（0.170）	1.782***（0.142）	1.710***（0.180）
		三年级	1.952***（0.131）	1.880***（0.215）	2.088***（0.242）
		四年级	2.320***（0.242）	3.301***（0.579）	6.681***（0.765）
	学科领域（以人文学科作为对照组）	社会科学	0.472***（0.0501）	0.936（0.103）	1.139*（0.0743）
		自然科学	0.430***（0.0432）	1.102（0.133）	1.062（0.0713）
		工程类学科	0.459***（0.0310）	1.066（0.142）	0.923（0.0527）
其他项	高考分数缺失		0.987（0.0674）	0.760***（0.0421）	0.718***（0.0563）
	常数项		0.145***（0.0334）	0.290***（0.0903）	1.333（0.336）
	N		35995	35984	35983

续表

		扩展性学习活动 Odds Ratio/（se）	研究相关性活动 Odds Ratio/（se）	社会实践类活动 Odds Ratio/（se）
其他项	Pseudo R^2	0.1005	0.0930	0.0915

注：（1）$^*p<0.05$，$^{**}p<0.01$，$^{***}p<0.001$；

（2）回归中使用了样本权重，标准误以学校为单位聚类。

1.个人背景因素分析

来自不同家庭背景的家庭第一代大学生，在参与各类高影响力活动上有着不同表现。

第一，男生、少数民族学生、来自非重点高中的学生、高考分数较低的学生以及地方本科学院学生，在三类高影响力教育活动上的参与度均显著低于其对比组（$OR<1$，$p<0.05$）。此类学生应该成为家庭第一代大学生中的重点关注对象。

第二，父母职业地位更高（如至少一方为中高级专业技术人员或党政机关、企业、事业单位负责人）的家庭第一代大学生更倾向于参加扩展性学习活动而非社会实践类活动。此类学生往往在基础教育阶段就参加过社会实践活动，到大学期间由于有家庭的经济支持，因此可以参与具有一定资源依赖性的扩展性学习活动。与此相反，父母为农民或一般工人的家庭第一代大学生更倾向于参加社会实践类活动而非拓展性学习活动。这有可能是此前较少参与社会实践活动的补偿。

第三，参与何种高影响力教育活动也与学科、年级相关。人文学科的家庭第一代大学生倾向参与扩展性学习活动，体现出对增加知识储备、开阔视野有更多的追求；社会科学与社会各类问题联系比较紧密，这一专业的学生倾向参与社会实践类活动，一定程度体现出“学以致用”的特点。低年级学生以课程知识学习为主，到了高年级自然有更多的时间和机会参与此类活动，因此三类活动的参与度均低于高年级的家庭第一代大学生。

2. 教师指导因素分析

在教师指导方面，师生关系、与学生交流人生发展以及激发学生学习志趣与家庭第一代大学生参与各类高影响力活动的概率显著相关。

第一，教师在人生发展方面与学生交流和指导是促进家庭第一代大学生参与扩展性学习和研究相关性活动的关键因素（$OR>1$，$p<0.001$）。双方交流得分每增加一个标准差，学生参与两类活动的概率均提升50%以上。从生涯发展理论的视角看，积极主动地选择和参与课外活动是学生生涯探索的重要组成部分。通过积极主动地选择和参与课外活动，学生能够加强对自身兴趣和能力的认知，有针对性地提升相关能力，进而扩宽自身的未来发展道路。作为学生信任的权威人物，教师的鼓励和指导是学生进行良好生涯规划、进行有效生涯探索的重要因素。和非家庭第一代大学生相比，家庭第一代大学生较少得到父母关于生涯发展上的有效指导，更有可能出现生涯目标不明的情况。在这种情况下，如果高校教师、辅导员可以就职业选择、人生发展等问题与家庭第一代大学生交流，可以帮助他们明晰未来发展方向，提升他们主动寻求和参与各类课外活动的积极性，进而促进他们参与扩展性学习和研究相关性活动。相反，如果家庭第一代大学生没有得到此类指导、在生涯发展规划上出现障碍，将最大程度阻碍他们参与各项校园活动，[①]高影响力教育活动的参与率自然受到影响。

第二，良好的师生关系（包括和教师或辅导员之间的关系）与家庭第一代大学生参与研究相关性和社会实践类活动正相关（$OR>1$，$p<0.001$），但与参与扩展性学习活动负相关（$OR<1$，$p<0.01$）。这有可能是因为，师生关系好，意味着教师对学生比较了解，更愿意为其提供参与课题研究或实习实践项目的机会。相比之下，参与扩展性学习活动需要较多的时间、较强的能力以及经济支持，这些约束性条件和师生关系并无直接联系。甚至有些深入了解学生家庭状况的老师，不但不鼓励，反而会劝阻学生参与经济成本较高的拓展性学习活动。

第三，教师对学生学习志趣的激发与家庭第一代大学生参与研究相关性活动和社会实践类活动正相关（$OR>1$，$p<0.01$），但与参与拓展性学习活动之间没有显著相关性（$p>0.05$）。激发学习志趣的具体内容包括培养家庭第一代大学生的学习兴趣、鼓励他们提出问题、注重培养其分析和解决问题能力等。一般说来，学生参与研究相关性活动也需要具备这些基本能力。与此同

① 鲍威. 未完成的转型：高等教育影响力与学生发展[M]. 北京：教育科学出版社, 2014: 210.

时，学生学习志趣的提升，很可能会带动学生参与其他活动的积极性，这其中就包括参与门槛较低、学校支持力度较高的社会实践类活动。相比之下，参与扩展性学习活动则需要更高门槛条件，即使家庭第一代大学生的参与积极性被带动，也会受制于参与机会和经济支持的限制。因此，激发学生学习志趣与拓展性学习活动的参与并不直接相关。

3.学校支持因素分析

在学校支持方面，家庭第一代大学生感受到学校各方面支持与其参与各类高影响力教育活动的概率显著正相关（$OR>1$，$p<0.001$）。使用各校学生对学校各方面支持情况的平均打分来反映学校客观性的总体支持水平，并通过在模型中加入交互项检验不同类型院校中，学校总体支持水平对家庭第一代大学生参与三类活动的影响。[①]结果表明，在“985工程”院校中，学校总体支持水平与学生参与社会实践类活动的概率显著正相关（$OR>1$，$p<0.05$）；在“211工程”院校中，学校总体支持水平与学生参加拓展性学习类活动的概率显著正相关（$OR>1$，$p<0.001$）；在地方本科大学中，学校总体支持水平与各类活动的参与没有显著相关性；而在地方本科学院中，学校总体支持水平与学生参与三类高影响力教育活动的概率均呈现出显著的负相关性（$OR<1$，$p<0.05$）。这一定程度上表明，学校客观性的总体支持水平不一定直接影响学生的活动参与情况。这可能是因为，在“985工程”和“211工程”院校中，学校层面强调的政策、提供的机会和资源，与学生实际了解、感知和利用情况较为一致，因此可以为学生的相关活动参与带来正向作用。但是，在地方本科高校中，有可能因为学校层面的各类资源在学生中的知晓程度不高或获得的门槛较高，致使真正有效利用或获得资源支持的学生较少，因此不能够带来积极影响。

（四）启示与建议

我们对学校如何促进家庭第一代大学生参与高影响力教育活动提出以下建议：

第一，重点提升扩展性学习和研究相关性活动上的参与率。高影响力教

① 模型中仅加入院校分类变量的主效应和院校分类变量与学校总体支持水平的交互效应。

育活动对学生成长和发展具有积极作用，且具有教育教学的干预性，可以成为改善家庭第一代大学生学习体验和学习成果的抓手。相比于非家庭第一代大学生，家庭第一代大学生在扩展性学习和研究相关性活动上的表现水平较低，更值得关注。实际上，越来越多的学校实施了本科生科研参与项目，清华大学2017年还启动了针对家庭经济困难学生海外交流（是扩展性学习的重要组成部分）支持计划，其中涉及众多家庭第一代大学生。不过，相比于需要更多经济支持的扩展性学习活动，提升学生参与研究相关性活动所需的学校投入较低。这可能可以作为大多数高校重点关注和改进的方向，即为家庭第一代大学生提供研究机会、挖掘其研究潜能、提升其升学意愿，促进其在学术道路上继续前进。

第二，重视和完善学校学业和生涯指导体系建设。在从高中到大学的转变过程中，不论是家庭第一代大学生或非家庭第一代大学生都会发现大学总体环境的松散，以及对所谓自主学习的强调，也都会经历适应、调整和转变的阶段。只不过，相比于非家庭第一代大学生，家庭第一代大学生由于缺少引路人，缺少关于如何读大学和自主学习的经验与指导，更容易表现出想学而不知道如何学的焦急心态以及无所适从、浑浑噩噩的学习状态。因此，高校和教师应该加强针对家庭第一代大学生的人生发展教育，将生涯指导的主体由高校学生职业发展中心延伸至所有任课教师和辅导员，并渗透到课程教学及学生活动的全过程，从而给家庭第一代大学生从“完全听安排”到“完全自主”的转变设置缓冲地带。

第三，建构良好的师生关系，激发学生学习志趣。在中国集体主义文化中，良好的人际关系往往是提升学生归属感和在学满意度、促进学生积极向学的基础。对于家庭第一代大学生而言，良好的师生关系可以帮助其获得成长与发展的机会和资源。倘若在此基础上激发学生学习志趣，促进学生充分利用此类机会和资源，学生就会更加积极地参与到相关高影响力教育活动之中。不过学生也要注意根据自身的发展意愿和实际情况，具有判断性和选择性地从教师那里得到特定的支持，以服务自身的发展。

第四，充分重视学生对学校各项资源和支持的知晓度、感知度和利用率。心理学领域的研究认为，真实存在的资源往往不如学生感知和利用到的资源对自身产生的影响大。对于高校特别是地方本科类院校而言，学校在提供支持性政策和资源的同时，需要持续关注这些政策和资源是否被学生了解和感知，是否真正转化为学生对这些资源的有效利用。只有这些起到中介作用的因素被激活，学校层面的各项资源才能促进家庭第一代大学生参与高影响力教育活动，真正转化为他们的成长和发展。

四、本章小结

基于CCSS数据的分析发现，70%以上的本科高校学生是家庭第一代大学生。这充分说明，中国高等教育的规模扩张拓展了青年人的入学机会，一定程度上改善了入学机会上的教育公平，使得越来越多家庭的子女进入大学成为家庭第一代大学生。这不仅可以为学生带来更体面的工作、为家庭的社会阶层地位流动奠定基础，而且是指征高等教育公平、社会流动水平的一个重要指标。

然而，家庭第一代大学生的称号对学生个体而言既是荣誉，更是挑战。本章分析发现，在多数过程性学习指标特别是基于互动的学习和课程要求之外的活动参与方面，家庭第一代大学生表现水平较低，不利于他们的长远发展。因此，对于家庭第一代大学生而言，仅有入学机会还不够，还必须提升其学习过程的质量。而随着高等教育“大学习观”理念逐渐被接受以及高校课程体系和教学方式不断趋于开放和多元，已经被证实对学生发展具有重要促进作用的高影响力教育活动，可以作为改善家庭第一代大学生学习过程质量的重要抓手。

研究发现，家庭第一代大学生在高影响力教育活动特别是扩展性学习和研究相关性活动上的参与率较低。这在表面看来是学生个体的选择偏好，其实深深受到学生家庭背景，特别是父母文化和经济资本水平的深层次影响。在缺乏来自家庭的学业和生涯指导以及经济支持的情况下，家庭第一代大学生往往不知道如何度过大学时光，不知道参与哪些活动对自身更具有意义，甚至即使知道也可能因为缺乏资源支持而放弃。对此，学校可以采取有力举措，包括为其提供完善的学业和生涯指导，建构良好的师生关系，激发其学习志趣，促进他们对学校各项资源和支持的知晓度、感知度和利用率等，提高家庭第一代大学生参与高影响力教育活动的水平，进而提升此类学生的综合能力与素质，促进他们的成长和成才。这些举措实际上承认，学生的文化资本是流动而非固化的、是可以在学习和成长的过程中去不断积累和更新的，而学校和教师在其中扮演着不可或缺、责无旁贷的角色。

第五章　少数民族大学生的学习发展及其政策影响

随着“一带一路”倡议的实施，少数民族聚居的边疆省份成为倡议实施的关键地区。在未来，少数民族地区将需要更多高水平、多层次、复合型人才，以促进地区的社会经济发展，承担中国与“一带一路”国家在经济、文化等多方面的交流。2015年8月，国务院印发的《关于加快发展民族教育的决定》明确指出，要“夯实发展基础，缩小发展差距，促进教育公平，决不让一个少数民族、一个地区掉队，推进民族教育全面发展”。

培养少数民族大学生，就是为国家人才兴国战略、“一带一路”倡议培养储备人才，也是为稳定民族边疆地区、维护民族团结储备重要力量。为此，国家不仅需要提高少数民族民众接受高等教育的机会，更需要关注少数民族大学生的学习过程及其升学、就业等发展问题，为少数民族群体和少数民族地区的现代化建设培养合格的高素质人才。

但从目前的研究来看，少数民族大学生的学习发展存在不均衡、不充分的情况。少数民族大学生特殊的教育、文化、语言等背景，既可能是其学习发展的障碍，也可以成为其学习发展的天然优势资源。对于如何帮助解决少数民族大学生遇到的学习发展问题，如何充分挖掘少数民族大学生的学习发展潜力，目前还没有足够的研究成果。

新中国成立后，中央政府及各级地方政府采取多种倾斜政策措施以保障少数民族学生接受高等教育的机会和质量。但文献研究发现，有关我国高等教育政策实施效果的评价研究十分薄弱和匮乏，而与少数民族有关的教育政策又是国家投入大量人力、物力的政策。有关少数民族高等教育、少数民族大学生的政策效果如何，是否继续保持，其影响内在机制怎样，等等，都亟须进行调查分析。

本章从以下几个方面论述我国少数民族大学生学习发展问题：首先，梳理和归纳当前与少数民族大学生学习发展有关的教育政策；其次，综述国内外研究文献中有关“教育政策与少数民族大学生学习发展”关系的研究发现；最后，通过案例研究对我国“少数民族大学生学习发展情况及政策影响”进行分析。

一、我国少数民族大学生学习与发展的相关政策

我国是一个多民族的国家，实行民族区域自治制度是我国民族政策的核心表现。目前，我国有关民族教育政策的法律依据主要为《中华人民共和国民族区域自治法》。其中有一条规定为国家举办民族高等学校，在高等学校举办民族班、民族预科，专门或者主要招收少数民族学生，并且可以采取定向招生、定向分配的办法。高等学校和中等专业学校招收新生的时候，对少数民族考生适当放宽录取标准和条件，对人口特少的少数民族考生给予特殊照顾。各级人民政府和学校应当采取多种措施帮助家庭经济困难的少数民族学生完成学业。此后，国家行政管理部门以及各民族院校工作会议又陆续提出一系列政策规定。归纳起来，主要包括以下几种：普通高等学校招生考试（高考）中与少数民族考生有关的政策，少数民族预科班，内地西藏班和新疆高中班，民族院校，少数民族高层次人才骨干计划。

（一）普通高等学校招生考试中的民族政策

1.适当放宽录取标准

由于少数民族大部分聚居于经济、教育水平较不发达地区，少数民族学生能够获得的教育资源、为高考或大学所准备的学习能力和学习基础都有所不足。为保障少数民族学生能够获得相对公平的大学教育机会，依据《中华人民共和国民族区域自治法》,《国务院实施〈中华人民共和国民族区域自治

法〉若干规定》第二十一条提出：各类高等学校面向民族自治地方招生时，招生比例按规模同比增长并适当倾斜。对报考专科、本科和研究生的少数民族考生，在录取时应当根据情况采取加分或者降分的办法，适当放宽录取标准和条件，并对人口特少的少数民族考生给予特殊照顾。此后，在高校统一招生考试录取中，为少数民族学生实施的加分或降分投档方法，一直是提高少数民族学生大学录取率的有效措施。

随着我国整体国力不断上升，大部分少数民族聚居地区的经济、教育水平得到显著提升。近年来，社会上出现了一些质疑或反对在高考录取中继续对少数民族实施扶持政策的声音，但基于民族教育在维护国家稳定、民族团结中的重要地位，2014年教育部会同多个部门出台的《关于进一步减少和规范高考加分项目和分值的意见》，在大幅减少所有鼓励类加分项目的背景下，仍然保留了对“边疆、山区、牧区、少数民族聚居地区少数民族考生”的加分照顾。教育部《2018年普通高等学校招生工作规定》第44条规定：边疆、山区、牧区、少数民族聚居地区少数民族考生，由省级招委会根据本地投档录取办法决定，可在高校投档分数线下适当降低分数要求投档或在其统考成绩总分的基础上增加分数投档，由高校审查决定是否录取（优惠分值最高不超过20分）。第47条规定，散居在汉族地区的少数民族考生，在与汉族考生同等条件下，优先录取。

2.允许使用本民族语言文字参加考试

民族语言是保留少数民族传统文化的重要载体。尊重少数民族使用本民族语言的权利是我国法律赋予的，对于部分跨境少数民族来说，民族语言是其重要的文化资本。为此，教育部制定了多项措施保障少数民族学生使用本民族语言文字的权利，如允许在特殊情况下使用本民族语言文字进行考试；对于高考前使用本民族语言文字授课的毕业生，汉语考试另外出题；允许少数民族学生同时参加汉语和少数民族语言考试等。教育部《2018年普通高等学校招生工作规定》第二十条规定：用本民族语言文字授课的高级中等教育学校毕业生，报考用国家通用语言文字授课的高校，在参加全国统考时，汉语科目由教育部考试中心另行命题，不翻译成少数民族文字，并用国家通用语言文字答题；外语科目试题中的汉语部分可翻译为本民族文字，用所考科目的语言文字答题；其他各科可翻译成本民族文字，用本民族规范的语言文字答题。翻译工作由省级招生考试机构负责。有关省（区）在考汉语的同时，也可以考少数民族语文，并负责命题[试题、参考答案、评分参考（指南）报教育部备案]。汉语和少数民族语文的成绩分别按50%计入总分，但汉语成绩必须达到合格水平，方能录取。

（二）少数民族预科班和民族班

同样基于少数民族学生大学前教育准备不足的情况，国家在大学开设少数民族预科班和民族班，使高考成绩与录取分数线之间相差不远的考生可以通过一年左右的预科学习后达到大学入学的标准。

据2005年2月28日颁布的《普通高等学校少数民族预科班、民族班管理办法》第一章第五条：民族预科班是指对当年参加普通高等学校招生全国统一考试、适当降分、择优录取的少数民族学生，实施高等学校本、专科（高职）预备性教育的一种办学形式；民族班是指对当年参加普通高等学校招生全国统一考试、适当降分、择优录取的少数民族学生，实施高等学校本、专科（高职）教育的一种办学形式。可见，民族预科班和民族班的办学对象相同，不同的是民族预科班要求学生要在进入大学之前进行一年左右的预科学习，而民族班的学生则不需要。

对于民族预科班和民族班的招生计划和录取地区，《普通高等学校少数民族预科班、民族班管理办法》第三章第十七条规定：民族预科班、民族班招生计划为国家指令性定向就业招生计划；重点招收边远农村、高寒地区、山区、牧区的少数民族考生，也可适量招收散杂居的少数民族考生。可见民族预科班和民族班的招生重点偏向经济、教育发展水平较为不利的少数民族聚居地区。2016年3月10日下发的《教育部办公厅关于编制2016年全国普通高等学校招收少数民族预科、民族班、非西藏生源定向西藏就业、内地西藏班和新疆高中班毕业生招生计划的通知》中更详细地规定了招生专业方向、录取地区要求：各普通高校在编制少数民族预科、民族班招生计划时，要继续加大面向西部民族地区的投放比例，根据民族地区经济社会发展尤其是产业结构调整升级需求，重点安排理工科类应用型专业和师范类等专业。北京、天津、辽宁、吉林、上海、江苏、浙江、福建、江西、山东、湖北、湖南、广东等省（市）继续按规定安排所属普通高等学校面向西部民族地区和享受西部待遇的地区各招收500名少数民族本科预科计划。

对于少数民族预科班学生的培养目标和课程要求，教育部2010年7月12日印发的《普通高等学校少数民族预科班、高层次骨干人才硕士研究生基础强化班管理办法》规定：培养学校要根据本、专科（高职）和硕士研究生培养目标的要求，加强学生政治素质、道德素质教育，强化文化基础知识和基本技能，使学生在德、智、体、美、劳等方面得到进一步的发展。预科班、硕士基础强化班的课程设置，应遵循“突出重点、加强基础、兼顾专业”的原则。预科班开设大学语文、数学、英语、计算机和民族理论与民族政策课程，根据文、理科特点，开设必要的专业基础知识课程和讲座。

民族预科班的办学方式在2018年之前主要为集中化、规模化办学，即少数民族预科班学生集中在预科培养学校进行学习，学习期满并考核合格后再进入录取学校进行大学学习。2018年3月30日公布的《教育部办公厅关于切实做好高校少数民族预科学生自主培养工作的通知》对预科班办学方式进行了修改，要求：从2018年秋季学期开始，中央部门所属高校招收的预科学生实施自主培养，省属高校招收的预科学生原则上由省级教育行政部门根据实际情况，由学校自主培养或集中培养（不含新疆民考民类学生）。文件中指出：实施预科学生自主培养和分省集中培养，是深化从入口、过程到出口人才培养机制改革的重要内容，有利于高校落实立德树人根本任务，有针对性地开展教育管理，有利于预科学生更快地适应大学生活学习，有利于促进各民族学生交流交往交融，符合新形势需要和民族地区群众期待，对实现预科教育协调发展，提高预科教育质量具有积极意义。

（三）内地西藏班、新疆高中班

西藏和新疆是我国重要的少数民族聚居区，少数民族传统文化十分浓厚，又处于重要的西南和西北边疆。一方面，两个地区的文化与内地存在差异，少数民族学生的学习容易遇到较大阻力；另一方面，由于历史、地理因素，两个地区的教育发展水平低于中东部地区。为促进西藏和新疆少数民族教育发展，从20世纪80年代开始，国家在北京、天津、上海、广东等省市选出条件较好的中学开设内地西藏班和新疆高中班（以下简称西藏班、新疆班），招收这两个省份的学生（主要为少数民族学生）在中东部中学学习，西藏班和新疆班的学生70%以上来自农牧民家庭。

对于西藏班和新疆班的招生和就业问题，2005年颁布的《普通高等学校招收内地西藏班、新疆高中班学生工作管理规定》要求：内地普通高等学校招收西藏班、新疆班学生招生计划包含在当年国家下达给有关招生学校的总规模之内并作为国家指令性定向培养计划，单列下达执行。学生毕业后原则上分别回到西藏、新疆就业。高等学校招收西藏班、新疆班学生实行“统一考试、统一阅卷、单独划线、单独录取”的办法。

教育部在编制招生计划中，要求这两个班的专业依据西藏、新疆的经济社会发展进行调整：普通高校招收内地西藏班、新疆高中班毕业生计划，是根据西藏、新疆区域经济社会发展和产业结构调整升级的实际需求提出的，加大了农牧、能源、纺织、水利、建筑、商贸以及师范类等专业的招生规模。[1]

（四）民族院校

民族院校政策是我国在少数民族高等教育领域的创举。民族院校的雏形是1941年在陕甘宁根据地开办的延安民族学校，新中国成立以后，国家又陆续开办了多所民族学院，使民族院校成为培养少数民族学生的重要制度。

为了进一步明确新时期民族院校的定位与发展方向，2006年，国家民委、教育部下发《关于进一步办好民族院校的意见》（以下简称《办好民族院校意见》）。《办好民族院校意见》的主要内容是：一是定位，明确民族院校在中国高等教育体系中的地位；二是定向，进一步确定民族院校的服务方向和发展方向；三是提供政策支持，在财政、金融、学科建设、科研、贷款、对口支援、助学贷款等方面继续和新确定政策支持；四是强化管理，强调加强民族院校各个环节的管理。

《办好民族院校意见》对民族院校的定位进行了明确说明：民族院校是党和国家为解决国内民族问题而建立的综合性普通高等学校，是培养少数民族高素质人才的重要基地，是研究我国民族理论和民族政策的重要基地，是

① 2016年3月发布的《教育部办公厅关于编制2016年全国普通高等学校招收少数民族预科、民族班、非西藏生源定向西藏就业、内地西藏班和新疆高中班毕业生招生计划的通知》。

传承和弘扬各民族优秀文化的重要基地，是展示我国民族政策和对外交往的重要窗口。

在人才培养目标上，《办好民族院校意见》提出，民族院校以培养应用型专业技术人才为主，同时高度重视培养复合型人才和民族类等特色学科的开发型和创新型人才。为保障培养目标的实现，提升民族院校人才培养质量，应把教学工作作为民族院校各项工作的中心，进行教学改革，优化人才培养模式、课程体系和教学内容，加强精品课程建设，强化实验教学和实践环节，积极推进研究性教学和素质教育，使学生各方面素质得到协调发展。

在招生方面，民族院校体现出针对性、灵活性和照顾性的特点。民族院校按照国家下达指标进行招生，各个民族院校的民族学生比例占到60%以上，而其他非民族院校招收的少数民族学生则远低于这一比例。在管理与服务方面，民族院校的管理和服务人员主要为少数民族成员，在以单一或几个民族为主的学院中，管理人员大部分来自同一个民族。在教学、生活方面，尊重少数民族语言、风俗习惯。在课外活动中开展丰富的少数民族文化活动。教学与课程设置体现民族性，大量开设民族语言、文化、历史等课程。据统计，民族院校开设了超过20个民族语言专业，并开设有关民族学、民族理论和民族政策等方面的课程，同时为适应民族地区发展和民族振兴的需要，开发民族经济、民族医学、民族艺术等课程。

广西民族大学党委书记钟海青认为，民族院校的历史使命可概括为“两个服务”，即：为少数民族和民族地区经济社会发展服务，为民族工作服务。为完成这一使命，民族院校在人才培养方面，主要招收少数民族和少数民族地区的学生，学生毕业去向主要面对少数民族地区，开设民族类学科和课程。

（五）少数民族高层次人才骨干计划

少数民族高层次人才骨干计划，是党和国家培养少数民族研究生层次高级人才的重要措施。

2004年，教育部联合多部委下发《关于大力培养少数民族高层次骨干人才的意见》，指出培养少数民族高层次骨干人才的迫切性体现在：少数民族和西部地区教育质量较低，现有人才的层次、结构不合理，特别是高层次人才的培养能力十分有限；而且在市场经济以及利益机制的影响下，民族地区素质较高的优秀人才不断向沿海和经济发展水平较高的地区迁移，处于优秀人才入不敷出，培养难以为继的状况。少数民族和西部地区教育发展程度和人才存量状况，很不适应西部大开发和全面建设小康社会的迫切需要。

少数民族骨干人才的培养目标是：坚定地拥护党的领导和社会主义制度，坚定地维护民族团结和国家统一，乐于为西部大开发和民族地区的发展奉献，具有较高科学、人文素质和创新能力。

依据上述文件精神，从2005年开始，教育部选择部分中央部委所属院校试点招生2500人（其中博士生500人，硕士生2000人），计划经过总结实践经验，至2007年达到年招生5000人的规模，其中博士生1000人（按国家统一学制执行）、硕士生4000人（学习时间为四年，其中一年为基础强化培训时间），在校生总规模为1.5万人（不含硕士基础强化培训阶段人数）。

少数民族高层次骨干人才培养计划纳入年度中央级高校研究生招生计划，单独下达管理。培养任务主要由中央部委所属高等学校和中国科学院、中国社会科学院、中国农业科学院承担及组织实施，重点面向西藏、新疆、内蒙古、宁夏、广西、重庆、四川、贵州、云南、甘肃、青海等11个省、自治区、直辖市。享受西部政策待遇的民族自治地区和需要特别支持的少数民族散杂居地区以及西藏班、新疆班，按照“定向招生、定向培养、定向就业”的要求，采取“统一考试、适当降分”等特殊政策措施招收新生。招生对象以少数民族考生为主，同时安排一定比例招收长期在少数民族地区工作的汉族考生。

为提高少数民族骨干计划研究生学习科研能力，使其尽快适应高强度的研究生学习生活，在正式进入研究生学习之前的第一年为基础强化训练期。教育部于2010年7月12日印发的《普通高等学校少数民族预科班、高层次骨干人才硕士研究生基础强化班管理办法》第一章第一条说明：高层次骨干人才硕士研究生基础培训强化班（以下简称硕士基础强化班）是指部分普通高校为当年参加全国硕士研究生统一考试，并被普通高等学校、科研机构适当降分、择优录取的少数民族学生，在其进入硕士研究生学习前举办的旨在通过阶段性强化培训巩固提高其基础理论水平的一种特殊办学形式。硕士基础强化班学生的培养时间为1—2年，着重提高文化基础知识，为硕士研究生专业学习打下良好基础。开设的课程有：英语、大学语文（汉语）、信息技术、高等数学、马克思主义理论和民族理论与民族政策课程，根据文、理、工学科特点，开设必要的专业基础知识课程和讲座。

二、政策影响少数民族大学生学习发展的文献回顾

（一）国内研究

从第一部分的介绍可知，我国为提高少数民族学生的高等教育水平，从招生考试、培养、研究生入学等方面实施了多种教育政策，形成了入口—过程—出口的完整保障体系。这些政策都在民族学生成长的各个方面发挥了关键作用。但从研究文献来看，对我国民族高等教育政策实施效果的研究还比较少，大部分研究主要集中于分析少数民族教育政策的“价值性”和“伦理性”问题，而对民族教育政策与少数民族大学生学习发展关系的研究还较为缺乏。

在招生政策方面，大量研究主要从公平性、伦理性问题分析少数民族招生政策。如敖俊梅对我国少数民族高等教育招生政策的平等含义进行了分析。[①]张学强、彭慧丽从实施背景、实施情况、公平性争论三方面比较了美国肯定性行动与我国少数民族优惠政策。[②]刘额尔敦吐对我国少数民族高等教育入学机会进行了讨论，并建议继续实行和完善高考倾斜政策。[③]一些研究者对少数民族高等教育招生政策的发展特点和存在问题进行了分析。[④]有关招生政策实施效果的研究很少，而吴次南的研究是其中重要代表。他对贵州省2006年至2010年高考成绩的统计发现，少数民族考生群体与汉族考生群

① 敖俊梅. 个体平等，抑或群体平等——少数民族高等教育招生政策理论探究[J]. 清华大学教育研究, 2006(6): 70–74.

② 张学强, 彭慧丽. 肯定性行动与少数民族优惠政策: 中美高等教育领域基于族群的倾向性政策比较[J]. 西北师大学报 (社会科学版), 2008, 45(5): 89–94.

③ 刘额尔敦吐. 大众化视阈下少数民族高等教育入学机会研究[J]. 黑龙江民族丛刊, 2010(5): 180–183.

④ 殷琦. 我国少数民族高等教育招生政策研究[D]. 昆明: 云南大学, 2011.

体的实考成绩的差距是客观存在的，且农村少数民族考生与农村汉族考生的差距大于城镇少数民族考生与城镇汉族考生之间的差距；贵州采用的少数民族高考加分幅度，对少数民族考生与汉族考生的差距，给予了充分有效的补偿；每年安排的少数民族预科计划使少数民族考生通过预科的方式进入高等院校，提高了少数民族考生接受高等教育的比例。[①]

在民族院校政策方面，对民族院校办学理念、定位、特色、人才培养等理论问题的研究已经汗牛充栋。[②]而对民族院校大学生学习问题的研究则主要集中在大学生文化适应、大学生心理和思想政治教育、语言学习等问题。[③]

有关少数民族高层次骨干计划政策的研究也取得了诸多成果，除了论证政策的伦理依据[④]、政策合理价值[⑤]之外，大多数研究分析了政策实施过程中存在的问题，并提出改进建议。一些研究者提出，当前民族高层次骨干计划政策实施过程中存在的问题包括：硕士生实际招生人数不足，招生规模没有达到计划要求；学科专业分布不合理，人文社会科学的比例偏高；毕业生就业问题比较突出等。[⑥⑦⑧]在政策效果的实证研究方面，阿布都热西提等人的研究具有重要价值。他们的调查发现，新疆籍少数民族学生报考少数民族高层次骨干计划的原因主要有：自身基础差，可降分录取（26%）；经济原因，不用担心学费（40%）；希望毕业后回报家乡（13%），了解家乡以外的世界

① 吴次南. 高考中少数民族加分政策实施效度的研究——以贵州考生为例[J]. 科研管理, 2013, 34(11): 61–68+160.

② 杨胜才. 论民族院校独特的文化功能[J]. 高等教育研究, 2006, 27(10): 12–16; 苏德, 常永才. 论我国民族院校的独特地位与新使命——以中央民族大学为分析个案[J]. 民族教育研究, 2015, 26(6): 5–11.

③ 王晓玲. 论群际接触对跨文化敏感的影响——一项基于民族院校和非民族院校学生的实证研究[J]. 宁夏社会科学, 2012(1): 136–141.

④ 汪伟,陈旭远. “少数民族高层次骨干人才计划”高等教育政策的伦理困境[J]. 贵州民族研究, 2013, 34(6): 218–221.

⑤ 温顺生. “少数民族高层次骨干人才计划”高等教育政策的价值[J]. 江苏高教, 2010(2): 51–53.

⑥ 汪伟, 蒋馨岚. “少数民族高层次骨干人才计划”高等教育政策回望——基于理性选择制度主义分析框架[J].现代教育管理, 2011(12): 60–64.

⑦ 徐顽强, 朱喆, 邓小伟. “少数民族高层次骨干人才培养计划”实施中的问题与对策[J]. 贵州社会科学, 2012(5): 124–128.

⑧ 汝绪华. 少数民族骨干计划研究生招生、培养与就业整体性治理研究[J]. 学位与研究生教育, 2016(3): 52–57.

（13%）；有机会出国深造（5%）。[1]说明学生报考民族高层次骨干计划最重要的是考虑到经济因素。政策对学生资金上的支持，为家庭经济困难的少数民族学生提供了就读保障，因此越来越多的人开始选择少数民族高层次骨干计划。

（二）国外研究

随着社会科学研究领域对少数民族学业成就问题的不断关注，不少西方国家为提高少数民族学生学业成就，开始实施少数民族教育政策，试图通过政策扭转部分少数民族学生学业成就低下的状况。美国从20世纪60年代到90年代末开始实施肯定性行动计划，英国、加拿大、澳大利亚等西方国家也根据本国国情实施不同的多元文化教育政策。但由于民族问题关系国家统一和社会稳定，西方国家的民族政策不断调整，即使是政策所依据的少数民族教育理论本身也存在争论，因此有关政策在摇摆中不断经历“废与立”的过程。这一部分以美国对少数族群实施的肯定性行动计划和双语教育政策为例，分析西方多元文化教育政策在价值和效果中存在的不同声音。

1.肯定性行动计划

美国肯定性行动计划针对的是少数族群和妇女等弱势群体，在就业、教育及公共合同承包等方面给予一定优待和倾斜。[2]执行肯定性行动计划的高校，无论是私立还是公立，在考察录取对象时，都会考虑申请者的族群背景，对少数族群采取一定优惠，同等条件下优先录取少数族群和妇女。该计划已经在美国实施超过50年，但其照顾对象和具体实施方案一直存在变动，其中的重要原因为：一是社会弱势群体的变动，二是政策本身受到的争议。

支持者认为该计划对少数族群教育发展起到了重要作用。刘宝存对肯定性行动计划系列政策进行分析之后认为，30多年来，肯定性行动计划对美国少数民族高等教育的发展发挥了巨大的作用。1965年至1998年，黑人在校大学生比例从4.8%提高到12.8%；1975年至1998年，西班牙裔大学生在校比例从

① 阿布都热西提・基力力, 米吉提・哈得尔.少数民族骨干生报考意向及其就业倾向研究——以在京就读的新疆籍骨干生群体为例[J]. 民族教育研究, 2013, 24(6): 22-25.

② 肖地生. 肯定性行动与美国高等教育入学平等——自由主义平等的正义审视[J].高等教育研究, 2016, 37(7): 98-103.

4.2%增加到9.1%；少数民族大学生比例与其人口比例基本持平。美国国会授权并赞助的全国教育进展评估项目收集的数据显示，取消种族隔离的教育政策有利于提高黑人学生的学习成绩。①

然而，除了肯定性行动计划在价值方面涉及的“歧视与反歧视”的问题，有关该政策实际效果的争论也一直不断。费舍尔和梅西认为，肯定性行动计划实施效果的有关争论围绕两个核心问题：一是不匹配假设，即认为肯定性行动计划通过使不具备学术准备的少数族群学生进入高竞争力大学，降低了他们的学习表现；二是刻板印象威胁假设，即肯定性行动计划“污名化”少数族群学生，使人们认为该群体的学术和智力水平薄弱，从而给少数族群学生带来心理压力。为了对这两个假设进行检验，他们采用时序数据对全国新生进行纵向分析。结果发现，不匹配假设没有通过数据检验，在控制其他情况之后，SAT成绩低于所在大学平均成绩的学生甚至在学习成绩、辍学率和学校满意度方面表现得更好。但证据表明，学校机构越是在招生中采用肯定性行动计划标准，其机构中少数族群学生的学习成绩、辍学率和满意度就越低。②

随着多元文化教育政策遭受的批评和挑战，肯定性行动计划在20世纪90年代末开始逐渐被废除，而多个研究表明政策废止对少数族群高等教育产生了影响。

据李英桃的研究，该计划废止之后，加州大学伯克利分校在1998年录取的黑人和西班牙裔学生的比例分别比1997年下降了56%和55%，加州大学洛杉矶分校在1998年录取的黑人和西班牙裔学生的比例分别比1997年下降了40%和28%。③

卡德和克鲁格的研究也发现，在停止肯定性行动计划之后，进入大学的少数族群学生人数下降了30%—40%，但采用双重差分方法调查加利福尼亚州和德克萨斯州少数族群学生的大学选择情况发现，SAT分数较高、高中成绩较好的非裔和西班牙裔学生对顶尖公立大学的申请意愿没有发生变化，说明

① 刘宝存. 肯定性行动计划与美国少数民族高等教育的发展[J]. 民族教育研究，2002(2): 51-56.

② Fischer M J, Massey D S. The Effects of Affirmative Action in Higher Education[J]. Social Science Research, 2007, 36(2): 531-549.

③ 李英桃. 加利福尼亚州209提案与美国高等教育[J]. 美国研究，1998(3): 109-128.

成绩较好的少数族群学生不容易受到顶尖大学学生群体多样性下降的影响。①

有研究者的研究表明，在加利福尼亚州和德克萨斯州取消肯定性行动计划之后，少数族群和非少数族群学生申请大学的成绩报告数目出现更大差距。使用半参数广义最小二乘法构建的计数模型模拟显示，少数族群学生向顶尖大学提交的成绩报告数目将出现较大程度下降，而非少数族群学生向顶尖大学提交的成绩报告数目将出现较大程度上升。在取消肯定性行动计划之后，少数族群学生减少了申请顶尖大学的行为，而白人和亚裔学生则增加了申请顶尖大学的行为。录取的可能性对高中毕业生的大学申请行为有显著影响。少数民族学生只能申请质量更低的大学，因此，少数族群学生进入顶尖大学的可能性也会相应减小。②

迪克森对美国德克萨斯州公立大学停止肯定性行动计划的结果进行分析后发现，停止肯定性行动计划使该州申请大学的西班牙裔高中毕业生降低了1.6%、非裔高中毕业生降低了2.1%，但对白人高中毕业生的大学申请没有显著影响。在肯定性行动计划结束一年后，德克萨斯州议会提出“百分比计划”，即保证高中毕业班级中前10%的学生都能被本州任何一所州立大学录取，而该计划及财政资助计划的出台有效促进了少数族群学生的大学申请比例。③

2.双语教育政策

双语教育政策也是美国多元文化教育政策的重要方面。1968年，美国颁布《双语教育法》，规定地方教育部门必须针对那些母语为非英语的学生制订与实施新的中等学校计划。1973年颁布的《1973年双语教育综合修订法》又规定要改善现存的双语教学计划，加强双语教师培训，联邦政府将为开发与出版双语教材提供财政支持。

研究者认为，双语教育政策为促进少数族群学生的发展提供了基础条件，且有利于实现教育平等。托马斯和科利尔采用一项全国性调查评估双语教育政策对语言少数民族学生长期学术成就的影响。研究结果表明，为语言

① Card D, Krueger A B. Would the Elimination of Affirmative Action Affect Highly Qualified Minority Applicants? Evidence from California and Texas[J]. ILR Review, 2005, 58(3): 416–434.

② Long B T. How Have College Decisions Changed over Time? An Application of the Conditional Logistic Choice Model [J]. Journal of Econometrics, 2004, 121(1): 271–296.

③ Dickson L M. Does Ending Affirmative Action in College Admissions Lower the Percent of Minority Students Applying to College?[J]. Economics of Education Review, 2006, 25(1): 109–119.

少数民族学生提供社会文化支持的学校环境十分重要，它有助于语言少数民族学生自然语言、学术和认知发展；每个学校特征不同，有意义的要素将强烈影响学生的学业成就。在接受4到7年双语教育之后，双语学校的学生在所有科目上都超过了单语学校学生。①

但从2001年开始实施的“不让一个孩子掉队”政策则在一定程度上影响了双语教育政策的效果。威利和赖特评估美国联邦和州政府层面针对语言少数民族学生的政策之后认为，一些人对双语教育政策的攻击是为了掩盖“主流教育”不能满足语言少数民族学生教育需求的烟雾弹。“不让一个孩子掉队”政策鼓励了单一的英语教育，而限制了语言少数民族教育。基于高风险测试的研究结果表明，语言限制主义政策没有提升语言少数民族学生的教学质量，甚至还具有消极作用。语言多样性是一个国家重要的资源，语言少数民族学生应该受到更多关注。②

赖特认为，“不让一个孩子掉队”政策使得学校的目标变成促进每个孩子的标准化考试成绩，却忽视了弱势的少数族群学生的教学指导。“不让一个孩子掉队”政策不再区分双语教学和特殊替换教学项目。该政策要求英语水平不好的少数族群学生的母语教学只能作为可选的教育方案，而非学校必要的教学内容之一。在“不让一个孩子掉队”政策下，只有联邦教育官员认为双语教育是科学的并且愿意资助，双语教育项目才能继续实施。在美国的很多州，反双语教育政策使得学校无法提供高质量的双语教育项目，这使得英语水平较差的学生在“不让一个孩子掉队”中“掉队”了。③

（三）研究评述

1.对中国少数民族教育政策的效果研究还有待拓展

长期以来，教育人类学、教育社会学研究者立足于“文化多元”和“教育公平”的立场，不断讨论“学校应不应该传授少数民族文化”“少数民族

① Thomas W P, Collier V. School Effectiveness for Language Minority Students[J]. NCBE Resource Collection Series, No. 9, 1997.

② Wiley T G, Wright W E. Against the Undertow: Language-Minority Education Policy and Politics in the “Age of Accountability” [J]. Educational Policy, 2004, 18(1): 142–168.

③ Wright W E. Evolution of Federal Policy and Implications of No Child Left Behind for Language Minority Students. Policy Brief[J]. Education Policy Studies Laboratory, 2005.

获得特殊优惠政策是否合理”，为教育政策的“伦理性”提供了重要的指导，但对于国家已经实施的教育政策是否对少数民族学生学业成就产生了影响、产生何种影响的问题一直研究不足。即使学校教育学研究者已经在微观层面论证了学生自身背景特征、学校文化氛围等特征对少数民族学生学业成就产生的影响，但始终忽略将学校教育层面的措施与宏观教育政策结合起来进行分析和论证。荣仕星等认为，中国民族教育政策领域的研究“大多在阐述和论证中国民族教育政策具体有哪些内容，虽然也有部分成果对教育政策做了评估，但也非常简单……对民族教育政策的实施效果的评估也极为简单，几句话就草草了事。总之，就目前而言，民族教育政策研究的领域十分狭窄，政策评估也远未达到真正意义上的政策评估”。[①]

2.对少数民族研究对象区分度不足

对民族教育政策进行论证和分析的研究，主要将少数民族总体（指主体民族之外的所有少数民族成员）作为分析对象，而对具体民族群体受到政策影响效果的差异性研究还比较少。不同民族融入主流社会的深度存在差异，即使同一个民族内部的不同亚群体，如不同阶层、不同地区的群体之间也存在差异。在这种复杂的背景下，教育政策的实施对哪些民族产生了影响？在哪些方面产生影响？为何教育政策对不同类型民族会产生不同的影响？此类研究还不够充分。

三、少数民族大学生的升学意愿及政策影响

各民族高层次人才培养是国家的教育目标之一，研究生教育作为最高层级的人才培养阶段，是实现这一教育目标的重要渠道。随着“一带一路”倡议等的实施，我国对边疆地区少数民族研究生人才的需求会越来越多。《中国教育统计年鉴》的数据显示，20世纪80年代以来，少数民族研究生的比例虽然在上升，但直到2013年，少数民族研究生占全国在读硕士研究生的比例

① 荣仕星, 徐杰舜, 吴政富. 希望：中国民族教育政策研究报告[M]. 哈尔滨：黑龙江人民出版社, 2011: 24.

仅为6.02%，占全国在读博士研究生的比例仅为5.81%，远低于当年全国少数民族人口占全国人口的比例8.4%。可见，少数民族研究生的比例未达到应有水平。2015年8月，国务院发布《关于加快发展民族教育的决定》，明确指出要“夯实发展基础，缩小发展差距，促进教育公平，决不让一个民族、一个地区掉队，推进民族教育全面发展”。显示出国家大力促进民族教育的决心和力度。问题在于，我国民族种类众多，除了少部分聚居或散居于东部和中部地区之外，大部分民族成员聚居于西部边疆和经济较为不发达地区。很多民族家庭因为大学教育已经负担沉重，更难以投入时间和经济成本继续研究生学习。有研究表明，经济压力是降低少数族群学生升学意愿的重要原因。①

况且，从2014年开始，研究生教育全面推行收费改革，包括民族骨干计划在内的所有学生都需要通过缴纳学费继续研究生学习。虽然政策规定在全面收费改革之后，通过“完善研究生奖助政策体系”提高研究生待遇水平，但收费改革还是引起了研究者对于弱势家庭学生能否继续进行研究生学习的争论。一些研究者认为，收费制度改革加大了研究生教育经费的投入，提升了教育资源总量，有利于增加研究生受教育机会。②③但也有研究者提出，研究生实行收费必然使一批品学兼优但家庭贫困的学生失去继续深造的机会，从而加剧已经存在的国民受教育机会的不平等矛盾。④少数民族大学生作为家庭经济社会背景相对弱势的群体，在收费制度改革之后，其就读研究生的机会是得到了增加还是有所减少？这一问题还尚未有明确的研究结论。

本研究认为，要找出少数民族研究生比例较低的原因以及全面收费政策对少数民族研究生就读机会的影响，可以通过分析少数民族大学生的升学意愿进行论证。原因在于，个人接受研究生教育首先是一种自我选择的结果。少数民族研究生入学机会与其就读意愿有直接关系。因此，不同民族大学生升学意愿总体情况如何？哪些因素会对大学生升学意愿产生影响？收费制度

① Kao G, Tienda M. Educational Aspirations of Minority Youth [J]. American Journal of Education, 1998, 106(3): 349–384.

② 毛建青, 徐月. 全面收费制下地方高校大学生接受研究生教育的影响因素分析——基于浙江省属高校本科生的调查[J].教育科学, 2010, 26(4): 58–65.

③ 郑飞中, 刘洁, 吕建新. 研究生教育收费制改革的特征与制度优化——基于制度变迁的视角[J]. 学位与研究生教育, 2016(2): 57–61.

④ 范国庆. 研究生教育收费问题的经济学思考[J]. 中国高教研究, 2004 (12): 27–30.

改革前后，不同民族大学生的升学意愿有何改变？对这些问题的分析，可以帮助我们理清制约少数民族大学生[①]升学意愿的不利因素，从而采取相应政策措施提高少数民族研究生的入学机会。

因此，本研究将采用一项全国性跨年度数据，对不同民族大学生升学意愿的总体情况、相关影响因素以及全面收费政策对不同民族大学生升学意愿的影响进行分析。

（一）数据来源及样本基本情况

1.数据来源和总样本情况

本章使用的定量研究数据主要来自清华大学教育研究院史静寰教授主持的“中国大学生学习与发展追踪研究”（CCSS）项目2011—2016年的数据。[②]其中家庭背景和教育经历部分的数据来自学生自我汇报，学生学校、年级等特征来自合作院校数据。CCSS项目每年在全国参与院校内部根据年级、学科和性别进行分层随机抽样。2011年至2016年，该项目在全国大学生中进行了6次调查，累计参与院校超过300所，累计参与学生超过40万人次。问卷工具的信度和效度都通过社会科学统计检验。[③]本研究的总样本最终来源于16所“985工程”大学、27所“211工程”大学、68所其他本科院校，涵盖了所有13个学科门类（如表5-1）。

表5-1　总样本基本情况[④]

年份		2011	2012	2013	2014	2015	2016	累计/平均
问卷发放与回收	发放问卷（份）	97633	100644	154719	94395	121140	137217	705748
	回收问卷（份）	77795	72131	101643	63454	71969	85939	472931
	回收率	79.68%	71.67%	65.70%	67.22%	59.41%	62.63%	67.01%

① 本研究分析对象为本科院校学生。

② 由于少数民族学生样本量相对较少，因此将六年数据的少数民族样本合并，并在回归分析中控制年份。

③ 罗燕, 海蒂・罗斯, 岑逾豪. 国际比较视野中的高等教育测量——NSSE-China工具的开发：文化适应与信度、效度报告[J]. 复旦教育论坛, 2009, 7(5): 12-18.

④ 有效问卷中学生自我汇报为僜人、穿青人、革家人等未识别民族的样本不包含在分析数据中。

续表

年份		2011	2012	2013	2014	2015	2016	累计/平均
问卷有效率	有效问卷（份）	69062	71698	99991	62968	71148	85509	460376
	有效率	88.77%	99.40%	98.37%	99.23%	98.86%	99.51%	97.35%
院校分布（所）	“985工程”大学	9	11	10	7	7	8	52
	“211工程”大学	16	13	18	9	8	10	74
	其他本科院校	32	34	38	23	23	21	171
少数民族样本情况	样本量（份）	5211	6378	7671	4526	5333	9252	38371
	样本比例	7.54%	8.90%	7.67%	7.18%	7.50%	10.82%	8.34%

2.案例民族选择和样本情况

在全国少数民族中选择案例民族进行分析，并以汉族为对比组。为使选择的案例民族具备代表性，根据第六次全国人口普查有关数据，将民族群体平均受教育水平划分为高、中、低受教育水平组；根据第四次中国语言文字使用情况的国情调查数据，将民族语言使用情况划分为汉语影响组、民族语影响组和汉语民族语均衡组；根据宗教学者对中国民族宗教状况的分析，将普遍信仰世界三大宗教的民族归入高宗教影响组，将其他民族归入弱宗教影响组。综合以上三种情况，选择表5-2中的民族作为分析案例。

表5-2 案例民族基本特征

民族名称	平均受教育年限	平均受教育水平	汉语/民族语使用情况	宗教影响力（主要宗教）	调查样本数
朝鲜族	10.25	高	均衡	弱	726
蒙古族	9.17	高	均衡	强（佛教）	3891
汉族	8.70	中	汉语	弱	406247
回族	8.14	中	汉语	强（伊斯兰教）	4946
壮族	8.12	中	均衡	弱	4740

续表

民族名称	平均受教育年限	平均受教育水平	汉语/民族语使用情况	宗教影响力（主要宗教）	调查样本数
维吾尔族	8.00	中	民族语	强（伊斯兰教）	1311
苗族	7.17	低	汉语	弱	2018
彝族	6.49	低	均衡	弱	978
藏族	5.33	低	民族语	强（佛教）	1556

表5-3呈现了案例民族样本的基本情况。发现随着平均受教育水平的降低，独生子女的比重越小，来自民族聚居区的比重越大。可见，受教育水平高的民族样本主要来自非民族聚居区，大部分为独生子女家庭，经济状况相对较好，对子女的教育投入可能相对更多。反之，受教育水平中、低的民族样本主要来自民族聚居区，大部分为多子女家庭，经济状况相对较差，对子女的教育投入可能相对较少。

表5-3　案例民族样本人口统计情况（单位：%）

变量类型	民族	朝鲜族	蒙古族	回族	壮族	维吾尔族	苗族	彝族	藏族
大学类型	“985工程”大学	47.11	25.91	30.73	15.38	30.82	23.19	31.60	56.43
	“211工程”大学	19.56	40.04	24.44	27.85	31.81	32.80	29.86	19.15
	其他院校	33.33	34.05	44.82	56.77	37.38	44.00	38.55	24.42
性别	女	71.86	56.95	51.95	53.67	58.90	44.30	50.82	59.91
	男	28.14	43.05	48.05	46.33	41.10	55.70	49.18	40.09
民族聚居区	非聚居区	74.53	70.17	76.95	28.09	39.12	40.90	41.77	36.46
	聚居区	25.46	29.82	23.04	71.90	60.88	59.10	58.23	63.54
独生子女	非独生子女	28.24	46.19	50.94	63.77	87.25	70.59	62.4	74.23
	独生子女	71.76	53.81	49.06	36.23	12.75	29.41	37.6	25.77

注：由于变量存在缺失值，故每个变量比例之和不一定为1。

（二）少数民族大学生升学意愿的分析框架

综合上述文献研究结果，借鉴国内外先行研究分析框架并结合我国研究生教育的实际情况，本研究提出如下分析框架（如图5-1），将各民族大学生升学意愿的影响因素归纳为三个方面。

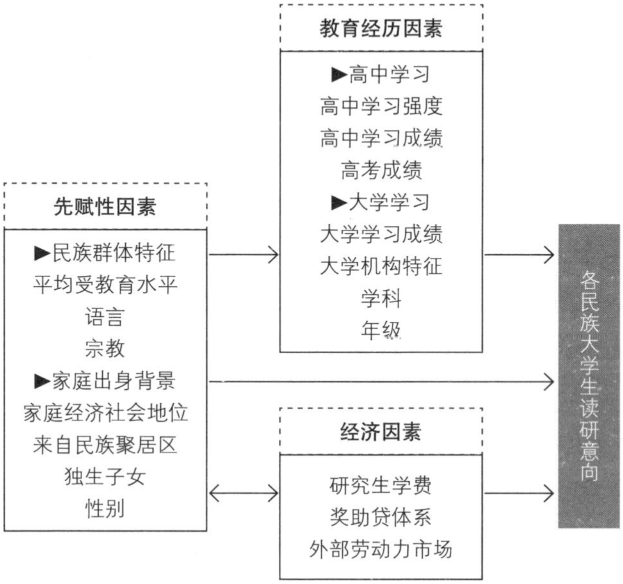

图5-1　各民族大学生升学意愿分析框架

先赋性因素，除已有文献中已经证明的家庭经济社会背景、家庭所在地、性别、独生子女等微观层面变量之外，还包括民族群体特征变量。英国、美国少数族群学业成就归因理论认为，民族语言类型、民族文化与学校文化的差异、民族传统文化经验等族群特点与少数民族学生的学业成就有关，不同族群学生的学习行为会因为文化异同而出现消极或积极之分。[①②]我国少数民族与主体民族存在教育文化传统、语言和宗教等差异，因此，对少数民族大学生升学意愿的考察需要考虑不同民族群体的文化特征。先赋性因素一方面通过父母教育期待、家庭经济条件等直接影响大学生的升学意愿，

① Ogbu J U, Simons H D. Voluntary and Involuntary Minorities: A Cultural-Ecological Theory of School Performance with Some Implications for Education [J]. Anthropology & Education Quarterly, 1998, 29(2): 155-188.

② Erickson F. Transformation and School Success: The Politics and Culture of Educational Achievement [J]. Anthropology & Education Quarterly, 1987, 18(4): 335-356.

另一方面则通过制约大学生教育经历、与研究生教育成本互动对大学生升学意愿产生间接影响。

教育经历因素包括高中和大学两个阶段，反映学生学习成绩、学习投入等为研究生教育所做的学术准备，以及学校层级、大学学业挑战度、学科类型、年级等学校教育特征。教育经历因素受到学生个人学习能力、家庭出身的影响，它使大学生获得读研的“学术资本”，对升学意愿有直接影响。

经济因素包括个人承担的研究生教育费用、研究生院的奖助贷体系和外部劳动力市场。一方面，研究生教育费用和奖助贷体系决定了个人和家庭直接的研究生教育成本，并考验家庭经济条件的承受能力。因此，研究生教育费用是否在家庭所能支持范围之内、研究生院的奖助贷体系是否合理直接影响大学生升学意愿。在本研究中，全面收费政策的主要变革即发生在这一部分。另一方面，外部劳动力市场为大学毕业生提供的工资、福利、就业岗位等状况是研究生教育的“机会成本”，即大学生因为读研放弃工作而付出的成本，也是大学生升学意愿的考虑因素。

根据以上分析框架，本研究提出如下假设：

第一，由于我国少数民族主要聚居于经济较为不发达且基础教育水平相对薄弱的边疆地区，制约了少数民族大学生的教育经历和家庭经济条件，因此少数民族大学生总体升学意愿会低于汉族大学生。但我国民族种类较多，不同民族居住地区、教育文化传统、经济条件存在差异，因此不同民族大学生的升学意愿会呈现出差异。

第二，家庭出身和教育经历与不同民族大学生的升学意愿存在显著的关系。

第三，由于全面收费政策作为重要经济因素与家庭经济条件互动，使得收费制度改革之后，不仅大学生升学意愿会出现变化，家庭出身对升学意愿的效应也会发生变化。

（三）计量模型和变量说明

1.计量模型和系数集束化方法

为在每一个民族内部测量家庭出身和教育经历各变量对不同民族大学生

升学意愿的影响，分析过程采用logit回归模型，回归方程如下：

$$\text{logit}\frac{p}{1-p}=\alpha+\sum_{i=1}^{I}\beta_{i,n}X_{i,n}+\sum_{j=1}^{J}\beta_{j,n}X_{j,n}+\sum_{z=1}^{Z}\beta_{m,z,n}X_{m,z,n}+\varepsilon \quad (5.2)$$

在方程（5.2）方程中，n代表不同民族的大学生。X_i表示与家庭出身背景相关的一系列自变量，X_j表示与教育经历相关的一系列自变量，X_z表示模型中其他控制变量矩阵。模型中的参照类是选择工作或其他意向的学生样本。

在logit回归模型之后，引入系数集束化方法。通过系数集束化方法，可以分别呈现家庭出身潜变量、教育经历潜变量对学生升学意愿因变量的效应，从而帮助研究者分析家庭出身和教育经历对不同民族大学生升学意愿的影响效应。

2.变量说明①

（1）大学生升学意愿。

大学生升学意愿由问卷中一道题项调查而得。题干：毕业后，你准备做什么？选项：国内读研，国外读研，工作，其他。在模型中，国内读研赋值1，工作或其他赋值0。

（2）家庭出身相关变量。

民族聚居区：学生大学前家庭所在地，民族聚居区—1，非民族聚居区—0。

父母职业等级：学生父母职业分为自由职业者、农民阶层、蓝领阶层、白领阶层、管理阶层，分别赋值1到5，取父母两者中最高值。

父母受教育年限：学生父母受教育水平转换为年限，转换规则如下：小学—6年，初中—9年，高中—12年，大学专科，14年，大学本科—16年，研究生—20年。取父母两者中最高值。

家庭年总收入：家庭年总收入取对数。

独生子女：独生子女—1，非独生子女—0。

性别：男—1，女—0。

---

① 对于缺失值大于5%的变量，本研究的处理方法是，变量为缺失时用“0”替代，同时设立一个缺失值虚拟变量纳入模型。这一处理保证缺失样本的其他协变量值能参与模型分析，而该变量自身的效应仅由有效样本的值计算得出，它不受缺失样本的替代值“0”的影响，缺失样本的效应则由缺失值虚拟变量完全表达。

（3）教育经历相关变量。

高中重点班：高中就读的班级，重点班—1，普通班或其他班级—0。

高中成绩：高中最后一个学期总成绩在班上的排名，前5%赋值100分，前5%—前20%赋值75分，前20%—前50%赋值50分，前50%—前80%赋值25分，后20%赋值0分。

高考标准分数：将学生自我汇报的高考成绩，根据不同省份、高考学科和年份转换成标准分数。

大学层级：学生所在高校，“985工程”大学—1，其他本科院校—0。

大学GPA成绩：大学成绩在班级中的排名，前5%赋值100分，前5%—前20%赋值75分，前20%—前50%赋值50分，前50%—前80%赋值25分，后20%赋值0分。

大学课程通过情况：大学期间是否全部通过课程考核，是—1，否—0。

大学学业挑战度：由问卷中一组题项构建，题干为课程学习对运用、分析、评价和综合判断的强调程度（非常强调—1，非常不强调—4），本学年学生在教材、参考书、学术论文上的阅读量，本学年学生撰写长篇、中篇或短篇课程报告的数量。该变量反映大学对学生学业要求的严格程度，克龙巴赫系数为0.86。

学科：学生在大学所学学科。将文学、历史学、哲学、经济学、管理学、法学、教育学和艺术学划分为人文社科，赋值1；将理学、工学、农学、医学和军事学划分为理工科，赋值0。

年级：学生接受调查时的年级。大三及以上划分为高年级，赋值1；大一和大二划分为低年级，赋值0。

（四）研究发现

为解决本研究提出的问题，这一部分将采用描述统计和逻辑回归方法分别对不同民族大学生升学意愿的总体情况和影响因素进行分析。

1.少数民族大学生整体比汉族大学生升学意愿更低，但具体民族之间有较大差异

如上文所述，研究生入学机会首先是个人选择的结果。要回答少数民族研究生比例较低的问题，首先需要考察不同民族大学生升学意愿及其变化

趋势。

在分析样本中排除毕业后选择工作或其他去向的大学生比例之后，统计汉族、除汉族之外全国少数民族以及不同案例民族大学生国内和国外总体升学意愿。如图5-2所示，汉族大学生中，选择毕业后继续读研的比例约为40%，其中国内和国外读研的比例分别为30.55%和9.02%。与之相比较，全国少数民族大学生选择毕业后继续读研的比例约为34%，比汉族大学生低6%，主要差距在于国内读研比例。与汉族大学生相比，不同案例民族大学生表现出很大差异。其中朝鲜族、蒙古族和回族大学生毕业后选择继续读研的比例接近甚至超过了汉族大学生，分别达到42%、45%和40%。反之，壮族、维吾尔族、苗族、彝族和藏族大学生毕业之后选择读研的比例仅分别为25%、30%、27%、32%和22%，除了维吾尔族国外读研比例较高之外，这几个民族大学生国内和国外读研的比例都较大幅度低于汉族大学生。

图5-2的结果验证了本研究的第一个假设。从总体上看，全国少数民族大学生毕业后选择读研的比例仅比汉族大学生低6%，差距并不大。但通过不同民族群体的分析发现，民族平均受教育水平越高、居住于非民族聚居区比例越高，该民族大学生毕业后选择继续读研的比例越高；反之，民族平均受教育水平越低、居住于民族聚居区比例越高，该民族大学生毕业后越可能放弃读研。这说明少数民族群体内部大学生升学意愿的分化较大。

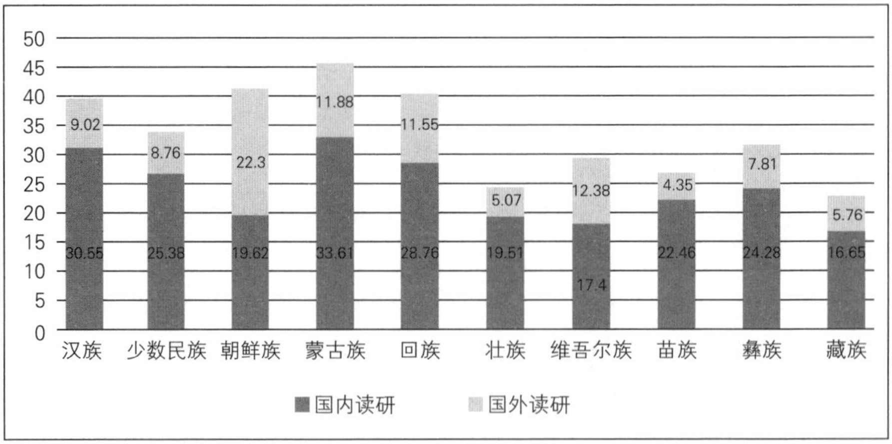

图5-2　不同民族大学生国内和国外升学意愿

2.全面收费改革后各民族大学生升学意愿降低

为了分析全面收费政策对不同民族大学生升学意愿的影响，根据年份统计汉族大学生和全国少数民族大学生的升学意愿，得到如图5-3所示的结果。从2011年到2016年，无论是汉族大学生还是少数民族大学生，其升学意愿均在2013年出现了关键性转折。国内读研方面，2011—2012年，汉族和少数民族大学生选择国内读研的比例分别为40%和35%，而2013年及以后，汉族大学生国内读研的比例降低到29%—24%，少数民族大学生国内读研的比例降低到22%—19%。国外读研也同样出现下滑，且汉族和少数民族大学生选择国外读研的比例及下降趋势基本一致，2011—2012年约为12%，而2013年及以后下降为7%左右。由于本研究调查的时间为每年的4、5月份，研究生全面收费的有关政策文件在2013年2月颁布，因此可以认为，该政策的颁布确实在一定程度上影响了汉族和少数民族大学生的国内升学意愿。由于国外升学意愿也出现了一定程度下滑，而国外升学意愿不受全面收费政策的影响，说明2013年国内升学意愿出现的“断崖式”下滑，一部分原因是全面收费政策，另一部分原因可能是外部劳动力市场的变动导致大学生及其家庭对读研与工作两种选择的收益进行重新估计。

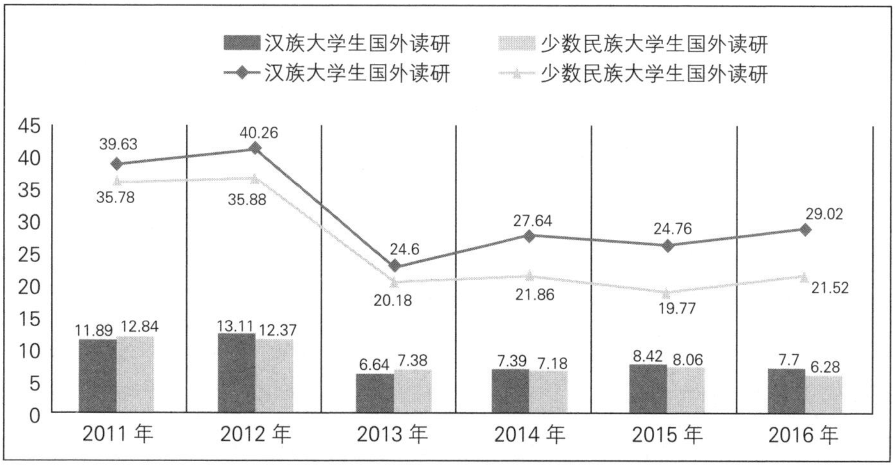

图5-3　汉族和少数民族大学生国内和国外升学意愿时间变化（2011—2016年）

为进一步考察该政策对不同民族大学生的影响，将国内升学意愿划分为全面收费政策颁布前（2011—2012年）和颁布后（2013—2016年）两个时间段，然后对不同民族大学生的国内升学意愿进行统计，得到如图5-4所示的结果。

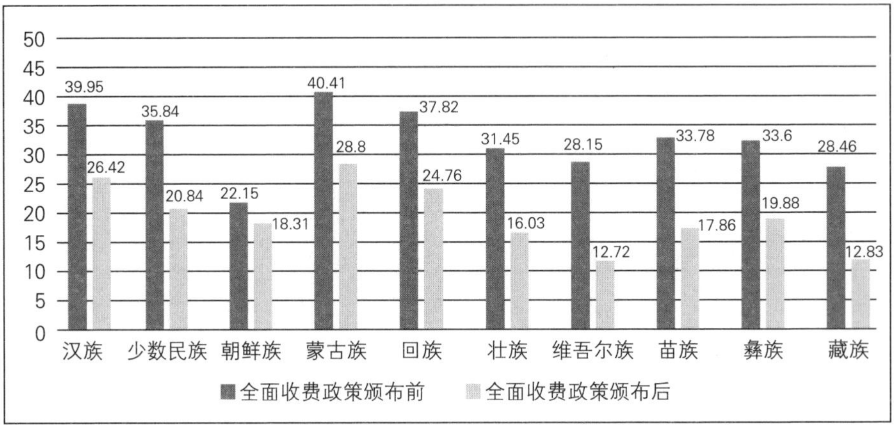

图5-4　收费改革前后不同民族大学生国内升学意愿的变化

图5-4显示出，本次调研案例中，全面收费政策颁布前后，汉族、少数民族大学生选择在国内读研的人数比例均出现不同程度下降。其中，朝鲜族大学生下降幅度较小，仅为4%，而其他民族的下降幅度为12%—15%。朝鲜族大学生中，74%以上来自于非民族聚居区，71%以上来自于独生子女家庭，这些因素可能使他们在国内读研的意向较少受到全面收费政策的影响。而其他少数民族大学生来自民族聚居区或非独生子女家庭的比例较高，汉族大学生则内部差异很大，使得他们的国内读研意向受到全面收费政策的影响较大。

3.家庭出身和父母教育经历对大学生国内升学意愿有显著影响

前面的统计显示了不同民族大学生升学意愿的总体情况及全面收费政策颁布前后大学生升学意愿的变化，但并未解释出现这种情况和变化的原因，下面将采用逻辑回归模型并引入系数集束化方法，对不同民族大学生国内升学意愿的影响因素及全面收费政策颁布前后影响因素的改变进行分析。

本研究以工作或其他选择意向为对比组，对汉族、少数民族大学生国内升学意愿的影响因素进行逻辑回归。如表5-4所示，所有逻辑回归模型均通过显著性检验。结果表明，家庭出身（包括先赋性因素在内）和父母教育经历的各个变量对汉族大学生国内升学意愿具有显著影响，其中民族聚居区、性别、家庭年收入和学科表现为负相关，其他变量表现为正相关。说明在汉族大学生中，相比于毕业后选择工作或其他去向的学生，选择在国内读研的学生家庭出身和教育经历分别有如下特征：更可能来自非民族聚居区、父母

表5-4　不同民族大学生国内读研影响因素的逻辑回归

变量	汉族	少数民族	朝鲜族	蒙古族	回族	壮族	维吾尔族	苗族	彝族	藏族
民族聚居区	−0.019***	−0.073***	−0.198	0.016	−0.181***	−0.019	−0.165*	0.044	0.006	−0.181**
	（0.007）	（0.015）	（0.141）	（0.044）	（0.046）	（0.047）	（0.092）	（0.063）	（0.090）	（0.087）
父母职业	0.062***	0.117***	0.260*	0.111**	0.160***	0.115*	0.294***	0.230***	0.167	0.104
	（0.004）	（0.018）	（0.134）	（0.048）	（0.047）	（0.059）	（0.108）	（0.079）	（0.114）	（0.096）
父母教育年限	0.205***	0.246***	0.258	0.216***	0.199***	0.231***	0.109	0.233***	0.085	0.228***
	（0.006）	（0.019）	（0.159）	（0.057）	（0.048）	（0.066）	（0.096）	（0.081）	（0.113）	（0.081）
家庭年收入	−0.119***	0.017	0.158	−0.006	−0.111	−0.019	0.111	0.189	0.154	0.272
	（0.0114）	（0.0399）	（0.333）	（0.104）	（0.010）	（0.136）	（0.250）	（0.207）	（0.303）	（0.211）
独生子女	0.004	0.085***	0.126	0.0394	0.002	0.128**	0.142	0.0057	0.243**	0.0687
	（0.004）	（0.016）	（0.126）	（0.043）	（0.041）	（0.053）	（0.123）	（0.074）	（0.111）	（0.0942）
性别	−0.148***	−0.01***	−0.256*	−0.223***	−0.0715*	−0.112**	−0.159*	−0.130**	−0.0777	0.110
	（0.008）	（0.015）	（0.141）	（0.044）	（0.037）	（0.044）	（0.091）	（0.063）	（0.087）	（0.083）
高中重点班	0.057***	0.057***	0.141	0.0315	0.101***	−0.0207	−0.0518	0.178***	0.270***	0.0966
	（0.004）	（0.014）	（0.116）	（0.041）	（0.036）	（0.044）	（0.087）	（0.061）	（0.087）	（0.08）
高中成绩	0.104***	0.108***	0.147	0.159**	0.0647	0.219***	0.0986	0.138	−0.210	0.139
	（0.007）	（0.025）	（0.222）	（0.069）	（0.063）	（0.076）	（0.144）	（0.112）	（0.153）	（0.143）
高考标准分	0.107***	0.197***	0.066	0.239***	0.200***	0.120**	0.164*	0.068	0.275**	0.247***
	（0.004）	（0.016）	（0.134）	（0.047）	（0.044）	（0.048）	（0.088）	（0.065）	（0.109）	（0.072）

续表

变量	汉族	少数民族	朝鲜族	蒙古族	回族	壮族	维吾尔族	苗族	彝族	藏族
大学成绩	0.311***	0.01***	0.008*	0.008**	0.014***	0.008***	0.008***	0.008***	0.014***	0.012***
	(0.005)	(0.001)	(0.004)	(0.002)	(0.002)	(0.002)	(0.003)	(0.002)	(0.003)	(0.003)
大学课程通过情况	0.307***	0.406***	0.738**	0.210**	0.332***	0.363***	0.358*	0.549***	0.259	0.789***
	(0.009)	(0.032)	(0.293)	(0.092)	(0.084)	(0.094)	(0.194)	(0.133)	(0.188)	(0.184)
大学层级	0.400***	0.260***	0.134	0.254***	0.220***	0.506***	0.171	0.194**	0.346***	0.178*
	(0.005)	(0.018)	(0.148)	(0.057)	(0.048)	(0.058)	(0.109)	(0.080)	(0.114)	(0.103)
学业挑战度	0.01***	0.011***	0.011	0.016***	0.005*	0.019***	0.0108	0.01**	0.022***	0.022***
	(0.001)	(0.001)	(0.009)	(0.003)	(0.003)	(0.004)	(0.007)	(0.005)	(0.007)	(0.007)
学科	−0.510***	−0.314***	−0.74***	−0.526***	−0.308***	−0.450***	−0.168	−0.153	−0.281	0.036
	(0.009)	(0.029)	(0.262)	(0.085)	(0.076)	(0.092)	(0.183)	(0.124)	(0.172)	(0.169)
年级	0.0156**	0.025	0.399*	−0.011	0.122*	0.0385	−0.037	−0.210*	−0.077	−0.013
	(0.008)	(0.028)	(0.230)	(0.081)	(0.072)	(0.083)	(0.172)	(0.123)	(0.173)	(0.165)
截距	−1.881***	−2.431***	−2.87***	−2.133***	−2.233***	−3.454***	−2.357***	−2.213***	−3.090***	−3.748***
	(0.024)	(0.071)	(0.620)	(0.216)	(0.186)	(0.217)	(0.440)	(0.309)	(0.450)	(0.441)
观测值	347002	30060	529	3132	4129	4261	1047	1855	877	1372

注：*p<0.1，**p<0.05，***p<0.01。

职业和父母受教育年限更高、为独生子女和女性；更可能就读于重点班、高中成绩和大学成绩都比较好、在“985工程”大学或学业要求严格的大学学习、专业可能为理工科。家庭年收入表现为负相关，说明对汉族大学生，家庭经济水平越高，对研究生教育的期望反而越低。少数民族大学生的调研数据显示，家庭出身和教育经历相关变量的影响与汉族大学生基本一致。虽然某些变量在少数民族大学生中变得不显著，但父母职业、父母受教育年限、大学成绩等关键变量几乎在所有民族中表现出正向相关。因此，表5-4的结果仍然验证了本研究第二个假设，即家庭出身和父母教育经历与不同民族大学生国内升学意愿存在显著相关关系，且家庭出身越好、教育经历表现越好的大学生越可能读研。

4.全面收费改革后家庭出身的效应有所增强

为了进一步分析家庭出身和父母教育经历在不同民族大学生选择读研过程中发挥的作用，以及全面收费政策颁布之后，这两方面影响因素的变化，对全面收费政策颁布之前（2011—2012年）和颁布之后（2013—2016年）的样本分别进行逻辑回归。回归模型与表5-4模型一致，引入系数集束化方法将家庭出身和教育经历各变量的效应进行集束，并将其约束为1，得到如图5-5所示的结果。

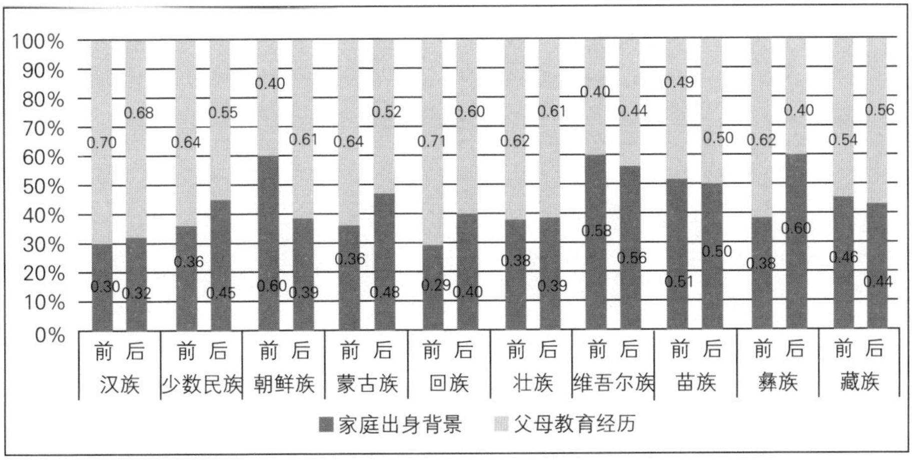

图5-5　家庭出身和父母教育经历的效应比例及政策颁布前后变化

图5-5显示出：全面收费政策颁布前，家庭出身和父母教育经历对汉族大学生国内升学意愿的效应比例分别为30%和70%，说明在汉族大学生国内读

研的决定中，高中学习成绩、大学学习成绩、就读学校等教育经历发挥了绝对主导作用；在政策颁布之后，家庭出身效应有所上升，但上升幅度非常小（2%）。与汉族大学生相比，教育经历也是影响全国少数民族大学生国内升学意愿的主体因素，但家庭出身效应的比例更高，且政策颁布之后，家庭出身的效应比例提升了9%，达到45%。说明与汉族大学生相比，少数民族大学生在决定是否继续读研的过程中更需要考虑家庭条件的支持，同时，收费改革同样扩大了家庭背景对少数民族大学生升学意愿的影响。

少数民族大学生案例的表现进一步证实了家庭出身在少数民族大学生选择国内读研中的作用。在几乎所有少数民族大学生案例中，家庭出身的效应比例都比汉族大学生高，在维吾尔族、苗族等个别民族案例中甚至超过了50%，家庭出身代替教育经历成为影响大学生国内升学意愿的主导因素。全面收费政策颁布之后，家庭出身效应比例明显上升的有蒙古族、回族和彝族大学生，分别上升12%、11%、22%，而明显下降的仅有朝鲜族大学生，这进一步说明全面收费政策增强了家庭出身对一些民族大学生升学意愿的影响。

（五）小结

本研究通过全国性跨年度数据，对不同民族大学生升学意愿的整体情况、影响因素等进行了分析，并进一步讨论了全面收费政策与不同民族大学生国内升学意愿的关系。通过数据分析，本研究得出以下几个基本结论：

第一，与汉族大学生相比，少数民族大学生升学意愿相对较低。通过对具体民族进行分析发现：朝鲜族、蒙古族和回族等平均受教育水平较高、主要来自非民族聚居区的少数民族大学生不仅整体升学意愿超过汉族，而且选择去国外读研的比例也高于汉族；而壮族、维吾尔族、苗族、彝族和藏族等平均受教育水平处于中低程度、大部分来自民族聚居区的少数民族大学生则在总体升学意愿和国内升学意愿上较大幅度低于汉族大学生。

第二，家庭出身和教育经历有关变量与汉族和少数民族大学生的国内升学意愿存在显著相关关系。与先行研究结果基本一致，家庭经济社会地位更高、学习表现更好、就读于高层级或学业要求严格的大学、学科为理工科、性别为女性的学生更可能在毕业后选择继续在国内读研。教育经历是影响汉族和少数民族大学生国内升学意愿的主导性因素。但相对于汉族大学生来说，家庭出身对少数民族大学生的影响更大。在有些民族中，家庭出身的影响甚至超过了教育经历。如果考虑家庭出身对个人学习能力形成、个人学习条件获得的作用，那么家庭出身在个人读研选择中的效应会更加强烈。

第三，全面收费政策颁布后，汉族、少数民族大学生的国内升学意愿均出现“断崖式”下滑，但由于国外升学意愿也出现下降，说明全面收费政策并不是导致学生国内升学意愿出现下降的唯一因素。对于少数民族大学生，家庭出身的影响在全面收费政策颁布后得以增强，而教育经历的影响受到削弱。

以上结果说明，来自于平均受教育水平较低的族群、居住于民族聚居区的少数民族大学生整体升学意愿较低，他们在决定是否读研的过程中更多考虑家庭条件的支持。为提升少数民族研究生入学机会，相关政策措施应该着重关注民族聚居区的少数民族大学生。数据结果同时表明，全面收费政策在一定程度上增强了家庭条件对选择读研的影响，有可能使一些家庭条件较差的大学生选择放弃读研。不过若以本研究发现来判断全面收费政策对研究生入学机会的影响，仍需要持谨慎态度。这是因为，研究生全面收费政策虽然已经进行了两三年，但操作层面的各项具体措施还尚未完善，人们对政策的理解和接受程度还需要时间。有研究发现，一些大学的研究生奖助政策存在理念、管理、实际操作、评选标准等方面的问题，[①]奖助贷制度不能很好地与收费制度对接，奖助学金的力度不能抵消收费制度带给学生的经济负担。[②]另一些研究则发现，大学生对全面收费政策的理解程度很低，如毛建青等对浙江两所先行改革的本科院校进行调查发现，只有14.9%的大学生了解收费政策，[③]而对收费政策的理解程度会影响大学生的考研意向。图5–5显示出，2016年大学生国内升学意愿比2013—2015年有轻微回升，随着资助贷具体措施的进一步完善、人们对全面收费政策的进一步认识，大学生国内升学意愿可能会有所回升。因此，对全面收费政策的评估还需要更多时间和数据的论证。

---

① 许冠林. 全面收费背景下研究生奖助政策效果评价研究—以A大学为例[D]. 济南: 山东大学, 2016.

② 李文静. 研究生收费背景下大学生考研意向影响因素研究—以山西省为例[D]. 太原:山西财经大学, 2016.

③ 毛建青, 徐月. 全面收费制下地方高校大学生接受研究生教育的影响因素分析—基于浙江省属高校本科生的调查[J]. 教育科学, 2010, 26(4): 58–65.

四、本章小结与政策建议

第一，受家庭和教育经历影响，少数民族学生对教育政策更敏感。

相对于汉族学生，少数民族学生总体的家庭经济情况较为弱势、高中学习基础更为薄弱，在此情况下，少数民族学生对教育政策更为敏感，体现在研究生全面收费政策颁布之后，部分少数民族大学生放弃了升学选择。

教育政策对少数民族的影响是短期和长期效应的结合。具体表现在，少数民族招生倾斜政策促进了民族聚居区学生进入重点大学的机会，而这些进入大学的学生又提高了少数民族聚居区教育期待水平，改变了很多少数民族成员不重视教育的观念，对改善当地教育氛围有重要影响。

第二，加强政策效果研究，政策支持应从简单倾斜走向精准支持。

由于少数民族的多样性，国家实施统一的教育政策对不同民族产生的政策效果是存在差异的。表现在：越是平均受教育水平较低、经济发展程度较低、基础教育资源相对薄弱的少数民族，越能够从少数民族教育政策中获益，民族教育政策的效果也越明显，越可能受到非倾斜的负面影响；反之，越是平均受教育水平较高、经济发展程度较高、基础教育资源相对丰富的少数民族，对民族教育政策的依赖程度越小，同时受到非倾斜政策的负面影响也越小。

由此可见，促进少数民族高等教育发展，国家政策应“精准扶助”，在统一的教育政策之下，应该允许地区拥有一定程度的灵活性。

此外，应继续加强教育政策影响研究。对已经实施的少数民族倾斜政策，应对其产生的具体效果进行深入分析；对非倾斜政策，应考虑其是否可能对少数民族产生负面影响。加强基于数据的政策实证研究，以增强政策制定的科学性和合理性。

第六章　农村女大学生的学习与发展

教育公平是高等教育发展过程中无法回避的一个重要议题，也是近年来教育研究者和政策制定者的关注重点。在高等教育已进入大众化、普及化阶段的中国，如何保障弱势群体接受教育的权利，提高他们的教育水平，是政策制定和教育实践中的难点。从中国的实际情况来看，农村问题和女性问题始终嵌套在一起，是探讨教育公平绕不开的热点话题：农村女性处于城乡差异和性别不平等的交叉地带，在接受教育的过程中无疑处于不利位置，正如《中国妇女发展纲要（2011—2020年）》指出，目前“城乡区域妇女发展不平衡仍未全面解决”。因此，关注并改善农村女大学生的教育情况，是实现高等教育公平的重要途径之一。

本研究以农村女大学生为主要研究对象，以学习投入和教育收获以及两者之间的关系为切入点，通过分析农村女大学生的在学表现和影响因素，为更好地处理高等教育中的性别公平问题提供可以借鉴的视角和思路。本研究主要聚焦以下三个研究问题：第一，与其他三类大学生（城市女生、农村男生和城市男生）相比，农村女大学生在学习投入方面具有什么特征？第二，农村女大学生在教育收获上表现如何？第三，农村女大学生的学习投入对其教育收获产生了怎样的影响？

一、农村女大学生相关研究综述

（一）农村女大学生的总体学习情况

高等教育中的农村女大学生问题本身带有鲜明的国家特色，除在南亚等地区之外，受到的国际关注远不如少数族裔、新移民等群体。但是在中国学界，对这一群体的研究已经产生了不少成果。现有研究多集中在两个方面：一是从入学机会公平的角度入手，研究大学生接受高等教育的性别差异和城乡差别，包括从社会学的角度阐释高等教育扩张对农村女性入学机会的影响，[①]对不同类型高校农村女大学生入学机会的分析和比较，[②]以及对农村女大学生接受高等教育层次和专业领域的多维分析等；[③]二是从高等教育的结果出发，探讨农村女大学生的就业选择与困难，如对女大学生的就业倾向和影响因素研究，[④]性别、家庭出身等先赋因素对大学生就业表现的影响效应检验等。[⑤]

城乡差别和性别差异对大学生教育收获的影响也是目前学界研究的重点，二者对学业表现的影响受到较多关注。就城乡差别而言，有学者认为，农村大学生的入学成绩和进步幅度都高于城市大学生，且愿意付出更多努力，因而学业表现更好。[⑥⑦]另一部分学者则持相反观点，例如，有研究发现就读重点大学的农村学生的学业准备不足，且这种不足对其初期的学业表现有较大影响。[⑧]此外，还有学者持中立态度，提出大学生学业表现受到自身

① 李春玲. 高等教育扩张与教育机会不平等——高校扩招的平等化效应考查[J]. 社会学研究, 2010(3): 82-113+244.

② 谢作栩, 王蔚虹, 陈小伟.我国女性高等教育入学机会的城乡差异研究——基于不同类型高校的分析[J]. 中国地质大学学报(社会科学版), 2008, 8(6): 78-82.

③ 王伟宜, 李洁. 高等教育入学机会性别差异的多维分析[J]. 教育研究, 2015(8): 54-60.

④ 郑育琛, 武毅英.农村女大学生就业选择中的精英情结与社会排斥——一个典型的个案研究[J]. 教育学术月刊, 2015(5): 70-74.

⑤ Tong X, Su Y. Gender Segregation in the Process of College Student Job Seeking[J]. Chinese Education & Society, 2010, 43(5): 90-107.

⑥ 权小娟, 朱晓文. 大学生学习成绩变化趋势及其影响因素的实证研究[J]. 复旦教育论坛, 2016, 14(5): 45-51.

⑦ 卢晓东, 于晓磊, 陈虎, 等.基础教育中的城乡差异是否在大学延续——高校城乡学生学业表现差异的实证研究[J]. 高校教育管理, 2016, 10(1): 56-60.

⑧ 牛新春. 招生倾斜政策下重点大学农村学生的学业准备和初期学业表现——基于X大学的实证案例研究[J]. 复旦教育论坛, 2017(4): 52-61.

努力程度和学习投入的影响，不能一概而论。[①②]在性别差异方面，目前的研究发现也呈现出多样化趋势。有研究表明，男性与女性在学业成绩上没有明显差异；[③]还有学者认为，不同性别大学生的学业表现与年级高低相关，农村男大学生在三、四年级时往往具有较大的"后发优势"。[④]此外，还有文献从内在因素（如行为习惯、教育动机等）和外在因素（包括家庭资源、教师性别与刻板印象等）等层面探讨了不同性别大学生学业表现差异的原因。[⑤⑥⑦⑧]

上述研究发现，一方面从教育起点和终点的角度揭示了农村女大学生接受高等教育的情况，一方面为理解性别和城乡先赋因素对教育收获的影响带来启示，但是仍有一些不足。首先，对农村女大学生的研究忽略了教育过程这一重要环节。其次，在教育收获的测量方面，以往测量工具的维度大多比较单一，以学业表现为主，且多为社会背景类的普查问卷，缺乏有严谨结构和验证的分析框架。因此，本研究基于科学严谨的大学生学情测量问卷，在教育过程环节引入学习投入概念，同时将教育收获的测量维度进一步拓展和细化，希望通过对农村女大学生在这两个维度上的表现以及二者之间关系的探究，揭开高等教育过程如何影响大学生学习收获的"黑箱"。[⑨]

---

① 吴秋翔, 崔盛. 鲤鱼跃龙门: 农村学生的大学"逆袭"之路——基于首都大学生成长跟踪调查的实证研究[J]. 华东师范大学学报（教育科学版）, 2019, 37(1): 124–136+170.

② 杨立军, 张薇. 大学生学习投入的影响因素及其作用机制[J]. 高教发展与评估, 2016(6): 49–61+92–93.

③ 文东茅. 我国高等教育机会、学业及就业的性别比较[J]. 清华大学教育研究, 2005, 26(5): 16–21.

④ 梁耀明, 何勤英. 大学生学业表现性别差异研究[J]. 中国成人教育, 2017(6): 55–59.

⑤ Houtte, Van M . Gender Context of the School and Study Culture, or How the Presence of Girls Affects the Achievement of Boys[J]. Educational Studies, 2004, 30(4): 409–423.

⑥ Diprete T A, Buchmann C. Gender-Specific Trends in the Value of Education and the Emerging Gender Gap in College Completion[J]. Demography, 2006, 43(1): 1–24.

⑦ Hannum E, Kong P, Zhang Y. Family Sources of Educational Gender Inequality in Rural China: A Critical Assessment[J]. International Journal of Educational Development, 2009, 29(5): 474–486.

⑧ Lavy V. Do Gender Stereotypes Reduce Girls' or Boys' Human Capital Outcomes? Evidence from a Natural Experiment [J]. Journal of Public Economics, 2004, 92(10): 2083–2105.

⑨ 叶晓阳, 丁延庆. 扩张的中国高等教育：教育质量与社会分层[J]. 社会, 2015, 35(3): 193–220.

（二）大学生的学习投入

学习投入作为衡量学生学习过程的重要指标，是近年来教育领域的研究热点。有研究指出，学生的学习投入是包含行为、认知、情感等不同方面的多维概念。[①]具体来说，行为投入包括积极规范的学习举动，认知投入包括深度学习等认知策略，情感投入包括对学校具有认同感等。[②]也有学者在此基础上提出了强调社会交互的互动投入、考察学习者与教师之间交往情况的分析模型。[③④]在对已有研究进行总结归纳的基础上，本研究认为大学生的学习投入主要包括学生个体的学习行为、学生与教师的互动行为、学生对认知策略的使用，以及学生与校园内主要群体的交往体验四个方面。这四个方面能够较好地诠释学习投入在行为、认知和情感等多维度的丰富内涵，也较为全面地涵盖了大学生在校期间的个人表现和互动情况。

（三）大学生的教育收获

在国内已有研究中，教育收获的含义有狭义和广义之分。狭义的教育收获指个体在学业领域获得的知识、技能或取得成绩的水平，一般通过学生在校期间的学习成绩来衡量。[⑤]广义的教育收获则体现为综合性素养和技能，是学生在校表现与未来职业发展所需技能的统一体。[⑥]具体而言，有学者认为大学生的教育收获包括行为绩效（学习绩效、人际促进、学习奉献）和客观成绩，[⑦]也有学者提出大学生教育收获涵盖学习认知能力、沟通能力、自我

① Fredricks J A, Paris B A H. School Engagement: Potential of the Concept, State of the Evidence[J]. Review of Educational Research, 2004, 74(1): 59–109.

② Wang M T, Eccles J S. School Context, Achievement Motivation, and Academic Engagement: A Longitudinal Study of School Engagement Using a Multidimensional Perspective[J]. Learning & Instruction, 2013, 28(3): 12–23.

③ 汪雅霜. 大学生学习投入度的实证研究——基于2012年“国家大学生学习情况调查”数据分析[J]. 中国高教研究, 2013(1): 32–36.

④ 尹睿, 徐欢云. 在线学习投入结构模型构建——基于结构方程模型的实证分析[J]. 开放教育研究, 2017(4): 101–111.

⑤ 廖友国, 陈敏.大学生专业承诺、学习投入与学业成就关系的研究[J]. 西南交通大学学报：社会科学版, 2014(15): 73–77.

⑥ 侯浩翔. 社会网络对大学生学业成就的影响：有调节的中介模型[J]. 教育发展研究, 2019(11): 75–84.

⑦ 王雁飞, 李云健, 黄悦新.大学生心理资本、成就目标定向与学业成就关系研究[J]. 高教探索, 2011(6): 128–136.

管理能力、人际促进等维度。[①]在国外研究中，阿斯汀将大学生的教育收获划分为认知性收获和情感性收获。[②]其中，认知性收获指学生在知识和技能上的进步，情感性收获则关注学生在信念和价值观方面的发展。本研究借鉴已有文献，采用教育收获的广义含义，并将其划分为认知性教育收获和情感性教育收获两个维度。前者指学生在知识、技能方面的积累与增长，通过学生自我报告的教育收获来测量；后者指学生对个人在校经历的主观认识和价值判断，通过学生对就读体验的满意程度来测量。

二、农村女大学生学习投入与教育收获的研究设计

（一）研究工具

本研究的测量工具选用清华大学史静寰教授主持的“中国大学生学习与发展追踪研究”（CCSS）2016年本科版问卷。

结合前文对学习投入和教育收获的定义，在CCSS问卷中选取19道题目构建学习投入量表，选取15道题目构建教育收获量表。学习投入预编量表包括：（1）学生外显的学习行为，共5题，如“课前完成规定阅读或作业”。（2）学生使用的认知策略，共5题，如“将课程观点与先前知识相联系”。（3）学生与教师的互动，共5题，如“课外与教师讨论课程内容”。（4）学生在校园中的人际关系和感受，共4题，如“在学校中我与教师的关系”。教育收获预编量表包括：（1）学生对大学期间成长和收获的自我感知，共9题，如“广泛涉猎各知识领域”。（2）学生对就读大学和整体大学经历的满意程度，共6题，如“学习风气和学校氛围”。

题目均采用李克特量表，使用正向计分，在学习投入方面，与学习行为、认知策略、生师互动相关的题目选项均为从“很经常”到“从未”，分

① 李宪印, 杨娜, 刘钟毓. 大学生学业成就的构成因素及其实证研究——以地方普通高等学校为例[J]. 教育研究, 2016(37): 78-86.

② Astin A. W. Assessment for Excellence: The Philosophy and Practice of Assessment and Evaluation in Higher Education[M]. New York: Macmillan Publishing Company, 1991: 43.

别计分4分到1分；与人际感受相关的题目选项均为从“友好/体谅/有帮助”到“不友好/缺乏体谅/没有帮助”，分别计分7分到1分。在教育收获方面，认知性收获的题目选项为从“极大提高”到“没有提高”，情感性收获的题目选项为从“非常满意”到“非常不满意”，分别计分7分到1分。

（二）调查样本

CCSS于2016年在全国范围内通过分层随机抽样选取了32所全日制本科院校，面向在校学生发放问卷，回收后经数据清洗共得到56900个有效随机样本。由于预编量表涉及的题目缺失率小于5%，故使用列删法，仅保留无缺失值样本。为确保研究的精确性，本研究将户口类型为农业户口且大学前家庭所在地位于农村和县城的学生定义为“农村大学生”，将户口类型为城镇户口且家庭所在地位于城市的学生定义为“城市大学生”，删除户口类型与大学前居住地有流动变化的样本，最终得到54599个有效样本。

该样本具有丰富的异质性：在年级上，大一至大四年级的学生分别占29.1%、26.9%、25.3%和18.8%；在院校类型上，“985工程”院校、“211工程”院校和普通本科院校的学生分别占27.2%、23.5%和49.3%；在性别上，男生占51.3%、女生占48.7%；在城乡类型上，农村学生占46%，城市学生占54%。将性别与城乡两个变量进行交叉，计算可知样本中农村女大学生占20.6%，城市女大学生占28.1%，农村男大学生占25.4%，城市男大学生占25.9%。这也说明，无论在同性别学生（女大学生）中还是在同户口类型学生（农村学生）中，农村女大学生均为人数较少的一方。

（三）研究方法

本研究使用量化研究方法，采用结构方程模型技术展开分析，包括测量模型（因子分析、效度分析）和结构模型两部分，分析软件为Mplus7.0。对测量模型进行检验时，在总体数据中随机选取$\frac{1}{2}$样本通过探索性因子分析（EFA）产生因子结构（n=27544），再使用另外$\frac{1}{2}$样本通过验证性因子分析（CFA）进行模型的正式比较（n=27055），因子旋转方式为Mplus软件默认的GEOMIN斜交旋转。对数据的正态性进行检验发现，所有题项的偏态系数和峰态系数绝对值均小于1，但个别题项的值接近1。为获得更稳健的结果，选择适合于处理非正态数据的稳健极大似然估计（MLR）。模型检验的标准包括：拟合指数（*GFI*）>0.9，非规范拟合指数（*TLI*）>0.9，比较拟合指数（*CFI*）>0.9，标准化残差均方根(*SRMR*）<0.08，近似误差均方根(*RMSEA*）<0.08。信度分析包括克隆巴赫α系数和组合信度，其标准为：因子α系数>0.6，总量表α系数>0.8，因子组合信度>0.6。[①]

三、农村女大学生与不同群体大学生学习状况的比较

（一）测量模型检验

首先分别对学习投入量表和教育收获量表进行测量模型的检验。

项目分析发现，两个量表中所有题项的临界值均达到统计显著水平（$p<0.001$），题项与量表总分的皮尔逊相关系数均大于0.4且达到统计显著水平（$p<0.001$），项删除后的α系数均不低于所有题目整体的α系数，无须删题。

进而，对两个量表分别进行探索性因子分析。结合特征值大于1、碎石图和平行分析三方面选取适合的因子数目，结果显示，学习投入量表具有四因子结构，教育收获量表具有二因子结构。因子载荷矩阵显示，学习投入量表中的“与任课教师讨论作业”一题在两个因子上的载荷同时超过0.3，故予以删除。除此之外，两个模型中不存在其他跨因子载荷的题目，所有题目在所属因子上的载荷系数均大于0.4且均达到统计显著水平（$p<0.001$），因子之间的相关系数介于0.3至0.6之间且达到统计显著水平（$p<0.001$）。删除题项后的学习投入模型拟合优度指标为：χ^2=5342.814（df=87，$p<0.001$），*CFI*=0.974，*TLI*=0.954，*RMSEA*=0.044，*SRMR*=0.017。教育收获模型的拟合优度指标为：χ^2=13198.546（df=76，$p<0.001$），*CFI*=0.947，*TLI*=0.927，*RMSEA*=0.066，*SRMR*=0.027。除因样本量较大导致χ^2达到显著水平外，两个模型的拟合情况均十分理想。结合理论概念对因子命名：学习投入量表四个

① 王孟成. 潜变量建模与Mplus应用, 基础篇[M]. 重庆：重庆大学出版社, 2014.

因子分别为“学习行为”“认知策略”“生师互动”“人际感受”，教育收获量表的两个因子为“认知性教育收获”和“情感性教育收获”。

验证性因子分析的结果显示，学习投入模型拟合优度指标为：χ^2=11801.950（*df*=129，$p<0.001$），*CFI*=0.941，*TLI*=0.930，*RMSEA*=0.054，*SRMR*=0.043。教育收获模型拟合优度指标为：χ^2=14313.589（*df*=89，$p<0.001$），*CFI*=0.939，*TLI*=0.928，*RMSEA*=0.066，*SRMR*=0.037。这说明两个验证性因子分析模型拟合较好。模型中所有估计参数均达到统计显著水平（$p<0.001$），未出现负的误差变异量，标准误差均较小。同时，所有题目的因子载荷介于0.5至0.9之间，各因子之间呈中低度相关。整体而言，两个模型均具有良好的适配度。

信度分析（见表6-1）的结果显示，两个量表中各因子的组合信度均大于0.6且达到统计显著水平（$p<0.001$）；各因子α系数均大于0.6，总量表α系数均大于0.8。量表具有较高的内部一致性，模型内在质量良好。

表6-1　两个量表中各因子的信度分析

量表	因子	题项数量	组合信度	α系数	量表α系数
学习投入	学习行为	5	0.740***	0.785	0.868
	认知策略	5	0.873***	0.849	
	生师互动	4	0.725***	0.853	
	人际感受	4	0.869***	0.811	
教育收获	认知性教育收获	9	0.836***	0.906	0.884
	情感性教育收获	6	0.775***	0.922	

注：***$p<0.001$。

在此基础上，应用相关性权重法，使用全部数据运行验证性因子分析模型得到标准化因子负荷，进行归一化处理后得到各题项在对应因子上的权重，继而计算得到各因子的得分。

（二）四组学生学习投入的差异分析

使用因子得分对四组学生的学习投入指标进行方差分析。结果显示（见表6–2），四组学生在学习投入的四个因子上均具有显著的组间差异（$p<0.001$）。其中，四组学生在学习行为和生师互动方面的效应值分析说明其差异具有较小的实际效果（$\eta^2>0.01$）。

表6–2　四组学生学习投入指标均值

指标	总体	农村女生	城市女生	农村男生	城市男生	F	η^2
学习行为	2.79 ± 0.58	2.86 ± 0.55	2.88 ± 0.57	2.71 ± 0.57	2.72 ± 0.60	181.580***	0.02
认知策略	2.79 ± 0.61	2.78 ± 0.59	2.83 ± 0.62	2.75 ± 0.59	2.79 ± 0.62	17.461***	0
生师互动	2.02 ± 0.73	1.93 ± 0.68	2.00 ± 0.73	2.04 ± 0.73	2.10 ± 0.77	65.745***	0.01
人际感受	4.95 ± 1.19	5.01 ± 1.19	5.03 ± 1.19	4.85 ± 1.18	4.90 ± 1.19	38.512***	0

注：***$p<0.001$。

在组间差异的基础上，进一步考察农村女大学生与其他三组学生的两两比较结果。事后检验[①]显示，在学习行为方面，农村女大学生的均值显著低于城市女大学生（$p<0.05$），显著高于城市男大学生和农村男大学生（$p<0.001$），且效应值分别达到0.25和0.28，说明其差异具有一定的实际意义。在认知策略方面，农村女大学生的均值显著低于城市女大学生（$p<0.001$），显著高于农村男大学生（$p<0.05$），与城市男大学生的均值不存在明显差异。在生师互动方面，农村女大学生的均值显著低于其他三组大学生（$p<0.001$），特别是与城市男大学生之间的效应值达到0.24。在人际感受方面，农村女大学生的均值显著低于城市女大学生（$p<0.05$），显著高于农村男大学生和城市男大学生（$p<0.001$）。

由此可见，农村女大学生本科阶段的学习投入具有其自身的特点：与农村和城市的男大学生相比，她们具有更规范的学习行为，更常在课前完成规定的作业、在课上认真听讲并做笔记；她们与教师之间的互动频率更低，更

① 在两两比较时，首先进行方差齐性检验，若满足方差齐性假设（$p>0.05$），使用LSD法进行事后检验；若违反方差齐性假设（$p<0.05$），则使用校正的Tamhane's T2法进行事后检验。下同。

少与教师讨论作业、职业规划或人生观等问题，也较少与教师一同参与课外的活动和工作；她们拥有更好的人际交往体验，整体上更倾向于认为自己与同学、教师、行政人员等群体具有友好关系，也更认可他们提供的支持和帮助。然而，与城市女大学生相比，农村女大学生在学习投入的各方面均呈现出不足。这也再次说明，结合性别和城乡两个变量进行分析，能够更加细致地折射出不同大学生群体学习情况的差异性，从而使学情调查提供更丰富、更具针对性的分析结果。

（三）四组学生教育收获的差异分析

对四组学生的教育收获进行方差分析。结果显示（见表6–3），四组学生在教育收获的两个方面均具有显著的组间差异（$p<0.001$）。其中，在认知性教育收获上差异的效应值达到0.01以上，说明组间差异具有较小的实际效果。

表6–3 四组学生教育收获指标均值

	总体	农村女生	城市女生	农村男生	城市男生	F	η^2
认知性教育收获	2.82 ± 0.58	2.75 ± 0.58	2.83 ± 0.58	2.81 ± 0.56	2.87 ± 0.58	45.679***	0.01
情感性教育收获	4.83 ± 1.25	4.95 ± 1.18	4.86 ± 1.25	4.76 ± 1.24	4.75 ± 1.31	37.465***	0

注：***$p<0.001$。

事后检验显示，在认知性教育收获方面，农村女大学生的均值显著低于其他三组学生的均值（$p<0.001$）。其中，与城市男大学生之间差异的效应值达到0.21，说明具有一定的实际意义。在情感性教育收获方面，农村女大学生的均值显著高于其他三组学生（$p<0.001$）。这一结果揭示了农村女大学生学习中存在的矛盾：与其他组别的学生相比，她们认为自己在大学期间的收获最少，但是对本科教育经历的满意程度最高。这意味着，农村女大学生对自己大学期间的知识积累和技能发展持相对保守的态度；同时，她们比较认可学校的学习氛围、教学水平、就业支持和经济资助。即农村女大学生对自我收获的评价较低、对外部环境的评价较高，两者之间形成了一种悖论。

（四）学习投入与教育收获关系的多群组分析

为探讨农村女大学生教育收获悖论形成的原因，本研究进一步分析教育收获及其影响因素——学习投入之间的关系。使用Mplus 7.0软件构建多群组结构方程模型，考察四组大学生群体学习投入与教育收获之间的关系是否存在差异。在文献研究的基础上，本研究提出了学习投入与教育收获关系的概念模型（见图6-1），假设四个学习投入因子均分别对认知性教育收获和情感性教育收获有显著影响。

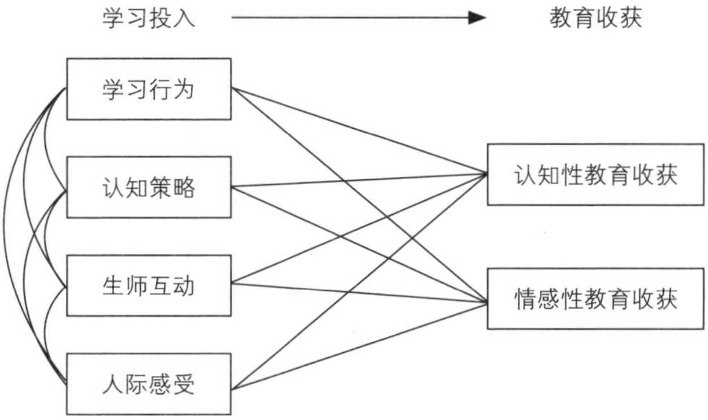

图6-1 学习投入与教育收获的关系：概念模型

首先，使用全体样本数据建立模型，结果显示，各个路径系数均达到统计显著水平（$p<0.05$），模型拟合指标如下：χ^2=63831.862（df=480，$p<0.001$），CFI=0.932，TLI=0.925，$RMSEA$=0.045，$SRMR$=0.038。除由于样本量较大导致χ^2达到显著水平外，其他拟合指标均较为理想，即学习投入能够显著预测认知性教育收获和情感性教育收获这两项教育结果。其次，分别以四组学生的数据建立模型，发现除χ^2外，其他模型的拟合指标均达到可接受水平。农村女大学生：χ^2=14274.143，CFI=0.928，TLI=0.921，$RMSEA$=0.047，$SRMR$=0.039；城市女大学生：χ^2=20440.295，CFI=0.926，TLI=0.919，$RMSEA$=0.047，$SRMR$=0.039；农村男大学生：χ^2=15031.328，CFI=0.938，TLI=0.932，$RMSEA$=0.043，$SRMR$=0.037；城市男大学生：χ^2=16133.239，CFI=0.935，TLI=0.928，$RMSEA$=0.043，$SRMR$=0.038。

在此基础上，应用多群组结构方程模型分析不同组别大学生学习投入与教育收获的关系。建立三个相互嵌套模型：M1，未受限制模型，各组别模型形态相同，各个参数均自由估计；M2，在M1的基础上设置测量权重相等的模型；M3，在M2的基础上进一步限定学习投入学业成就的路径系数相等的模型。表6-4呈现了M1、M2和M3三个模型的拟合优度指标，除χ^2外，拟合优度指标均比较理想。比较三个模型可知，M1与M2模型差异显著[$\Delta\chi^2_{(27)}=2003.629$, $p<0.001$]，M2模型与M3模型差异显著[$\Delta\chi^2_{(27)}=333.732$, $p<0.001$]。这表示无法接受四组大学生在学习投入与教育收获关系的结构方程模型上各测量权重与路径系数都相等的虚无假设，说明学习投入对教育收获的预测作用在不同性别和城乡背景的大学生之间存在显著差异。

表6-4　学习投入与教育收获关系的多群组结构方程模型的拟合指标

模型	χ^2	*df*	*CFI*	*TCI*	*SRMR*	*RMSEA*（90% *CI*）
M1	70085.848***	2028	0.927	0.924	0.040	0.045（0.045，0.046）
M2	72089.477***	2055	0.924	0.922	0.041	0.046（0.046，0.046）
M3	72423.209***	2082	0.924	0.923	0.041	0.046（0.045，0.046）

注：***$p<0.001$。

表6-5展示了学习投入与教育收获关系多群组结构方程模型的路径系数。就认知性教育收获来说，对四组学生影响最大的因素都是认知策略，其次是生师互动、人际感受，最后是学习行为。对农村女大学生的认知性教育收获来说，认知策略对其产生的影响高于对其他三组大学生的影响；生师互动的影响高于对农村男大学生和城市男大学生的影响，低于对城市女大学生的影响；人际感受的影响高于对农村男大学生的影响，低于对城市男、女大学生的影响；学习行为的影响高于对城市男大学生的影响，低于对城市女大学生和农村男大学生的影响。

表6-5　学习投入与教育收获关系的多群组结构方程模型的路径系数

路径	组别	标准路径系数	路径	组别	标准路径系数
学习行为→认知性教育收获	农村女大学生	0.087***	学习行为→情感性教育收获	农村女大学生	0.106***
	城市女大学生	0.096***		城市女大学生	0.082***
	农村男大学生	0.107***		农村男大学生	0.113***
	城市男大学生	0.078***		城市男大学生	0.079***

续表

路径	组别	标准路径系数	路径	组别	标准路径系数
认知策略→认知性教育收获	农村女大学生	0.433***	认知策略→情感性教育收获	农村女大学生	0.028
	城市女大学生	0.400***		城市女大学生	0.043**
	农村男大学生	0.413***		农村男大学生	0.060***
	城市男大学生	0.429***		城市男大学生	0.030*
生师互动→认知性教育收获	农村女大学生	0.227***	生师互动→情感性教育收获	农村女大学生	−0.083***
	城市女大学生	0.235***		城市女大学生	−0.100***
	农村男大学生	0.222***		农村男大学生	−0.141***
	城市男大学生	0.198***		城市男大学生	−0.133***
人际感受→认知性教育收获	农村女大学生	0.147***	人际感受→情感性教育收获	农村女大学生	0.449***
	城市女大学生	0.161***		城市女大学生	0.458***
	农村男大学生	0.138***		农村男大学生	0.476***
	城市男大学生	0.167***		城市男大学生	0.493***

注：*$p<0.05$，**$p<0.01$，***$p<0.001$。

就四组学生的情感性教育收获来说，产生正向影响最大的因素为人际感受，其次是学习行为。其中，人际感受对农村女大学生情感性教育收获的影响均低于其他三组学生；学习行为对农村女大学生情感性教育收获的影响高于其对城市男、女大学生的影响，低于其对农村男大学生的影响。认知策略对农村女大学生的情感性收获没有显著影响，而对其他三组学生的情感性收获有正向影响。生师互动对四组学生的情感性收获均有负向影响，但是对农村女大学生的影响最小。

四、本章小结与讨论

本研究采用结构方程模型对四组大学生的学习投入和教育收获进行分析，发现城乡和性别的交叉因素影响大学生在这两个维度上的表现，且两者之间具有相关性。具体结论如下：

第一，农村女大学生在学习投入方面的整体表现在四组学生中处于较低水平。其学习行为和人际感受的均值虽然高于男大学生，但显著低于城市女大学生；在认知策略方面，农村女大学生的均值仅略高于农村男大学生；在生师互动方面的均值甚至是四组学生中最低的。可见，农村女大学生更习惯规范的接受式学习，而与教师的交流和互动却相对匮乏。在已有研究发现女生的学习投入整体高于男生的基础上，[①][②]本研究进一步揭示了女大学生内部的城乡差异，通过性别和城乡的交叉维度，更加精确细致地分析不同背景、不同性别大学生的学习投入特征，以便为农村女大学生提供针对性帮助。

第二，农村女大学生在教育收获两个维度上的表现截然相反，得到了最低的认知性收获和最高的情感性收获。换而言之，她们认为自己大学期间的知识技能增值较少，却对大学整体经历普遍感到满意。这种悖论式的结果恰恰体现着农村女大学生个人特质和教育经历的复杂性。在认知性教育收获方面，性别和城乡因素都会对其产生影响；[③]在情感性教育收获方面，已有研究发现，城乡大学生的满意度并无显著差异，[④]而女性对大学及教育经历的整体满意度要高于男性，[⑤]且其满意程度更容易受家庭背景等因素的影响。[⑥]上述种种复杂因素的存在，都可能导致农村女大学生在反馈情感性教育收获时给

① 陈晓雯. 大学男生学习投入现状及其影响因素研究[D]. 江南大学, 2017.

② 崔桓. 沈阳师范大学本科师范专业学生学习性投入调查[D]. 沈阳师范大学, 2016.

③ 杨立军, 韩晓玲. 什么影响了大学生的教育收获?——基于校内追踪的实证研究[J]. 复旦教育论坛, 2014(6): 33–40.

④ 刘俊学, 李正辉, 赵雄辉, 周斌, 刘景忠. 大学生求学满意度影响因素及其程度的实证研究[J]. 高等教育研究, 2006(11): 91–97.

⑤ 李振祥, 文静. 高职院校学生满意度及吸引力提升的实证研究[J]. 教育研究, 2012(8): 71–76.

⑥ Bean J P, Vesper N. Gender Differences in College Student Satisfaction. ASHE Annual Meeting Paper[J]. Academic Persistence, 1994: 33.

出较高评价，从而在教育收获维度产生悖论式结果。

第三，大学生的学习投入会影响其教育收获，且城乡和性别因素与该影响机制密切相关。对认知性教育收获而言，认知策略对其产生的影响最大，但是农村女大学生在学习中相对来说不擅长使用深层认知策略，导致她们认为自己的知识和技能鲜有进步；而她们表现较好的人际感受和生师互动维度又对认知性教育收获的影响较小，这较好地解释了为何农村女大学生对认知性教育收获的评价最低。对情感性教育收获而言，与已有研究类似，[①]人际关系是其主要的正向影响因素，而这恰恰是农村女大学生表现较好的一个维度；同时，农村女大学生表现不佳的认知策略因素对情感性教育收获没有显著性影响，生师互动因素甚至对其有负向影响，最终使农村女大学生的情感性教育收获高于其他三组。这一发现从影响机制的角度对农村女大学生学习悖论的形成给出了解释。值得注意的是，本研究发现生师互动对四组学生的情感性教育收获都有负向影响，这回应了以往研究的结果：有学者指出，生师互动对学生满意度的正向影响十分微弱[②]，甚至有负向的直接影响[③]。这提示我们，生师互动的高频率并不代表高质量。如果学生与教师围绕课程展开的交流只是关乎分数的“讨价还价”，一起参与的课外活动也只是被动服从或者完成行政任务，那么这样的生师互动反而可能造成消极的影响。

本研究通过对学习投入和教育收获的分析，发现农村女大学生的高等教育过程和结果确实既有优势，又有劣势。通过对四组学生的均值比较可知，农村女性与城市女性的表现往往处于各维度的两端，且已有追踪调查显示，城乡女性之间教育不平等的差距正在逐年扩大，农村女性上大学的机会仍然低于男性和城市女性。[④]因此，提高农村女大学生的教育质量和教育收获，促进更高程度性别平等的实现，已经成为一项紧迫而重要的任务。鉴于此，本研究提出以下建议：第一，政府应加强对女性内部教育不公平问题的重视，在资金投入和教育宣传等环节向农村地区倾斜，增加农村女性接受高

① 黄雨恒, 郭菲, 史静寰. 大学生满意度调查能告诉我们什么[J]. 北京大学教育评论, 2016, 14(4): 139–154+189.

② 董淼. 生师互动与教育质量相关性研究[D]. 北京中医药大学, 2018.

③ 赵必华. 生师互动何以影响大学生学习结果——学业挑战性与学校归属感的中介效应[J]. 中国高教研究, 2018(3): 61–67.

④ 张学敏, 吴振华. 教育性别公平的多维测度与比较[J]. 教育与经济, 2019, 147(1): 16–24.

等教育的机会；同时，对农村女大学生接受高等教育的过程给予更多关注。第二，高校应该通过学业指导、学生工作等途径，为农村女大学生提供有针对性的帮助，如引导她们使用深层学习策略、鼓励她们积极与教师沟通等。第三，教师不仅要积极尝试不同类型的教学方法，还要注意与学生的沟通方式，避免先入为主和对女大学生形成刻板印象，[①]一视同仁地对待学生。第四，农村女大学生自身也要增强自信心，充分发挥主体的积极作用，参加更多元的课程和活动，加强与教师的联系，提高认知策略的使用水平。

受现有条件限制，本研究难免存在一些疏漏之处。首先，问卷调查的抽样方式无法完全保证样本在性别和城乡上的代表性，可能会使研究结果产生一定偏差。其次，由于性别和城乡差别自有社会特性的存在（例如家庭文化资本的差异），可能会对学生大学前的学习经历产生影响，进而潜在地影响研究结果。希望后续研究可以进一步完善，加深对农村女大学生学习投入和教育收获的理解，更好地推进高等教育公平的实现。

① 杜静. 女性主义视野下我国高等教育性别平等问题研究[D]. 内蒙古农业大学, 2008.

第七章　内地高校港澳台本科生的学习性投入——以清华大学为例

2010年以来，我国内地高校在港澳台地区招收的学生人数迅速增长。本研究首次采用清华大学教育研究院“中国大学生学习与发展追踪研究”（CCSS）的学情调查问卷以及辅助性的深度访谈和文本资料研究，探索了2014年清华大学全体港澳台本科在校生在学业成就和在校满意度两项教育结果以及学习性投入教育过程上的特点，进而探索比较了港澳台学生相对于内地学生群体的共性和特点及其产生原因。在政策和文献研究基础上，本研究的实证调查发现清华大学港澳台在校本科生群体对在清华大学的求学经历整体表示满意。尽管在学业成就上与内地本科生相比还有一定差距，但从学习性投入来看，港澳台学生在“高阶学习”和“反思与整合学习”方面显著高于内地学生平均水平，在“量化推理”与“合作性学习”方面与内地学生没有显著差别，但在“生师互动频率”与“互动质量”方面仍低于内地学生平均水平，特别在“生师互动频率”方面得分较低。本研究为内地高校根据港澳台学生学习特点提高人才培养质量提出了政策建议。

一、内地高校招收港澳台学生的政策背景和研究现状

（一）政策研究

港澳台地区学生人才培养是我国内地高校人才培养职能中一项重要又独

特的内容。1985年，教育部首次颁布“保证质量、一视同仁、适当照顾”的政策，鼓励内地高校招收港澳台学生，目前已形成统一高考、免试录取和自主招录相结合的多元录取模式。截至2013年年底，在内地高校就读的香港学生超过1.4万人。[①]截至2014年年底，内地招收华侨、港澳台地区学生的本科和预科项目高校已达297所。30年实践证明，作为内地与港澳台之间交流的重要纽带之一，内地高校对港澳台学生的人才培养工作有利于增进港澳台学生对祖国大陆的了解和认识，有利于增强民族自豪感、文化凝聚力和国家认同感，有利于共同继承和弘扬祖国优秀传统，也有利于通过这些青年学子团结他们所联系的港澳台海外同胞及其眷属群体，引导他们共同为祖国和平统一大业做出贡献。

清华大学是第一批参与内地高校面向港澳台地区招生的高校之一。30年来，清华大学积极整合校内外各方优势资源，不断加强港澳台学生人才培养工作。截至2014年年底，清华大学总计为港澳台地区培养人才1433名，包括预科、本科、硕士及博士学位项目学生，其中香港540人，澳门278人，台湾615人。近年来，每年有100多名港澳台优秀新生进入清华大学攻读各学历学位，还有更多的港澳台学生作为交换生进入清华大学学习。2014年年底，清华大学港澳台地区在学学生共计510人，其中香港158人，澳门65人，台湾287人。2014年与清华大学签署交换生协议的港澳台高校增至17所，共接收港澳台地区16所高校的交换生119人次，同比增长8%。

表7-1　清华大学本硕博学位首次招收港澳台学生的时间

	本科学位首次招生时间	硕士学位首次招生时间	博士学位首次招生时间
香港学生	1986年	1985年	1990年
澳门学生	1986年	1985年	1996年
台湾学生	1994年	1995年	1998年

① 国务院新闻办公室，《“一国两制”在香港特别行政区的实践》白皮书，2014年6月10日发布。

30年来，根据教育部“保证质量、一视同仁、适当照顾”的方针，清华大学确定了“趋同存异”的港澳台学生培养和管理工作原则。在基本原则一致的情况下，“在清华大学就读的港澳台学生，在校期间课程、学籍等均按清华大学学生管理办法实施管理”，同时从港澳台学生的实际特点出发，制定适合港澳台学生特点的学习与管理政策和规章制度。[①]例如，在不影响教学质量的前提下，适当放宽转专业要求或适当调整教学计划和要求等，港澳台学生不需必修政治课；港澳台办公室每学期都会组织港澳台学生参加国情考察活动，帮助港澳台学生了解国情、拓展视野、领悟青年学子的社会责任与使命，并且专门为港澳台学生开设了由优秀教师讲授的中国国情与文化课程；学校专款设立了“港澳台学生单项奖学金”。再例如，学校通过导师制度和辅导员制度支持港澳台学生的学习和生活，学校对导师和辅导员的任职要求、配备、主要工作职责、工作考核、组织工作和管理等做出了具体布置。又例如，清华大学学生会成立了“清华大学学生会香港组、澳门组、台湾组”，清华大学研究生会成立了“清华大学研究生会港澳台部”。此外，清华大学的港澳台学生每年都举办港澳台新生联谊会和港澳台文化节，开设面向内地学生的粤语培训班，编辑出版港澳台学生杂志[②]，编写《港澳台新生入学指南》等。学校港澳台办公室每年秋季学期期中考试之后组织新生座谈会，请教务处等部门相关领导及教师为学生答疑解惑，为暂时不能适应清华大学学习生活的新生提供个性化解决方案。这些工作有效推动了港澳台学生融入清华大学校园生活，并为这些学生有效地提供了“发出声音”和提高关注度的渠道。

（二）文献研究

2009年开始的内地高校快速扩招，带动了内地高校对港澳台招生规模的迅速扩大，各高校积极探索使用量化方法对港澳台学生群体进行实证研究，

---

① 董力, 王又玫, 黄贺生. 发挥高校资源优势，培养港澳台地区高层次人才——清华大学港澳台学生工作情况研究与分析[M]. 新世纪新阶段高校统战工作理论与实践. 北京: 北京工业大学出版社, 2007: 249-257.

② 澳门组出版杂志《青莲》，香港组出版杂志《扬帆》，台湾组2014年春季学期开始出版学生刊物。

并与内地学生特点进行比较研究。例如，赖章荣对420名广东某高校已有一年学习经历的港澳本科生的求学适应性研究显示，约70%的土生土长的港澳学生缺乏对内地环境的了解，在学习和生活方面的不适应导致学生出现思想波动、忧虑与惧怕等问题，甚至因此与内地学生产生明显矛盾与冲突。[①]又例如，黄佳淑研究发现港澳台学生之间以及与内地高校学生之间较大的群体和个体差异对现行思政课免修政策等课程设置与管理体系的挑战和对策[②]；陈媛等[③]和任艳妮[④]研究显示在民族认同、爱国教育和引导港澳台学生积极融入校园文化、参加第二课堂活动等方面具有较大的潜能与发展空间。

上述研究从研究目标、数据和文献范围以及结论推广性上看都不限"港澳台"这一区域性和政策性特殊群体性研究，而是放置在对我国不同青年群体在同类主题上的实证量化研究之中，由此沟通和扩展了内地高校港澳台人才培养研究与教育学和政治学研究领域的学术和政策对话。值得关注的是，从总体来看，内地高校港澳台人才培养研究仍然以经验总结性和政策建议性研究为主，对思想价值和学生管理类主题关注度高，而对群体和个体的学习过程和结果等"学习科学"领域的微观性主题关注相对较少，并且跨学科理论性强及量化或混合方法类实证研究仍然较少。毕竟，在内地就读的港澳台学生绝对人数很少且有专门部门进行专人专项管理，因此研究视角和路径相对固定、学生数据也不易公开获得。综上所述，目前国内学界对在内地就读的港澳台学生群体研究在研究视角以及理论和方法上有待丰富，有必要在人才培养过程和成果方面对日益扩大的港澳台学生群体与内地学生群体进行系统的比较研究。

---

① 赖章荣. 港澳学生在内地高校求学的适应性研究[J]. 中国成人教育, 2010(21): 115–116.

② 黄佳淑. 港澳台学生的教育与管理现状, 问题及改进对策——以福建师范大学为例[J]. 佳木斯教育学院学报, 2014(3): 144–145.

③ 陈媛, 潘振婷. 非侨校港澳台学生教育管理问题及策略研究[J]. 湖北经济学院学报 (人文社会科学版), 2014(12): 142–143.

④ 任艳妮. 新时期在高校大学生群体中开展统战工作的路径探析[J]. 湖北省社会主义学院学报, 2015(2): 24–28.

二、清华大学港澳台本科学生学业成就和在校满意度研究

学生学习是大学教育质量观的核心。本项实证研究聚焦以教育过程的"学习性投入"理论为基础，探索研究学习性投入与反映教育结果的"学业成就"和"在校满意度"的各自特点及其产生原因，并以清华大学为例研究当前内地高校拔尖创新型港澳台学生人才培养质量。

"学习性投入"主要调查教育过程、学生学习行为、高校教育实践相互关系，研究集中关注学生个体在学业与有效教育活动中所投入的时间和精力以及学生如何看待学校对他们学习的支持力度，其本质是学生行为与高校条件的相互作用，即学校如何通过配置资源、组织课程、开展活动以及提供服务等实践来引导学生将精力投入有效的学习行为和活动中。[①]作为教育产出和学习成果的"学业成就"指学生通过学习活动所获得的认知、情感以及实践意义上的知识、能力、品格和价值等；"在校满意度"借鉴管理研究中客户满意度的个体心理感受变量，关注学生个体对在学经验的总体感受与评价。[②]

"学习性投入"理论经过70多年的发展，已经具有较为成熟的研究理论和调查工具。[③] 2000年美国印第安纳大学教授乔治·库研究组在"学习性投入"理论基础上开发了美国大学生学习性投入调查（National Survey of Student Engagement, NSSE），至今已有美国和加拿大的1574所高校参加。2008年以来，中国和澳大利亚[④]分别引进了相关测量工具并进行了本土化改进。清华大学教育研究院史静寰教授研究组自2009年开展了年度"中国大学生学习与发展

① Carini R M, Klein K S P. Student Engagement and Student Learning: Testing the Linkages[J]. Research in Higher Education, 2006, 47 (1): 1–32.

② 赵琳, 王文, 李一飞, 纪洪超, 史静寰. 大学前教育经历对高等教育质量的影响机制研究——兼议教育领域综合改革[J]. 清华大学教育研究, 2014(3): 35–44.

③ Kuh. G D. Assessing What Really Matters to Student Learning[J]. Change, 2001, 33(3): 10–17.

④ Coates H. Development of the Australasian Survey of Student Engagement (AUSSE)[J]. Higher Education, 2010, 60(1): 1–17.

追踪研究”（CCSS）[①②③④]。截至2013年，我国已有83所各类高校参加了CCSS调查，研究工具在本土化和理论化的过程中获得持续改进，丰富的研究成果不断加强了调查的理论和方法建设及相关跨国学术对话[⑤⑥⑦]。

本研究首次应用2013年版CCSS问卷对内地高校港澳台本科生进行学情调查，并根据清华大学学生和港澳台学生特点对2013年版CCSS问卷进行了改编。问卷指标体系包括表现学习教育过程的学习诊断六项指标（高阶学习、反思与整合学习、量化推理、合作性学习、生师互动、互动质量）、两项教育结果指标（自我报告的学业成就与教育收获以及在校满意度）及学生个人背景信息（家庭背景、高中学习水平、大学前受教育经历、个人禀赋等）（见表7-2）。这些指标体现了学习性投入调查是以学习者为中心、以学习过程为重点、以评价教育增值以及诊断和改进学校教育教学为目标的研究模式及理念。信效度测试显示，上述八项指标信效度良好。本研究向清华大学2014年春季学期在校的全体港澳台本科生共计87人发放研究问卷，回收问卷72份，回收率为83%，回收问卷有效率为100%，并且回收问卷的学生结构与全样本显著相似，能够有效代表全样本（见表7-3）。作为混合模式研究，本研究还辅之以学生自我评价性质的文献资料分析以及9名港澳台在校本科生和2位清华大学教师的深度访谈研究。此外，在清华大学CCSS课题组的大力支持下，本研究获得了2013年CCSS调查的清华大学数据（样本量1055人），由此对清华大学本科内地学生与港澳台学生样本进行了关键指标比较研究。

① 史静寰, 涂冬波, 王纾, 吕宗伟, 谢梦, 赵琳. 基于学习过程的本科教育学情调查报告2009[J]. 清华大学教育研究, 2011(4): 9–23.

② 罗燕, 史静寰, 涂冬波. 清华大学本科教育学情调查报告2009——与美国顶尖研究型大学的比较[J]. 清华大学教育研究, 2009(5): 1–13.

③ 史静寰, 文雯. 清华大学本科教育学情调查报告2010[J]. 清华大学教育研究, 2012(1) : 4–16.

④ 文雯, 史静寰, 周子矜. 大四现象: 一种学习方式的转型——清华大学本科教育学情调查报告2013[J]. 清华大学教育研究, 2014(3): 45–54.

⑤ 涂冬波, 史静寰, 郭芳芳. 中国大学生学习性投入调查问卷的测量学研究[J]. 复旦教育论坛, 2013(1): 55–62.

⑥ 王文, 张清, 史静寰. 基于学习过程的基础学科拔尖人才培养研究——以山东大学泰山学堂为例[J]. 大学教育科学, 2014(2): 58–64.

⑦ 王纾. 研究型大学学生学习性投入对学习收获的影响机制研究——基于2009年“中国大学生学情调查”的数据分析[J]. 清华大学教育研究, 2011(4): 24–32.

表7-2　清华大学港澳台大学生学习投入问卷的测量指标及其构成题项

研究维度	综合指标	分项指标
教育过程（学习性投入与学习诊断六指标）	高阶学习	将概念、理论或方法运用于实际问题或新的情境中
		了解某个观点、经验或推理思路的构成，以对其进行深入分析
		评价某观点、结论或信息来源
		综合不同信息，形成新的观点或理解
	反思与整合学习	做作业时融合不同课程所学观点
		反思并评价自己的学习过程
		通过学习，改变了对某个问题/概念的理解
		通过换位思考更好地理解他人观点
		课堂讨论或完成作业时，能从不同的视角综合考虑问题
		反思/检查自己的观点有何优点和不足
		将自己的学习与社会问题相联系
		将课程中的观点与自己先前的经验和知识联系起来
	数量与推理	独立分析数字类信息（如数字、图表、数据等）并得出结论
		使用数字类信息分析现实问题（如物价变化、环境问题等）
		判断和评价他人提出的数字类信息和结论
	合作性学习	与其他同学合作完成课程任务或作业
		请教其他同学帮助你理解课程内容
		帮助其他同学理解课程内容
		通过与其他同学讨论或一起学习课程材料来准备考试
	生师互动	考试及作业得到任课教师的及时反馈
		课外和任课教师讨论课程中的主题、观点或概念
		和任课教师讨论自己的职业计划和想法
		和辅导员/班主任讨论自己的职业计划和想法
		和任课教师讨论人生观和价值观等问题
		和辅导员/班主任讨论人生观和价值观问题
		和任课教师一起参与课外工作（如社团活动、学生会等）
		和任课老师一起做研究

续表

研究维度	综合指标	分项指标
	互动质量	与其他学生的关系是否友好/相互支持
		与任课教师的关系是需要时找不到他们/没有帮助，还是需要时能找到他们/有帮助
		与学生系统工作人员（如辅导员）的关系是需要时找不到他们/不理解我，还是需要时能找到他们/理解我
		与行政管理人员的关系是缺乏体谅/没帮助，还是体谅/有帮助
教育结果（学业成就）	客观学业成就	学习成绩
		学术论文发表情况
		获奖情况
	知识收获	广泛涉猎各知识领域
		深厚的专业知识与技能
	能力收获	良好的口头表达能力
		良好的书面表达能力
		组织领导能力
		熟练运用信息技术的能力
		批判性思维
		与他人有效合作
		解决现实中的复杂问题
		自主学习
		数字和统计信息的分析能力
	价值观收获	认识自我
		确立、明晰个人人生观、价值观
		明确自己未来的发展规划
		理解不同群体的文化和价值
教育结果（在校满意度）	在校满意度	整体就读经历
		在学期间的学术经历
		在学期间的社交经历
		学习硬件条件（教室、图书馆、实验室、网络等）
		学习风气和学习氛围
		课程质量
		教师的教学水平
		二次选择专业的机会
		求职就业指导
		个人在校期间整体的收获和成长
	学校推荐度	是否推荐其他学生来清华大学学习

表7-3　本研究问卷回收样本与全样本结构比较

学生特征		问卷回收样本		全样本	
		人数	比例	人数	比例
性别	男	49	68.1%	60	69.0%
	女	23	31.9%	27	31.0%
生源地	香港特区	17	23.6%	20	23.0%
	澳门特区	28	38.5%	34	39.1%
	台湾地区	27	38.9%	33	37.9%
年级	一年级	25	34.7%	27	31.0%
	二年级	19	26.4%	26	29.9%
	三年级	18	25.0%	21	24.1%
	四年级	10	13.9%	13	14.9%
学科	工科	37	51.4%	45	51.7%
	社科	26	36.1%	31	35.6%
	理科	7	9.7%	8	9.2%
	医科	2	2.8%	3	3.5%
	文科	0	0%	0	0%
总计		72	100%	87	100%

三、主要研究发现

（一）学业成就

首先，从客观呈现的学业成就上来看，港澳台学生成绩相对靠后，问卷显示77.8%的港澳台学生成绩排名集中在专业或班级内的后50%。这主要是由于生源起点特征显著不同，港澳台与内地在初等和中等教育的教育目标、内容和方式方法不同，特别是对应试教育的强调不同，内地学生更加能够适应清华的大学课程学习。此外，关于本科期间发表科研论文，69.1%的港澳台学生（相比47.6%的清华内地生）选择“不打算做”或“还没决定”。由于受到政策照顾，港澳台学生获奖学金的比例在60%以上，高于内地学生35%的平均水平。尽管港澳台在校生数量很小，仍有部分同学在多种学术活动中崭露头角，如北京市大学生测绘比赛、全国英语大赛、新生创新设计大赛等，这主要体现了学生个体的学习特长。

其次，从自我汇报的学业成就上看，港澳台学生自我报告的教育收获总分和能力收获分项指标的得分显著低于内地学生的平均水平（见表7-4）。尽管在知识和价值观收获的得分上，港澳台学生低于内地学生的平均水平，"效果量"统计检验显示，两群体在这两项指标上并不具有现实中的显著差别。不仅如此，在能力收获9个分项指标中的5项（良好的书面表达能力、批判性思维、解决现实中的复杂问题、自主学习以及数字和统计信息的分析能力）上，港澳台学生与内地学生没有显著差别。值得关注的是，在价值观收获的"确立、明晰个人人生观和价值观""明确自己未来的发展规划"以及"理解不同群体的文化和价值"3个分项指标上，港澳台学生的得分显著高于内地学生。此外，港澳台学生内部在生源地区、性别、年级和学科上尽管存在评分上的差异，但统计检验显示这些差异在现实中可以忽略不计。

再次，从升学与就业的规划与结果上看，清华大学的数据显示，港澳台学生的就业规划与实际就业结果保持一致，大多数学生回生源地就业，少数学生出国或在内地与港澳台地区内部升学，这符合国家与学校对港澳台学生的培养期望。这一结果也从对港澳台学生的访谈结果中得到验证，并且即使不少港澳台学生有毕业后出国或跨境深造的计划，他们也倾向于最终回到生源地就业。

表7-4　清华大学港澳台在校本科生在自我报告的教育收获上的特征

自我报告的教育收获		港澳台学生（样本量72）		内地学生（样本量1055）		统计检验	
测量指标	指标对应子题项	均值	标准差	均值	标准差	*t*值	效果量
		57.10	17.35	60.99	17.09	1.87	0.23
1.知识收获	指标总分	63.43	21.96	63.85	20.99	0.167	0.02
	A. 广泛涉猎各知识领域	62.04	25.21	64.33	25.42	0.741	0.09
	B. 深厚的专业知识与技能	64.81	26.17	63.38	24.85	–0.472	–0.06

续表

自我报告的教育收获		港澳台学生（样本量72）		内地学生（样本量1055）		统计检验	
2.能力收获	指标总分	54.06	18.97	59.35	17.83	2.423*	0.29
	C. 良好的口头表达能力	44.44	27.41	53.42	26.08	2.815**	0.34
	D. 良好的书面表达能力	54.63	29.76	52.83	27.05	−0.543	−0.06
	E. 组织领导能力	44.44	26.24	52.07	27.45	2.288*	0.28
	F. 熟练运用信息技术的能力	54.63	27.01	64.04	25.63	3.004**	0.36
	G. 批判性思维	58.33	28.94	60.66	26.7	0.711	0.08
	H. 与他人有效合作	55.09	29.16	65.09	24.56	2.840**	0.37
	I. 解决现实中的复杂问题	54.17	25.9	57.77	25.71	1.15	0.14
	J. 自主学习	68.06	31.86	71.03	26.31	0.775	0.1
	K. 数字和统计信息的分析能力	52.78	26.09	57.15	26.99	1.333	0.16
3.价值观收获	指标总分	54.06	18.97	63.27	22.66	0.904	0.11
	L. 认识自我	61.57	28.89	67.08	26.72	1.682	0.2
	M. 确立、明晰个人人生观、价值观	56.94	30.87	64.86	28.21	2.291*	0.27
	N. 明确自己未来的发展规划	55.56	27.97	59.74	28.53	1.206	0.15
	O. 理解不同群体的文化和价值	68.98	27.59	61.36	27.46	−2.278*	−0.28

注：本研究采用科恩*d*值效应值检验方法检验“效果量”。效果量是衡量处理效应大小的指标，表示两组样本分布的总体的非重叠程度；效果量越大，重叠程度越小，效应明显；越小则相反。与显著性假设检验不同，效果量是一种标准的均数差异的估计，不受样本容量影响。当效应大小小于0.2时，表示该差异只具有统计学上的意义，而在实际中则并未有实质意义。相比*t*检验的差异，效果量是标准化后的差异，体现该差异在现实中是否具有意义。

（二）在校满意度

总体而言，调查问卷显示，83.3%的清华大学港澳台在校本科生对在清华大学的求学经历表示满意，并且62.5%的清华大学港澳台在校本科生“愿意推荐其他同学来清华大学读书”（36.1%的港澳台学生表示中立）。但是，从这两项指标的平均分值上看，港澳台学生对在清华大学求学的满意度和推荐度显著低于内地学生（图7–1）。从在校满意度的10个分项指标得分上看，港澳台学生满意度较高的是学习及“个人在校期间整体的收获和成长”以及清华大学的“学习风气和学习氛围”，并且效果量的统计检验显示，港澳台学生与内地学生这两方面的满意度并不存在现实中的实质差别。港澳台学生满意度相对不高的是求职就业指导、学习硬件条件、二次选择专业的机会、在校期间的社交经历及学术经历（见图7–2，表7–5），并且统计检验显示，港澳台学生与内地学生在前两个方面存在显著差异，而在后三个方面的满意度并不存在现实中的实质差别。

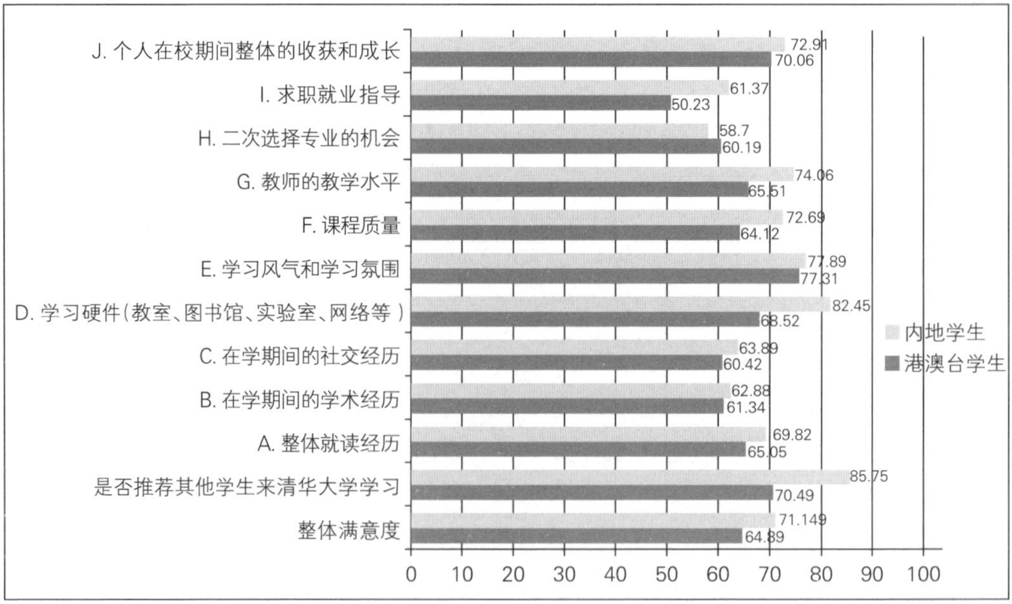

图7–1　清华大学本科港澳台学生与内地学生“在校满意度”指标得分均值比较

表7-5　清华大学港澳台在校本科生在校满意度特点

指标	港澳台学生（样本量72）		内地学生（样本量1046—1053）		两群体差异统计检验	
	均值	标准差	均值	标准差	t值	效果量
整体满意度	64.89	17.109	71.149	17.829	2.89**	0.36
A. 整体就读经历	65.05	23.09	69.82	24.09	1.632	0.20
B. 在学期间的学术经历	61.34	23.87	62.88	24.66	0.513	0.06
C. 在学期间的社交经历	60.42	25.09	63.89	23.77	1.195	0.14
D. 学习硬件条件（教室、图书馆、实验室、网络等）	68.52	26.62	82.45	22.15	4.338***	0.57
E. 学习风气和学习氛围	77.31	23.95	77.89	24.26	0.196	0.02
F. 课程质量	64.12	20.49	72.69	22.78	3.106**	0.40
G. 教师的教学水平	65.51	23.46	74.06	22.84	3.067**	0.37
H. 二次选择专业的机会	60.19	26.02	58.70	28.15	−0.435	−0.05
I. 求职就业指导	50.23	26.02	61.37	23.55	3.855***	0.45
J. 个人在校期间整体的收获和成长	70.06	22.81	72.91	23.01	0.824	0.10
是否推荐其他学生来清华大学学习	70.49	20.69	85.75	21.65	5.806***	0.72

此外，基于访谈和文本资料的质性研究显示，港澳台学生对清华大学整体表示满意，尤其高度认可清华大学的学风、教学质量和教师水平以及学术声誉、校园文化、学业挑战度和提供的成长空间。港澳台学生相对满意程度较低的一个突出方面是生师互动频率与质量，主要原因是港澳台学生个体对学习的不适应程度较高，体现了这一特殊群体的学习基础和方式方法与内地学生不同，进而对教师指导和辅导有较大需求并需要进一步培养自主学习能力。值得关注的是，从自我发展目标定位上看，与大部分内地学生显著不同的是，港澳台学生在学习上并未完全比拼考试成绩，而是更注重发展个性、兴趣以及社会实践活动能力。

（三）学习性投入

为了有效提高港澳台学生的学业成就和在校满意度，有必要分析这一群体的学习过程特别是学习性投入特点，识别对于学生和学校的影响因素与对应的改进建议。学习性投入学习诊断六项指标评分显示（见图7–2、表7–6），港澳台学生在“高阶学习”和“反思与整合学习”上显著高于内地学生平均水平，并且评分水平较高，体现港澳台学生较好的知识理解与运用能力以及自我反思能力；港澳台学生在“量化推理”与“合作性学习上”与内地学生没有差别，但在“生师互动”与“互动质量”上显著低于内地学生平均水平。

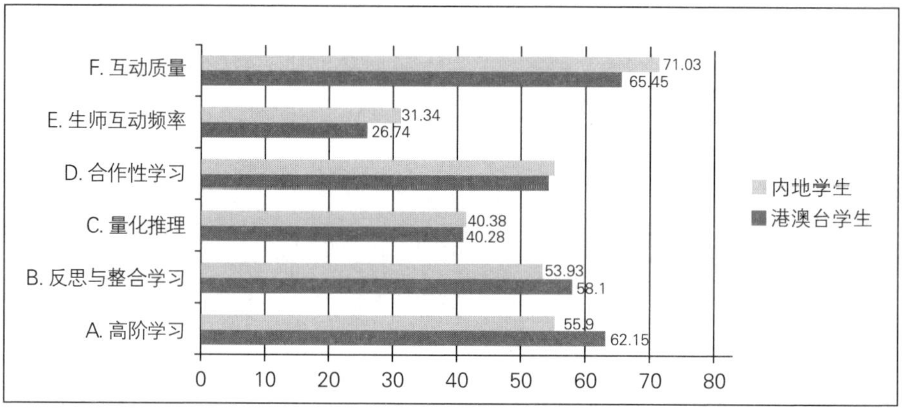

图7–2　清华大学港澳台在校本科生在学习诊断六项指标上的整体特点

值得关注的是，从总指标和分项指标上看（见图7–3、表7–6），清华大学学生对“生师互动频率”评分显著较低，其中评分最低（港澳台学生和内地学生的评分均在20左右）的是“和任课教师讨论人生观和价值观等问题”“与任课教师一起参与课程以外的工作（如社团活动、学生会等）”以及“与任课教师一起做研究”。这三项指标都反映了学生与任课教师在课外的互动机会较少，特别是在交流和指导价值观以及共同参加学术和社会活动等非课程直接讲授内容之外的师生交流机会较少。尽管港澳台学生和内地学生一样对“生师互动”评分很低，但对“互动质量”评分在学习诊断六指标中评分最高。这说明生师互动虽然频度少但生师互动效果较好。港澳台学生评分较高的指标还包括“合作性学习”中的“请教其他同学帮助你理解课程内容”（得分显著高于内地学生）及“与其他同学合作完成课程任务或作业”，这说明港澳台学生有较好的生生互动能力并以此促进了学习发展。

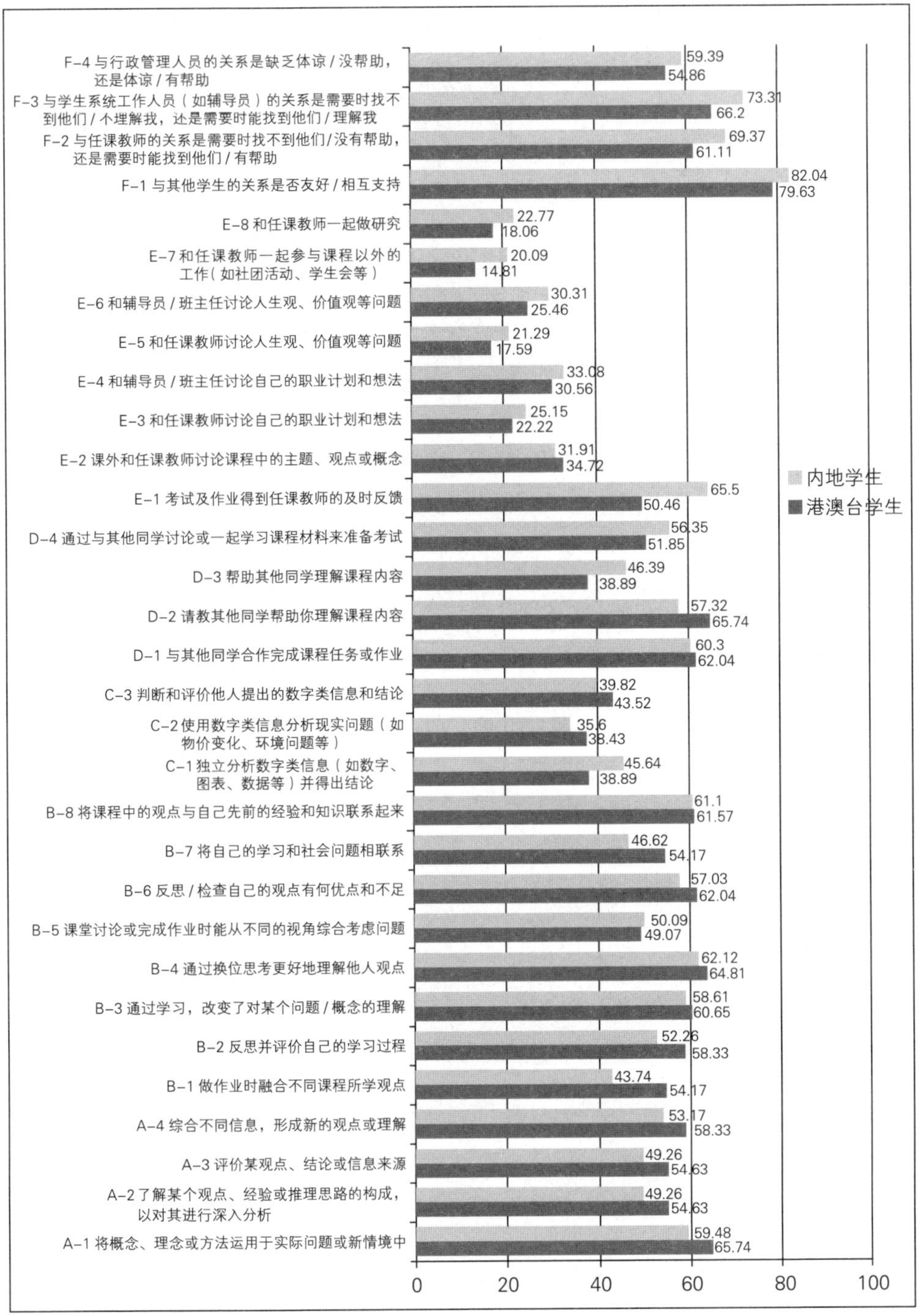

图7-3　清华大学港澳台在校本科生在学习诊断六项指标的详细特点

表7-6　清华大学港澳台在校本科生在学习诊断六项指标上的特点

		港澳台学生（样本量72）		内地学生（样本量1051—1057）		统计检验	
指标		均值	标准差	均值	标准差	t值	效果量
A 高阶学习	指标总分	62.15	20.79	55.90	19.21	−2.66**	−0.31
	A−1 将概念、理论或方法运用于实际问题或新情境中	65.74	26.22	59.48	25.80	−1.991*	−0.24
	A−2 了解某个观点、经验或推理思路的构成，以对其进行深入分析	54.63	25.82	49.26	25.94	−2.712**	−0.21
	A−3 评价某观点、结论或信息来源	54.63	25.82	49.26	25.94	−1.70	−0.21
	A−4 综合不同信息，形成新的观点或理解	58.33	26.68	53.17	27.23	−1.559	−0.19
B 反思与整合学习	指标总分	58.10	16.72	53.93	16.27	−2.10*	−0.25
	B−1 做作业时融合不同课程所学观点	54.17	25.29	43.74	25.23	−3.392***	−0.41
	B−2 反思并评价自己的学习过程	58.33	27.26	52.26	24.36	−2.031*	−0.23
	B−3 通过学习，改变了对某个问题/概念的理解	60.65	24.59	58.61	23.63	−0.707	−0.08
	B−4 通过换位思考更好地理解他人观点	64.81	20.85	62.12	25.48	−0.877	−0.12
	B−5 课堂讨论或完成作业时能从不同的视角综合考虑问题	49.07	23.05	50.09	33.77	−0.368	0.04
	B−6 反思/检查自己的观点有何优点和不足	62.04	23.94	57.03	25.10	−1.641	−0.20
	B−7 将自己的学习与社会问题相联系	54.17	28.77	46.62	26.80	−2.302*	−0.27
	B−8 将课程中的观点与自己先前的经验和知识联系起来	61.57	22.83	61.10	24.46	−1.161	−0.02
C 数量推理	指标总分	40.28	21.78	40.38	23.17	0.038	0.00
	C−1 独立分析数字类信息（如数字、图表、数据等）并得出结论	38.89	25.02	45.64	27.99	2.199*	0.25
	C−2 使用数字类信息分析现实问题（如物价变化、环境问题等）	38.43	22.83	35.60	27.62	−0.847	−0.11
	C−3 判断和评价他人提出的数字类信息和结论	43.52	27.77	39.82	25.90	−1.166	−0.14

续表

	指标	港澳台学生（样本量72）		内地学生（样本量1051—1057）		统计检验	
		均值	标准差	均值	标准差	t值	效果量
D合作性学习	指标总分	54.63	20.07	55.10	19.00	0.204	0.02
	D-1 与其他同学合作完成课程任务或作业	62.04	24.58	60.30	25.65	−0.559	−0.07
	D-2 请教其他同学帮助你理解课程内容	65.74	29.06	57.32	26.23	−2.616**	−0.30
	D-3 帮助其他同学理解课程内容	38.89	24.39	46.39	23.00	2.669**	0.32
	D-4 通过与其他同学讨论或一起学习课程材料来准备考试	51.85	29.01	56.35	28.05	1.313	0.16
E生师互动频度	指标总分	26.74	15.73	31.34	17.06	2.228*	0.28
	E-1 考试及作业得到任课教师的及时反馈	50.46	23.06	65.50	24.99	4.963***	0.63
	E-2 课外和任课教师讨论课程中的主题、观点或概念	34.72	26.50	31.91	24.56	−0.934	−0.11
	E-3 和任课教师讨论自己的职业计划和想法	22.22	26.24	25.15	27.19	0.886	0.11
	E-4 和辅导员/班主任讨论自己的职业计划和想法	30.56	27.83	33.08	25.61	0.805	0.09
	E-5 和任课教师讨论人生观、价值观等问题	17.59	25.00	21.29	26.31	1.156	0.14
	E-6 和辅导员/班主任讨论人生观、价值观问题	25.46	25.94	30.31	26.54	1.500	0.18
	E-7 和任课教师一起参与课程以外的工作（如社团活动、学生会等）	14.81	23.66	20.90	25.03	2.001*	0.25
	E-8 和任课老师一起做研究	18.06	38.73	22.77	41.95	0.994	0.12
F互动质量	指标总分	65.45	16.94	71.03	18.14	2.538*	0.32
	F-1 与其他学生的关系是否友好/相互支持	79.63	19.22	82.04	17.77	1.107	0.13
	F-2 与任课教师的关系是需要时找不到他们/没有帮助，还是需要时能找到他们/有帮助	61.11	23.74	69.37	24.04	2.822**	0.35
	F-3 与学生系统工作人员（如辅导员）的关系是需要时找不到他们/不理解我，还是需要时能找到他们/理解我	66.20	26.68	73.31	24.20	2.395*	0.28
	F-4 与行政管理人员的关系是缺乏体谅/没帮助，还是体谅/有帮助	54.86	27.75	59.39	26.63	1.393	0.17

此外，访谈和文本资料研究显示，港澳台学生的学习态度整体积极向上、勤奋进取，在学业上投入了大量时间与精力，也在整体上对自身学习过程和学业成就表示满意。但是，由于生师互动不够，对学习投入和学习评价方法有待适应，港澳台学生付出的努力被部分抵消，一些学习投入从考试成绩上看没有获得足够成效。大多数受访港澳台学生表示，他们到清华大学读书的最主要的两个动机是体验内地的社会与文化，从新环境、新视角认识自己和自身的能力。港澳台学生在清华大学的不适应主要表现在求学目标和方式方法的适应问题上，不少港澳台学生反映对导师制了解不多、体验较少，与导师和任课教师的生师互动次数较少、质量显著较低，这体现了港澳台本科生导师制尚未充分发挥作用。生师互动的经典理论研究和CCSS实证研究共同显示，生师互动对学生报告的教育收获和教育满意度都产生了显著正向促进作用，并且对教育结果中的满意度影响更大①②，因此引导教师在课内外增强有效的生师互动应成为提高高校人才培养质量的核心措施。

四、本章小结与政策建议

综上所述，本研究对清华大学促进港澳台本科生人才培养的建议如下，希望能为更多内地高校提供参考。

（1）重点关注生师互动质量：落实导师制。本研究发现，港澳台学生的生师互动指标显著低于清华大学平均水平并且出于学业上的“自卑”，很多港澳台学生不敢跟老师有更多交流。清华大学本已为港澳台学生设立了导师制，但由于种种原因这项政策目前尚未落到实处。因此，建议港澳台生管理部门能够继续推动与落实这项政策，在新生入学的时候及时为他们指派能够提供热心指导与帮助的、专业对口的学习和生活指导教师，并实时跟进学生

① Kuh G D, Hu S. The Effects of Student-Faculty Interaction in the 1990s[J]. The Review of Higher Education, 2001, 24(3): 309-332.

② 李一飞, 史静寰. 生师互动对大学生教育收获和教育满意度的影响[J]. 教育学术月刊, 2014(8): 71-79.

对与导师沟通交流是否有效的反馈并及时进行调整。

（2）建立系统全面的学生互助机制与手段。建议建立港澳台“老生”帮“新生”的组织。港澳台学生管理者可以帮助推进更为系统的经验积累和分享活动，推动他们成立2—3人为单位的互助小组，除了他们私下的非正式的交流，也应以正式组织的形式，推动有组织有针对性的学业辅导、信息共享和心理辅导等活动。此外，还建议继续加强支持港澳台学生组织积累与制作更为全面的入学手册与学业生活攻略。建议每年邀请优秀毕业生提供学习总结，制作学习生活经验交流分享手册。

（3）加强港澳台学生学习与发展追踪数据库建设和研究。建议对港澳台学生建立更为细致的持续追踪调查，建立个人学期总结档案，进一步关注每一位港澳台学生在不同阶段的学习特点以及他们对学习和生活指导的需求。建议学校从学校层面建设港澳台在学学生数据库与毕业生调查数据库，进行数据的追踪与积累，以更好地做好学生管理工作。做好跟踪调研，能够帮助学校掌握更为全面的港澳台学生学习过程与结果信息，通过科学的评价研究不断改进个性化的培养方案，为这一特殊群体提供更有针对性的指导与帮助。

（4）改革国情教育课程与活动的内容形式。建议每次国情活动及课程结束之后请参与的学生提交活动总结反馈或调查问卷。系统收集港澳台学生对活动与课程的看法与意见，新学期及时做出调整。建议缩减港澳台学生在大学前教育阶段已经学习过的中国传统文化内容，增加中国政治、经济、教育制度等具有现当代研究和国际比较研究视角的内容。

（5）跟踪研究内地高校港澳台学生的学情调查研究。建议将对清华大学港澳台学生的跟踪研究纳入近年来清华大学教育研究院每年在全国多个高校持续开展的“中国大学生学习与发展追踪研究项目”中，从而系统积累和比较清华大学港澳台学生的跨年数据，并与清华大学内地本科生进行比较分析。如果资源允许，可以调查更多内地高校的港澳台学生状况，更好地为全国内地高校港澳台大学生发展提供科学可靠的实证性决策依据。建议加强配合“内地高校港澳台大学生学习型投入问卷调查”的质性研究部分，在学生的学习过程中进行追踪性的参与性观察研究，并且系统收集和分析更为多样化的质性数据，形成量化与质性研究平行发展、紧密结合的混合研究模式。

综上所述，本研究尝试将在我国普通本科高校中实施多年的“中国大学生学习调查研究”扩展应用到在内地高校就读的港澳台学生群体，以此探索新视角、新理论、新方法和新群体在“普通高校本科教育质量”主题下的研究视野，由此促进不同类型大学生的学习性投入。

第八章　应用型院校大学生通用技能的培养

一、应用型院校大学生通用技能培养的背景

随着经济全球化的日益深入、知识经济的迅猛发展和信息技术的广泛应用，知识和技术的更新速度不断加快，社会经济结构和劳动力市场也在发生深刻变革。在此背景下，劳动力市场上的劳动者工作流动性增强，工作转换频率逐步加快，无论是工作中的人、工作本身还是工作场所都在发生变化。这种变化要求从业者不仅要有从事某项工作所需的专业技能，更应该有持续学习并随时迎接挑战的能力，这种能力是可迁移的、跨领域的，即我们通常所说的通用技能。

在高等教育大众化背景下，以职业技术学院、民办本科院校等为主体构成的应用型院校与普通本科院校分别形成了以职业教育和普通教育为特征的不同类型的教育。这两种不同类型的教育在人才培养目标和培养方式上存在差异。应用型院校注重人才培养目标的应用性、地方性，以培养各种高级专业技工、技师，增强学生的职业能力、提高职业技能为目标，以服务区域经济发展与转型升级为重点，培养方式以实践教学、产教融合、校企合作为主，教师队伍强调实践经验和应用技能指导，从而实现课堂教学、实习、实训的融合以及教育链和产业链的有机融合。而普通本科院校更加注重人才培养目标的理论性、综合性，以培养学生较为扎实的专业基础理论知识、专业技能、基本学科素养为重点，同时培养学生具备基本的科研素质和创新能力，培养方式以学术训练为主，教师队伍强调学科背景和科研经历，基于学

科实验或学科发展来培养学生。但是，无论哪种类型的教育，其培养的毕业生最终都要走向劳动力市场，面临就业问题和职业发展问题。因此，通用技能的培养不仅是应用型院校学生培养需要获得的技能，同样也在普通本科院校的人才培养中有所体现。因为通用技能超越了特定的工作岗位，更强调个体的基本素养，关注从业者的可持续发展，它是从事任何职业都不可缺少的跨职业技能，可以提高人们的工作效率、工作灵活性和工作适应性，是个人职业生涯发展的重要保障。①

那么培养目标和培养方式有差异的应用型院校与普通本科院校，学生在通用技能培养的获得感上是否存在差异呢？如果有，这种差异是水平差异还是结构差异？为什么会有这种差异?这种差异对应用型院校学生人才培养有什么意义？本章以2016年“中国大学生学习与发展追踪研究”（CCSS）中的13214份应用型院校随机有效样本和74949份普通本科院校随机有效样本为分析对象，并结合学生和教师访谈，来回答一系列问题。

二、通用技能的概念界定与研究方法

概念：通用技能是个体的职业道德、表达沟通能力、人际交往能力、团队协作能力、灵活应变能力和解决问题能力等的综合体现，是基于专业技能之外的可迁移技能。它是个体在未来工作岗位或职业领域之间切换的重要基础，是个体充分就业的基本前提，是劳动者在工作过程中与他人友好相处、充分利用工作资源、获取更大竞争优势、维持有效就业的前提，它也是个体在变换工作时重新就业的有力保证，决定了重新更换工作环境或工作内容时从业者是否能快速适应。②

工具报告：本研究中，2016年CCSS在应用型院校和普通本科院校问卷中设置了一组完全相同的题项来测量学生的通用技能，题项的具体构成见表

① 盛树东. 职业核心能力的内涵新解及其结构审析[J]. 教育与职业, 2013(24): 18–20.
② 陈腊文. 浅谈大学生通用技能教育的基本内涵与特征[J].新课程研究（中旬刊），200(12): 165–166.

8-1。

为了判断通用技能指标的测量结果是否可靠、一致，研究者运用Stata13.0软件对问卷中的指标进行信度检验。经对随机且有效样本进行指标构建的内部一致性检验，科隆巴赫α系数在两种类型的问卷中均达到了0.9以上，指标构建效果达到极好水平。

表8-1　通用技能指标的题项构成

通用技能	a.良好的职业道德
	b.良好的口头表达能力
	c.良好的书面表达能力
	d.熟练运用信息技术的能力
	e.数据和统计信息的分析能力
	f.与他人有效合作的能力
	g.灵活应变能力
	h.组织领导能力
	i.批判性思维
	j.解决现实中的复杂问题

三、应用型院校大学生通用技能的现状

1.年级编码

由于本科生与专科生的学制存在差别，为便于统一分析，本研究将一年级重新编码为低年级，三年制的二年级与四年制的二年级、三年级重新编码为中年级，三年制的三年级和四年制的四年级合并编码为高年级（普通本科院校问卷中若有五年级，已在调查开始前的抽样中与四年级合并编码）。

2.学科编码

由于普通本科院校以学科知识为主，其以大学学科门类建立的学科体

系进行人才培养，而应用型院校是按照工作导向的，其以专业类别来进行人才培养。为分析方便，本研究中统称为学科，且将应用型院校的专业类别重新编码，交通运输类、材料与能源类、土建类、水利类、制造类、电子信息类重新编码为工学，农林牧渔类、轻纺食品类重新编码为农学，生化药品与医药卫生类重新编码为医学，财经类、旅游类、公共事业类重新编码为管理学，艺术设计传媒类重新编码为艺术学，法律类重新编码为法学，文化教育类重新编码为教育学。

3.比较分析与检验

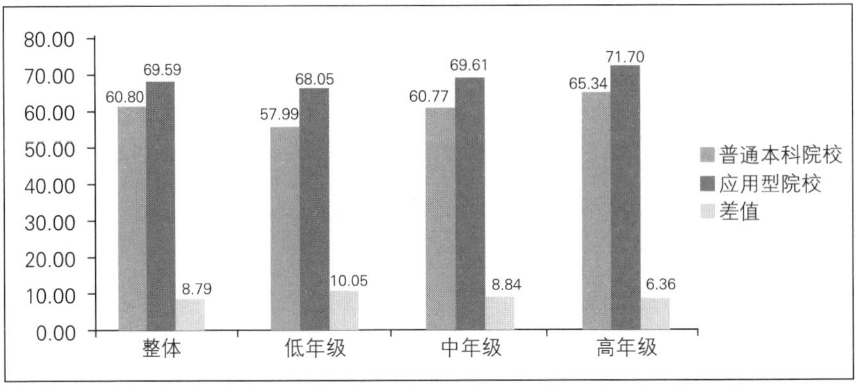

图8-1　应用型院校与普通本科院校通用技能按年级均值差异图

由图8-1可知，就整体来看，应用型院校平均得分69.59分，普通本科院校平均得分60.80分，两者得分差值高达8.79分；而从年级来看，应用型院校低年级比普通本科院校低年级高10.05分，应用型院校中年级比普通本科院校中年级高8.84分，应用型院校高年级比普通本科院校高6.36分。也就是说，应用型院校的学生在通用技能上的得分无论从整体来看，还是从年级层次来看，均高于普通本科院校。

对两个组别的整体和年级分别进行院校类型单因素方差分析，并进一步做Bonferroni比较检验，结果显示，整体与分年级均通过显著性检验，即应用型院校学生的通用技能显著高于普通本科院校的学生，两者在整体和年级层面均存在水平差异。

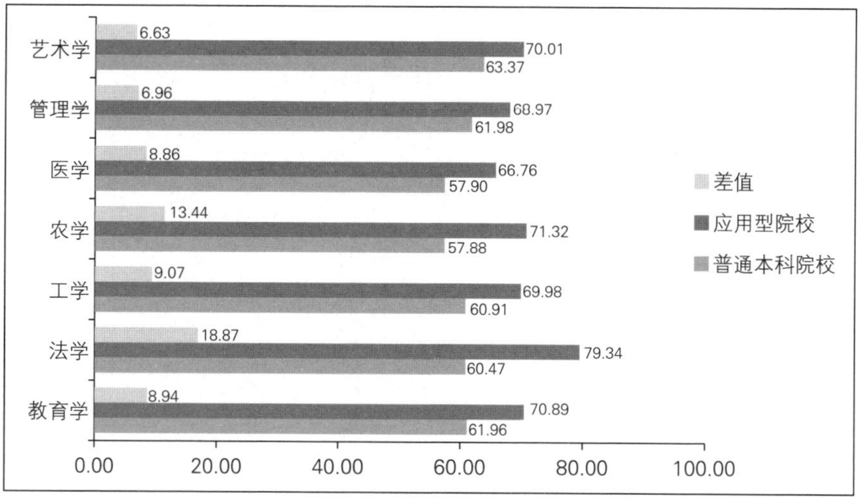

图8-2　应用型院校与普通本科院校通用技能按学科均值差异图

根据新的学科编码，对应用型院校和普通本科院校进行学科层面的通用技能差异比较。由图8-2可知，应用型院校各学科的得分均高于普通本科院校，且法学得分差值最大，其次为农学、工学、教育学、医学、管理学、艺术学。对各学科进行院校类型单因素方差分析，且进行Bonferroni比较检验，结果显示，各学科类别中两类院校均有显著性差异，即在教育学、法学、工学、农学、医学、管理学、艺术学学科类别上，应用型院校学生的通用技能显著高于普通本科院校，两者在水平上有显著差异。

表8-2　低年级不同学科通用技能差异性比较

学科	普通本科院校	应用型院校	差值	p值
教育学	60.90	66.38	5.48	0.00
法学	58.50①	—	—	—
工学	57.98	69.30	11.32	0.00
农学	53.30	62.62	9.32	0.00
医学	55.82	63.99	8.16	0.00
管理学	58.69	67.20	8.51	0.00
艺术学	61.35	69.72	8.37	0.00

① 在本次调查的应用型院校样本中，暂无低年级法学专业的学生样本。

表8-3　中年级不同学科通用技能差异性比较

学科	普通本科院校	应用型院校	差值	p值
教育学	61.79	71.56	9.77	0.00
法学	60.26	83.78	23.52	0.00
工学	60.84	69.36	8.52	0.00
农学	58.25	75.22	16.96	0.00
医学	57.44	67.44	9.99	0.00
管理学	62.08	69.35	7.27	0.00
艺术学	63.76	70.18	6.42	0.00

表8-4　高年级不同学科通用技能差异性比较

学科	普通本科院校	应用型院校	差值	p值
教育学	64.06	74.63	10.58	0.00
法学	63.83	64.78	0.94	0.90
工学	65.61	71.94	6.33	0.00
农学	62.94	75.01	12.07	0.00
医学	61.80	73.45	11.65	0.00
管理学	66.28	70.67	4.39	0.00
艺术学	67.85	70.20	2.35	0.20

为消除年级因素的影响，本研究对应用型院校和普通本科院校同一年级不同学科的通用技能作进一步的差异分析。由表8–2、表8–3、表8–4可知，对于低年级学生来说，应用型院校学生在教育学、工学、农学、医学、管理学、艺术学上的得分显著高于普通本科院校，其中工学优势最大；对于中年级学生来说，在教育学、法学、工学、农学、医学、管理学和艺术学学科上，应用型院校学生在通用技能上的表现显著优于普通本科院校，法学的优

势最大，差值达到23.52，即大多数同学都勾选了“极大提高”与“较大提高”选项，而普通本科院校的学生勾选最多的是“有点提高”选项，其次为农学；对于高年级学生来说，在教育学、工学、农学、医学、管理学五门学科上，应用型院校学生的通用技能得分显著高于普通本科院校，而法学和艺术学两门学科则没有显著差异。对工学、管理学、艺术学三门学科，随着年级的升高，通用技能的得分差异逐渐缩小，至高年级，艺术学通用技能得分在两类院校之间已经无显著差异；在教育学、医学两门学科上，随着年级的升高，通用技能得分差异增大；在农学上，中年级通用技能得分出现峰值。（见图8-3）

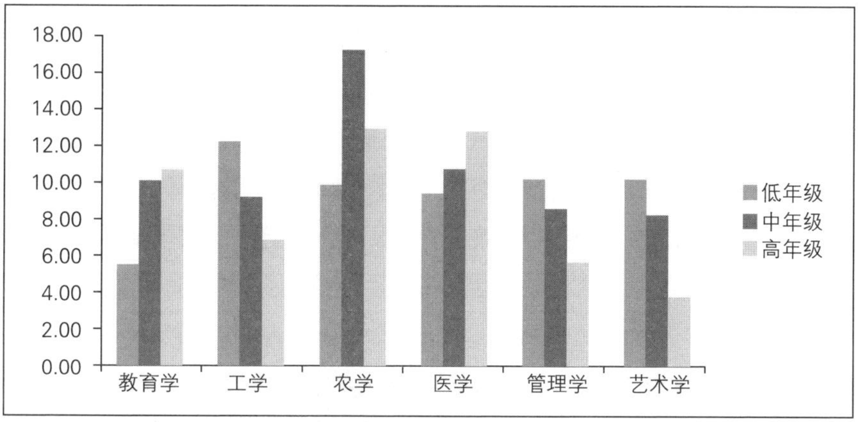

图8-3　应用型院校与普通本科院校通用技能得分在各学科、年级的差值图

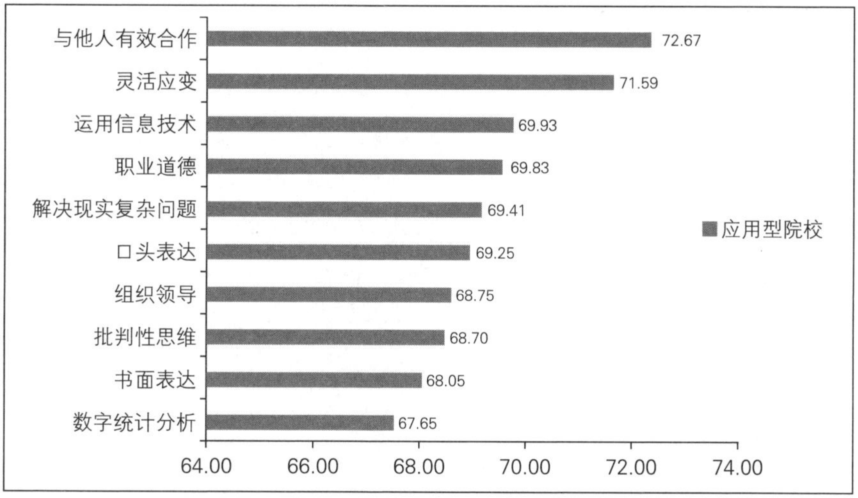

图8-4　应用型院校学生通用技能排序图

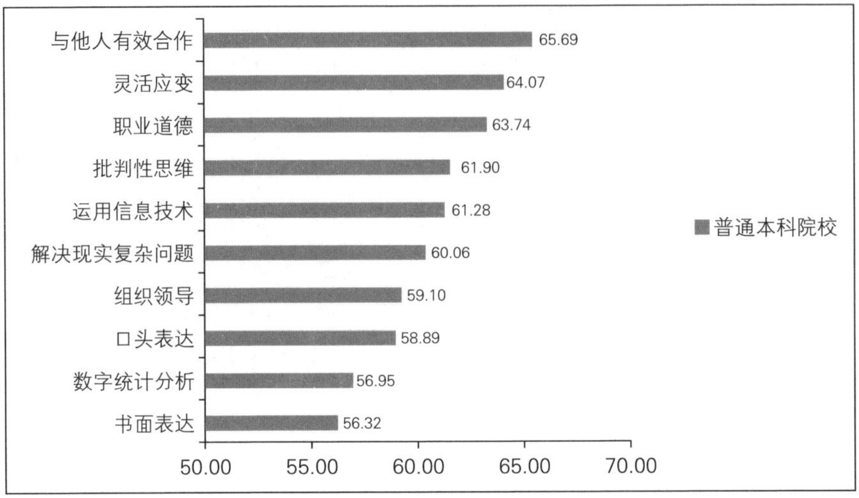

图8–5 普通本科院校学生通用技能排序图

由图8–4、8–5可知，应用型院校学生在通用技能各题项上的得分均高于普通本科院校学生，即在各能力提高上存在水平差异；同时，应用型院校与普通本科院校学生在“与他人有效合作”“灵活应变”上均排前两位，“组织领导”能力均排第7位；“运用信息技术”的水平，应用型院校学生排第3位，而普通本科院校学生此项排第5位；“职业道德”，应用型院校学生排第4位，而普通本科院校学生排第3位；“解决现实复杂问题”，应用型院校学生排第5位，而普通本科院校学生排第6位；“口头表达能力”，应用型院校学生排第6位，而普通本科院校学生排第8位；“批判性思维能力”，应用型院校学生排第7位，普通本科院校学生排第4位（显著靠前）；“书面表达能力”和“统计分析能力”，应用型院校学生分别排第9位和第10位，普通本科院校学生分别排第10位和第9位。

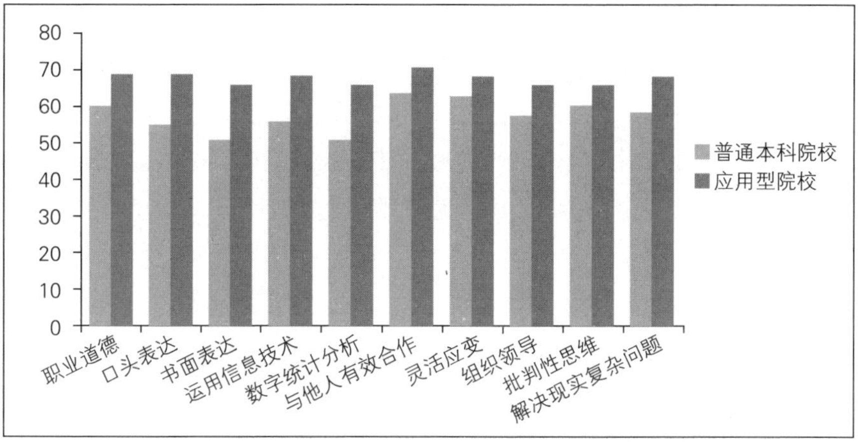

图8-6　应用型院校与普通本科院校低年级学生通用技能结构比较

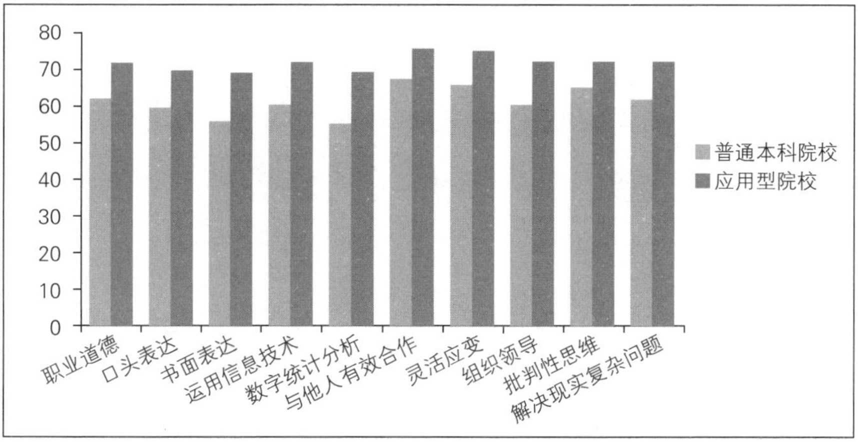

图8-7　应用型院校与普通本科院校中年级学生通用技能结构比较

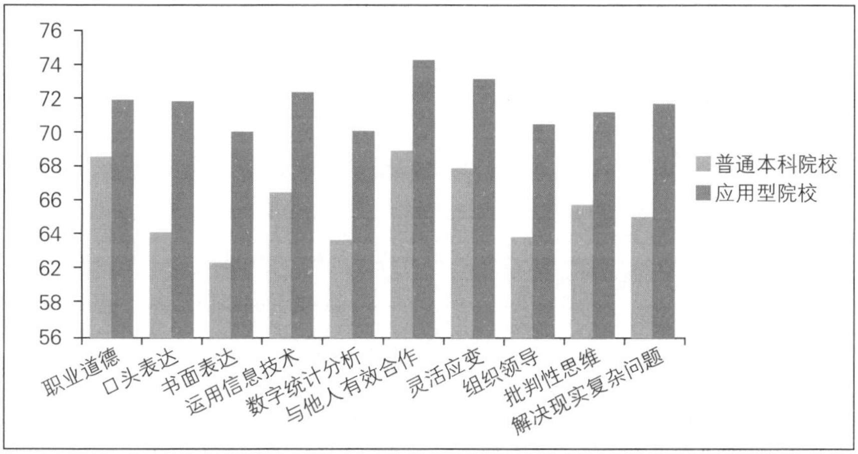

图8-8　应用型院校与普通本科院校高年级学生通用技能结构比较

根据分年级结构比较图（见图8–6、图8–7、图8–8），分别得到应用型院校与普通本科院校学生不同年级通用技能排序表（见表8–5、表8–6、表8–7）。对于应用型院校来说，与他人有效合作和灵活应变能力一直居于前两位，解决现实复杂问题的能力随着年级的升高排序逐渐提高，职业道德维度在中年级提高，在高年级降至第5位，书面表达和数字统计分析一直居后两位。对于普通本科院校来说，与他人有效合作、灵活应变、职业道德居前三位，批判性思维和运用信息技术能力分别居第4、5位，书面表达能力一直位居末席。

表8–5　应用型院校学生通用技能在不同年级排序表

通用技能	低年级	中年级	高年级
与他人有效合作	1	1	1
灵活应变	2	2	2
运用信息技术	3	4	3
职业道德	4	3	5
口头表达	5	6	6
解决现实复杂问题	6	5	4
组织领导	7	7	8
批判性思维	8	8	7
书面表达	9	9	10
数字统计分析	10	10	9

表8–6　普通本科院校学生通用技能在不同年级排序表

通用技能	低年级	中年级	高年级
与他人有效合作	1	1	1
灵活应变	2	2	3
职业道德	3	3	2
批判性思维	4	4	5
运用信息技术	5	5	4
组织领导	6	7	9
解决现实复杂问题	7	6	6
口头表达	8	8	7
数字统计分析	9	9	8
书面表达	10	10	10

进一步对不同学科进行比较（见表8–7），在教育学学科，应用型院校学生在书面表达能力方面排第5位，而普通本科院校学生排第9位，解决现实复杂问题能力方面，普通本科院校学生排第5位，而应用型院校学生排第9位；在法学学科，应用型院校学生排第1位的是职业道德，而普通本科院校学生排第1位的则是批判性思维，与他人合作能力方面，普通本科院校学生排第2位，而应用型院校学生排第9位；在工学学科，应用型院校学生排第2位的是灵活应变，而普通本科院校学生排第2位的是职业道德；在农学中，运用信息技术能力方面，普通本科院校学生排第5位，而应用型院校学生排第3位，口头表达能力在应用型院校学生排第5位，而在普通本科院校学生排第8位；在医学学科，批判性思维方面，普通本科院校学生排第3位，而应用型院校学生排第9位；在管理学学科，口头表达能力方面，普通本科院校学生排第8位，而应用型院校学生排第4位；在艺术学学科，运用信息技术能力方面，普通本科院校学生排第6位，而应用型院校学生排第3位。

表8–7　应用型院校与普通本科院校学生通用技能在特定学科的差异

通用技能	教育		法学		工学		农学		医学		管理		艺术	
	普	应	普	应	普	应	普	应	普	应	普	应	普	应
与他人有效合作	1	1	2	9	1	1	1	1	1	1	1	1	1	2
灵活应变	2	2	3	4	3	2	2	2	2	2	2	2	2	1
口头表达	4	3	6	5	8	7	8	5	6	7	8	4	8	5
职业道德	3	4	4	1	2	3	3	4	4	5	3	5	3	4
书面表达	9	5	7	6	10	10	10	9	9	8	10	8	9	8
组织领导	6	6	8	8	9	8	7	7	8	6	6	7	7	6
解决现实复杂问题	5	7	5	2	6	5	6	6	5	4	7	6	4	7
批判性思维	7	8	1	3	5	6	4	8	3	9	5	9	5	9
运用信息技术	8	9	9	7	4	4	5	3	7	3	4	3	6	3
数字统计分析	10	10	10	10	7	9	9	10	10	10	9	10	10	10

备注：表中“普”指普通本科院校，“应”指应用型院校。

综上所述，两类院校在学生的通用技能培养方面既有水平差异，又有结构差异。应用型院校学生在通用技能上的表现无论是从整体还是从年级、学科（除法学、艺术学）来看，得分都要显著高于普通本科院校。同时，通用技能的构成要素在两类院校中的排序也呈现差异。

“你看我现在能与你们这么放松地交流，我自己都觉得吃惊。这在我高中的时候连想都不敢想。我在高中的时候见到人多就脸红，能避开走尽量避开。但上大学以后就不一样了，学校给了我突破自己的机会。学校还有半工半读模式，就是一学期在学校，一学期在企业，企业发工资给我们。我可以一边上学，一边自己赚钱交学费了。”（受访者D–04–03，应用型院校学生）“我喜欢汽车，上大学让我彻底不用学高中的数理化理论，我只要会修车、会检测车的问题就可以了。”（受访者D–04–01，应用型院校学生）“我们的学生已经是大众意义上的‘高考失败者’，高考分数高的也不会来我们学校。那怎么办呢？我们不能因为他们的高考分数低就认定他们是失败者。我们不能保证他们进入我们学校就一定能成功，但是我们起码可以保证他们进入我们学校后不会因为高考分数低而埋没自己。”（受访者C–01–01，应用型院校学校领导）访谈对象从不同方面提到进步：高中时期因为成绩不好而无法进入老师视野，在组织、协调、沟通等方面缺少锻炼的机会，而在进入应用型院校以后自身潜力获得了释放，或者被老师委以重任，或者自身主观意识到需要做出改变，故在自我报告的通用技能提高方面，有效合作、灵活应变、口头表达等技能显著提高，而普通本科院校的学生在高中阶段的学习成绩整体优于应用型院校，其在大学感受到的通用技能方面的增值反而不明显。

普通本科院校与应用型院校培养方式的不同，造成了结构上的差异。普通本科院校以学科体系为主，在本科阶段尤其是低年级阶段基于学科的知识传授更多，更重视学生的审辨性思维，故而批判性思维提高的排序较应用型院校靠前，而应用型院校强调培养动手能力，经常几人一组共同完成实验或实训项目，较早地体验实习或见习也使得学生对与知识关联较小的方面提高幅度较大。

四、本章小结与政策建议

通用技能是学生职业发展、社会适应性的重要基础。本研究基于中国大学生学习与发展追踪研究调查中的应用型院校数据和普通本科院校数据，围绕学生通用技能进行比较。分析结果发现，无论在通用技能整体水平，还是年级层次、学科结构上，应用型院校学生自我报告的表现均显著高于普通本科院校，即应用型院校学生上大学后通用技能方面的增值要显著高于普通本科院校。

无论是应用型院校还是普通本科院校，学生在书面表达能力和数据分析能力方面的表现均处于最末位，两种类型的院校在人才培养的过程中都要更加重视写作课与数据分析课的设置，着力提高学生这方面的能力。对于应用型院校来说，其生源多数是学科知识评价的失利者，他们的高考分数通常要低于普通本科院校，因此对于应用型院校学生，进入大学后的学习评价如果继续采用学科体系的知识学习评价显然已经不合适，在对他们的学习评价方面，要注意“理论学习够用就好”[①]，要更多关注非知识性的收获，如自信心的建立、人际沟通交往的顺畅、团队协作能力和灵活应变能力的提高等，在教学内容上，要进一步做好实践教学，有机融合理论教学、实习、实训，有效整合教育链与产业链，以便更好地应对产业升级对学生核心能力的要求。

① 姜大源. 职业教育学基本问题的思考（一）[J]. 职业技术教育, 2006, 27(1): 5–10.

第九章　世界一流大学国际化创新人才培养

高等教育创新人才培养的目标定位既来源于社会发展需要，也来源于高校自身的办学使命和价值。一方面，在加快建设创新型国家的背景下，创新人才培养在当前我国发展战略中日益占有举足轻重的地位。进入21世纪以来，“创新”一词在我国发展战略，特别是教育、人才和科技战略重大政策中的重要性日益凸显。另一方面，高等教育体系是国家高水平创新人才培养的重要支撑。从学校和在校生规模上看，普通高校本科教育教学是我国高等教育体系的主要构成。无论是研究型高校、教学型高校还是研究—教学平衡型高校，当今这些高等教育机构的共同使命都是培养不同类型的创新人才。

创新人才具有狭义和广义双重含义。特定专业领域稀缺的开拓性、领军型人才：在狭义层面，创新人才表现为各行各业的高层次、高技能人才，特别是学术和科技领域的领军人才。心理学家米哈伊・奇克森特米海伊在20世纪80年代指出，创新人才是在某一学科领域有突出表现、能够综合使用有创意和创新的方式来解决复杂问题、具有一定的国际竞争力，且获得了众所周知成就的人才。例如，我国的长江学者奖励计划、国家杰出青年科学基金、基础学科拔尖学生培养试验计划（“珠峰计划”）都是为了选拔和培养此类顶尖人才。

人人有才、人人成才、人尽其才：在广义层面，创新能力日益成为国民素质和劳动者基础能力。促进人的全面发展，人人皆有潜力、皆有需要、皆有可能成为某一方面的创新人才。《国家中长期人才发展规划纲要（2010—2020）》提出，学校的创新人才培养应“突出培养学生的科学精神、创造性思维和创新能力”；发展“创新文化”在于倡导追求真理、勇攀高峰、宽容失败、团结协作的创新精神，营造科学民主、学术自由、严谨求实、开放包容的创新氛围。李克强总理在2015年政府工作报告中提出“中国制造2025”“大众创业、万众创新”等词。

创新人才的狭义和广义定义体现了创新人才培养“高端引领”和“整体开发”的双重指导方针。狭义定义体现创新人才的特殊性，根据因质选材、因材施教的原则，注重对特殊人才选拔与培养的科学性。广义定义体现全民全纳原则，注重人才培养的基础性和多样性，注重人的综合素质和能力培养。两类定义都关注教育和学习对人才的开发、评价、流动与激励。

此外，从国际趋势上看，学习目标和内容应不断扩大，而不是日益缩小范畴。不仅是读、写、算和学科性书本知识，还包括能力、素质和品格。公民素质培养在于塑造共通价值，对社会和世界关心、参与，激发学生关注国家和人类。例如，经济合作与发展组织提出“可持续发展与社会和谐主要取决于全体人口的素质，而素质包括了知识、技能、态度和价值观念”。素质之所以重要，是因为全球化和现代化正在创造日益多样和互相依存的世界。每个公民要在这个世界取得生活的成功，就需要有超出知识和技能的不同素质；社会也需要集体面对复杂的挑战，平衡经济增长与环境保护、平衡财富与公平。经济合作与发展组织提出，素质不仅包括知识与技能，还包括在特定环境下利用和调动“心理社会资源”以及满足复杂要求的能力。

因此，新时期广义上的创新人才应具备的基本素养包括：广泛深厚的基础和专业知识、批判性思维和问题解决能力、书面和口头表达能力、合作和领导力、信息获取和分析能力、开创精神和创新意识以及自我认知管理能力。这些能力素质的培养应贯穿教育全过程，在高等教育阶段特别贯穿本科教育全过程。特别值得关注的是，这类创新素养的培养是本科教育人才培养的重要目标，是衡量本科阶段高校教学和大学生学习成效的重要标准。有必要综合高校本科教育目标设定、本科大学生学习投入过程以及学生发展和高校办学成果等多个方面来综合考量作为创新人才培养的本科教育质量。

一、创新人才培养与一流大学本科人才培养战略研究

（一）创新人才培养目标与世界一流大学使命分析

创新人才的培养目标与培养创新人才的大学使命一致。大学使命是对大学存在价值的表述，体现大学最基本的战略目标和原则，是制定和实施育人治学目标的根本出发点。本研究收集《泰晤士报》高等教育副刊2013年全球排名前50位的世界一流大学中的47所大学在本校官方网站上给出的本校使命表述。对这些大学使命表述的关键词进行分析，显示了这些世界一流大学的两大共同特点（见表9-1）：

表9-1 《泰晤士报》排名前50位的47所世界一流大学的使命表述词频分析

<table>
<tr><th>使命</th><th colspan="2">关键词（出现频次）</th></tr>
<tr><td>教育</td><td colspan="2">知识（22），教育（19），学习（11），教学（11）</td></tr>
<tr><td>研究</td><td colspan="2">研究（23），学术（7）</td></tr>
<tr><td>服务</td><td colspan="2">公众服务/参与（15），服务社会/社区（11）</td></tr>
<tr><td rowspan="3">全球视野</td><td>定位型</td><td>世界一流/领先大学（8）
全球性大学/国际性中心（3）</td></tr>
<tr><td>目标型</td><td>以教学和研究服务世界（11）
以研究和公共服务提高世界人民生活水平（6）
以教学培养全球公民（2）</td></tr>
<tr><td>战略型</td><td>吸引来自世界各地的学生/教师（4）
建立全球（学术）合作和伙伴关系（2）
以全球事务为中心的教学和科研（2）</td></tr>
</table>

首先，大学最重要的三大战略目标是教育、科研和社会服务。这三项目标也体现在最高词频的关键词类别上：教育类关键词出现41次，研究类关键词出现23次，服务类关键词出现26次。教育与研究的目标是创造、保存和传播知识，知识和学术作为关键词共出现29次。

其次，大学在自己的战略目标中展现出显著的全球视野，体现了对世界最高水平的执着追求。例如，25所大学在使命表述中明确提到了国际化，累

计38次。大学对于国际化的使命表述并非单独存在，而是与大学关于教育、研究和服务的三个目标交织呈现。对于国际化的表述方式主要分为以下三种类型：

（1）定位型描述：一些大学将自己定位为全球性或国际性机构。以上47所大学中，有11所大学明确提出要在教育和研究领域达到世界一流水平。例如，剑桥大学提出要“追求世界最高标准的教育、学习和研究”。

（2）目标型描述：一些大学提出要以教育、研究和社会服务为三种手段，为世界的发展做出贡献。47所大学中，有11所大学提出要培养学生成为全球公民，并且利用教育、研究和社会服务的成果来服务全世界。例如，约翰·霍普金斯大学在使命表述中提出：“教育学生，培育他们终身学习的能力；创造独立和原创的研究；将这些成果用来贡献世界发展。”

（3）战略型描述：较为具体地说明大学如何通过内容、人员和活动实现自己的使命。在内容上，一些大学提出教育和研究要关注与世界发展紧密相关的问题以及应对全球性挑战和危机。在人员上，一些大学提出要吸引世界各地的优秀学生和教师，从而更好地实现其大学使命。在活动上，一些大学提出要与世界各地高等教育机构建立良好的合作关系，促进人员、知识和信息的流动。例如，哥伦比亚大学的使命是“吸引多样化和国际化的教师和学生，支持对国际问题的研究和教学，与众多国家和地区建立学术关系”。

综上所述，世界一流大学创新人才培养的目标定位是培养具有知识、研究和服务能力的人才，从而为世界发展做出贡献。具体而言，顶尖人才的资源投入在于全球最高水平乃至来自世界各地的教育、研究和社会资源；顶尖人才的来源在于世界各地最优秀的学生、学者和教师；顶尖人才的特征在于具有全球视野和终身学习能力，能够与世界各地保持紧密联系，是紧密关注并致力于解决全球性问题的全球公民。

（二）创新人才培养的定位与世界一流大学整体人才培养的战略目标分析

本研究进一步收集和分析了《泰晤士报》高等教育副刊2014年全球排名前10位的世界一流大学的官网上发布的各校最新大学战略发展规划和教育教学战略。基于系统的内容分析，本研究发现排名前10位的世界一流大学在本科人才培养上体现出以下共性和个性特征（见表9–2）：

首先，排名前10位的世界一流大学的本科教育在原则上具有主动的共性特征，包括共同强调激发学生对学习和学术的热情、主动性、独立性与合作能力，培养学生思维的创造力、洞察力和批判性，强调知识的积累、研究与迁移应用能力，学识的跨学科和多学科性，全球化、国际化和多文化的视角。由此可见，一流大学拔尖创新人才的培养过程是一个充满激励性、个性化和全面性的培养过程，具有实用性、适应性、前瞻性和责任感的人才产出效果，力求在校友与母校之间持续反哺和相互支持提高。其次，一些大学明确指出本科培养侧重教师的启发与引导，而博士生培养重点关注知识的专精水平、独立的研究能力与有效的沟通表达能力。一些科技实力突出的大学如麻省理工学院、加州理工学院和加州大学伯克利分校在人才培养战略中突出强调、注重学生对科学、技术领域的知识积累与前沿研究探索，还有一些大学特别强调了教育的国际化以及与社会、职业的联结和迁移。最后，一些大学强调基于学习和学术经历培养的通识性、可转移性能力日益成为创新人才发展的重点目标。（见表9–2）

表9–2 《泰晤士报》全球排名前10位的大学的人才培养战略目标概览

<table>
<tr><th>大学名称</th><th>本科生培养目标</th><th>共同关键词</th></tr>
<tr><td>牛津大学</td><td>活跃的学术氛围与学术实践训练，批判性思维，多元视角</td><td rowspan="4">侧重知识积累的主动性与跨学科性，强调自主合作思维的培养</td></tr>
<tr><td>斯坦福大学</td><td>多学科知识储备，思维张力与创造力，合作研究能力</td></tr>
<tr><td>剑桥大学</td><td>启发性教育环境，主动学习、终身学习意识与能力，批判性思维</td></tr>
<tr><td>芝加哥大学</td><td>自由与开放的问题导向型学习，合作能力与研究能力，洞察力</td></tr>
<tr><td>加州理工学院</td><td>前沿科学与技术的研究能力，合作能力，创造性思维能力</td><td rowspan="3">侧重科学、技术领域的知识积累与前沿研究探索，强调创造性、批判性思维的培养</td></tr>
<tr><td>加州大学
伯克利分校</td><td>探究型学习，批判性思维能力，广博的学科素养</td></tr>
<tr><td>麻省理工学院</td><td>启发性教育，创造性、批判性思维能力，跨学科学习与迁移能力</td></tr>
</table>

续表

大学名称	本科生培养目标	共同关键词
普林斯顿大学	合作能力，知识迁移能力，创造性思维能力，国际化视野	侧重教育的国际化以及与社会、职业的联结和迁移
伦敦帝国理工学院	启发性研究环境，跨学科的知识储备，国际化，合作能力，研究导向与长期学习能力	
杜克大学	跨学科知识储备，学术知识与社会服务的联结与迁移能力，国际化与多样性视角	

（三）创新人才培养战略与世界一流大学本科人才培养战略目标分析

本研究选取了2014年英国《泰晤士报》世界大学排名前20位中的10所大学。这些大学同时满足了两个条件，一是在其官方网站上公布了当前正在执行的大学战略规划，二是这些战略规划中包含本科教学战略。

对这10所世界一流大学使命表述的英文原文进行词频统计分析发现，“教学”是大学发展的重要使命之一，也是现代大学的主要功能。高质量的教学有助于高质量人才的产出，有助于知识的保存、传播与创造，也能在一定程度上辅助大学科研的发展。同时，具有国际一流水准的教学对世界范围内的优秀师生具有较大的吸引作用，反过来会进一步促进本校教学和研究质量的提升，以及大学国际化程度、管理与服务能力等多层次、全方位的综合性发展。

本研究进而对选取的10所世界一流大学战略规划重点的本科教学相关文本进行系统梳理，分类总结提炼了战略规划中反映的该校本科教学质量的目标、内容和资源需求（见表9-3）。比较10所学校，综合分析后有如下发现：

从创新人才培养目标来看，10所世界一流大学本科教育教学主要体现两项人才培养定位：一是通过向本科学生提供高质量教育，促进其自身素质的提高；二是通过培育优秀的毕业生，使其成为未来社会的领导者。

从创新人才培养内容来看，10所世界一流大学的本科教学总体采取了七项策略保障人才培养质量：（1）鼓励多学科交叉教学，为本科学生提供融合性、综合性的教育。（2）促进教学方式的创新，鼓励探究式教学和以问题为导向的教学。（3）促进教学与研究的互动，鼓励以研究带动教学。（4）促进教学国际化，包括教学内容的国际化和教育中的国际经历。（5）鼓励学生成为自己学习的主人，促进其在教学中的主导作用。（6）通过教育科技手段促进教学的效率和效能提高。（7）制定本科教学质量标准，同时加强对于教学的监督和评估。

从创新人才培养资源来看，10所世界一流大学的本科教学需要获得四项主要资源的支持：（1）学校和教学相关的各项资源投入，包括人员的投入（教学人员和教学管理人员）、基础设施建设（如图书馆、实验室等）、信息技术建设、财政保障等多方面的条件保障。（2）学校的组织和管理能力，包括促进院系合作、校内的通讯沟通、教学的组织管理能力。同时，学校应制定统一的、可沟通的质量标准，同时加强对本科教学的质量监控和评估。（3）教师的参与和投入，包括促进教师处理“教学”与“研究”的平衡，鼓励其在“教学”中的参与和投入，尤其应当鼓励处在科研一线的精英学者参与本科教学，以“研究”带动“教学”。（4）学生的参与和投入，包括学生在学业上的时间和精力投入、在教学中的主动性，以及学习和实践的结合。

综上所述，10所世界一流大学本科教学战略中所体现的共通性质量标准呈现如下特征：

一是“通”与“专”平衡互补。在“通”的方面，10所世界一流大学普遍注重在本科阶段为学生提供宽口径、厚基础通识教育，使其掌握全面的知识基础和技能。10所世界一流大学在各教学环节特别是课程设置上注重多学科交叉，努力为学生提供融会贯通的全面性教育。在“专”的方面，通过高水平的通识课和专业课程提高学生在学科上的专精程度。

二是理论与实践相结合。一方面，鼓励学生在本科阶段打下坚实的基础，进行学科的理论学习；另一方面，鼓励探究式教学、以问题为导向的教学和“做中学”等教学方式的创新和应用，鼓励学生以研究带动学习，促进理论和实践的结合。

三是能力培养和技能培育并举。在本科教学中，注重对学生能力的培养，鼓励其成为自己学习的主人，并以培育学生适应未来职业发展和社会所需的技能为教育目标。

因此，本科教育质量观和人才培养理念是通过本科教学致力于对“卓越”的追求、“素质”的培养，对“大学使命”的实现和对“未来社会”的适应。

表9-3　世界一流大学本科教学战略比较分析

学校	目标	内容	资源需求
牛津大学	通过对每名学生的高质量的个性化教育，使学生能将其所学的价值观、技能和学科素养应用到未来生活和职业发展中	1. 通过学院制，为每名学生提供个性化教育，使得每名学生都能够独立地进行批判性思考。 2. 在教学中促进每名学生成为学习的主人。 3. 学院和院系要通力合作，创造连贯一致的、有效的方法进行教学，包括导师辅导、课堂教学、讲座和实践操作等方式。 4. 在教学中包含体育和文化方面的内容，促进学生的全面发展。 5. 发展电子教学策略，以促进知识的传播。 6. 对学生学习过程进行检测和评估	在财政、地产、信息技术和发展方面制定一致的策略；来自学院和院系的多方面的支持
麻省理工学院	1. 提供卓越的、科学的、以技术为中心的教育。 2. 引导、支持和促进所有学生发展成一个全面的、自信的个体	1. 促进本科教育：保持卓越、促进创新、提高交流。 2. 运用教育科技促进教学的有效性和创新性	促进信息系统的发展，发展基础设施，提供更好的服务
剑桥大学	1. 提供激励人的教育环境、范围尽可能广的课程。 2. 提供这样的本科教育：促进学生在一门学科专精，充分体会学科群知识的广度。 3. 为学生提供未来发展所需的知识和技能，使其成为未来的领导者	1. 以研究带动教学，尤其是促进高水平研究者参与教学。 2. 加强本科教育中的督导要素。 3. 保持和提高学生高质量学习的机会。 4. 鼓励并促进学生为自己的学习负责，成为学习的主人。 5. 保持小组/小规模教学。 6. 注重教与学中的平等性和多样性，特别是女性学生和残疾学生。 7. 鼓励交叉学科教学。 8. 提高本科教学的效果和效率	提供设备，如图书馆、科技和实验室等基础设施，来自学院和院系的多方面的支持

续表

学校	目标	内容	资源需求
加州大学伯克利分校	1. 致力于提供将批判性探索、分析和发现融合于课程中的教育。 2. 为本科学生提供一个综合性的文科教育来保障所有本科学生变得有学识、有数学能力和在多学科中有创造性思考的能力	1. 鼓励交叉学科教学，并将其作为本科教学的重点。 2. 将探究式学习融入本科教学中。 3. 鼓励学生在本科阶段参与研究项目、服务学习和实地调查，鼓励依据学术兴趣组织的小组讨论。 4. 提高导师辅导、咨询和学术支持的质量。 5. 所有导师均应在本科教育中发挥作用，包括课堂教学、咨询、研究辅导和其他活动。 6. 鼓励学生国际化。 7. 建立一个对教师教学、辅导和评估的正式体系，并为教师教学技能设置一套标准和保障机制，包括：设置全校通用的教学质量标准，为教师提供培训，为教师提供方法来评估和促进学生进步，为教师教学表现设定评估标准，建立一个明确的教学奖励系统。 8. 评估校园的教学基础设置，包括空间、技术和教师需要的各种支持，并及时加以完善	提供机构支持；为本科教育提供周期性评估，并建立明确的评估标准；加强校园内的通信系统
伦敦帝国理工学院	1. 提供以研究为指导的国际水准的教育，并为其打造一个挑战性和鼓励性的教育环境。 2. 为学生提供知识和技能，使其成为各自行业未来的领导者，为社会做出贡献	在教学中，特别是与科学、工程和医学有关的学科教学中要注重研究和实验室的引导。因此，要确保学生课程学习中能够与一流的研究者和学生进行交流，并且能够进入实验室等场所	财政支持，基础设施建设
加州大学洛杉矶分校	促进教学内容和方法发展，以适应不断变化的知识和学生群体	1. 加强问题导向型教学。 2. 运用信息技术、合作性教学、多学科交叉教学内容和服务性学习来创新和丰富传统课堂教学。 3. 运用新型科学技术来提高课堂教学和学术交流的质量。 4. 促进本科教学中的公民教育。 5. 发展和运用具有高成本效益的方法来鼓励教师在本系之外教学。 6. 促进教学场所和教育科技的发展来支持教学	发展与学生需求相关的支持、服务和课外活动；制定教学标准，并定期评估；提供基础设施建设、行政服务、通信和财政等多方面保障

续表

学校	目标	内容	资源需求
苏黎世联邦理工学院	为瑞士社会、学界和商界提供具有独立思考能力和技术的科学精英	1. 本科教学中注重教导科学和技术学科的基础理论原理。 2. 促进课程的国际化	提供人员、财政、基础设施、行政管理、校友资源和交流通信上的支持
宾州大学	提供适应学生需求变化的教学，巩固和提升本校作为教学和研究机构的世界地位	1. 在本科教育中更加注重学科间的融合性，使得本科学生能够获得通识教育：广泛的知识、写作能力、沟通能力、外语能力、科技能力、计算能力和艺术鉴赏能力。为本科学生提供融合性的教育机会，如毕业设计项目、独立研究机会或商业规划制定。 2. 发展跨院系和跨学科教学。 3. 促进教育技术创新在教与学中的应用。 4. 建立一个教与学中心来帮助教师提高其教学水平。 5. 制订标准并定期对教学质量进行评估。 3. 为每名本科学生提供卓越的学术和职业发展咨询	发展硬件上、财政上和运行上的支持
杜克大学	为本科学生提供高质量的通识教育，促进其心智发展，培育其学习热情，提升其社会责任感	1. 保持和发展杜克大学在人文和社会科学中的优势，并加强多学科交叉教学。 2. 加强教学的国际化，包括教学内容的国际化和学生的海外经历。 3. 增加本科学生教育经历的融合性。 4. 加强本科学生对自身学习的主导性和责任感，成为更加积极主动的学习者，建立和老师、同学及社会的互益关系。 5. 将探究式学习和交叉学科学习作为本科教学的重点，并为进行实验性学习和公共参与提供更多的机会	创新发展管理和学术资源传递以促进教学
康奈尔大学	为全体学生（本科生、研究生、职教生）提供创新、独特、高质量、激励其学习的教育	1. 维持和创造支持卓越教学的文化与环境。 2. 加强机构结构建设以促进教学法的创新。 3. 为本科学生提供一个更加统一的、融合性的教育，促进教育国际化。 4. 加强对教学的质量评估，强调卓越教学的重要性，树立教学榜样。 5. 促进各学院合作和制定政策鼓励学生跨学科学习以加强交叉学科学习	运用机构性结构和运行机制来促进和支持教学，加强基础设施建设，加强资源分配，促进院系合作

（四）创新人才培养特色与本科教育国际化战略分析

国际化人才培养是创新人才培养的重要策略，并且日益成为创新人才培养的必要途径。从宏观看，不仅是人才培养，高等教育和大学整体的定位和发展运行也日益呈现国际化纵深发展形态，世界一流大学其内在就是国际化的，而且正在快速成为与世界各地具有广泛深入联系和影响力的全球化机构。从大学层面看，国际化战略通过深入教育教学、研究和社会服务的各个环节，深入大学院系和部门各个方面，整体性地作用和影响这些大学的办学治校和人才培养。以创新人才培养为核心的人员策略成为大学国际化战略的核心，统筹大学内外各类资源，统领大学的活动和组织战略。世界一流大学学生和学者的培养离不开“走出去、请进来”双向密切互动下跨国、跨校、跨学科的教育和学术流动与合作。在世界一流大学的国际化战略规划中，同时也在以清华大学为代表的顶尖中国大学的本科生海外项目中，可以清晰地看到院校层面对国际化模式下高水平人才培养的创新战略、举措与成功实践。在这些案例中，国际化战略下的人才培养多样化模式首先为大学内部资源的协调整合提供了机遇和挑战。

大学国际化并非新兴现象，真正新颖的是国际化“在当代大学中所产生影响的深度和广度”[①]。近年来，国际学者联合会提出的“综合性国际化”概念，力图将国际和跨文化的概念融入整个高等教育体系和大学在教育、研究和服务三项使命及其实现过程的理念与行动之中[②]。具体而言，国际化意味着大学质量的国际认可、大学空间的开放、大学资源的共享与合作，以及大学理念和办学模式的创新，主要包括教育目标（如人才培养）、内容（如课程）、人员（如聘请外籍教授）和方式（如国际合作）等多个方面。例如，澳大利亚国立大学的留学生人数占在校总人数的比例为25%，而欧洲研究型大学联盟（LERU）2014年的统计数据显示，欧洲高校中的博士生留学生比例高达35%—40%[③]，且亚洲籍本科生和研究生在欧洲在读博士生中占有相当大比重。

① Mok K H. Questing for Internationalization of Universities in Asia: Critical Reflections [J]. Journal of Studies in International Education, 2007, 11(3): 433–454.

② Hudzik J K. Comprehensive Internationalization: From Concept to Action [D]. Washington, DC: Association of International Educators, 2011.

③ Gatfield T. An Investigation into PhD Supervisory Management Styles: Development of a Dynamic Conceptual Model and Its Managerial Implications[J]. Journal of Higher Education Policy and Management,2005, 27(3): 311–325.

从学科分布看，欧洲研究型大学理工科领域的国际学生规模和增长率远高于人文和社会科学领域。当然，令欧美诸国引以为傲的“在本国体验国际化”的招生实践在中国的可行性值得商榷，虽然自费的留学生可以使国家兼得经济收益与国际交流，但同时也对高校教育质量和校园设施等各方面资质都提出了与国际接轨的高标准和高要求。不仅如此，留学生规模的扩大还会影响高校校园承载力的调整，也需要与面向本国学生的招生名额相适应。

值得关注的是，欧洲研究型大学博士教育的国际化和区域化在一定意义上是同步进行、相辅相成的。这也是其区别于美国国际化发展途径的差异所在。根植于欧洲独特的地理特征与文化背景，建立一种“欧洲联合博士学位”的设想与欧洲共同体的理念相伴而生，随欧洲一体化趋势的加强而不断推进，21世纪之交的博洛尼亚进程更推动了欧洲各国高校间的合作与教育成果的流动性，使高等教育的校际合作成为强化欧洲文化共同体的一种“科学共同体”[①]，博士生培养的国际化水平开拓出“南南合作”的新途径。“南北合作”的联合办学表现为欧洲研究型大学联盟（LERU）2014年教育建议性报告中所描述的“为发展中国家培养科学家”的联合办学项目。这些项目较多集中于发展中国家教育能力薄弱却又关乎国计民生的重要科学学科[②]，恰是前述欧美留学生分布较多的学科所在，在为发展中国家提供知识教育援助的同时，发挥了欧洲国家高等教育之所长，同时实现了发达国家高校博士生教育国际化规模的增加和发展中国家博士生、学者国际经历积累的双方共赢。中国作为目前最大的发展中国家，可以把握欧美国家不断拓展的国际化办学机遇，通过与各高校建立联合培养机制而“引进来”，通过支持多样化国际交流形式而“走出去”，先修其身，提高本国博士生培养的国际化办学能力，进而探索能够辐射周边邻国、扎根共同心理文化特征的全方位国际化博士生培养。

本研究进一步收集和分析了《泰晤士报》高等教育副刊2014年全球排名前50位大学中的32所大学在官网上公布的大学整体战略规划文本中的国际化相关内容，以及前50位大学中38所大学公布的国际化战略相关文本中的内

① 金帷，沈文钦，赵世奎. 全球化背景下博士生教育国际化现状与趋势分析——以美国、英国为案例[J]. 学位与研究生教育，2010(6): 76–81.

② Annamaria Silvana de Rosa. 王福胜，庄丽君，编译. 博士生教育国际化的新形式：欧洲博士学位[J]. 学位与研究生教育，2011(1): 71–77.

容，研究世界一流大学国际化战略的共性和特点及国际化战略与人才培养战略相辅相成的目标和举措（见表9-4）。正如《康奈尔大学国际化白皮书》中提到，“国际化不应当是一个产品，而是一种手段，这种手段通过教学、研究发现和社会参与而产生作用”。从大学教育、研究和服务的三项基本使命出发，这些世界一流大学的国际化战略呈现了目标、人员、活动和组织四项基本内容，其中包括学生、教师和大学领导者在内的人员国际化发展的核心，体现了大学以人才培养为根本，追求卓越的核心价值。

表9-4　38所世界一流大学国际化战略特色

	教育	研究	服务
目标	招募、教育和激励世界上最优秀的学生，为学生提供世界一流的教育和国际化经历	吸引、发展和留住世界上最优秀的学者，进行世界一流的研究	促进教学和研究成果在世界范围内的传播、应用，以改善人类生活质量
人员策略	通过减免学费、奖学金资助、基础设施建设、服务、咨询和提高教育质量等方式招募世界范围内的学生	通过提高信息传递水平、行政管理能力，改革招聘模式，加强院系合作，扩大资金投入，完善奖励机制，改善研究环境等方式吸引和聘用世界一流学者	提供高质量劳动力
	聘用更多国际教师和专家，设立访问教授职位，为学生提供国际化的教育	设立访问学者职位	鼓励学生和教职工在世界范围内进行志愿服务
活动策略	加强发展全球化相关（如地区发展、全球事务、国际关系等）的教学内容和专业，同时增强各学科的课程国际化（如内容、师资的国际化）	关注与全球发展相关的研究内容，加强区域研究，着重发展有全球影响力的研究课题	大学资源向全球开放
	提供国际一流标准的教学，增进学生的全球关注和理解，提高学生应对全球化的能力	通过加强资金支持、行政支持和基础设施建设等方式，建立国际联合实验室、基金、中心和研究项目，举办国际会议、工作机构和研讨会，兴建新的与国际化发展相关的研究中心，打造全球研究中心	发展在线网络教育，向全球范围扩大在线教育平台
	将国际化经历融入本科方案之中	加强与全球公司、外国政府、国际投资团体的合作，提高从国际渠道获得研究资金的比例	在全球范围内分享自己的研究成果，解决世界问题
	建立海外校区，发展双学位、联合学位项目和针对全球事务的学位	增加对研究生国际合作研究的财政支持	发挥大学在推动国际关系中的作用

续表

	教育	研究	服务
活动策略	通过资金和行政支持开发学生流动机会，包括交换、实习、暑期学校等	提供资金和行政支持促进教师和研究生的国际流动，鼓励和促进本校教师在国际期刊、院校和国际机构担任职务	建立校友网络
	加强与世界其他大学的教学合作，加入大学国际联盟，建立全球合作网络	促进与海外高校和研究机构建立合作关系；加大资金投入，建立联合研究基金；加强基础设施建设；加强全球研究网络建设；发展和实施促进合作研究的机制	加强与其他教育机构、政府和商业机构的合作，承担社会责任
组织策略	促进国内学生和国际学生的交流与融合，构建大学国际化文化和环境	促进校园网络和科技建设，为研究者提供更好的国际沟通硬件	
	加强对国际学生的支持（入学引导、网站维护、语言培训、医疗保障、资源扩大）	精简行政手续，提供有效服务，促进学者和学校的国际研究与合作	
	建立协调国际事务的相关机构，简化国际化活动的行政手续，提供行政支持		
	建立新型国际项目立项的流程规范；发展和监管国际项目	加强大学国际化评价（以全球大学排名为评价指标等方式）	

聚焦大学在人员方面的国际化策略，可以结合大学人员流动和国际化发展目标。世界一流大学的创新人才培养战略分为引入型、外流型、内丰型和外拓型四个主要类型。

（1）引入型。人才培养的“要素输入”关注从外界引入国际化要素，在世界范围内吸引、招募、发展和留住杰出学生、教师和访问学者，以增强自身的国际化程度。例如，耶鲁大学非常注重本校课程的国际化，一方面，加强与全球事务相关的课程内容和专业，特别是地区性和世界性的教学内容；另一方面，聘用更多国际关系、全球健康、地区研究等领域的专家任教。此外，耶鲁大学还注重促进国际化研究中心的发展，通过成立博士后项目和种子基金等手段，一方面进行自身国际性和全球性问题研究，另一方面也有助于吸引更多的国际人才，以提升整个学校的国际化程度。

（2）外流型。人才培养的“要素输出”关注扩展自身的国际化元素，包括增加本校学生、教师的国际化经历。大学要支持和开发学生流动机会，包括交换、实习、暑期学校等。对于研究生和教师，一流大学尤其鼓励和支持其外流型的海外流动与合作。例如，东京大学通过资金和政策支持为学生提供海外交换学习和海外暑期项目的机会。东京大学还特别注重加强跨学科、多学科的国际事务教育和研究，例如世界和平、人与自然、环境安全、科技发展与文化传承等主题。

（3）内丰型。“国际化内部事务发展”注重本校校园的国际化即“在家的国际化”，包括以国际问题为教学和研究重点、改善基础设施、建设国际研究中心和建设国际化文化氛围等。例如，一些大学将全球事务和地区发展等内容作为教学内容，增进课程的国际化。一些大学在本校建设新型教育和研究中心，如清华大学的苏世民学院和北京大学的燕京学堂，以吸引世界一流的学生、学者来本校、本地和本国学习。再例如，瑞士洛桑联邦理工学院高度重视吸引国际学生和学者，许多教授为外籍教授。同时，该校通过海外基地模式的外部合作将自己的成果向世界推广。例如，该校于2009年在阿拉伯联合酋长国设立了产学研一体化的科研发展中心。

（4）外拓型。“国际化外部联系发展”包括设置双学位、联合培养项目、建设海外校区、特许经营项目等海外项目，通过网络等手段向更广阔的范围分享自己的成果和拓展学校的国际影响与国际声誉。例如，康奈尔大学2001年在卡塔尔首都多哈的大学城内建立了康奈尔医学院卡塔尔分校。2010年，耶鲁大学决定与新加坡国立大学在新加坡共同开办耶鲁—新国大项目（Yale-NUS），成为第一所开辟本科生海外校园的美国常春藤大学。对此，哈佛大学提出其本科生主体将继续扎根本部校园所在的剑桥城，不会考虑在国外建立本科分校。2008年，哈佛大学在上海设立办公室，2010年该办公室已拓展为一个研究和教学设施更加完备的哈佛上海中心，是哈佛大学在海外设立的7个研究中心中最大的一个。

各校根据自己的办学理念和发展需求设置相应模式，无论哪种模式都离不开两方面的组织保障和支持措施：（1）校内资源即资金（留学基金、奖学金、互免学费等）、服务（简化的行政程序、信息服务等）、设施（信息网络、图书馆、实验室、宿舍、学生活动室等）和组织（学校内部院系和部门相互之间以及学校与校外机构等）。（2）校际资源即世界一流大学之间的国际合作：拔尖创新人才培养必须通过和世界一流大学与研究机构的合作才能实现真正的国际化，这些合作不仅包括教育合作，也包括研究和社会服务性合作，并且在合作的基础上大学与大学之间形成长期稳定的伙伴关系和战略联盟。

二、清华大学本科海外交换项目学生学习性投入研究

（一）研究背景和研究方法

随着高等教育的不断发展，学生国际化培养的数量和质量已成为衡量一所大学国际化的重要标志。加拿大学者简·奈特研究发现，“国际化”从以往的吸引国外学生的国际教育，逐步扩展到促进本国学生的国际化程度，呈现从“海外”国际化到“海外”国际化与“本土”国际化并行的趋势。[①]而中国学生在国际化学习的过程中也从单一追求“海外留学”向“海外交流交换”与“留学”双重意向转移。

本研究对清华大学2013—2014年本科海外交换项目中的141名学生的结项自评报告进行了系统的内容分析，选取原则为每所海外学校至少1份，且自述报告偏重于求学经历和对海外学校教育的思考，未选择以游记、照片和生活日记为主的自述报告，主要研究问题是海外交换经历给他们带来了哪些收获，学生关于海外交换的自我评价对提高本科教育质量、促进创新人才培养有哪些启示。

本研究主要应用1967年格拉斯和施特劳斯提出的“扎根理论”进行内容分析部分的文本数据分析，其目标是在经验资料的基础上自下而上地建立理论，即在系统收集资料的基础上，寻找反映社会现象的核心概念，然后通过在这些概念之间建立起联系而形成理论。[②]

本研究以人工分析与Nvivo10和Excel软件辅助分析相结合，对文本数据进行质性分析与量化分析相结合的混合研究方法，主要分析过程如下：首先，通过对文本资料的整理建立初步可分析文本，即将141份自述报告由研

① Knight J. The Changing Landscape of Higher Education Internationalisation—For Better or Worse?[J]. Perspectives: Policy and Practice in Higher Education, 2013, 17(3): 84–90.

② 陈向明. 质的研究方法与社会科学研究[M]. 北京: 教育科学出版社, 2000.

究者导入Nvivo和Excel软件。第二，通过归类法进行编码，将研究者认为对研究问题有意义的内容进行整理、分类和归纳性简化，并进行类属分析。根据Strauss编码类型，本研究将编码过程分为三个步骤[①]：（1）开放式编码。研究者在阅读过程中不带预设地对文本内容进行类属分析，以初步形成分析单位和意义。（2）通过轴心式编码。对第一步骤所形成的节点进行提炼和归纳，形成并选择能够概括这些编码的核心主题词。（3）选择式编码。对全部主题进行概括和归纳，删去不需要的主题词。

（二）清华大学本科海外交换生的学习性投入状况分析

根据乔治·库学习性投入的五种分类——学业挑战度、主动合作学习水平、生师互动频率、教育经历的丰富度和校园环境的支持度，本研究对清华大学大三年级参加海外交换学习项目的本科生的学习性投入情况进行调查分析，主要研究发现如下。

1. 学业挑战度

海外交换生在外求学的学业挑战度和清华大学不相上下，甚至清华大学在课业难度上更胜一筹，但学习的侧重点不同，国外学校更鼓励学生通过课前大量阅读、课中激发学习热情、课后督促持续性学习的自我探索知识学习，培养专业思维和批判学习的能力。

（1）课前需要完成大量的阅读内容，以保证更高的学习质量和针对性的质疑讨论，其中阅读资料开放广泛，学生课下所花时间远远大于课上时间。

“每名学生一学期只需要学习2—3门课程，每门课程每周阅读量也达到了200页左右，论文中所使用的文献材料必须得到导师的同意和批准，而且对于引用的文献数量有着1200页的严格要求。”

——个案34，丹麦哥本哈根大学

“学生需要广泛阅读，以准备课程报告和论文；学生需设计整个课堂，选择论题、准备问题、把握节奏、调动气氛；讨论的题目也包罗万象，如电视节目中的暴力、英国的君主立宪制、堕胎、同性婚姻、安乐死等。”

——个案52，德国海德堡大学

① 詹宁斯. 旅游研究方法[M]. 北京: 旅游教育出版社, 2007.

（2）学生学习过程中侧重创新能力、知识想象力和批判能力的培养，以及学科理念、专业方法、思维习惯的训练。

“批判思维和创新构想必须来自第一手资料；教师只将自己印发的课程阅读材料作为大家学习的参考，反倒特别鼓励学生对原始资料进行研究，培养研究问题的新思维和新方法；不注重掌握具体的知识，而注重一种理念与研究方法、研究态度和研究技巧的培养与历练；开阔眼界，使我认识和解决问题的角度和思路突破了以往的局限性。”

——个案13，澳大利亚墨尔本大学

“国内很多学生习惯于接受教师或书本上所讲的知识，而这边的学生似乎对一切报以怀疑态度，只有自己亲眼看到或者理解了他们才会相信这个说法或理论的正确性。所以他们喜欢探讨，在讨论中研究理论到底是否正确，可以怎样做改进。”

——个案81，美国佐治亚理工学院

（3）注重实践能力，增强体验感，赋予学生充分展现学习成果并获得反馈的机会。

“工程教育和国内相比，更加注重实践性，一般上课的案例都是教师自己课题的原始数据，真实数据的处理和提炼能力锻炼得比较多。”

——个案36，丹麦技术大学

“不管上理论课还是实验课，教师都会把传授知识和应用知识通过讲座和研讨结合起来；德国本科生没有那么深刻的基础知识，但是知识体系更清楚，用到的时候也能找到相应的内容，这使得学习成为更自主的过程。”

——个案58，德国慕尼黑工业大学

（4）培养一种严谨的课业态度，持续而非突击性的学习，考试形式多样化，给分严格且清晰明确。

“实验报告有详细完整的要求，追求质量；作业录入防抄袭系统检测；尤其注重实验记录习惯和科学引用文献能力的培养。”

——个案6，澳大利亚阿德莱德大学

“作业之难、量之大是事先无法想象的，而给我印象最深的事情就是教授在期末布置小作业之前跟我们强调说‘每个小组的题目都不一样，今年的所有题目跟去年的也不一样，所以你们别想着去找学长要模板’。这是诚信，更是负责。”

——个案63，芬兰赫尔辛基工业大学

“要求严格。建筑构造每周都会留几十页的阅读内容，而且每周上课都会有与最终分数挂钩的随堂小测验，督促学生及时复习。期末复习压力小很多，而且有了前面的基础，知识掌握得也会更加牢固，而在清华大学很多课程期末突击的现象司空见惯。这门课程每周还会有一节实验课，一学期一共有三个大作业，是对于学习的实际应用。这种考试密度和强度在国内大学是不常见的。”

——个案71，美国俄勒冈大学

“挑战巨大，重在能力培养。3学分的课一周三次，每次课50分钟，课程压力很大，而且老师还会变着花样‘摧残’你。例如公开演讲从个人展示到团队协作，从网上考试到录制演讲视频，从文章到诗歌，演讲内容什么都有；国际金融课前会突然有小测试，考察上节课的知识吸收情况，阅读材料从诺贝尔经济学奖获得者的论文，到世界经济展望，到研究著作，无所不有，而这些也通通是考试相关内容。”

——个案77，美国威廉玛丽学院

2.主动合作学习水平

海外交换生在外求学期间主动合作学习能力明显提升，这源于国外高校合作学习的多样性和强化性，课程、辩论、讨论、小组学习等项目常常需要大家共同合作，图书馆、教室等给予课程小组大力支持，一桌人一圈的“参与”气氛浓郁。

（1）善于发言，敢于质疑，讨论作为课程的一部分，学生参与讨论和提问的热情高，课堂气氛活跃。

“分组讨论很多，每节课有一半的时间都是小组讨论案例或者一起设计一个项目，上课之前要看大量的材料，同时也要具有很强的听说能力才能与外国同学在一个思维层面上讨论，必须很好地掌握一些专业词汇，句子的复杂程度也很高。”

——个案37，丹麦技术大学

“在公共讨论区域、食堂等地方，经常看见小组讨论。相较于国内，我觉得德国的学生更注重团队合作，并且在完成课后习题（并非强制）时更倾向于与同学探讨学习。”

——个案50，德国达姆施塔特工业大学

“小组研讨对我而言比较陌生，也充满了挑战性。清华大学也有课堂讨论环节，但那从来都是课程中相对次要的一部分。但在这里，研讨独立于讲座，每个人必须参与，激烈的讨论所花费的时间甚至比讲座还要长。在小组研讨中，助教会引导大家就讲座中的问题发表自己的观点，也会组织一些辩论，还会布置一些任务。”

——个案65，英国曼彻斯特大学

（2）注重团队合作，有很多小组作业或实验项目。学生团队合作和动手能力的培养是课程学习的一部分。

“整个学期，没有教师授课，课堂上学生被分为几个小组，根据课程大纲逐步完成一个个项目。我从一个从未接触过科研、更不熟悉小组学习模式的外国人，一下子被‘逼’着进入角色，与4个组员一起讨论、看论文、听讲座、做独立研究……”

——个案79，美国西雅图华盛顿大学

“编程大作业难度较大，对代码的规范性要求很高，学生们对作业的态度也十分认真。团队合作式的作业也不会有偷懒的人，各阶段分工明确，一旦确定截止日期，就一定会按时将自己的工作做完。这种守时和负责的态度让我十分敬佩，守时和对自己工作认真负责已成为加拿大人民的性格。”

——个案111，加拿大卡尔加里大学

（3）可以与世界不同角落、不同文化背景的同学相互分享和学习。

“上课的时候可以通过小组讨论了解到不同文化背景的同龄人不一样的观点；每节课会有一两个主要的讨论话题以及相关的几十页专著阅读，上课方式则是由同学们自由地发表意见，教授往往只是组织总结，总是注意避免让自己的倾向性影响学生的看法。让我们学会理性地审视自己，如何开放地同别人交流看法。”

——个案67，韩国高丽大学

“我与三名同学组成一个设计组，两个西班牙人、一个法国人、一个中国人的组合，使得工作语言总是在西班牙语、英语间迅速转换。”

——个案83，西班牙加泰罗尼亚理工学院

3. 生师互动频率

如哈佛大学前校长博克所说，真正影响教育品质的事发生在大学课堂和生师互动的教学情境中。海外交换生在外求学期间获得了频率更高、态度更积极的生师互动，这得益于轻松活跃的课堂气氛、平等的师生关系、课前的大量阅读积累、学校一直训练的质疑精神、相对较低的生师比例以及教师对学生的持续性关注。

（1）教师教给学生治学态度、对梦想的追求和执着坚持；愿意帮助学生解答困惑，全方位了解学生，包括个人兴趣、未来生涯规划和专业方向。

“教授没有架子，像朋友一样相处；教给学生治学态度、对梦想的追求和执着坚持。”

——个案28，澳大利亚新南威尔士大学

“助教老师耐心地培训和讲解，告诉我各种科研上的思想方法和习惯。教授也解答了我很多关于物理、关于将来的问题，向我打开了绮丽的物理研究世界大门。”

——个案94，日本东京大学

“助教和老师都对人很和蔼，他们会在实验过程中查看每个小组的操作并给予指导，有任何问题都会解答，有时还会跟学生聊一聊今后的兴趣和专业方向并提出他们的建议和意见。更重要的是，在实验课上，老师很尊重学生的想法，课堂气氛通常很活跃，对于老师的提问大家也常会讨论，有时课上遇到相关方面的问题，助教也会向同学咨询。这种和老师、同学自由交流的氛围让我很受感染，如果想法有冲突，老师也很鼓励我们去亲自尝试验证一下。”

——个案107，加拿大多伦多大学

“真正做起研究来，会大量投入，计划详细，有条不紊地进行，中途的讨论和学术交流很多。在很多细节方面，老师都会亲力亲为。教授尽管自己四处奔波，但就是牺牲自己的休息时间，也会保证一周至少跟每个学生单独会面一次。”

——个案81，美国佐治亚理工学院

（2）善于激发学生的学习兴趣和热情，教师对学生的发散思维进行引导和鼓励，师生平等讨论问题、相互尊重，教师只是起到发问、引导和总结的作用。

“师生关系比较平等，师生之间常用个人名字而非姓氏称呼对方，例如在课堂上随时可以叫老师的名字来提问；老师上课主要是一种交流，老师也喜欢听取我们对其研究方向的建议以及对数据处理方法的质疑。”

——个案36，丹麦技术大学

“老师讲到一个段落后总会停下来问有没有问题，学生遇到不懂的地方也会直接举手提出，不管是推导粗心错误，还是对教学方式的质疑，不论难易，问题都会得到耐心的解答。即使课上没有时间，老师也会在课后约时间解答。老师很尊重每个学生的问题，同学之间也不会互相评价，大家都能没有压力地提出自己的疑问，促进课堂上的互动和交流。”

——个案58，德国慕尼黑工业大学

“展示的过程中，教授与同学们都可以随时打断，提出自己的问题。正如教授所说，如果你的展示没有收到同学们的问题，说明展示是失败的，因为你没有引起大家的关注与兴趣。”

——个案43，德国达姆施塔特工业大学

“上课方式跟中国不太一样，我所上的很多课都是以学生分组讨论以及之后的小组代表发表观点为主，教师只是起发问、引导和总结的作用。一节一个半小时的课程中，大约有一小时是学生在互相交换意见，教师不限制学生自由发展的空间，欢迎学生提出质疑以及寻找自己感兴趣内容的答案。通过这种交流，我们能给予彼此很多启发，也能更直观地体会不同国家人们的思考方式有何不同，会有很多意想不到的收获。”

——个案92，日本九州大学

（3）对学生的持续关注度很高，教师投入大量的时间到教学上。及时性反馈，回复邮件及时详尽；教授方式和评定方式的多元化，评价逐行逐字，细致明确，答疑耐心。

“1200页的文献需得到导师的认可和通过；每个学生在学期期中就开始提交课程论文的大纲，并且与导师直接讨论。每一篇课程论文都会与导师交流和沟通以获得指导性的意见。”

——个案34，丹麦哥本哈根大学

“平常我们的作业是案例分析，所用的教材是常春藤根据从世界五百强公司中挑选出来的实例编写的案例。老师并不限制我们写什么，但是他会把案例分析的框架和结构教给我们，至于分析的角度，老师更希望看到新颖的观点。我被逼着一方面寻求图书馆写作资源中心提供的写作辅导和咨询，另一方面绞尽脑汁地去思考。考试更加天马行空，内容从教材、案例到布置的视频、测试，甚至课堂上的小组合作或者小游戏、小任务尽收其中。”

——个案77，美国玛格丽特学院

“老师和助教都非常负责。从开课前一直到考试结束或者报告提交完毕，我可以感觉到，我的学习总是处于一个被关注的状态。”

——个案87，瑞典皇家工程学院

（4）“双轨”负责，即教师和助教分工明确，教师偏向于“传道”，助教则负责更细致的“授业解惑”，因材施教。对学业的要求先重质量，其次是难度，教师以学生“获得”多少而非“传授”多少为目的弹性教学，课程目标明确，不赶学习进度、不拖堂。

“每周有相应的辅导课，由助教为学生答疑。教授在讲授课程时并不拘泥于常规进度，经常根据自己对学科的把握，甚至结合自己跨学科的爱好来设计大纲，从不同视角为学生展现研究对象的不同层面。”

——个案52，德国海德堡大学

“助教负责评判每一篇文章，在拿到的反馈中，有对文章整体结构和逻辑的评价，也有细致到标点的修改；助教会提出各种建议，大到主题的把握，小到语言修辞的使用。在论文的反馈中，成绩只占有小小的一行，重点在于密密麻麻的评注。”

——个案65，英国曼彻斯特大学

“老师极其注重逻辑性，在语言障碍仍然明显存在的情况下，居然比国内上课要好懂。每个知识点循序渐进，娓娓道来，一堂课下来，会有茅塞顿开的感觉。”

——个案73，美国纽约州立大学

4. 教育经历的丰富度

多样化的教育经历将教会学生很多关于他们自己和他人的有价值的事情。总体来看，海外交换生在外求学期间的教育经历包含了实习、参观、项目合作、课业俱乐部、各种国际性学术交流与科研合作等。

（1）语言学习与文化交流，不同背景的声音相互碰撞，课内外鼓励异文化同学共同合作。

“墨尔本大学还提供了免费的课外学习辅导，尤其针对英语水平不及当地学生的国际生，我报名参加了一门口语课程，进行了半学期的发音纠正，感觉挺特别的。”

——个案69，澳大利亚墨尔本大学

“由自愿报名的日本学生与留学生结成一对一辅导关系，依照留学生的需要制订辅导计划，每周固定时间进行辅导。可以是日语学习，或者课堂发言准备、日语对话等等。”

——个案89，日本名古屋大学

“在国际关系论学习会中，和日本同学一起学习国际关系知识或是各个国家的历史和政治。社团里的日本同学对于发展中国家的关注度非常高，比起美国，他们更愿意研究印度、巴西、中国的发展和问题。日本同学看问题更像局外人，虽然事实上发展中国家的前进步伐与日本本国的发展也息息相关。”

——个案93，日本京都大学

（2）实习、参观与兼职。

“除了学习课堂知识以外，德国人很重视实践、实习经验，所以对很多学科增加了实践实习的相关设置。在课堂学习的同时，大部分德国学生会选择兼职实习或者假期实习。”

——个案50，德国达姆施塔特工业大学

“开展慕尼黑创意街区的设计；短期设计‘城市景观短片’和‘慕尼黑空港设计’；学校下属的建筑博物馆每季都有主题展览，慕尼黑建筑画廊、巴伐利亚建筑师协会、巴伐利亚州艺术研究院和州最高建设厅等机构也定期邀请欧洲各地建筑学家前来举办讲座或开办作品展。学校下属的建筑博物馆和每个教研室都有大量的模型收藏，使学生足不出户就能对一些著名作品有比较直观的感受。系内教学的另一大特色是每个教研室都定期组织学生赴各地进行建筑考察。”

——个案56，德国慕尼黑工业大学

“从事法律评论的编辑工作，并成了商法社会的一员，在自己的小组里，郑重地领取文章，因为自己掌握着对文章的生杀大权，所以在评论时便格外严肃认真。”

——个案109，加拿大多伦多大学

“学校在提供学生的实习和工作机会方面提供了很好的资源，企业和学校的联系非常紧密，我认识的一名研究生的本科论文就是在一家提供飞机自动控制解决方案的公司写的。甚至我还看到了华为德国分公司在学校里面的广告，招本科毕业生做毕业设计。老师带我们去LRZ（Leibniz-Rechenzentrum），一个负责慕尼黑和周边大学、研究机构专网的大型计算中心参观。我觉得这类让人感受到学科实际作用的活动非常难得。学校还给没有能力上大学的学生提供学习技术的机会，而技校两年半的课程大部分都在企业里面完成，直接给企业输送合适的人才。”

——个案58，德国慕尼黑工业大学

（3）提供许多有资金支持的交换项目和国际合作、实验项目、设计项目；此外还有社团活动、学习会、志愿活动等以俱乐部形式存在的学生组织，均以兴趣和应用为导向。

“在校园文化方面，中英差异也相当明显。最突出的一点就是，在曼彻斯特大学，学生主导了除课堂教学之外的绝大多数校园活动，包括节日庆祝活动、各种志愿活动及社团活动，甚至较大规模学生游行活动的组织及参与。在曼彻斯特大学，学生会发挥了比清华大学学生会更大更广泛的作用和影响，学生们在这些活动中进一步发挥了自主性，并能更多地提升自己在组织和领导方面的素质。”

——个案64，英国曼彻斯特大学

“学校有各种各样的汽车俱乐部，还有社团招学校各专业的学生来帮助城市解决各种实际问题。例如给孩子设计游戏机，给动物园设计引导屏，给农场造农机等等。不仅在设计制造中大幅度地提高了学生的知识应用水平，也帮助社会解决了很多问题（都是免费的，学校会拨款支持这样的项目）。学生可以参与各种科研项目，可以在能力范围内去任何感兴趣的学院，甚至可以去国家实验室。如果想去公司实习，更是有很多机会。学校会根据情况免除相应的课程或者直接给学分，绝对不会因为实习而影响毕业。”

——个案74，美国普渡大学

“设计项目，题目是‘巴塞罗那原工业港口两座仓库的改造和公共空间的营造’。‘1：1’则是一项真正接触各种建造手段、使用建造机械、出力吃苦的体力活动课。”

——个案83，西班牙加泰罗尼亚理工学院

“以我所在的工学院为例，那些优秀的同学不仅可以参加大学学者计划项目，也可以参加设计中心课程项目，还有很多类似于大学生培养计划的活动可以参加。这些项目都有很大的资金投入，来自不同院系的优秀学生将有专门的工作室、实验室，同时他们可以随时找相关领域的教授一起讨论问题。不同专业的学生在一起讨论问题也会产生新的观点。虽然清华大学也有类似的项目（兴趣小组），但是在硬件配备和学生的最终反馈上，还是要比新加坡国立大学稍逊一些。”

——个案98，新加坡国立大学

5. 校园环境的支持度

校园环境的支持度项目调查的主要内容包括学校为学生的学业成功提供的支持与帮助，为学生就业发展提供的指导与帮助，帮助学生应对人际关系或情感问题，帮助学生应对经济问题以完成学业，组织各类集体活动帮助学生更好地融入大学生活以及改善学生与学生及教师的关系等。

（1）提供更为民主、自由的学术氛围，更优质的学术资源——讲座、研讨会；图书馆馆藏丰富，电子书、最新期刊免费获取，馆藏互借。

“我利用各种可以利用的资源，进行充分的学习。每周我都会从图书馆借出一大摞图书回宿舍，开始写作论文的时候也预约了图书馆的学习顾问进行方法指导，掌握了搜索技巧，写作期间我也一直与学习顾问和指导老师进行联系沟通，每稿完成后都得到了他们非常有用的帮助和指导。”

——个案69，澳大利亚墨尔本大学

“首先是那边的教学资源更开放，信息资源尤其是网络资源更发达。如果你想获得什么样的有关信息，直接打电话给有关部门就可以，无论是政府部门还是私人企业。我在斯德哥尔摩做一个关于城市局部更新的方案，在最后方案讲述的时候，斯德哥尔摩的规划局长都被请到了教室当中，发表观点、建议，这在国内是难以想象的。”

——个案86，瑞典皇家工程学院

（2）教室、图书馆（硬件）设施完善，实验室科研条件完备。

“学校的教室特别宽敞，随处可以自习，包括系馆的咖啡厅内、通往教室的走廊上，很人性化地放着沙发和茶几，随处可见的插座让电脑和手机能够得到充电。一层是巨大的公用机房，二层是小型的自习室，对于小组讨论特别有效果。自习室还配备一个公用厨房，方便大家加热和储存一些食物，省去回家的奔波。”

——个案61，芬兰赫尔辛基工业大学

“每位教授都有自己的实验室，他们都能做自己喜欢的研究。我参观过这里的实验室，同时也看过本科生的实验室，各种软硬件设施都非常先进。例如韩国科学技术学院有很多本科生实验室，提供各种设施，学生可以在那里做自己喜欢的小创造和小发明，这相对国内来说确实好很多。”

——个案68，韩国科学技术院

（3）教学管理严谨细致，学科设置相当齐全与复杂，课程资源丰富。

“在教学管理方面，曼彻斯特大学也显得更加严谨和细致。无论是对学生评判机制的建立，网络课堂的设置还是图书馆的管理，甚至细到考试公平性、严肃性的保证，我认为都有值得清华大学借鉴的地方。最大的特点就是曼彻斯特大学注重教学信息的及时性、公开性和准确性，尽量方便学生获得需要的信息和帮助，鼓励学生参与教学过程，并且特别强调公正性和严肃性。”

——个案64，英国曼彻斯特大学

“每个院系开设的课程都是一个完整的系统，学生们不仅可以选择本院系开设的课程，也可以自由选择其他院系的课程；国际教育学部特别国际化、复合型，各国学生在各国教师的课堂上，探讨问题，交流观点，碰撞出思想的火花。”

——个案88，日本早稻田大学

“这是许多中国的大学以现有的资源和条件来说还望尘莫及的，琳琅满目的公选课组里，不论多冷门的课，总会有人感兴趣。此外课程的宽容度也很让人佩服，一些比较敏感的话题，都能被从一种相对严谨、科学的角度来看待和研究，例如犯罪学。”

——个案108，加拿大多伦多大学

（4）每名学生都有自己的导师，指导四年的学业规划，包括对国际交换生，从学习到生活都有精心的安排和准备。此外，让学生有机会有条件在学业中途做许多自己想做的事情。

“入学资料包内含诸如入学证明和学校简介手册等材料。手册以简洁明了的方式提供了学校学习、住宿、生活、娱乐、课外活动等方面的信息，对我的行前准备做了很好的指引。”

——个案52，德国海德堡大学

“更多的是学生对于自己生活质量的关注。同样面对就业压力，德国的同学更享受自己的大学生涯，决不肯让学业和实习侵占了自己的课余时间。有的学生还离校创业，或者休学旅行，或到发展中国家做志愿服务。”

——个案51，德国达姆施塔特工业大学

“为方便已婚人士拖家带口来学校学习，学校还提供家庭住房，这样的住房同样享受芬兰政府对学生的补贴。在课堂教学中，老师也非常乐意邀请那些工作经验丰富的同学来向大家介绍行业内的现状。”

——个案60，芬兰赫尔辛基工业大学

6. 学习性投入状况的综合分析

在学习性投入五项指标的基础上，本研究发现海外交换生不同方面的能力培养通常是这五项成果共同作用的成果，凸显六种可转移性能力（图9–1）。

（1）批判质疑精神。这种批判质疑的精神作为学业挑战的一种能力被学校要求，而学生在教师发散思维的引导下，在师生、生生思想的碰撞中获得，这一过程离不开校园内民主自由的学术氛围。

（2）严谨的治学态度。“师者，所以传道授业解惑也”，传道为先。教师尤其强调对待学术的严谨态度，这也是学业挑战的必要要求，内容包括文章的引文出处、实验的科学记录等。

（3）合作与实践能力。这一能力的培养体现在学业挑战度中对所学知识的应用和实践方面，主动合作学习中的团队合作与动手能力上，以及教育经历中学生参与的各种实习、参观、实验设计以及组织的不同项目中。

（4）跨文化适应与跨文化分享能力。这一能力的培养离不开不同文化背景的同学在课内外不同实习实践、社会项目中的主动合作、跨文化学习和交流。

（5）主动学习能力。通过课前大量阅读、讲课、研讨质疑、实践等方式把传授知识和应用知识结合起来，在教师和助教对学生的持续关注和引导下，学生的学习成了更自主的过程，校园提供了丰富优质的学术资源和完善的硬件设备。

（6）自主规划能力。教师对学生未来生涯规划的指导、助教对学生生活的照料、学校教学管理、学科设置的丰富性使得学生可以在任何时间从事自己感兴趣的项目，中期旅游、实习甚至拖家带口读书由于有了各方面的保障和支持，不会成为学生的一种负担。

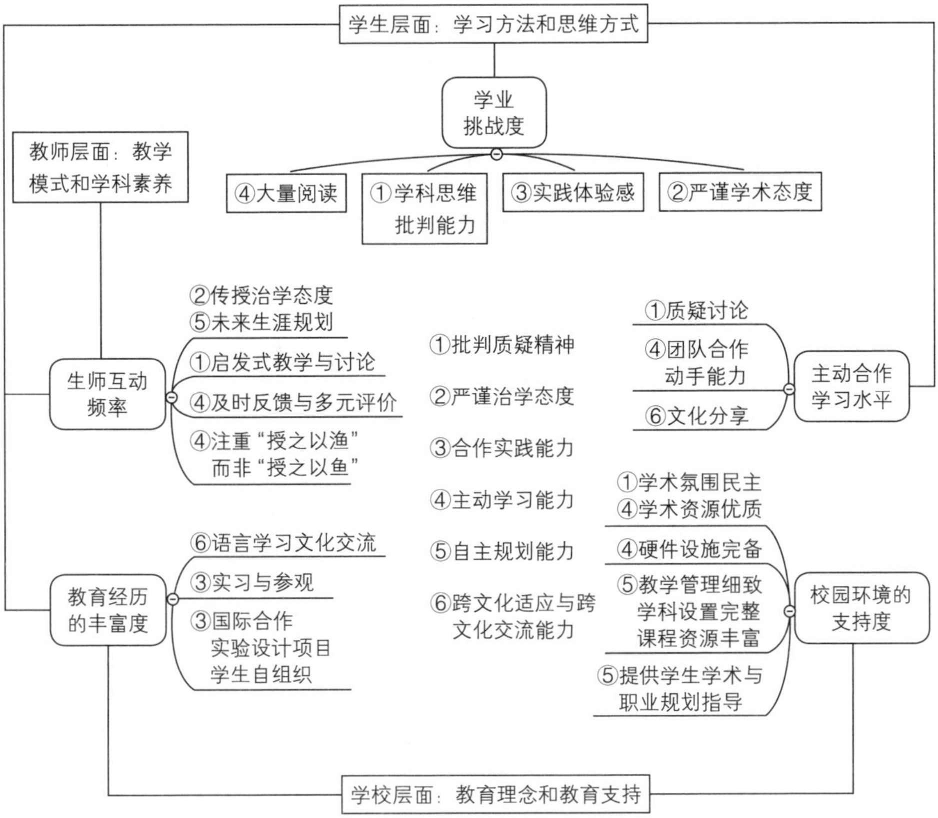

图9-1　清华大学本科海外交换学习项目学员的学习性投入情况研究总结

（三）清华大学与海外交换项目高校本科教学情况对比

清华大学本科海外交换项目学生在自我评价报告中对清华大学与海外交换学校进行了对比，以下主要从学生、教师、学校管理三个主要层面对学生观点进行内容总结和分析。

1. 学生层面：学习志趣和思维方式

（1）创造能力和合作能力。清华大学的学生大多有有价值的想法，有很强的手头表现能力，作业能独立完成，偶尔有“大作业”的时候，大多也是先分工后各自完成一部分，再汇总。但相比之下思维比较固化，缺乏实践和制造方面的知识；在国外上课更重讨论与合作，深入的讨论能使每个人知道自己没有掌握的知识以及应该向其他人学什么。

（2）读书观念。中国的大学生通常是一口气完成学业，要么念书，要么就工作；而国外的情况是，有人读完高中，先去旅游一年，或者有人工作一两年后，再向大学递交入学申请书。

（3）学习和思维方式。相较于更加重视课堂授课和课后复习的清华大学，国外高校的教学侧重点在于课后的阅读和总结。国外的学生非常善于表现自己，在课堂上非常活跃，而国内学生更多是认真听讲、做笔记。

（4）学习志趣。国外的学生非常看重自己的成绩和未来的学业规划，这在很大程度上源于这些大学灵活多样的本科教育制度鼓励自由选修专业和课程。国外的学生通常用大一甚至大二的时间去体验各个专业是否适合自己，选专业和选课的细节都与个体的未来规划密切相关，因而学生在整体上具有充足的学习内在驱动力。

2.教师层面：教学模式和学科素养

（1）教学侧重。清华大学注重理论基础的学习，难度高、内容量大，较少关注思维方式、创新能力、解决方法的培养；海外学校注重方法和技术的应用，掌握一个知识便可应用。

（2）教学目的。中国的教师往往在有限的时间里追求尽可能大的信息量，剩下的事情由学生自己完成；而在国外高校，课堂的任务不是教会学生全部知识，而是激发学生的兴趣。

（3）严谨的治学态度。在清华大学，教师往往在展示开始的时候才知道学生的题目，可能学生在展示前十分钟还在修改着幻灯片。但国外高校往往有着一套严格的程序：开学第一节课先选好展示的主题和时间，展示前两周和教授讨论，前一周把课堂要点和幻灯片发给教师，教师会及时进行修改反馈，保证课堂展示时同学们能拿到课堂要点。

（4）互动与反馈。与清华大学有两点不同：第一，教师和学生的互动非常强。一方面课堂上学生有不理解的地方大都会随时打断教师，教师也会立刻加以解释、澄清。另一方面，教学反馈做得非常到位。学期末，教师会指导学生进行填卡评教，很多课程还会设置专门的问题，非常细致。最后一次课，教师会抽出部分时间公布评教的统计结果，并对结果加以解释、评论，向学生征询意见。例如某一项的评分比较低，他就会说说他觉得可能做得不够的原因，以及可以考虑的改进措施，并和学生交流这方面的看法。第二，国外一些高校的课程对作业的处理很细致。这一方面体现在作业题目的设置非常有心思，题目叙述清晰、背景丰富，问题的启发性、引导性强。另一方面体现在对作业的讨论非常及时与充分。每门课都会指定少部分课时作为习题课，习题课上一方面对上周作业进行总结，指出较普遍的错误，另一方面对本周作业的难点进行提示。这让学生对每一次作业的印象都更深刻，对很多问题的理解也更清晰。

（5）引导方式。在国外高校，教师基本不会对学生的方案进行大篇幅的改动或者完全否定学生的方案。他们更倾向于尊重学生的思路，在此基础上引导学生朝好的方向发展。他们也不会进行过多的"传授式"教学，他们真正讲解的东西很少，对学生更多的帮助是引导。再比如对批判性思维和分析能力的关注，这一特色贯穿课堂上每一次"苏格拉底式纠问"，也贯穿课后每一次作业的评卷。很多时候教师的问题并没有绝对正确的答案，提问的目的往往是引导学生进一步追根究底，甚至是挖掘某一制度的不合理之处，从而对其提出建设性的改进建议。而清华大学教师更加注重作品的合理性，会更多地为学生进行讲解。

（6）教师设置。国外高校的教师一般不会身兼行政职务，他们的专职就是研究或者上课，从而保证教师可以把最大的精力投入到学生身上。

3.学校层面：教育理念和环境支持

（1）课程设置和学生选择权。在清华大学，每学期该学什么课是预定好的，学生没有太多选择权。在国外高校，课程种类丰富，数量可观，给学生们提供了充分的选择空间，让学生在自由的尝试中找到自己真正感兴趣的领域。清华大学有些专业课，一周两次，过于频繁，导致学生缺少相对充裕的时间去思考，思考不深入、不系统。而海外交换高校一般一周一次，学生有相对足够的时间去思考并做出有质量的作业。

（2）国际合作。相较之下，清华大学的国际化程度在各大学排行榜中处于弱势，国际合作项目也略显不足。

（3）课程难度和强度。清华大学的课程总体难度较大，理论深度更加艰深，国外的课程设置更宽松，旨在让学生可以充分地投入到每一门课中去深入学习。清华学生往往由于所修课程太多，加上学分成绩等现实层面的因素，很难真正在一门课上投入太多精力，常常是一种完成任务的机械式运动。

综上所述，对比清华大学所代表的国内大学本科教育模式，参加了本科海外交换学习一学期至一年的三年级本科生整体上认为他们所经历的海外一流高校本科学习具有如下特征：（1）师生关系：注重言传身教，特别是传授严谨的治学态度。学校注重学术兴趣的培养和启发式教学，并且鼓励多元文化交流。（2）海外交换项目主要获得的能力提升：主动合作学习能力、严谨的治学态度和学术精神、跨文化交流与适应能力、主动学习能力。他们对海外一流高校的感受主要有：硬件设施完备，硬件系统统一管理和维护，优秀的学术资源和学习氛围；密切的师生和生生互动，丰富的教学和学习形式以及交流的国际化与多元文化；学校和教师对学生个体和群体提供了良好的学习支持，特别是技术支持、多样化学习机会的支持以及自主追求学术和人生理想的支持。

第十章　全球化时代中国大学生国际素养的培养

一、全球化时代的高等教育和大学生国际素养

（一）高等教育国际化概况

高等教育国际化是20世纪80年代联合国教科文组织提出的现代高等教育发展的三大核心概念之一（针对性、质量、国际化），是指各国高等教育通过教育系统的对外开放和国际合作交流，促进教育理念、办学模式、科学技术以及人才和信息等资源共享，日益面向世界的发展趋势。①随着世界经济全球化、政治多极化、文化多元化的发展，高等教育国际化进程不断加快。②高等教育作为人才培养和知识创新的中心，对全球化的形成和发展起着至关重要的支撑和推动作用。高等教育国际化的重要意义表现在多个方面，就经济发展而言，它是高校及所在国家经济创收的重要策略；就丰富社会文化而言，它可以促进不同文化的理解和交流，从而实现社会的包容性和文化的多样性；就人才培养而言，它可以增强大学生的国际素养，促进国际信息和资源的流动，给予学生更广阔的发展空间。③

---

① 眭依凡. 高等教育现代化的理性思考[J]. 高等教育研究, 2014, 35(10): 1–10.

② Moskal M, Schweisfurth M. Learning, Using and Exchanging Global Competence in the Context of International Postgraduate Mobility[J]. Globalisation, Societies and Education, 2018, 16(1): 93–105.

③ Gu Q, Schweisfurth M. Editorial: Rethinking University Internationalisation: Towards Transformative Change[J]. Teachers and Teaching: Theory and Practice, 2011, 17(6): 611–617.

高等教育在国际化发展的进程中，其结构、形式、政策等方面都发生了重大变化。[①]高等教育国际化主要表现在广泛的人员国际交流，既包括本国的师生出国进修、留学，也包括引进国外的师生交流。据统计，1970年全球范围内国际学生人数仅为39万，1980年、1990年、2001年和2010年国际学生人数分别增加到84万、117万、200万和370万，2016年全球范围内国际学生已达460万人。[②]美国高等教育专家菲利普·阿特巴赫指出：2025年全球范围内国际学生人数预计将达到800万。[③]目前，欧美等发达国家是主要的大学生留学目的地国家。2014年，美国、英国、中国、德国、法国、澳大利亚、加拿大和日本8个国家接收了全球69%的国际学生。[④]

我国是世界上最大的留学生输出国，输出总数占全球国际学生总数的四分之一。与此同时，2017年共有48.92万名外国留学生在中国高校学习，中国已成为亚洲最大留学目的地国家。据统计，改革开放40年，我国各类出国留学人员中共有313.20万名留学生在完成学业后选择回国发展，占已完成学业留学生人数的83.73%。党的十八大以来，留学回国人数不断攀升，到2017年年底，已有231.36万人学成归国，占改革开放以来回国总人数的73.87%。

高等教育国际化的另一显著趋势是高等教育机构的国际化，建立新型教育合作模式，包括跨国高校间的合作办学，如联合培养或双学位培养模式。在全球人员、知识、信息、技术、经济和政策加速流动的全球化背景下，建立全球范围的合作和联系已不只是一种发展方向，而是高校蓬勃发展必须具备的发展格局和重要资源。[⑤]高等院校国际化表现为本土国际化和海外国际化两种不同的发展方向。本土国际化是在本土的教育环境中引入国际化、跨

① Ryan J. Teaching and Learning for International Students: Towards a Transcultural Approach[J]. Teachers and Teaching: Theory and Practice, 2011, 17(6): 631–648.

② Institute of International Education. Project Atlas Infographics 2017. https://www.iie.org/Research-and-Insights/Project-Atlas/Explore-Data/2017-Project-Atlas-Infographics, 2018-02-22/2019-03-25.

③ Altbach P G. Higher Education Crosses Borders: Can the United States Remain the Top Destination for Foreign Students?[J]. Change: The Magazine of Higher Learning, 2004, 36(2): 18–25.

④ 马嵘, 程晋宽. 高等教育国际学生流动的新趋势及动因研究——基于国际组织相关数据报告的分析[J]. 大学教育科学, 2018(06): 47–53.

⑤ Dippold D. Classroom Interaction: The Internationalised Anglophone University[M]. New York: Palgrave Macmillan, 2015.

文化视角，使本国学生在不出国留学的前提下也能具有相应的国际素养和能力，主要表现形式为吸引海外师生前来学习交流，改革教学内容、方法和评估手段。[①]海外国际化以建立海外校区，跨国院校间合作办学、科研和交流项目为主要方式来发展和开拓教育的边境。[②]然而，特纳和罗布森将高等教育国际化发展模式和趋势区分为象征性的形式变化和深入性的本质变革。无论是本土国际化还是海外国际化，它们都只是高等教育形式上的发展过程。高等教育国际化应增强其内在驱动力，追求更加深入的变革：深化其文化内涵，树立正确的价值观和建立有效的国际合作，从而促进院校以及师生的可持续发展。[③]

高等教育的国际化为教育乃至全球的发展带来了巨大的机遇，但是也存在潜在的教育问题和意料之外的后果。[④⑤]高等教育国际化日益显现出市场化和产业化的趋势，使其成为全球市场中的“出口型商品”：教育为商品，学生为消费者，教师为提供商品的服务者。[⑥]世界经济合作与发展组织曾给出如下定义：“把市场机制引入高等教育中，使高等教育运营至少有如下一个显著的市场特征：竞争、选择、价格、分散决策、金钱刺激等，它排除绝对的传统公有化和绝对的私有化。”[⑦]由于各种驱动因素，例如经济利益、政治政策和人才的吸引，全球化在不同国家和不同机构之间产生了激烈的竞争。[⑧]

---

① Turner Y, Robson S. Internationalising the University[M]. London: Continuum, 2008.

② Knight J. Internationalization of Higher Education: New Directions, New Challenges[R]. Paris: International Association of Universities, 2006.

③ Song X, Mccarthy G. Governing Asian International Students: The Policy and Practice of Essentialising ‘Critical Thinking’ [J]. Globalisation, Societies and Education, Routledge, 2018, 16(3): 353–365.

④ Dassin J, Enders J, Kottmann A. Social Inclusiveness, Development and Student Mobility in International Higher Education: The Case of the Ford Foundation International Fellowships Program[G]//Internationalisation of Higher Education and Global Mobility. Symposium Books Oxford, UK, 2014: 23.

⑤ Knight J. The Changing Landscape of Higher Education Internationalisation—For Better or Worse?[J]. Perspectives: Policy and Practice in Higher Education, Routledge, 2013, 17(3): 84–90.

⑥ Ryan J. Teaching and Learning for international Students: Towards a Transcultural Approach[J]. Teachers and Teaching: Theory and Practice, 2011, 17(6): 631–648.

⑦ 李盛兵. 高等教育市场化: 欧洲观点[J]. 高等教育研究, 2000, 21(4): 108–111.

⑧ Habu T. The Irony of Globalization: The Experience of Japanese Women in British Higher Education[J]. Higher Education, 2000, 39(1): 43–66.

对于提供教育“商品”的大学和国家（地区）来说，经济利益是最直接的驱动力。国际学生的高学费及其生活费用已成为所在院校及当地经济的重要收入来源。①例如，以英国的研究生教育为例，2017—2018学年国际学生的国际课程学费从10000英镑到38000英镑不等，每年的平均学习成本至少为22200英镑。现在，英国约有46万名国际学生接受高等教育，每年学费收入约200亿英镑。路娜、夏永红认为，教育中的供求问题由市场机制来调节，可以实现大学的自主性以及经济学意义上的供求均衡。②然而，麦卡锡等人对大学的大规模市场化和产业化的发展进行了批判，并指出若市场成为大学发展的主导力量，这将是极为危险的现象。③

高等教育国际化的理念需要辩证的、批判性的思考，布兰登堡和杜威认为，教育国际化不应是简单形式上的扩大留学生规模、扩建校园，或是增加流动项目。④达辛等人面对高等教育空前大规模的国际扩张形势，也提出了对教育质量的担忧。⑤高等教育是追求质量与效率的社会体系，其国际化是适应时代发展的必然趋势，是学习和借鉴世界高等教育先进思想、经验和方法的有效途径和策略。总之，高等教育的发展既要适应本国的需要，又要顺应世界形势发展的需求；既要保持和发扬本国的传统和特色，又要学习和借鉴世界高等教育的先进思想、经验和方法。单一形式上的变化并不能满足全球化的需求，高等教育要想发展成为与全球化接轨、培养高水平人才的全球体系，还有很长的路要走。

（二）大学生提升国际素养的必要性和重要性

在全球化和高等教育国际化日益发展的大背景下，大学生的国际素养

① OECD. Education at a Glance 2018: OECD Indicators[M]. Paris: OECD Publishing, 2018.

② 路娜, 夏永红. 教育市场化的内涵、机制及政策取舍[J]. 国家教育行政学院学报, 2005(12): 46–49.

③ Mccarthy G, Song X, Jayasuriya K. The Proletarianisation of Academic Labour in Australia[J]. Higher Education Research & Development, Taylor & Francis, 2017, 36(5): 1017–1030.

④ Brandenburg U, De Wit H. Has International Education Lost Its Way[J]. The Chronicle of Higher education, 2011: 15.

⑤ Dassin J, Enders J, Kottmann A. Social Inclusiveness, Development and Student Mobility in International Higher Education: The Case of the Ford Foundation International Fellowships Program[G]//Internationalisation of Higher Education and Global Mobility. Symposium Books Oxford, UK, 2014: 23.

对其个人发展、社会进步、国家富强乃至世界和平都有着重要的意义。首先，培养大学生的国际素养是适应经济全球化形势的必然要求。全球经济进入后工业知识经济时代，人力资源已成为科学技术创新的一个关键指标，高素质、高技能劳动力成为一个国家经济持续发展和繁荣的重要资产，也成为一个国家竞争力的核心要素。面对国际化竞争的需求，各国都在积极采取措施应对全球化对于人才培养的挑战，一个共有趋势就是对学生国际素养的重视。[①②]培养大学生国际素养与吸引国际学生的能力已成为评估高等院校机构绩效和质量的标准。[③]我国2010年7月发布的《国家中长期教育改革和发展规划纲要（2010—2020年）》首次提出了“国际化人才”的概念，明确了国际化人才的具体内涵，即“具有国际视野、通晓国际规则、能够参与国际事务与国际竞争”。规划还将“各类人才服务国家、服务人民和参与国际竞争能力显著增强”列入教育发展的战略目标[④]，高等院校也开始将此纳入学生培养体系。

培养大学生的国际素养可以促进大学生对世界公民的身份认同，国际素养是大学生迎接国际化挑战和把握发展机遇的重要素质。用哈佛大学赖默斯教授的话来说，“在21世纪，国际素养对于所有学生来说都是必备的能力。我们应该习得的是成为世界公民来应对人类共同的挑战”。全球化的发展使世界变得越来越小，人们之间的联系也日益紧密，各国人民国际化流动加剧，移民规模空前壮大，以往的人口格局正在发生改变。据统计，如果将所有移民视为一个“国家”的公民，这个“国家”将成为世界人口第四大国，

① Wen W, Luo Y, Hu D. Bridging the Gap between Western and Chinese Evidence in the International Education Market[J]. China & World Economy, Wiley Online Library, 2014, 22(6): 87–102.

② Wen W, Hu D, Hao J. International Students' Experiences in China: Does the Planned Reverse Mobility Work?[J]. International Journal of Educational Development, Elsevier, 2018(61): 204–212.

③ Song X, Mccarthy G. Governing Asian International Students: The Policy and Practice of Essentialising 'Critical Thinking'[J]. Globalisation, Societies and Education, Routledge, 2018, 16(3): 353–365.

④ 国家中长期教育改革和发展规划纲要工作小组办公室. 国家中长期教育改革和发展规划纲要(2010—2020年)[R]. 北京: 2010.

仅次于中国、印度和美国。[①]人类生活的社会环境更加复杂多样，人们不断地接触不同的文化和群体。人类社会的急剧变化为全球带来了诸多矛盾和挑战。国际素养已成为一种很重要的社会能力，它不仅仅关系到个人的发展问题，而且关系到世界范围的社会问题。

国际素养可以让学生用国际化视角来分析和解决问题，以尊重、包容的方式与接受不同文化教育的人们交流，并且能够求同存异地充分利用差异来学习和欣赏异国文化。在如今这样错综复杂的世界环境中，人们每时每刻都在接触不同的理念、文化和价值观。大学生应该具有正确的认知，并且要对不同文化持有积极的态度，可以理解并解释自己的世界观和社会文化理念如何影响在日常生活中的思想和行为，同时可以兼顾他人的观点。[①]国际素养有助于世界人民和平共处、和谐团结。

（三）培养大学生国际素养的政策和实践

为了培养大学生的国际素养，各国及各高等院校制定了相应的政策法规并推动课程改革。除了通过引进、交流、合作办学等外生性方式外，还通过学校课程改革和校园文化建设等内生性方式培养学生的国际素养。[②]在2018年启动的新一轮国际学生评估项目测试中，国际素养成为重要的评测要点之一。2020年6月18日，《教育部等八部门全面部署加快和扩大新时代教育对外开放的意见》正式印发。意见把培养具有全球竞争力的人才摆在重要位置，坚持内外统筹、提质增效、主动引领、有序开放，对新时代教育对外开放进行了重点部署。并提出，持续推进涉及出国留学人员、来华留学生、外国专家和外籍教师的改革；提升我国高等教育人才培养的国际竞争力，加快培养具有全球视野的高层次国际化人才。美国于2000年颁布的《教育目标法》中，明确地提出了新时代的培养目标："采用目标新、与众不同的方法，使每所学校的每名学生都能达到知识的世界级的标准。要通过国际交流，努力提高学生的'全球意识''国际化观念'。"[③]

① Mansilla V B, Jackson A. Educating for Global Competence: Preparing Our Youth to Engage the World[M]. Omerso E. New York: 2011.

② 张蕾, 文雯. 青少年国际素养的影响因素研究——以某研究型大学的入学调查为例[J]. 华东师范大学学报 (教育科学版), 2018, 36(4): 44.

③ 刘咏梅. 论高等教育发展的国际化趋势[J]. 北京城市学院学报, 2005(3): 17–19.

增加国际学生的比例已成为全球各高校培养学生国际素养并获取高水平人才的一项重要战略措施，发达国家纷纷通过放宽留学规定、简化学生签证申请流程、允许学习期间打工等措施，推销优质的高等教育资源，吸引并网罗世界各地优秀的国际学生人才。[①②]如韩国政府2015年提出，到2023年在韩国际学生达20万人、占高等教育在校生的比例达5%的目标，为实现这一目标而采取的措施包括提供奖学金、允许开设国际专业或项目、扩大英文授课项目规模、增加毕业生在韩就业机会等。[③]法国作为目前全球第一大非英语国际学生留学目的地国家，规定获得法国职业型学士、硕士、博士、科学硕士或者专业硕士任一种文凭的学生在完成学业后均可申请在法居留许可一年，曾经留学法国并拥有法国硕士或者博士文凭的国际学生均可申请有效期为5年的法国多次往返签证。为了吸引更多的国际学生前去留学，澳大利亚决定自2016年起实施更为便捷的学生签证政策。此外，英国、俄罗斯等国家亦提出扩大国际学生规模的战略目标，并采取多种政策措施确保目标的实现。

随着我国经济高速发展和“一带一路”倡议的提出，中国正引发全球学生流动格局的变化。据统计，2014年“一带一路”国家来华留学人数已增长到171580人，占来华留学生的45.5%。[④]2020年6月18日发布的《教育部等八部门全面部署加快和扩大新时代教育对外开放的意见》进一步提出，优化出国留学工作布局，做强“留学中国”品牌，深化教育国际合作，鼓励开展中外学分互认、学位互授联授，扩大在线教育的国际辐射力。同时，通过“互联网＋”“智能＋”等方式，丰富中西部地区薄弱学校国外优质教育资源供给。

出国留学是主要的外生性解决方式之一。教育部数据显示，2017年我国出国留学人数首次突破60万大关，达到60.84万人，同比增长11.74%，持续保

① Suter B, Jandl M. Comparative Study on Policies towards Foreign Graduates: Study on Admission and Retention Policies towards Foreign Students in Industrialised Countries[M]. International Centre for Migration Policy Development (ICMPD), 2006.

② Chaloff J, Lemaitre G. Managing Highly-Skilled Labour Migration: A Comparative Analysis of Migration Policies and Challenges in OECD Countries[R]. OECD, 2009.

③ Bhandari R. A World on the Move: Trends in Global Student Mobility[R]. Institute of International Education, 2017.

④ 刘进, 张露瑶. “一带一路”沿线国家学生流动轨迹研究——基于UNESCO(2006—2015)数据[J]. 教育学术月刊, 2018(9): 97-106.

持世界最大留学生生源国的地位。2017年，我国出国留学人员目的地国家仍相对集中，多数前往欧美发达国家和地区求学，“一带一路”沿线国家成为新的增长点。2017年赴“一带一路”沿线国家留学人数为6.61万人，比上年增长15.7%，超过全体出国留学人员增速，其中国家公派3679人，涉及37个“一带一路”沿线国家。据统计，改革开放40年，我国各类出国留学人员累计达519.49万人。国家统计局数据显示，从总体趋势上看，中国学生出国留学人数总体上呈高速增长趋势，从1998年的1.76万人增加到2017年的60.84万人，增加了33.56倍。增长率方面虽经历了几次起伏，但除个别年份的年增长率为负外，其余年份的年增长率均为正，20年间年平均增长率达20.76%。

学校课程改革和校园文化建设等内生性方式对高等教育的国际化发展起着根本性作用，同时对培养学生的国际素养具有重要的指引作用。利斯克这样定义课程国际化：将国际化和跨文化维度纳入课程内容、教学评估过程以及辅助学习项目中。[①]她特别强调了知识、行为和作为（Knowing、Doing、Being）的多元化文化背景并主张国际化课程应该鼓励文化和语言的多样性并培养学生对自己作为国际公民的认识。许多国家及全球性教育组织积极倡导课程国际化，并将全球“通用技能”作为其毕业生的重要素质培养目标，并且以这一目标来指导其课程论的国际化发展。联合国可持续发展战略也将世界公民意识作为其重要目标之一。课程国际化不仅应该包括正式课程的国际化改革，还应该包括课外活动的国际化指引，从而为大学生提供全面发展的空间和机会。高等院校在应对这一国际趋势时，表现出独特的自主性。美国教育协会指出，美国超过半数的高等教育机构都将国际化素养、国际化视角作为其教育责任和义务，常用到的词语包括“全球视野”“全球胜任力”“与世界接轨”。例如，加利福尼亚大学将培养国际化人才、打造包容性校园学习环境作为其重要的教育目标。2016年7月，清华大学首次制定并启动实施了全球战略，明确提出要着力培养具备“全球胜任力”的拔尖创新人才，通过课程教学培养、国际教育项目和教师言传身教来实现学生能力的提升。

① Leask B. Internationalizing the Curriculum[M]. Routledge, 2015.

二、大学生国际素养的研究

（一）国际素养及其相关概念的定义[①]

目前，国内外文献并没有对国际素养这一概念从规范性、描述性和操作性上给予统一明确的界定。1993年，谢克特首次提出“国际能力”的概念，即学生要获得全球化背景下就业所需的能力和知识。之后，研究者们提出了一系列相关概念及框架[②]来对其进行指代，英文中对应的相关概念有global competence、cosmopolitan competence、intercultural competence、multicultural competence、global citizenship、cross-cultural competence 等，常用的中文概念有国际能力、国际素养、全球胜任力等。这些概念在外延上虽然略有差异，但在内涵上有共通之处。本章采用“国际素养”这一概念，是因为“素养”一词具有多层含义，不仅包括具体的相关知识和技能，同时还强调态度、品质等抽象层面的素质。

美国学者亨特对“国际素养”的界定最为经典，他将其定义为“积极了解国外文化规范的期望，持有开放的态度，并能够有效利用获得的知识在本国以外的环境里互动、交流及工作”[③]，这一概念强调了态度与行为之间的联系，也表明了国际素养的可测量性。类似地，亚洲协会从四个维度对国际素养进行了描述：（1）探索世界的渴望；（2）独到的视角；（3）有效的交际能力；（4）行动力。亚洲协会认为，在21世纪，具有国际素养的学生应具有主动了解世界并且改变世界的态度、热情、知识和能力。世界经济合作与发展组织在突出多元化和包容性的重要性的前提下，将国际素养定义为“从多个角度批判地分析全球和跨文化议题的能力；理解差异是如何影响观念、判断，以及对自我和他人的认知的能力；在尊重人类尊严的基础上，与不同背景的人进行开放、适宜、有效的互动的能力”。在这一定义的指导下，国际

---

① 张蕾, 文雯. 青少年国际素养的影响因素研究——以某研究型大学的入学调查为例 [J]. 华东师范大学学报(教育科学版), 2018, 36(4): 44.

② 刘扬, 孙佳乐, 刘倍丽, 等. 高等教育国际化: 大学生国际能力测评及影响因素实证研究 [J]. 复旦教育论坛, 2015(3): 79–85.

③ Hunter W D. Knowledge, Skills, Attitudes and Experiences Necessary to Become Globally Competent[M]. Lehigh University, 2004.

学生评估项目测试（2018）从知识与理解力、技能、态度三个维度考察全球大学生的国际素养。[①]在我国2016年9月发布的《中国学生发展核心素养》的总体框架中，“国际理解”“社会责任”“国家认同”共同被作为“责任担当”这一核心素养的三个构成要素之一，其中“国际理解”的内涵得到极大丰富：具有全球意识和开放心态，了解人类文明进程和世界发展动态；能尊重世界多元文化的多样性和差异性，积极参与跨文化交流；关注人类面临的全球性挑战，理解人类命运共同体的内涵与价值等。[②]

综合各权威学术机构及学者对国际素养的定义，共通的三点内涵包括：全球意识、开放包容的态度、相关的知识和技能。这三大主题之间是密切联系的，而不是独立存在的。[③]首先，就全球意识而言，具有国际素养的学生应该具有国际意识，对世界充满好奇心和探索的热情。学生本身的背景、经验、文化是其认识和探索世界的基础，但是培养全球意识要求其超越他们对所生活环境的认识，以全球的视角看待问题。其次，国际素养是指对来自不同文化的人、地域和经历的开放性和包容性的态度。这一内涵可以与世界主义的意识形态相联系[④]。世界主义是当今世界紧密联系、相互依存的全球状态，也是具有普遍性的意识形态，主张每个个体都是世界公民，每个世界公民都有独立自主地决定自我发展的权利。[⑤]世界主义将全球视为一个“世界国家”，全人类共同归属于同一个社会群体，包括全球共享的经济体制、包容的社会文化和政治结构。[⑥]具有国际素养的世界公民，应该尊重不同地域的文化、不同群体的行为习惯以及其他类别的差异性。最后，适应政治、经

① 刘帆, 文雯. PISA 2015 科学素养测评框架新动向及其对我国科学教育的启示[J]. 教育科学文摘, 2015, 42(10): 117–128.

② 张蕾, 文雯. 青少年国际素养的影响因素研究——以某研究型大学的入学调查为例[J]. 华东师范大学学报 (教育科学版), 2018, 36(4): 44.

③ Leask B. “Beside Me is an Empty Chair”: The Student Experience of Internationalisation[G]// Internationalisation and the Student Voice: Higher Education Perspectives. Routledge, 2010: 29–43.

④ Singh M, Rizvi F, Shrestha M. Student Mobility and the Spatial Production of Cosmopolitan Identities[G]//Gulson K N, Symes C. Spatial Theories of Education: Policy & Geography Matters. Routledge, 2007: 195–214.

⑤ Chatterjee D K. Encyclopedia of Global Justice: A–I[M]. Springer Science & Business Media, 2011.

⑥ Westerfield R E, Abbink J. Current Issues in Globalization[M]. Nova Publishers, 2004.

济和社会文化全球化趋势的相关知识和技能也是大学生国际素养的重要组成部分。例如，外语（尤其是英语）应用能力、交际能力、有效参与社会和全球事务、识别文化差异、评估跨文化行为、进行跨文化沟通与交流合作等一系列能力。这些能力都是可塑造、可获得的能力。

很多学者认为文化适应性是大学生国际素养的重要组成部分，笔者认为具有国际素养的大学生应该具有跨文化能力，来协调文化差异最终达到一种文化交融的平衡状态，而并非单一的文化适应性。因为文化适应性所传达的过程是单向的，即外来人员对目标文化的妥协和适应。以移民、难民、留学生等跨文化旅居者为对象的研究中，“文化适应”的概念经常被使用，但通常都是从适应、单向改变的视角进行分析。[①②]作为一般性的理论，“文化适应”包含与具有不同文化背景的人、群体之间的接触产生的变化。美国人类学家罗伯特·雷德菲尔德等人率先在学术领域引入“文化适应”的概念，并给出定义：当具有不同文化背景的各群体进行持续、直接的接触之后，双方或一方原有的文化模式因之而发生改变。[③]根据这个定义，“文化适应”通常被认为是文化自体引起的变化[④]；许力生认为，“跨文化能力”是不同的文化经过长期的接触、联系、互动、调整而彼此参照，相互吸收、转化的过程[⑤]。具有国际素养的大学生应具备灵活的跨文化能力，能够识别文化差异、评估跨文化行为、在不同的文化之间转换，从而超越单一维度的文化适应，有助于形成多元的价值取向，以更广阔的国际视角和开放的态度去看待问题和解决问题。

国际素养是一个复杂的概念。目前，各学术领域对国际素养并没有统一的定义，但可以肯定的是，国际素养不是单一的品质，而是世界意识、态

① Brown L, Holloway I. The Adjustment Journey of International Postgraduate Students at an English University: An Ethnographic Study[J]. Journal of Research in International Education, 2008, 7(2): 232–249.

② Wu W, Hammond M. Challenges of University Adjustment in the UK: A Study of East Asian Master's Degree Students[J]. Journal of Further and Higher Education, 2011, 35(3): 423–438.

③ Redfield R, Linton R, Herskovits M J. Memorandum for the Study of Acculturation[J]. American Anthropologist, JSTOR, 1936, 38(1): 149–152.

④ 司马云杰. 文化社会学[M]. 北京: 中国社会科学出版社, 2001.

⑤ 许力生. 跨文化能力构建再认识[J]. 浙江大学学报(人文社会科学版), 2011, 41(3): 132–139.

度、文化、知识技能等不同层面的综合品质。这也是现有文献就国际素养无法给出一致定义的原因，只是就其广义的含义、表现以及意义进行描述和总结。同时，国际素养是一个发展的概念，10年前的定义在很大程度上不再适用当下的形势，随着全球化的发展，国际社会对大学生的国际素养有了新的要求[①]，国际素养的内涵应该随时代的发展而变化。

（二）培养大学生国际素养的相关研究

大学生国际素养的培养是高等教育国际化发展的必然要求和主要特征之一，对高等教育的发展意义重大。国际素养的培养已引起教育者和研究人员的普遍关注。关于国际素养的研究主要有三大类，最常见的一类是行动研究，这类研究以国际素养必备的知识信息和技能为中心，重点讨论相应的教学方法、交换项目或是培训内容对于目标技能的习得，比如培养学生的跨文化素养以有效应对学生的多元文化背景。第二类是测量学的研究，主要从评价人才培养的角度，测量多元文化人才的能力及教育经历的质量。第三类研究较少，以学生的反馈和经历为焦点，大多采用定性的研究方法探索学校的教育活动对学生国际素养的影响。以下简述有关大学生国际素养研究文献的类别和趋势。

第一类研究主要是对某一种教学干预的探索并分析其教学效果。这类研究预先设定国际素养的相关品质和组成部分，一般采用实验研究方法，将影响因素分为自变量和因变量，将研究对象分为实验组和控制组，分教学前测和后测两个阶段来对比分析两个实验小组的教学结果差异。费舍尔研究了国际素养培训课程对文化本质主义信仰和“文化智商”的影响[②]。费舍尔假设国际素养培训课程可以提高学生的“文化智商”和跨文化意识。培训项目包括6个讲座、1个模拟游戏和1个行为改变课程，时长为期4周。对49名学生在参与培训前和培训后的评分进行对比。研究表明培训课程提升了学生的文化意识，但是学生的“文化智商”分数有明显降低。学生反馈此次培训使他们意

① Deardorff D K. Identification and Assessment of Intercultural Competence as a Student Outcome of Internationalization[J]. Journal of Studies in International Education, 2006, 10(3): 241–266.

② Fischer R. Cross-cultural Training Effects on Cultural Essentialism Beliefs and Cultural Intelligence[J]. International Journal of Intercultural Relations, 2011, 35(6): 767–775.

识到自己对国际、文化相关知识了解甚少，同时激励他们了解更多的国际信息，提升文化意识。作者认为，简短的4周课程对提升学生的国际素养具有积极有效的影响，因此号召高校设置培训课程以增强学生的国际素养。

同样采用实验研究方法，库什纳和张研究了短期（8—15周）海外教学实践对于师范生国际素养的影响①。学生被分为三组：第一组为参与海外教学的学生；第二组为参与海外教学并且每隔2—3周回答一些跨文化反思问题的学生；第三组为控制组，即留在本校没有海外教学经历的学生。库什纳和张分别在此次经历前和经历后测评了学生的国际素养。研究结果表明，单一的海外教学经历不足以提升学生的国际素养或跨文化能力，需要师生有意识地对跨文化问题深入地进行思考和探讨。这一研究发现与范德伯格等人的主张相同：国际素养不会因为学生进入新的文化而自然获得，仍需要教育人员有技巧地引导和干预。②通过分析学生参与瑞典和法国的短期学习经历，邓恩等人得出类似的结论，并指出，如果教育者能够平衡发展学生在情景型的论文作业、理论阅读以及反思中的投入，对培养学生的国际素养具有事半功倍的效果。③

第二类研究以全面准确地测量学生的国际素养为目的，探索不同的测量方法的利弊以及国际素养的含义。迪尔多夫视国际素养为高等教育国际化的教育成果之一，他利用调查问卷和深度访谈的混合研究方法深入地研究了国际素养的定义及测量方法④。迪尔多夫认为，学生的国际素养虽然是广泛且抽象的概念，但是仍可以测量。其测评应该具有一定的周期而不是单纯的某时间点。研究中，来自美国不同高等院校的23名国际素养领域专家和24名高等教育机构的行政人员结合他们对国际素养的教育研究和测评经验，给出了切

① Cushner K, Chang S C. Developing Intercultural Competence Through Overseas Student Teaching: Checking Our Assumptions[J]. Intercultural Education, 2015, 26(3): 165–178.

② Berg M V, Paige R M, Lou K H. Student Learning Abroad: What Our Students Are Learning, What They're Not, and What We Can Do About It[M]. Stylus Publishing LIC, 2012.

③ Dunn A H, Dotson E K, Cross S B, etal. Reconsidering the Local After a Transformative Global Experience: A Comparison of Two Study Abroad Programs for Preservice Teachers[J]. Action in Teacher Education, 2014, 36(4): 283–304.

④ Deardorff D K. Identification and Assessment of Intercultural Competence as a Student Outcome of Internationalization[J]. Journal of Studies in International Education, 2006, 10(3): 241–266.

实中肯的意见。研究发现，10所高等院校中有9所院校采用学生访谈的方式来测评其国际素养的水平，其他常用的测评方法还有论文阐述、演讲展示、自我评估、学生日记、课堂评估等。测评行政人员及专家学者一致认为，定量和定性混合的研究方法是最有效的测量方法。克拉耶夫斯基与迪尔多夫采用了同样的研究方法，测量了澳大利亚麦考瑞大学的本科生和研究生的国际素养水平，并将其作为评估教学质量和毕业生学习成果的重要标准之一[①]。参与研究的22名专家、学者和208名学生对于国际素养的理解有很大的差异。95%的受访学生认为学生对于原生文化和传统的理解对于其国际素养的培养有重要作用，然而只有65%的受访学生同意这一观点。同样的差异化认识表现在对行为适应能力的看法上，90%的受访学生认为使自己的行为适应目标文化是必备的国际能力，而只有74%的受访学者认同这一观点。大多数的受访国际留学生认为外语能力是国际素养的重中之重。克拉耶夫斯基的研究表明，测量国际素养方式的主观性以及培养学生国际素养的教育者和被培养的学生对于目标概念理解存在差异。

第三类研究从学生发展的角度来探索国际素养的内涵，以及不同的教育活动和学习项目对学生国际素养的影响。学生的切身学习经历和感受对于发展学生国际素养以及日后融入全球化的工作环境具有重要的影响。然而，学生的观点常常被忽视。基于国际化大学中130名来自不同国家、具有不同文化背景的本科生对于国际素养含义的理解，乌达格等人运用定性研究方法对国际素养的内涵进行了深入的探索。乌达格等人主张深入理解学生对于国际素养这一含义的解读是满足其需求和提高其相关能力的首要条件。因此，他们以学生的观点和经历为中心，对现有的国际素养的定义进行了批判性的讨论。他们指出，大学生倾向于从交际、交流和文化和谐等方面来理解国际素养。多数大学生将国际素养定义为，能够与来自不同文化的人交流、互动并且能够理解其观点的能力。不同于现有的研究发现，受访学生更重视对于异国文化的认识和理解，而不是过度依赖于其原生文化。受访学生还指出，包容和公平公正的态度是提高其国际素养的首要基础。同样以学生的反馈和留学经历为中心，莫斯卡尔等人在2013—2015年，通过对88名非西方国家的留

① Krajewski S. The Next Buddha May Be a Community: Practising Intercultural Competence at Macquarie University, Sydney, Australia[M]. Cambridge Scholars Publishing, 2011.

学生在留学期间和留学回国后两个阶段进行访谈，深入探索了国际留学生在英国高校学习过程中发展其国际素养所遇到的挑战、局限和优势，以及留学后对国际素养重要性的反思和具体实践方法。[①]研究表明，受访学生高度重视国际素养，但是大部分学生认为国际素养的相关素质和技能很难在短暂的留学生活中获得，也没有给他们在工作中带来显著优势。受访学生认为他们的国际素养提升主要表现在他们对自己原生文化更深入的认识，对异国文化更包容的态度以及与具有其他文化背景的人更强的交际能力。

这三种类型的研究代表了现有文献中关于国际素养研究的主要趋势和结论。前两类研究一般认为，国际素养是可塑造、可获得的。通过对相关培训和测试的分析，这两类研究旨在探索提升学生国际素养的方式。而第三类研究将国际素养视为需要终身学习的、发展中的品质，以学生的观点和发展为中心，从而深入探索国际素养在不同情境中的内涵及其实际意义。

（三）影响大学生国际素养的主要因素

现有文献主要研究有关国际素养的培养、测量和学生发展。但是具体研究国际素养影响因素的文献较少。张蕾、文雯于2015年通过量化研究分析学生家庭背景、就业期望、高中教育经历等因素如何影响中国大学新生国际素养的获得。[②]家庭背景通常包括家庭收入、父母受教育程度、父母职业等。研究表明家庭背景变量对学生国际素养的获得具有显著影响，高收入家庭能够负担起较高的教育支出，为子女提供良好的居住条件与学习环境等物质保障。在布劳—邓肯地位获得模型中，父亲的教育程度和职业对子女的能力获得具有显著的正向影响。关于家庭背景对子女教育的影响路径，有学者认为是教育分流使得来自优势家庭的学生更可能获得高质量的教育资源，从而达到更高的教育程度与职业地位。国内相关研究也证明了优势社会阶层子女更容易获得优质教育资源。就国际素养而言，来自优势家庭的孩子更有可能就读于拥有较多国际素养培育资源的学校，获得与具有不同文化背景的人的沟

---

① Moskal M, Schweisfurth M. Learning, Using and Exchanging Global Competence in the Context of International Postgraduate Mobility[J]. Globalisation, Societies and Education, 2018, 16(1): 93-105.

② 张蕾, 文雯. 青少年国际素养的影响因素研究——以某研究型大学的入学调查为例[J]. 华东师范大学学报 (教育科学版), 2018, 36(4): 44.

通机会甚至进行海外交流的机会。刘扬、孙佳乐、刘倍丽、李名义等人研究发现，大学生的国际素养受个人特征和家庭影响。[①]优势家庭的学生从父母处学到的习惯、态度、性情、知识技能等，能够作为文化资本帮助他们更好地融入学校组织文化，潜移默化地作用于学业。从社会资本的视角分析，社会经济地位较高的家庭习惯于建立社会网络，及时获取信息，更多参与子女教育，从而积累社会资本，提升孩子的能力。

外语（尤其是英语）能力是国际素养极为重要但并非唯一的构成部分，是有效的沟通和交际能力的前提。蒙等三人通过调查206名中国留学生在比利时的学习经历，发现外语能力（英语和当地语言）对中国留学生的国际素养培养具有十分重要的影响，同时也在很大程度上影响学生的社会联系和学习适应。[②]反过来，参加研究的大学生的国际素养水平也影响他们外语的应用能力和在当地的融入情况。外语是有效交流的工具，也是学生了解其他信息的重要渠道。良好的外语水平能够帮助留学生更好地融入社会，与外界建立有效的联系。然而，外语能力对于国际素养的培养不是决定性的因素。许文生强调，国际素养并非必然地与某种语言相联系，跨文化交际能力不同于跨文化能力。[③]外语水平的确对于交际、沟通有着重要的影响，但是国际素养是超越语言和特定文化范畴的能力，它使具有不同文化背景的人们能最大限度地相互沟通、相互理解。

就业期望显著影响大学生的国际素养。目前，国内外直接研究就业期望对于国际素养影响的文献并不多见，主要研究的是就业期望对能力的影响。在威斯康星教育获得模型中，除了教育分流、文化资本和社会资本理论外，还引入了心理学变量，进一步推动了有关家庭背景影响能力获得的中介机制研究。这一心理学变量就是通常所说的“期望”或“志向”。需要说明的是，期望与志向有相似之处，但比较而言，期望比志向更具现实意义，它

① 刘扬, 孙佳乐, 刘倍丽, 等. 高等教育国际化: 大学生国际能力测评及影响因素实证研究[J]. 复旦教育论坛, 2015(3): 77–83.

② Meng Q, Zhu C, Cao C. Chinese International Students' Social Connectedness, Social and Academic Adaptation: The Mediating Role of Global Competence[J]. Higher Education, 2018, 75(1): 131–147.

③ 许力生. 跨文化能力构建再认识[J]. 浙江大学学报（人文社会科学版）, 2011, 41(3): 132–139.

是在综合考虑个体能力、以往学业表现、家庭经济能力等实际条件后形成的愿望。教育期望与职业期望对学生的教育获得具有直接影响，高期望转化成精神动力促进学生能力的发展，进而影响其社会地位的获得与收入水平。国内学者研究发现，父母学历越高，大学新生越愿意选择具有较高社会声望的职业。受教育程度更高的家长通常更可能从事较高社会地位的职业，有较高的收入，拥有更多资源，更可能为孩子提供良好的教育条件，增长孩子的见识，也更可能会潜移默化地使孩子有意向从事具有较高社会地位的职业。不同家庭结构类型的孩子在选择进入公共部门还是非公共部门就业的意愿上也存在差异。

留学经历对大学生国际素养的影响是一个饱受争议的话题。有从事大学生国际流动及留学生海外学习的研究人员认为，海外留学经历能够丰富学生的跨文化学习，开拓学生的国际视野和包容差异性。[①]辛格等人通过研究中国留学生在澳大利亚的学习经历发现，学生留学后会以“局内人”和“局外人”双重身份和视角来看待国内外的问题，为其处理问题提供了更多思想空间。古等人研究发现留学生在经历一系列生活和学习上的挑战之后培养了跨文化适应的能力。[②]从理论上来说，国际化大学校园应该会为学生提供广泛的交流和互动学习的机会，然而，在很多研究案例中，国际性的教育流动对于留学生的国际素养提升并无明显的影响。例如，安德森等人探索了英国本地学生和留学生在多元化的英国大学学习环境中的体验。[③]研究发现，很多受访者倾向于自我孤立，两个群体学生之间的相处障碍，包括文化差异、生活习惯、宗教信仰、语言能力等问题。国际流动或是形式上的与来自不同国家的同学在一个课堂里学习并不能使学生自动获得国际素养。布鲁克斯和沃特斯也提出了类似的质疑——留学生在出国留学的过程中到底能多大程度上

---

① Wang S. International Students' Participation in Intercultural Classrooms at a UK University[D]. University of Glasgow, 2020.

② Gu Q, Schweisfurth M, Day C. Learning and Growing in a *Foreign* Context: Intercultural Experiences of International Students[J]. Compare, 2009, 40(1): 7–23.

③ Hyland F, Trahar S M, Anderson J, etal. A Changing World: The Internationalisation Experiences of Staff and Students, Home and International, in UK Higher Education[J]. Higher Education Academy, 2010, 7(18): 16–22.

获得提升其国际素养的机会。[①]

在本土大学的学习中，科学系统的国际化课程设置对培养学生的国际素养具有积极的作用。布鲁克斯等人提出，在课程中融入国际模块和资料、国际案例分析、多元化的学生团体、模拟跨文化交流等教学模式可以有效地培养大学生的国际素养[②]。受家庭背景影响，很多大学生无法负担出国留学的经济成本，但是这并不会阻碍大学生国际素养的发展。如果高校和教师共同引导，学生亦能通过本土大学教育提升自己的国际素养，但国际化的课程设置和改革是关键。

三、对培养中国大学生国际素养的启示和思考

（一）平衡国际社会和本土环境，构建中国特色的国际素养体系

“国际”“全球”“世界”是高度情境化的概念，它们深刻地嵌入社会、历史、文化因素中。因此，全球背景下的国际素养界定和测量极其复杂，需要同时考虑国际社会和本土环境，应更多地考虑民族意识、历史文化认同等因素。[③]乌达格等人指出，现有的国际素养理论框架及内涵大多从西方国家的视角发展而来，以英国、美国、澳大利亚学者的观点为主。[④]西方学者对于国际素养的讨论大多以个人为单位，讨论个人应该展现出来的意识、态度和知识技能。相对于西方的国际素养理论框架，非西方国家学者的理念更倾向于集体主义层面，如某一社会群体或是社会联系。关于中国大学生国际素养含义的解读，应结合我国的教育现状和国情，具体问题具体分析。如何结

① Brooks R, Waters J. Student Mobilities, Migration and the Internationalization of Higher Education[M]. Springer, 2011.

② Brookes M, Becket N. Developing Global Perspectives Through International Management Degrees[J]. Journal of Studies in International Education, 2011, 15(4): 374–394.

③ 张蕾，文雯. 青少年国际素养的影响因素研究——以某研究型大学的入学调查为例[J]. 华东师范大学学报 (教育科学版), 2018, 36(4): 44.

④ Oda Z, Wallin H R, Kedzior K K. Definition of Intercultural Competence According to Undergraduate Students at an International University in Germany[J]. Journal of Studies in International Education, 2016, 20(2): 118–139.

合中国特色的政治经济文化情境构建中国大学生国际素养评估体系，有效促进大学生提高国际合作与竞争能力，还有很长的路要走。

（二）出国留学并非培养大学生国际素养的必要途径

高等教育国际化对于培养大学生的国际素养具有重要的作用。高等教育的核心使命是人才培养和知识发展。[①]全球化经济发展要求各高校面向世界培养人才与国际接轨，使其具有广阔的国际视角、知识及技能，从而具备理解和应对国际事务的能力。高等教育国际化促进大学生的国际流动，从而使大学课堂更加多样化和多元化。部分研究表明，学生流动以及多元的课堂环境有助于学生国际素养的培养。[②]布鲁克斯和沃特斯发现，教育国际化有助于培养大学生的跨文化意识和技能、全球视野以及对不同事物的理解和包容。[③]也有研究反对此观点，认为在很多情况下教育流动与学生的国际素养并无直接关系。例如，莫斯卡尔等人指出，虽然世界各大院校为了吸引留学生入学大力宣传其教育具有提升学生国际素养、增加就业概率的价值，但受访大学生反映国际素养并不会因为留学而自然发生，是需要学生自主提高认识，充分利用各方面资源才能获得的素质。出国留学的经历有助于学生接触异国文化从而激励其发展国际素养。但是，国际素养是错综复杂且多层面的能力，需要人们终身学习，短暂的海外学习经历对于国际素养的培养没有绝对的积极作用。国际素养不仅仅是对“其他人”的认识和理解，更多的是自我认识——自身的态度、价值观和自我意识，需要学生有意识地反思和训练。[④]

---

① 眭依凡. 高等教育现代化的理性思考[J]. 高等教育研究, 2014, 35(10): 1–10.

② Amit V. The Limits of Liminality: Capacities for Change and Transition Among Student Travellers[G]// Human Nature As Capacity: Transcending Discourse and Classification. Berghahn Books New York, 2010: 54–71.

③ Brooks R, Waters J. Student Mobilities, Migration and the Internationalization of Higher Education[M]. Springer, 2011.

④ Leask B. Internationalizing the Curriculum[M]. Routledge, 2015.

（三）深化课程改革，提升本土高等教育国际化水平

在国际高等教育日益商业化和产业化的趋势下，各高等院校应该抵制教育商品化的产业结构，加强本土高等教育国际化，深化课程改革，引入国际化、跨文化视角，使本国学生在不出国留学的前提下也能具有相应的国际素养和能力。学生国际化素养的培养应成为高等教育的必要组成部分，应贯穿各门学科而不是额外的课程。大多数欧洲国家、澳大利亚早在20世纪90年代就开始广泛地扩大其员工培训和课程国际化的规模，以便使得没有机会出国留学的学生也可以获得国际素养，从而更好地适应全球化的国际社会。①现有文献综述对国际素养的批判性讨论，对于我国高等院校开展国际素养教育具有重要的指导意义和启示。课程国际化并不只是形式上的引入全球的范畴，而应该加强学生对于国际素养的认识和理解。只有学生充分理解这一概念的内涵才能自主提高自己的国际素养水平。各高校应继续深化课程国际化的改革，借鉴海内外高校的成功经验，建立认知和理解多元文化的课程体系，加强大学生国际素养实践和应用方面的培训，在解决全球化社会问题的同时，帮助学生成为具有高国际素养的人才，要认识到对异国文化和群体的包容与开放的态度是解决全球范围内的经济、政治和生态紧张局势的关键。各高校还应积极引导师生共同建立和谐民主的学习环境，担负起建设国家、保障教育质量的社会责任。

① Leask B. 'Beside Me Is an Empty Chair': The Student Experience of Internationalisation[G]// Internationalisation and the Student Voice: Higher Education Perspectives. Routledge, 2010: 29–43.

第十一章　中国大学生学习发展的收获与满意度

一、大学生学习发展的结果及增值性评价

以促进学生的成长和发展为宗旨，已经成为高等教育领域公认的理念。但什么是学生的成长和发展？学生的成长和发展具体表现在哪些方面？它的内涵和外延是什么？如何测量和评价？这些问题直到今天仍在争论和探索之中。在国际高等教育大学生发展理论视角下，大学生的成长和发展问题具体化为学业成就的理解之争。从当代大学生学习发展理论来看，有关学业成就的探讨主要集中在两个方面：学业成就内容和评价方式，而对内容的选择往往也同时决定了评价方式。

美国高等教育学者乔治·库总结发现，目前英美学者对大学生学业成就的分析有两种思路：第一种思路主要关注与学科性学习有关的成绩，如考试分数、学分绩点等。[①]帕斯卡雷拉和特伦兹尼发现，考试分数能够预测学生持续学习的可能性、获得学位的概率、研究生入学机会，大学生一年级的成绩对于学生学业成就和学位获得至关重要。[②]第二种思路主要关注大学后的经济收益和生活质量，如美国高等教育政策研究所分析了四类与大学相关的成果和效益（公共经济效益、私人经济效益、公共社会效益、私人社会效

---

① Kuh G D, Kinzie J L, Buckley J A, et al. What Matters to Student Success: A Review of the Literature[M]. Washington, DC: National Postsecondary Education Cooperative, 2006.

② Pascarella E T, Terenzini P T. How College Affects Students: A Third Decade of Research. Volume 2[J]. Jossey-Bass, An Imprint of Wiley, 2005.

益），发现个人和社会都能够通过高等教育获得收益。[①]

乔治·库进一步提出，从学习和个人发展角度，大学生的学业成就至少可以从以下五个方面进行描述[②]：

（1）认知复杂性：认知技能，包括反思性思维、批判性思维（如准确总结信息、感知不同信息来源的逻辑一致性、辨别主题和模式的能力）、定量推理和智力灵活性（即对新思想和不同观点的开放性）。

（2）知识获取和应用：理解来自一系列学科和自然、地理、经济、政治、宗教和文化现实的知识，以及将知识与日常生活联系起来的能力，包括使用不同分类信息的能力。

（3）人道主义：理解人类的差异，包括提高对他人需求的敏感度。

（4）人际和个人内部能力：一个连贯的、综合的个人属性（如身份、自尊、自信、正直、对生活和自然世界的审美和精神品质的欣赏、公民责任感）和技能（与不同的人合作的能力）。

（5）实际能力：管理个人事务（如时间管理、决策）的能力、经济上自给自足和具备职业技能的能力。

从现代大学制度在中国落地生根起，中国学者对大学生学习与发展方向的思考就从未停止。1922年，梁启超在《为学与做人》的演讲中提出，进学校是要“学做人”，而达到做人的目的，则需要从智育、情育和意育三个方面做到“智者不惑，仁者不忧，勇者不惧”。1948年，冯友兰在《论大学教育》的演讲中提出，大学教育除了给人专业知识外，还需要让人养成一个清楚的脑子、热烈的心，这样他对社会才可以了解、判断，能够欣赏以往、现在所有有价值的东西。这些观点都说明，中国学者对大学教育的目的、大学生成长发展的方向主要秉持着一种整体论的观点，即大学生的成长是身心的全面发展，而非某个方面的孤立进步。

近年来，大学生的学习发展也是中国高等教育研究者关注的重点问题。一些中国学者结合中西方视角，总结提出了有关大学生学习发展的概念和理

① Merisotis J, Wellman J. Reaping the Benefits: Defining the Public and Private Values of Going to College[J]. Washington DC: Institute for Higher Education, 1998.

② Kuh G D, Kinzie J L, Buckley J A, et al. What Matters to Student Success: A Review of the Literature[M]. Washington, DC: National Postsecondary Education Cooperative, 2006.

论。岳伟认为，当前我国教育目的观中，社会本位倾向非常明显，这种忽视个人发展和完善的教育目的观落在实践中，便导致了现实教育的极度功利化和受教育者的物化，教育应该回到促进“人的自我实现”上。[①]岑逾豪基于“中国大学生学习与发展追踪研究（CCSS）”项目调查数据，提出“大学生成长的金字塔模型”，认为学生在大学期间有四个范畴的收获，分别为知识、技能、个人意识和社会能力。在上述某个范畴或其细分领域取得收获的学生，往往是主动思考并设定学习结果目标，在各个情境中投入有效教育实践，并对学习收获和学习期待之间的差距进行阶段性反思的个体。[②]

由于大学生学业成就的多元化趋势，许多国家和地区以及相关国际组织开始积极探索高校学生的学业成就与学业参与状况的评估机制。日本学者吉田文创建了学业成就与评估方式的两维分类框架[③]。

表11-1　大学生学业成就评价分类

		教学内容/活动与学业成就的相关性	
		直接性	间接性
学业成就的评估方式	直接性	模式1：对高校学生的学科专业知识能力进行直接评估的测量指标。例：学科专业的科目考试、毕业考试、平均学分绩点、毕业论文等相关评估指标等	模式3：对高校学生通过高等院校学习所掌握的通用性能力或胜任力进行直接评估的测量指标。例：美国大学学业水平评估、大学学习评估，澳大利亚的毕业生技能评价等
	间接性	模式2：对高校学生的学科专业知识能力进行间接评估的测量指标。例：学分、毕业率等	模式4：对高校学生通过在高等院校学习所掌握的通用性能力或胜任力进行间接评估的测量指标。例：学生学业成就调查、学生满意度调查、学生学业参与调查等

从吉田文的框架（见表11-1）来看，大学生学业成就的评价内容既有外显的，也有内隐的；既有关注当前的，也有关注未来的。评价方法有自评，

① 岳伟. 促进人的自我实现: 一种新的教育目的观[J]. 南京师范大学报(社会科学版), 2008(1): 79-84.

② 岑逾豪. 大学生成长的金字塔模型——基于实证研究的本土学生发展理论[J]. 高等教育研究, 2016, 37(10): 74-80.

③ 鲍威. 大学生学业成就增值效应研究[J]. 江苏高教, 2015(1): 65-69.

也有他评。其中，模式3和模式4重点关注大学生在学期间获得的增值性成长。增值性评价理论是当代国际大学生学习与发展领域最重要的评价理论。该理论试图剥离学生大学前的教育经验以及个人背景，强调院校对大学生成长的增值性影响。1985年，美国著名教育学家泰勒提出，应分析学生在整个大学就读期间或某个阶段的学习过程、学习结果，描述学生在学习上进步或发展的“增量”。美国著名高等教育学者奥斯汀也认为，增值评价主要关注学生从进入大学到毕业离开大学期间所发生的变化，学生质量是大学质量的根本体现，大学真正的质量在于大学对学生认知和情感发展的影响程度，学生大学期间学习和发展的变化越大，那么学校对学生发展的影响也越大，学校的质量就越高。

增值性评价对中国高等教育学术和实践领域的影响较大。学者刘海燕认为，学生的增值是学校教育质量的根本体现，增值评价改变了大学以往过多以“输入”为标准、以经验判断为主要依据的评价模式，构建起了以学习者为中心，以可显现证据为基础，以教育过程、学生学习结果为核心的一套新的教育质量评价体系，是对以往高等教育评估模式的超越，也是美国大学回归大学之道的根本体现。[①]鲍威认为，大学生的学业成就指的是，通过高等院校学习引发的学生个体的变化或收益。高等教育在学生能力提升中的增值效应可以归纳为核心胜任力、公民意识和专业素养三个维度。鲍威通过实证研究发现，在中国高等教育中，增值效应最为明显的是专业素养的提升，其次是公民意识（增值得分0.3），核心胜任力的增值幅度（0.2）相对较低。[②]

综上所述，国际高等教育现有研究文献对大学生成长与发展维度的考量，主要以增值性评价为主线。从国内文献来看，目前有关大学生成长发展的研究虽然有所积累，但基于学生自我报告的增值性视角、采用大规模调查数据来呈现、对大学教育教学过程有指导反馈功能的研究结果还比较少。本章将以大学生自我报告的学术性与社会性发展增值水平、大学生成长与收获的满意度作为指标，对中国大学生的成长发展进行综合考察。

---

① 刘海燕. 美国高等教育增值评价模式的兴起与应用[J]. 高等教育研究, 2012, 33(5): 96-101.

② 鲍威. 大学生学业成就增值效应研究[J]. 江苏高教, 2015(1): 65-69.

二、中国大学生的学术性与社会性发展

近年来，有关大学人才培养“重智轻德”的现象及其引发的道德和法律问题备受社会关注。

高等教育是国家人才培养的主要阵地。在马克思主义“人的全面发展”理论指引下，结合中华民族伟大复兴的时代要求，中国共产党领导下的中国高等教育始终坚持全面发展的人才培养目标。习近平总书记在2018年全国教育大会上提出，“要在增强综合素质上下功夫，教育引导学生培养综合能力，培养创新思维”。在2019年纪念五四运动100周年大会上，习近平总书记再次强调：“把青年一代培养造就成德智体美劳全面发展的社会主义建设者和接班人，是事关党和国家前途命运的重大战略任务，是全党的共同政治责任。”近年来，为提升高等教育人才培养质量，国家推进“双一流”建设战略，要求高校“着力培养具有历史使命感和社会责任心，富有创新精神和实践能力的各类创新型、应用型、复合型优秀人才”。可见，高等教育不仅要促进大学生的学术性发展，也要强调学生的社会性成长，使人才的综合素质得到提升。

（一）大学生学术性与社会性发展的理论

近年来，大学生他杀、自杀事件不时见诸报端，引起我国高等教育研究者等对大学生成长的思考。很多学者提出，大学仅仅关注学生的专业知识学习是远远不够的，精神世界和情感世界的贫乏以致畸变，往往比知识的贫乏危害性更大。[①]在大学生习得知识和技能的同时，也要关注其社会性成长。有着很好社会性发展的个体，一方面能够站在他人的角度对问题进行思考，另一方面也能够通过习俗和社会系统对他人的行为方式和观点进行理解

① 吴文君，张彦通. 教育交往促进大学生社会性发展的机制探析[J]. 河南社会科学，2018，26(5): 113–116.

和认识。[①]大学教育应该在"知识育人"与"社会强人"两个方面发挥重要作用[②]。

美国教育学家汀托提出，学校存在两个子系统——学术系统和社交系统，学生能否较好地融入两个子系统对学习成果和是否退学会产生重要影响。汀托据此提出学生交互理论，即学生进入大学之后要经历学术和社会整合的三个阶段：分离阶段，指学生要离开并维护与原生家庭和高中朋友的关系；转化阶段，指学生开始适应新的环境并且感觉到脱离原有生活；并入阶段，指完全融入并接受新的大学环境。在汀托看来，大学生的辍学大多是因为没有能够有效脱离原生家庭和社区并接受学校机构的价值观和行为方式[③④⑤]。因此，提高学生学术和社会整合水平对学生拥有学校归属感和成功毕业有重要作用。

从心理学上看，人本主义心理学家马斯洛强调"认知需要"在人的自我实现中的重要作用。他提出，认知需要对人的幸福感有重要意义，"满足认知冲动能够使人主观上有满意感，并且产生终极体验"[⑥]。心理学家埃里克森的成长阶段性理论认为，成年早期（18—40岁）的主要矛盾是亲密对孤独的冲突[⑦]。要解决这一矛盾，需要人自身建立牢固的自我同一性，同时学会与他人、与社会相处。

综上所述，学术性和社会性发展是大学生成长的两个维度。学术性发展主要指大学生在知识获取、技能进步、科学思维和方法训练等方面的成长；社会性发展主要指大学生处理自我与他人关系的成熟度、自我同一性、社会责任感等方面的发展。作为心智日趋成熟、人格日趋稳定的青年大学生，社

① 陈楠. 立足于社会性发展视角探究大学生心理健康教育[J]. 现代经济信息, 2019(22): 369-370.

② 叶柏森. 当代大学生社会性的构成要素与生成路向——兼论现代大学教育的社会主义核心价值观引领[J]. 黑龙江高教研究, 2016(2): 118-120.

③ Tinto V. Dropout From Higher Education: A Theoretical Synthesis of Recent Research[J]. Reviewof Educational Research, 1975(45): 89-125.

④ Tinto V. Leaving College: Rethinking the Causes and Cures of Student Attrition[M]. Chicago: University of Chicago Press, 1987.

⑤ Tinto V. Leaving College: Rethinking the Causes and Cures of Student Attrition[M]. Chicago: University of Chicago Press, 1993.

⑥ 亚伯拉罕·马斯洛. 动机与人格[M]. 许金声, 等, 译. 北京: 中国人民大学出版社, 2007: 18-41.

⑦ 彭聃龄. 普通心理学（修订版）[M]. 北京师范大学出版社, 2001.

会性发展是其成长的重要组成部分，它直接决定着大学生能否很好地适应社会、服务社会。[1]

（二）大学生学术性和社会性发展研究设计

本研究使用的数据来自清华大学教育研究院史静寰教授主持的“中国大学生学习与发展追踪研究”（CCSS）项目2011—2017年的数据。CCSS项目的关注重点是大学生在校期间的学习投入情况，采用的问卷分为两个部分：A部分主要反映学生大学期间的经历，包括其学习行为、学习态度、课外活动参与情况、自我感知的学习结果，也包括学生对所在院校教育教学行为和各方面支持的评价，以及对整体在校经历和自身成长发展的满意度；B部分为学生背景信息，主要反映学生人口统计学特征、家庭社会背景、大学前教育经验等内容。问卷所有数据均采取学生自我报告的形式。2011—2017年，获得有效随机样本共492220个，每年最小样本量为43343个，最大样本量为93367个。样本涵盖了一流大学建设高校、一流学科建设高校和普通本科院校，同时涵盖了13个学科门类、一至四年级大学生。

表11-2　大学生学术性与社会性发展指标及题项

	一级指标	题项	α值
大学生发展	学术性发展	广泛涉猎各知识领域	0.9178
		深厚的专业知识与技能	
		良好的口头表达能力	
		良好的书面表达能力	
		熟练运用信息技术的能力	
		数据和统计信息的分析能力	
		批判性思维	
		解决现实中的复杂问题	
		运用创新性的观点或方法解决问题	
		好奇心与想象力	
	社会性发展	与他人有效合作的能力	0.8492
		灵活应变能力	
		组织领导能力	
		确立、明晰人生观和价值观	
		明确自己未来的发展规划	

① 吴文君, 张彦通. 教育交往促进大学生社会性发展的机制探析[J]. 河南社会科学, 2018, 26(05): 113-116.

表11–2将大学生发展分为学术性发展和社会性发展两个方面。统计结果表明，两个一级指标的克隆巴赫系数均超过0.75，说明指标内部信度较好。

（三）大学生学术性和社会性发展研究发现

1.大学生学术性和社会性发展的类型特征

对学术性发展和社会性发展进行聚类，获得四类特征学生，分别为：（1）学术性较弱、社会性较强（简称“社会型”）；（2）学术性、社会性均弱（简称“均弱型”）；（3）学术性较强、社会性较弱（简称“学术型”）；（4）学术性、社会性均强（简称“均强型”）。结果如图11–1所示，横轴为学术性发展，纵轴为社会性发展。

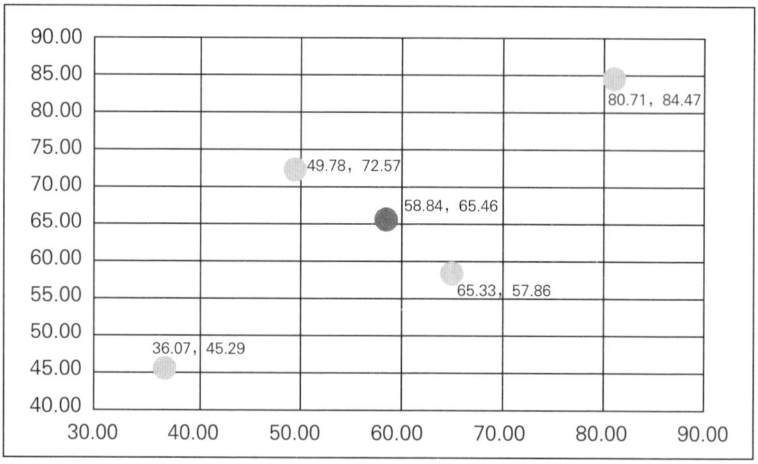

图11–1　大学生学术性发展和社会性发展分类

2.大学生发展四类群体的比例年度变化

2011年，大学生群体中比例最高的是社会型和均弱型，而2017年比例最高的是均强型和学术型。这表现出大学生群体中，学术型群体崛起、社会型和均弱型群体减少的趋势。说明从2011年到2017年，中国高等院校在促进学术与社会性发展上进步显著，但相比于社会性发展，更强调学术性发展（见图11–2）。

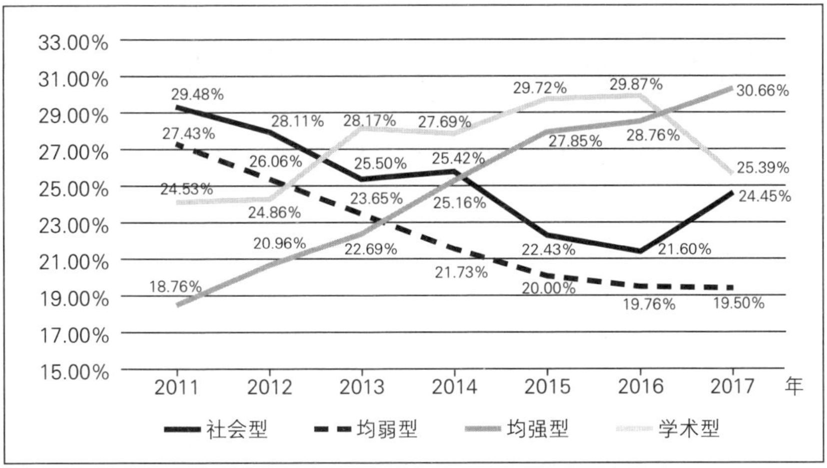

图11-2　大学生发展四类群体的比例变化

3.大学生发展四类群体的院校分布

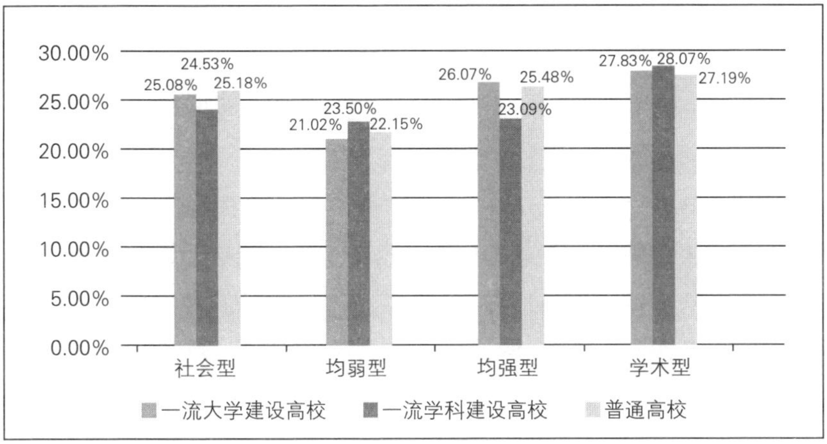

图11-3　大学生发展四类群体在不同类型院校的分布比例（2017年）

从不同院校类型的截面数据来看，2017年一流大学建设高校中均强型和学术型群体最多，社会型群体其次，均弱型群体比例较低；一流学科建设高校中社会型和学术型群体较多，均弱型和均强型群体则基本持平；普通高校中学术型群体比例较高，社会型和均强型群体比例基本持平，均弱型群体比例较低（见图11-3）。

从2011—2017年的数据来看，社会型、均弱型群体在三类院校都呈现减少趋势，而均强型、学术型群体都呈现增加趋势。其中社会型群体减少最多的是一流大学建设高校，而均弱型群体减少最多、均强型和学术型群体增加最多的都是一流学科建设高校。同时，普通高校在减少均弱型群体、增加均强型群体方面的表现较好。这充分说明近年来中国各类院校在促进大学生学术性和社会性增值性发展方面具有较好成效，且非顶尖大学的人才培养效果提升明显（见图11-4）。

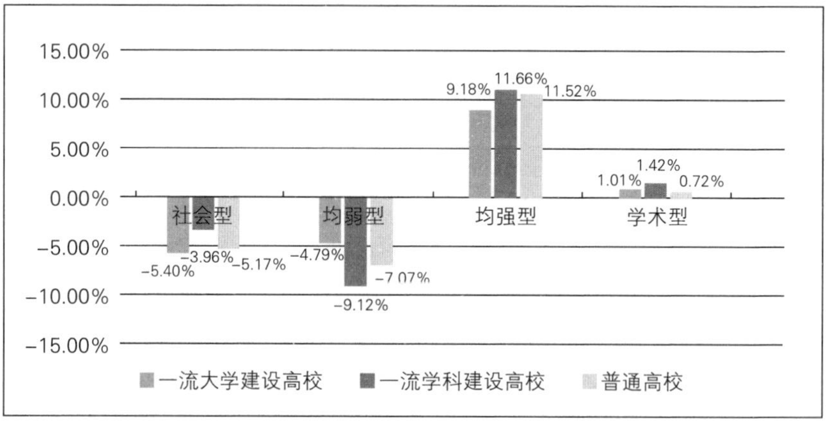

图11-4　大学生发展四类群体在不同类型高校的比例变化（2011—2017年）

4.大学生发展四类群体的年级变化

大学生在不同年级的增值性发展呈现不同效果。随着年级升高，均强型和学术型群体比例增加，社会型群体略微下降，均弱型群体比例大幅度减少。这表明大学本科四年的教育过程对大学生学术性与社会性增值性成长的促进作用比较明显（见图11-5）。

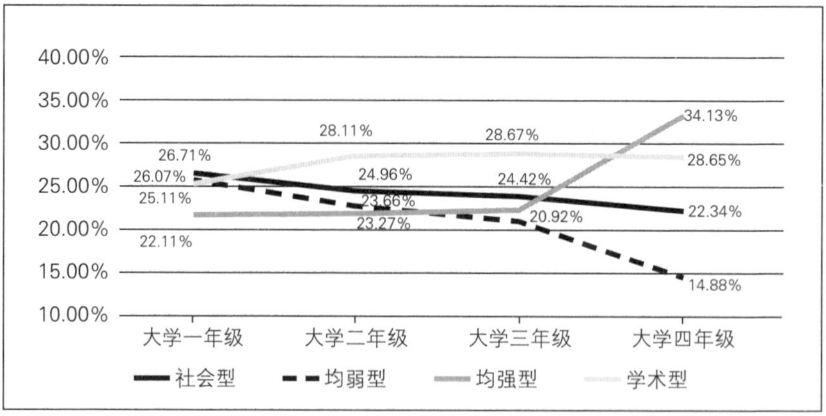

图11-5　大学生发展四类群体在四个年级的分布

5.大学生发展四类群体的性别差异

不同性别的大学生在大学期间的增值性成长存在差异。男生群体中，学术型群体比例显著高于其他类型群体；女生群体中，社会型群体比例显著高于其他类型群体；男、女生在均弱型、均强型群体上的比例基本持平。说明不同性别的大学生在学习发展风格上存在差异，男生在大学期间的增值性成长主要体现在知识、技能、创新思维等方面，女生则主要体现在人际沟通、自我认识等方面（见图11-6）。

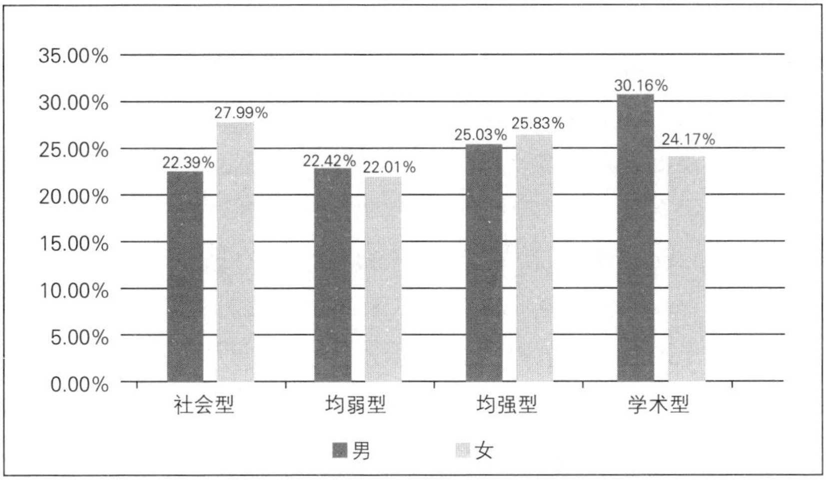

图11-6　大学生发展类型在四个年级的分布

（四）小结

本小节将大学生的学习收获分为学术性和社会性两个维度，并采用“中国大学生学习与发展追踪研究”（CCSS）的2011—2017年数据，对大学生发展维度进行聚类。研究发现，根据两个增值性收获维度，大学生群体可以分为四种类型，分别是社会型、学术型、均弱型和均强型。从时间发展趋势来看，2011年到2017年，中国大学生群体中，学术型群体比例增长较快，均弱型群体比例下降较快；非顶尖院校中，均强型群体比例显著增长，均弱型群体比例显著减少。这些情况说明，近年来中国高等院校积极促进了大学生在知识、技能、创新思维、问题解决能力等方面的增值性成长。从年级来看，随着年级升高，均强型和学术型群体比例有所提升。说明大学四年的学习经历对大学生增值性成长有积极影响。从性别来看，除了均弱型和均强型群体比例相当之外，男生更容易获得学术性发展，女生更容易获得社会性发展，这一发现能帮助研究者理解大学教育实践对不同性别的影响机制。

三、中国大学生自我成长与收获的满意度

2014年6月4日，中国教育在线发布的《2014年高招调查报告》显示，随着入学适龄人口数量的急剧下降，高等院校正遭遇前所未有的生源危机和质量危机。生源危机显示为参加高考的人数下降、大学招生计划无法完成等现象；质量危机表现为大学过分重视招生，却忽视内涵建设，导致人才培养质量低下、大学生就业率持续走低等问题。由此造成的后果是，一些学生学费占收入结构比例较大的地方院校遭遇生存危机。

实际上，从20世纪90年代开始，由于国家财政对教育拨款减少，西方尤其是英美国家的一些大学为了克服生存危机、改进大学教育质量、吸引生源，开始进行大学生满意度调查。其中比较著名的有1993年美国加利福尼亚大学高等教育研究机构开展的“中国大学生学习与发展追踪研究”（CCSS）调查、2000年美国诺埃尔・莱维茨公司设计进行的全国大学生满意度调查、2005年英国政府组织的全国范围的大学生满意度调查等。

大学希望通过满意度调查，从学生视角对学校各种教育活动的质量进行评估，为学校改进教育教学和管理提供依据，以达到优质办学、吸引生源的目的。而相关研究也显示，学生对学校的满意度确实能影响院校的生源和办学情况。宾的研究发现，口碑效应是学生们选择就读某个院校的理由之一。[①] 柴德维克和沃德的研究发现，对学校感到满意的学生，在校友经济贡献、积极的口碑宣传、子女入学母校、关照母校毕业生等方面都有类似于顾客重复购买行为的影响。[②]

① Bean J P, Bradley R K. Untangling the Satisfaction-Performance Relationship for College Students[J]. The Journal of Higher Education, 1986(57): 393-412.

② Chadwick K, Ward J. Determinants of Consumer Satisfaction with Education: Implications for College and University Administrators[J]. College and University, 1987, 62(3): 236-246.

可见，提高大学生满意度确实有助于提升大学口碑，吸引更多生源。对面临生存危机的许多大学来说，如何提高大学生满意度已成为迫切需要回答的问题。

（一）大学生成长满意度相关文献综述

对相关文献进行初步梳理分析发现，已有文献对在校大学生的满意度调查主要从心理学和教育学两个方向展开。心理学研究倾向于调查大学生的“生活满意度”，并将其看作一种主观幸福感①；而教育学研究倾向于研究和调查在校大学生的“求学/学习/学业满意度”“专业满意度”“教育质量满意度”等。根据本章研究对象，以下的文献分析主要基于教育学的研究视角。通过分析梳理，发现有关大学生满意度的文献主要有以下几个特点：

第一，已有调查和研究主要以“顾客—服务者”的视角来定位大学生与大学之间的关系，如英国的大学生满意度调查主要建构在市场经济消费者理论②之上，道格拉斯的研究采用了产品服务包的框架③，李对英国、美国两国大学生满意度的比较研究依据了顾客服务理论④。而国内一些研究也强调学生作为“顾客”在大学教育质量评价中的作用⑤⑥⑦。有的调查研究强调大学作为“教育产品提供者”、学生作为“教育产品消费者”的身份，主张大学应该根据学生对各项教育活动的重要性和满意度判断来开展教育活动。⑧⑨

① 陈丽娜, 张建新. 大学生一般生活满意度及其与自尊的关系[J]. 中国心理卫生杂志, 2004(4): 222–224.

② 杨晓明. 学生满意度调查在英国大学管理中的作用[J]. 大学教育科学, 2008(1): 101–104.

③ Douglas J, Douglas A, Barnes B. Measuring Student Satisfaction at a UK University[J]. Quality Assurance in Education, 2006, 14(3): 251–267.

④ Mai L W. A Comparative Study between UK and US: The Student Satisfaction in Higher Education and Its Influential Factors[J]. Journal of Marketing Management, 2005, 21(7–8): 859–878.

⑤ 常亚平, 侯晓丽, 刘艳阳. 中国高校大学生求学满意度测评体系和评价模型研究[J]. 高等教育研究, 2007(9): 82–87.

⑥ 洪彩真. 高等教育服务质量与学生满意度研究——以福州、厦门、泉州高职院校为例[D]. 厦门大学, 2007.

⑦ 房保俊, 陈敏. 工科本科教学质量学生满意度影响因素分析[J]. 高等教育研究, 2010(6): 78–83.

⑧ 韩玉志. 学生满意度调查在美国大学管理中的作用[J]. 教育发展研究, 2006(5): 62–65.

⑨ 文静, 史秋衡. 大学生学习满意度的要素与结构探析[J]. 宏观质量研究, 2013(3): 87–94.

第二，与“顾客—服务者”的视角一致，现有研究大多将大学生满意度看作大学生对学校教育各项活动的评价，因此在研究中依据学校教育活动分类构建起测量满意度的指标框架或要素集群。[①②③]如文静将大学生满意度测量维度划分为教学引导、环境影响和学生群体三部分；斯杜卡琳纳将满意度测量维度划分为执行环境、物理和技术环境、教学环境和心理环境四部分[④]；常亚平等将满意度测量维度划分为课外活动、教学课程管理、个人发展、教师职业素质和职工服务意识五部分[⑤]；全英学生满意度调查划分为教学过程、作业评判及反馈、学术支持、组织管理等八部分；诺埃尔·莱维茨公司的美国大学生满意度调查划分维度最多，包括了学术咨询、教学效果、安全与保卫等十二个部分。以上研究和调查的成果主要依据不同维度描述和测量的大学生对学校教育各项活动的满意度水平。

第三，大学生满意度相关因素研究中，现有文献主要关注学生个人和家庭背景、院校教学质量与学生满意度的关系。在个人和家庭背景方面，现有文献研究了性别、年级、生源地、是否独生子女、家庭经济社会背景等因素与满意度的相关性，但由于统计对象和方法不同，形成了不一致的结果。有些研究发现不同性别学生的满意度存在差异[⑥⑦]，而有些研究则持相反结果，指出性别差异对学生满意度无显著影响[⑧]。学生生源地不同是否导致满意度不同也存在结果不一致的情况。不同年级学生的满意度存在差异得到了比较一

① 杨晓明. 学生满意度调查在英国大学管理中的作用[J]. 大学教育科学, 2008(1): 101–104.

② Lo C C. How Student Satisfaction Factors Affect Perceived Learning. Journal of the Scholarship of Teaching and Learning, 2010, 10(1): 47–54.

③ 文静. 大学生学习满意度：高等教育质量评判的原点[J]. 教育研究, 2015(1): 75–80.

④ Stukalina Y. Identifying Predictors of Student Satisfaction and Student Motivation in the Framework of Assuring Quality in the Delivery of Higher Education Services[J]. Business, Management and Education, 2014(12): 127.

⑤ 常亚平, 侯晓丽, 刘艳阳. 中国高校大学生求学满意度测评体系和评价模型研究[J]. 高等教育研究, 2007(9): 82–87.

⑥ 洪彩真. 高等教育服务质量与学生满意度研究——以福州、厦门、泉州高职院校为例[D]. 厦门大学, 2007.

⑦ 李振祥, 文静. 高职院校学生满意度及吸引力提升的实证研究[J]. 教育研究, 2012 (8): 71–76.

⑧ 刘俊学, 李正辉, 等. 大学生求学满意度影响因素及其程度的实证研究[J]. 高等教育研究, 2006(11): 91–97.

致的研究结论[①③]。独生子女因素和家庭年收入对满意度的显著影响也得到了证实。在院校教育教学质量与大学生满意度的相关性上，主要观点集中在几个方面，一是学校环境和学习风气[②③]，二是教师职业素质和教学绩效[④]，三是课程教学质量[⑤⑥]，四是物理和技术环境、教学基础设施等[③]。

综上所述，现有研究在描述大学生满意度现状、揭示其影响因素等方面取得了一些有益发现。笔者认为，要推进这一领域研究的进一步深入，有必要厘清下述问题：

第一，现有研究强调大学作为“服务者”的角色，却忽视了大学作为“教育者”的角色。大学生作为“教育顾客”与普通市场顾客相比，具有不同的本质特征。从大学的角度来看，虽然现代大学面临从精英教育领地到大众教育消费场所的转变，大学教育“服务者”的角色也日益凸显，但大学最重要的角色仍然是“传道、授业和解惑者”。作为教育者的大学，需要依据国家、社会文化的要求培养学生。因此大学对学生的教育带有自上而下引导、强制和规训的属性，这就决定了大学不可能完全按照学生的喜好来开展教育工作。从学生的角度看，大学生大多处于青年初期，心理和思想尚未成熟，并不完全具备判断什么样的教育教学方式是对自己的学习和发展有利的能力。因此把学生对学校教育教学活动及相关工作重要性的判断当作学生的需求并据此开展和改进教育工作，并不一定能够真正提高人才培养质量。

第二，现有大学生满意度调查大多以帮助学校改进某项工作为目的，是一种学校自我检查的过程，它关心的是学校工作的开展情况，而非大学生的学习收获和成长。而教育部在2013年12月发布的《普通高等学校本科教学工

① 田澜，王鑫强. 影响大学生学业满意度的因素分析[J]. 中国行为医学科学，2007(3): 255–257.

② 常亚平，侯晓丽，刘艳阳. 中国高校大学生求学满意度测评体系和评价模型研究[J]. 高等教育研究，2007(9): 82–87.

③ Butt B Z, Rehman K U. A Study Examining the Students Satisfaction in Higher Education[J]. Procedia – Social and Behavioral Sciences, 2010, 2(2): 5446–5450.

④ Elliott K M. Key Determinants of Student Satisfaction[J]. Journal of College Student Retention: Research, Theory & Practice, 2002.

⑤ Lee G, Jolly N, Kench P, etal. Factors Related to Student Satisfaction with University[J]. Proceedings, 2000: 1–8.

⑥ Ali Kara, Oscar W, Deshields, Jr. Business Student Satisfaction, Intentions and Retention in Higher Education: An Empirical Investigation[J]. Marketing Education, 2004(3): 1–25.

作审核评估方案》中，明确提出要将“学生对自我学习与成长的满意度”作为本科教学工作审核的指标之一。这种调查看起来是“以学生为本”，实际上是“以学校为本”。类似调查均采用大学生对某项教育工作的主观评判的分数来测量满意度，因此其调查结果可以回答的问题是：大学生对学校该项工作的主观感受如何？这样的调查结果对改善学校客观条件可能会有所帮助，因为学生对客观条件的好坏有清晰的判断标准。但对于提高教育教学质量来说，这样的满意度调查并不能起到应有的作用。大学教育过程是一个“黑匣子”，很多影响大学生成长和发展的因素往往蕴藏在一些学生自身尚未能感知的教育教学活动中，他们对这些工作的质量评价标准可能并不清晰。在这种情况下，学生做出的满意度判断很难告诉我们教育工作中能够对学生成长产生积极作用的因素到底是什么。

正因如此，大学生满意度调查不能仅仅关注学生对外在教育活动的评价，更重要的是关注其对自身成长和收获的内在评价。大学教育工作应该指向学生的成长和发展。评价学校条件或某项教育活动的价值如何，重要的是看这些条件、活动是否能让学生有所收获，是否能帮助学生更好地成长。具体到学生的满意度调查，除了要看学生对学校某一工作或某些条件的评价意见外，更要关注学生对自己在校期间的收获与成长的满意程度。他们是否感觉到收获的快乐，是否感激这段成长经历，是否愿意推荐其他人来体验这种经历。学生对于这类问题的判断相比于其对“教师教学质量”等问题的判断会更为准确。而这种关于“成长和收获”的满意度才真正反映学生对大学学习经历的成就感和满足感。更重要的是，通过分析与大学生成长和收获满意度相关的因素，可以回答大学教育工作的重要问题：对于大学生的成长来说，什么东西是最重要的？怎样的教育活动是最有价值的？这正是本研究希望回答的问题。

（二）大学生成长满意度理论框架

满意度的构成一般有两个方面，一是人的需求和期望，二是这种需求和期望得到满足、产生了愉悦感，表现这种感觉强烈程度的指标即为“满意度”。本研究认为，对于大学生而言，其整体就学经历的“满意度”应该被定义为大学生对于自身成长和发展的需求在大学期间得到满足的程度。学生的成长和发展是大学教育的主要目的，学生考试成绩、就业表现等指标是对这一目标的外在测量，而以学生自身感知为依据的、对自身在大学学习经历中获得成长和收获的“满意度”则是更为重要的内在指标。本文关于大学生满意度的探究限定在“成长和收获”方面，认为大学生成长和收获的满意度是基于学生自身需要之上的主观体验，它本质上反映的是学生对大学环境及经历与自身成长需要匹配程度的感知，是对自己在大学期间整体成长和收获满意程度的判断。

人的成长和发展基于一些条件。在大学教育情境下，这些条件一方面是大学生由内而外表现出的各种需要的满足程度，另一方面则是学校教育者从外向内的支持和引导的水平，两者缺一不可。

从学生角度来说，依据心理学需要理论，人类为了取得终极自我实现目标，需要满足生理、安全、归属和爱、自尊、认知等几个基本需求①。这些需求在大学教育情境中可以得到一一对应：生理需要是指与动物本能相关的食物和性方面的需要，主要反映在餐饮等设施上；安全需要是指对安全、稳定、依赖、保护等方面的需要，主要反映在医疗和基本生活保障上；归属和爱及自尊的需要包括感情的付出和接受以及强烈希望在团体和组织中获得位置的欲望，主要反映在大学生的人际关系上；认知需要是指渴望满足好奇心、了解、解释和理解等欲望，主要反映在学习感知上；自我实现的需要指向一种使人的潜力得以实现的倾向，主要反映在大学生认识自我、超越自我方面。

从学校角度来说，学校教育者需要引导学生的发展。大学为此目标所开展的各项活动构成了一个从外部可显性因素到内部隐性作用机制结合在一起的系统。在最外层，为保障学生正常学习，大学需要提供基本的经济、学业、健康、就业等方面的指导和支持；第二层，大学需要通过营造良好的师生、同伴、管理人员与学生等人际关系氛围影响学生行为、态度及人格的发展；第三层，大学需要通过最核心的教育行为——以课程为主体的有效教学实践和以课外活动为主体的高影响力教育活动促进学生的认知发展；最后，大学教育的终极目的，在于帮助学生树立正确的世界观、人生观和价值

① 亚伯拉罕・马斯洛. 动机与人格[M]. 许金声, 等, 译. 北京:中国人民大学出版社, 2007: 18–41.

观，帮助学生进行科学的人生规划，从而唤醒学生的心灵，促进学生的自我认识。

基于上述分析，本研究依据心理学需要理论和学校教育影响力理论，构建将学生成长需要与学校教育教学工作融为一体的“大学生成长需要与学校教育影响力分析框架”（见图11-7），深入回答“大学生满意度调查到底能告诉我们什么”这一问题。

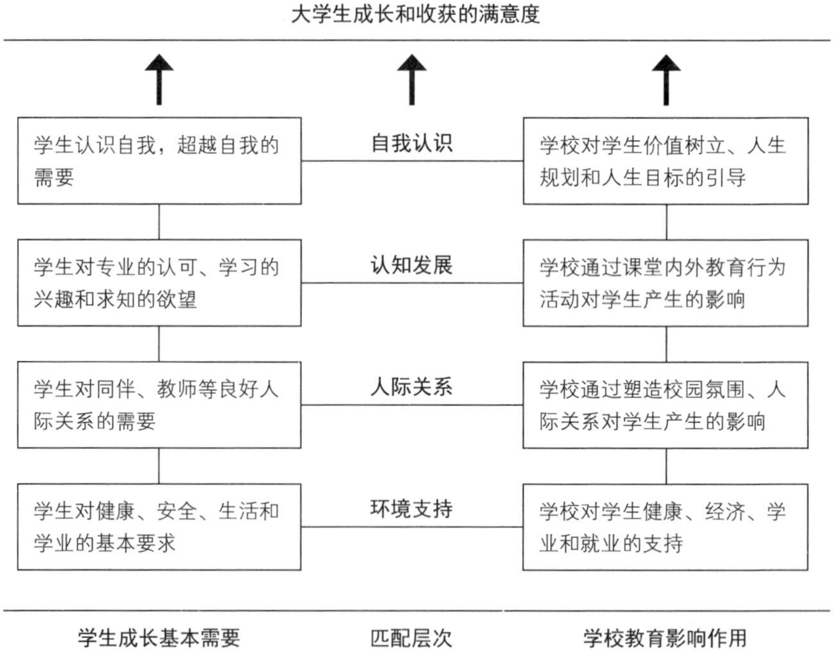

图11-7　大学生成长需要与学校教育影响力分析框架

在这一分析框架中，本研究将大学生这一特定群体在大学学习生活这一特殊阶段的发展整合为四层，分别命名为环境支持、人际关系、认知发展、自我认识，每一层分别对应“学生成长基本需要”（左侧）与“学校教育影响作用”（右侧）。笔者认为，学校发挥教育作用的前提是学校环境及工作与学生本身的成长需求相契合，学生的成长需要具有发展性、阶段性、层次性特征，只有当学校所提供的教育和支持与学生在每一个层次上的成长需要相匹配且被学生感知时，才能对学生产生正面影响，使其成长和发展成为可能，学生对自身发展的感知也会更加强烈。例如，学生在校学习的最基本需求是学校具有安全、健康的学习生活环境，与之相匹配，学校最基本的工作是为学生提供这些条件和保障；学生在校学习是其社会化的重要过程，学生对人际交往和学习处理人际关系的需求与学校提供的人际交往环境和支持具有契合点；学生在校学习是认知能力发展的重要阶段，学校能否通过课内外教育活动满足学生的认知发展需要，提高学生的知识能力水平，是衡量学校水平和学生满意度的重要方面。自我认识是人类认识的最高层，是学生自我认识需要和学校价值观、人生观引导的契合点。当学生每个层次的需要均获得支持、得到满足时，学生更好的成长和发展才成为可能，学生对自身发展的感知才更加强烈。总之，通过学生满意度调查，我们不仅能够了解学生对学校相关工作的满意程度，还能通过将学生对客观情况的反映与其对自身各方面能力成长收获的感知相联系，得出学校的教育教学活动“是否令人满意”的答案。

基于以上分析框架，本研究对第二个研究问题进行了如下假设：大学生成长需要和学校教育影响作用在环境支持、人际关系、认知发展和自我认识四个层次存在不同匹配水平，而大学生成长和收获满意度与这四个层次存在显著正相关关系。

本研究运用定量研究方法回答引言中提出的两个研究问题：对全国范围学生调查数据进行描述性统计分析，回答目前我国高校本科生成长和发展整体满意度如何的问题，采用多元线性回归分析方法验证理论框架假设，回答哪些因素对高校本科生成长和发展整体满意度有积极影响的问题。此外，在定量研究结果的基础上，本研究深入院校实地调查，试图对结果有更好的解释。本节具体介绍定量研究使用的调查工具、样本和计量模型。

（三）大学生成长满意度研究设计

1.数据来源和样本情况

本研究使用的数据来自“中国大学生学习与发展追踪研究”（CCSS）2014年数据。自2009年以来，该项目已经在全国大学生中进行了5次调查，参与院校累计超过100所，参与学生累计超过30万人次。问卷工具的信度和效度都达到社会科学统计检验水平。

2014年，CCSS项目在全国40所本科院校内部发放问卷94395份，回收问卷63454份，回收率为67.22%。因测谎题未通过或A部分缺失超过$\frac{2}{3}$及以上而删除问卷486份，得到有效问卷62968份，回收问卷的有效率为99.23%。本研究所使用的数据为依据年级、学科和性别进行分层随机抽样而获得的样本，共55529份。样本分布情况如表11–3所示，样本涵盖了7所“985工程”大学、9所“211工程”大学和22所地方本科院校（大学）。每所大学的样本数，最小值为612份，最大值为2656份。样本涵盖了除军事学以外的12个学科门类。为使分析结果具有代表性，本研究在分析过程中均使用了样本权重。

表11–3 样本分布情况①

	类别	样本数	加权比例（%）		类别	样本数	加权比例（%）
学校类型	“985工程”大学	8582	7.08	独生子女	非独生	24144	52.09
	“211工程”大学	9708	8.47		独生	29191	47.91
	地方本科院校	36303	84.45	学科	基础文科	4032	7.57
性别	女	25754	46.99		应用文科	13624	37.21
	男	28839	53.01		基础理科	5746	5.77
户口	非农业	27452	45.93		应用理科	31168	49.45
	农业	25972	54.07	年级	一	16677	26.45
生源地	非本市	39663	74.41		二	15001	25.62
	本市	13726	25.59		三	14690	26.20
					四	8225	21.73

2.计量模型和变量测量

为回答第二个研究问题，以大学生对自身成长和收获的满意度为因变量，以学生对学校在环境支持、人际关系、认知发展和自我认识四个层次上所提供支持的感知和评价为解释变量，构建多元线性模型，回归方程如下：

① 为了使回收数据具有全国总体代表性，项目依据学校类型、年级、学科和性别计算了每个样本的权重，本研究的分析均为加权分析。

$$HR=\alpha+\beta_1 ES+\beta_2 HI+\beta_3 ETP+\beta_4 HA+\beta_5 LA+\beta_6 SR+\beta_7 X+\beta_8 SD+\varepsilon$$

其中*HR*代表大学生对自身成长和收获的满意度，*ES*代表环境支持，*HI*代表人际关系，*ETP*、*HA*和*LA*分别代表认知发展层面的有效教学实践、高影响力教育活动和学习吸引力，*SR*代表自我认识。*X*代表控制变量，包括学生就读院校类型（是否为“985工程”大学或“211工程”大学）、学生性别、户口、生源地、是否为独生子女。此外为控制学生的社会称许性反应，即故意按社会称赞的方式答题以美化自己的答题行为，也为了避免由于学生自我汇报导致的自变量和因变量同时受学生心理状态影响的内生性问题，模型还控制了学生在社会称许性指标上的得分（*SD*），该指标来自问卷中一个短量表，根据Crown-Marlowe量表汉化、挑选而成。模型中α代表成长和收获满意度的截距，β_j代表每个变量的回归系数（j=1，2，…，8），ε代表方程随机误差项。

CCSS项目2014年问卷为模型中的因变量和解释变量提供了测量量表。问卷详细询问了学生对于学校具体教学行为、课外活动、人际互动和对学生各方面支持力度的评价和感知，如“本学年教师是否做到了清晰解释课程目标（4点量表，没做到—完全做到）”“在大学中，你与他人的关系如何（7点量表，极差—极好）”等，以及学生对自己学习动力、收获和满意度的自我评价，如“本学年，你的学习动力如何（7点量表，很弱—很强）”“大学学习生活是否使你在确立、明晰个人人生观、价值观上得到提高（4点量表，很小—很大）”等，各变量的最小值均为0，最大值均为100。学生在这些题目上自我报告的答案既是他们对客观事实的评价，更代表了他们主观上对内在需要和学校提供的支持匹配程度的感知。表11-4展示了各指标具体的构成题项、指标信度和描述性统计，各指标的克隆巴赫α系数均达到0.6以上，具有较好的内部一致性。表11-5展示了各指标之间的皮尔逊相关系数，最大不超过0.5，说明存在共线性问题的可能性较小。

本研究所有统计分析均使用软件Stata13.0进行，并在回归中使用样本权重。同时，为纠正同一学校内学生的相互影响，即样本残差不独立的问题，本研究在回归估计时以学校为单位对残差进行了聚类。

表11-4　各测量变量的基本情况和描述统计①

变量代码	变量标签	题干和题项	观测值	平均值	标准差
HR	大学生成长和收获满意度（α=0.912）	（满意度，1—非常不满意，7—非常满意）：个人在校期间整体的收获和成长，整体就读经历，大学期间学术经历，在学期间社交经历	53222	60.02	20.90
ES	环境支持（α=0.823）	（大学强调，1—非常强调，4—不强调）：为你的学业提供支持与帮助，为你的身心健康提供支持与服务，为你的就业提供指导与帮助，帮助你应对经济问题、完成学业	53680	63.27	20.24
HI	人际关系（α=0.811）	（在大学中与他人关系，1—没有帮助，7—有帮助）：同学，任课教师，学生系统工作人员，行政管理人员	53666	67.79	19.67
ETP	有效教学实践（α=0.931）	（任课教师是否做到，1—完全做到，4—没做到）：清晰解释课程目标，明确提出课程要求，合理安排教学内容，使用案例或图示解释难点等，指导作业，指导学习方法和思维方法，及时反馈考试和作业情况，激发你的学习兴趣，激发你的学习主动性，在教学过程中给予学生一定的学习自主度，鼓励学生提出问题，启发学生思考，强调对问题的分析和解决	53574	68.82	17.74
HA	高影响力教育活动（α=0.630）	（已经参与的活动，1—已经做到，4—还没决定）：实习、社会实践或调查，社区服务或志愿者，参加学习社团（如读书会、英语俱乐部等），和任课教师一起做研究，参加各类学术、专业、创业活动或设计竞赛	53637	40.03	30.13
LA	学习吸引力（α=0.696）	（学习描述，1—非常同意，4—不同意）：我愿意学习是因为它使我不断成长，我专心致志学习时内心充满了快乐，学习动力整体水平（1—很弱，7—很强），专业兴趣水平（1—非常有兴趣，4—完全没兴趣），专业对满意生活的认可水平（1—非常有帮助，4—没任何帮助）	53089	65.85	15.96

① 各变量个案的缺失值在100至200之间，所占比例小于5%，因此采用直接删除个案的方式处理缺失值，回归估计结果与使用Dummy flag的估计值没有显著差别。

续表

变量代码	变量标签	题干和题项	观测值	平均值	标准差
SR	自我认识（α=0.852）	（大学生活带来的提升，1—极大提高，4—没有提高）：认识自我，确立、明晰个人人生观、价值观，明确自己未来的发展规划	53492	65.32	22.08
SD	社会称许性（α=0.825）	（是否符合，1—非常符合，4—非常不符合）：从来没有讨厌过谁，从来没有嫉妒过谁，从来没有为自己的过错找借口，从来没有厌烦过意见不合之人，从来不想斥责别人，总是毫不犹豫地帮助别人	53570	60.91	17.87

表11-5　各变量皮尔逊相关系数矩阵①

	成长和收获满意度	环境支持	人际关系	有效教学实践	高影响力教育活动	学习吸引力	自我认识
成长和收获满意度	1						
环境支持	0.313***	1					
人际关系	0.467***	0.338***	1				
有效教学实践	0.361***	0.477***	0.411***	1			
高影响力教育活动	0.216***	0.259***	0.194***	0.241***	1		
学习吸引力	0.402***	0.430***	0.378***	0.431***	0.292***	1	
自我认识	0.298***	0.383***	0.251***	0.358***	0.287***	0.473***	1

（四）大学生成长满意度的研究发现

本节分别报告对两个研究问题的分析结果，主要研究发现如下：

1.2014年全国大学生成长和收获的满意度为中等水平

大学生对自身成长和收获的满意度评价可以在一定程度上反映大学人才培养的整体效果和质量。图11-8显示了2014年全国不同类型院校不同年级学生的满意度水平。

---

① *$p<0.05$, **$p<0.01$, ***$p<0.001$, +$p<0.1$, 下同。

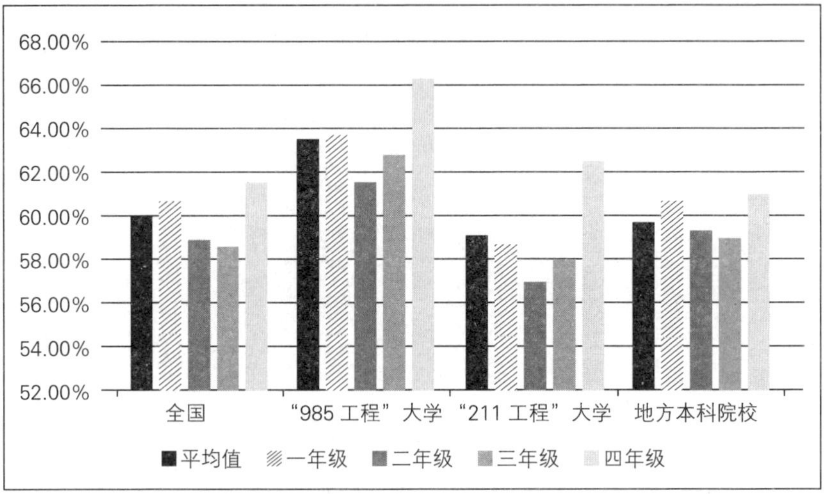

图11-8 全国不同类型院校不同年级大学生满意度平均值（2014年）

如图11-8所示，从学校类型来看，“985工程”大学学生满意度均值最高，为63.57分；其次是地方本科院校的59.83分；得分最低的是“211工程”大学，为58.89分；而全国平均水平正好为60分。2014年全国及各类型大学的大学生满意度平均分均在60分上下徘徊，学生的总体成长和收获满意程度并不高。

从年级变化情况来看，全国“985工程”大学、“211工程”大学和地方本科院校的大学生满意度从一到四年级都呈现出U型变化趋势，其逐年数值改变均通过了显著性检验。其中全国平均值和地方本科院校的大学生满意度从一年级开始下降，到三年级达到最低值，而在四年级迅速上升到最高点；“985工程”大学和“211工程”大学的大学生满意度则在二年级达到最低点，在三年级缓慢提升，到四年级达到最高点。大学生对自身成长和收获的满意程度在大学四年中逐步下降又升高，说明大学生的发展具有阶段性特征。在不同年级，大学生对自身成长的阶段性总结存在显著差异，这是大学生主体和学校环境互动的结果。实地调查过程中，我们发现，在低年级阶段，大学生往往还延续着高中阶段的学习惯性，对大学学习较为热情，保持着较好的学习氛围，与学校环境还处在“新鲜”的互动模式中；而随着年级的升高，高中的学习惯性逐渐消失，而大学生尚未找到最佳的发展方式，因此大二和大三的学生常常表现出普遍的迷茫状态；但是进入大四之后，学生已经参与过较多的社会实践、学习社团、学术竞赛等高影响力教育活动，并且面临着毕业之后人生方向的规划问题，因此其发展目标逐渐明确，其大部分精力集中于未来的发展，收获更多，成长速度更快。这一结果也提醒大学教育者，应该特别关注在大学二、三年级迷茫的过渡时期，引导大学生尽早明确自身发展方向，增加大学生在这一阶段的收获。

2.人际关系和认知发展是影响大学生满意度的主要因素

为了验证学校教育影响的四个层次与大学生成长和收获满意度之间是否存在显著的相关关系，对总体和各年级数据分别进行回归分析，得到如表11-6所示的结果。

表11-6　大学生成长和收获的满意度回归模型[①]

（因变量：大学生成长和收获的满意度）

	（1）	（2）	（3）	（4）	（5）
	所有年级	一年级	二年级	三年级	四年级
环境支持	0.045***	0.072**	0.060***	0.054***	0.001
	（0.011）	（0.021）	（0.010）	（0.013）	（0.020）
人际关系	0.339***	0.326***	0.331***	0.315***	0.386***
	（0.016）	（0.017）	（0.014）	（0.020）	（0.031）
有效教学实践	0.113***	0.115***	0.117***	0.103***	0.116**
	（0.009）	（0.011）	（0.014）	（0.012）	（0.033）
高影响力教育活动	0.030***	0.004	0.033***	0.023*	0.054***
	（0.003）	（0.007）	（0.006）	（0.009）	（0.013）
学习吸引力	0.220***	0.210***	0.219***	0.229***	0.221***
	（0.008）	（0.026）	（0.025）	（0.013）	（0.033）
自我认识	0.070***	0.080***	0.050**	0.081***	0.077***
	（0.005）	（0.008）	（0.014）	（0.012）	（0.013）
“985工程”大学	2.997***	3.397***	2.695*	3.550***	2.023**
	（0.676）	（0.803）	（1.038）	（0.702）	（0.721）
“211工程”大学	0.581	0.162	0.497	0.571	0.540
	（0.559）	（0.510）	（0.883）	（0.629）	（1.148）

① 括号中的数据为标准误差。

续表

	(1)	(2)	(3)	(4)	(5)
	所有年级	一年级	二年级	三年级	四年级
性别	−0.204	0.592+	0.079	−1.464***	−0.172
	(0.208)	(0.337)	(0.257)	(0.325)	(0.613)
生源地	−1.507***	−1.256+	−0.846**	−0.675+	−3.093**
	(0.333)	(0.648)	(0.301)	(0.371)	(0.900)
户口	−0.441	−0.614	0.142	−0.538	−0.690
	(0.337)	(0.390)	(0.352)	(0.667)	(0.806)
独生子女	−0.231	−0.420	−0.356	−0.262	0.539
	(0.304)	(0.391)	(0.345)	(0.706)	(1.062)
社会称许性	0.001	−0.011	0.014	0.004	0.009
	(0.007)	(0.010)	(0.028)	(0.012)	(0.030)
_cons	6.439***	7.828***	5.833**	6.839**	4.594
	(1.309)	(1.685)	(1.886)	(1.929)	(2.858)
N	51752	15841	14275	14018	7618
R^2_adj	0.301	0.295	0.310	0.292	0.316

从方程总体检验情况来看，方程调整后的R^2为0.292到0.314之间，并通过了0.001水平显著性检验。说明方程的各自变量对大学生满意度总体变异贡献程度为30%左右。各解释变量方差膨胀因子最大值为1.70，最小值为1.02，共线性问题不明显。除了环境支持在四年级不显著、高影响力教育活动在一年级不显著之外，其他自变量对大学生成长和收获满意度的影响均在0.001水平上显著。事后检验结果表明，无论是总体还是不同年级中，人际关系和学习吸引力的回归系数均显著高于其他自变量的回归系数。由此，本研究对各自变量分别进行如下分析。

（1）人际关系是影响大学生成长和收获满意度的关键因素。如表11–6所示，在控制了学校特征和个人背景变量之后，人际关系对大学生成长和收获满意度的影响系数最高，表明大学学习和生活中与同伴、教师、辅导员等人员之间良好的人际关系、校园中和谐友爱的人际气氛，能使大学生更多地感知到自身的成长和发展。

从心理学上看，大学生正处于人生发展阶段中从青年到成年的过渡时期，他们的抽象思维和认知能力迅速提高，在社会化方面的发展任务是人格独立、两性关系调适以及社会角色适应。埃里克森的心理社会发展理论也指出，19岁到25岁期间，人的发展处于“亲密对孤立”时期，发展的关键是“成人寻求与他人建立亲密的关系，为事业定向”①。研究结果也与此相互印证，表明处于青年晚期、成年初期的大学生的主要需求是与人际关系相关的“归属和爱的需要”“自尊需要”。在实地调查中，研究者对即将毕业的大学生进行了深度访谈，访谈结果也表明，当大学生在回忆大学生活经历时，表述最多的内容是与朋友、同学的交往经历。

（2）认知发展也是影响大学生成长和收获满意度的主要因素。表11-6显示出，属于认知发展层次的三个自变量——学习吸引力、有效教学实践和高影响力教育活动对大学生满意度有显著影响。其中学习吸引力的影响系数较高，说明学生学习动力越强，对专业的兴趣和认可度越高，学生感知的收获和成长越多；有效教学实践的影响系数在四个年级中基本持平，说明课程教学中教师提供更多的教学反馈、进行更详细的指导在学生整个学习过程中的作用都比较重要；而高影响教育活动在一年级的回归系数不显著，但在高年级上升为显著变量，说明随着年级的增长，大学生更能够从实习、社会实践、志愿服务、专业竞赛等需要投入大量时间精力和专业能力的活动中感知到成长和收获。

可见，认知发展需要及相对应的学校支持对大学生成长和收获的感知十分重要。马斯洛提出，认知需要对人的幸福感有重要意义，“满足认知冲动能够使人主观上有满意感，并且产生终极体验”②。学生在大学期间获得的成果和收获虽然重要，但是学生在学习过程中感受到的洞察和理解更重要，“甚至可能是人一生中的一个高峰时刻”②。可见，大学是否能够让学生在学习过程中感受到获取知识的乐趣，并且愿意将本专业作为一生的追求，对大学生成长和收获的感知有关键性影响。

依据心理学理论，认知发展的满足是大学生自我实现的前提。除了解决“亲密对孤独”的问题，大学生在大学期间还要对未来的事业进行合理定位，

① 彭聃龄. 普通心理学（修订版）[M]. 北京: 北京师范大学出版社, 2012: 527.
② 亚伯拉罕·马斯洛. 动机与人格[M]. 许金声, 等, 译. 北京: 中国人民大学出版社, 2007: 38.

而较强的学习动力、良好的专业学习正是确立事业方向、发挥个人潜力、实现自我的重要途径。从大学的角色来看，为学生的认知发展和自我实现提供最好的条件是大学成为“大学”的根本原因。虽然发展人际关系、满足学生归属和爱的需要也是大学的任务，但这种需要在其他的社会组织如家庭、社区中也可以得到满足。而认知的冲动、自我潜能的激发却只有在“大学”这个追求学术和真理的殿堂才能够得到实现。可见，在大学生的成长经验中，营造良好的人际关系十分重要，但是在大学的教育情境下，对学生成长最有价值的任务是满足学生的认知发展。

（3）环境支持和自我认识也是影响大学生满意度的重要因素。从表11-6还可以看出，环境支持对一年级大学生满意度有显著影响，对毕业年级则无显著影响。说明环境支持作为一种外显的因素，对低年级学生更加重要。学生对健康、经济、学业和就业等方面的需要，以及学校在这一方面所提供的支持是学生能够持续学业的基本前提和保障。没有这种保障，学生在大学期间的成长和发展就缺少了稳定性，后续的人际关系发展、认知发展和自我实现也将受到限制。而对于高年级学生来说，外显的环境支持已经比较稳定，更高级的需要逐渐凸显出来。

自我认识也是影响大学生满意度的重要变量。从学生的角度来看，他们从相对封闭的高中阶段进入大学，开始以独立的个人身份接触社会，在与他人的互动中形成对自我的认知，需要逐渐明确自身的世界观和价值观，更重要的是对未来人生进行初步规划。这是一种强烈的自我认识的需要。而从大学教育者的身份来看，大学作为社会思想文化的引领者，需要站在有利于社会发展的高度塑造大学生的思想和人格，这是大学在影响学生自我认识层面需要进行的工作。对这两者的充分契合能够使大学生学习过程的方向和意义更加明确，其收获和成长的感知必然更多。

（4）“985工程”大学、非本市生源的大学生成长和收获满意度更高。表11-6的四个模型结果还验证了除本研究关注的自变量以外的其他因素对大学生成长和收获满意度的影响。其中四个年级都存在显著影响的是“985工程”大学和生源地两个变量。“985工程”大学变量显著为正，说明在“985工程”大学的学生比其他大学的学生更能感知到自身的成长和收获，对大学学习过程整体满意度更高。通过实地调查发现，这可能是“985工程”大学对学生需求的支持水平更高的结果。生源地变量在四个年级中显著为负，说明非本市生源的学生比本市生源的学生更能在大学中感知到收获和成长。同样通过实地调查发现，这可能是因为来自外市的大学生求学迁徙的路程更远，脱离了家庭等熟悉环境的条件支持，在陌生的环境中更能锻炼独立自主性，因此他们也比本市生源的学生更能感知到成长和收获。除此之外，“211工程”大学、户口、独生子女三个变量对大学生成长和收获满意度的影响不显著，性别变量对大学生成长和收获满意度的影响不能确定。

（五）小结

综上所述，无论是从解决大学生存危机的角度，还是从大学作为教育者的视角来看，大学都应该从简单关注某一教育工作成败的调查方法中转变出来，将目光更多聚焦于反映大学生成长和收获的满意度。因为它不仅反映了学生对学校整体学习和生活经历的满意程度，更反映了学校满足学生成长和发展需要的水平，是大学办学质量的另一种评价标准。我们也发现，从全国范围来看，不管是重点大学还是一般本科院校，大学生对整体就读经历和自身成长收获的满意度并不高，这一结果在一定程度上解释了开头所描述的大学“质量危机”，也提醒大学在未来的教育工作中需要更加重视“以学生为中心”，关注学生在大学中的成长和收获。

本研究借助心理学相关理论、大学生发展理论和学校影响力理论构建了“大学生成长需要与学校教育影响力”分析框架。这一分析框架将大学生成长需要与学校教育环境和工作支持的契合点划分为四个层次：环境支持、人际关系、认知发展、自我认识，并采用这四个层次作为大学生成长和收获满意度的分析基础。研究结果表明，人际关系与大学生成长和收获满意度相关度最高，说明在大学这一特殊的发展阶段，人际关系仍然是首要需解决的问题。学会与人共处是大学生成长的必要阶段，因此大学应当将帮助学生学会交往、营造良好的校园人际关系作为一项重要工作。其次，认知发展与大学生成长和收获的满意度相关性也很高，说明在大学这个特殊的教育性社会组织中，学生基于学习的认知需要比较强烈，希望学习充满乐趣、所学专业是自己感兴趣的方向并且能够让自己在未来过上满意的生活。因此学校开展的各项教育活动都应该围绕发展学生的知识和能力来进行，而作为知识的殿堂，促进学生的认知发展也是大学教育中最有价值的工作。再次，环境支持和自我认识也是影响大学生成长和收获满意度的重要因素。说明作为一种持续性的学习经历，最基本的健康、生活保障是学生学习和成长的基础，而满足学生的自我认识这种内在需要，在现代多元的社会价值体系中显得尤为重要。当学校积极地提供引导和帮助，使大学生确立自己的人生目标和人生规划，树立正确的价值观时，学生会感受到更多的成长，对学校的满意度也更高。

总之，关注大学生成长和收获满意度的意义与价值就在于，它反映了一种同时兼顾了学生成长需要和学校教育影响的结果。它反映出大学生这个特殊群体最需要解决的问题：人际关系和认知发展。而大学应该了解和尊重学生的成长需要及其阶段性特征，并将满足学生成长需要作为大学服务宗旨贯穿于各项教育工作中，以此提高大学生感知到的收获水平。

四、本章小结

本章以大学生的成长和收获满意度为主题，借助“中国大学生学习与发展追踪研究”（CCSS）项目数据，分析了我国大学生群体学术性和社会性发展、成长满意度水平、变化趋势以及影响因素。

研究发现，现代高等教育领域对大学生学习发展结果的考察有直接性和间接性两种途径，直接性的评价方法以标准化考试为代表，间接性的评价方法侧重考察大学生知识和技能等工具性能力以外的其他能力，如非认知能力、自我认识能力，并注重通过大学生自我汇报的成长和收获满意度，来评判大学生的增值性成长，并反映大学教育过程与大学生增值性成长之间的关系。

研究发现，近年来，我国大学生群体在学术性和社会性发展方面有显著提升，其中学术型群体和均强型群体的比例有大幅度提升，大学期间对本科生学术性和社会性成长的促进作用较强。表明我国高等教育在促进大学生知识、技能、思维、自我认识、价值观等方面都有明显成效，其中非顶尖高校的人才培养成效提升明显。

但研究同时发现，本科生对自我成长和收获的满意度只属于中等水平，其中，顶尖高校大学生自我成长和收获满意度较高，而非顶尖高校较低，即大学生对自我在大学期间的成长和收获认可度不足。人际关系、认知需要是影响大学生成长和收获满意度的主要因素，这与大学生群体在青年早期的心理发展和精神发展需要有关。因此，大学教育的各项工作都应该围绕促进大学生人际关系和认知成长进行，大学的主要工作应是促进大学生的成长和收获满意度，让每个大学生在大学期间感觉充实而有意义。

第十二章　我国本科教育中院校支持的构成与影响机制

本科教育是现代高等教育的重要基础，大学扩招以来，我国高等院校毛入学率和总体规模实现了快速增长。自1999年教育部出台《面向21世纪教育振兴行动计划》，我国大学扩招迅速拉开序幕，截至2018年，我国普通本科在校学生数已达1697.33万人，高等教育毛入学率达到48.1%。根据马丁·特罗的高等教育发展阶段理论，我国即将由高等教育大众化阶段迈入普及化阶段（见图12-1）。

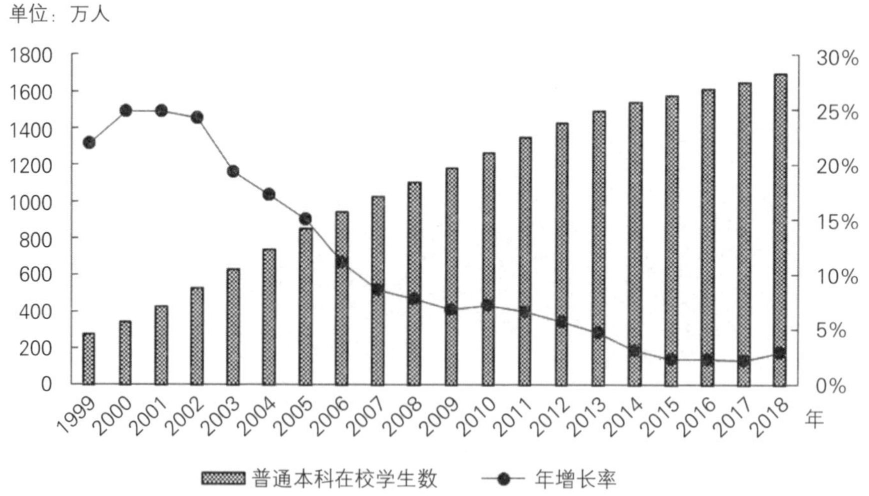

图12-1　1999年以来我国普通本科在校学生数及年增长率[①]

① 数据源自国家统计局。

从世界范围看，高等教育从精英化向大众化的转型过程中一般都伴随着日益凸显的教育质量问题，这个问题在我国表现得更加突出。[①]面对扩招后迅速进入大众化阶段的我国高等教育，教育部于2001年印发《关于加强高等学校本科教学工作　提高教学质量的若干意见》，提出高等学校要把提高教育质量放在更加突出的重要位置。教育部于2005年印发的《关于进一步加强高等学校本科教学工作的若干意见》，更明确指出，“在规模持续发展的同时，把提高质量放在更加突出的位置”。另外，《国家中长期教育改革和发展规划纲要（2010—2020年）》中提出，“提高质量是高等教育发展的核心任务，是建设高等教育强国的基本要求”，要“全面实施‘高等学校本科教学质量与教学改革工程’”。2019年，教育部在《关于深化本科教育教学改革　全面提高人才培养质量的意见》中建议，“高校的人员、经费、物质资源要聚焦本科教育教学改革，强化人才培养质量意识，形成全员、全方位支持教育教学改革的良好氛围”。

在高等教育快速发展的背景下，国家政府紧密关注本科教育质量的同时，我国高校也对本科教育质量十分重视，如：清华大学坚持本科教育在育人体系中的基础性、全局性地位，努力给予学生更多自主权、更大选择度，不断提升本科人才培养质量；南开大学发布“提升一流本科教育质量40条行动计划”，提出办学理念从“学科为本”向“学生为本”转变，教育内容从“传授知识”向“提升素质”转变，培养模式从“以教为主”向“以学为主、教学相长”转变；中国科技大学决定以“潜心立德树人”为主题，将2019年定为“一流本科教育质量提升年”；等等。可见，高等教育在快速发展的同时，本科教育特别是其本科教育质量日益受到国家和高校的密切关注和持续发力。

但是，随着我国大学生规模的快速增长，尽管国家近年来对高等教育的投入力度持续增强，我国高等教育生均教育经费实际增长速度缓慢，并且缺乏连续性与稳定性，生均教育经费远低于发达国家水平。[②]另外，由于高等

---

① 周廷勇, 周作宇. 高校学生发展影响因素的探索性研究[J]. 复旦教育论坛, 2012, 10(3): 48–55+86.

② 杜鹏, 顾昕. 中国高等教育生均教育经费: 低水平、慢增长、不均衡[J]. 中国高教研究, 2016(5): 46–52.

教育成本的增加和人们对优质高等教育资源的追求，可以预计高等教育资源紧缺、高等教育质量问题被广泛关注在今后一段时间内还会存在。[①]在高等教育精英化时代，大学往往拥有较为充足的人均资源，但如今学生数量激增而教育资源有限，通过维持甚至提升人均投入来确保高等教育质量难以普遍实现。面对高等教育的快速大众化和提高教育质量的核心任务，如何保证在校学生人数增长的同时进一步提升高等教育质量成为我国高等教育面临的一大难题。为此，通过对我国本科教育中院校支持的综合分析，从促进学生学习和发展的角度考察高等院校在培养教育过程中对学生的支持，关注哪些院校支持因子能引发学生更强的学习兴趣、更多的学习行为，促进学生更好地发展变得尤其重要。

大学生规模的迅速扩大还意味着大学生群体的日益多元化和异质化。阿斯汀认为，只有借助分类学语言，才能就大学生相关研究展开有意义的对话。[②]因此，对学生进行合理的分类，并将院校支持对各类学生的影响机制进行对比分析，以全面掌握院校支持对不同类型学生的影响情况，具有更为现实的指导意义。面对不同类型的学生，高校必须充分了解各类学生的情况特征，倾听他们的诉求，从而提供适应学生多元化需求的院校支持与服务，建立和完善院校支持体系，形成促进学生发展的外部驱动力，助力学生的学习与发展。

大学生是一个庞大的群体，也是我国优秀青年的代表，承担着国家未来发展的重任，对其院校支持的情况关系到大学生个人、家庭和整个国家的发展。近年来，学者对院校支持的研究日渐升温，但还没有形成公认的院校支持概念定义和构成因子，对本科阶段院校支持的影响机制更缺乏深入和系统的研究。本研究将通过梳理相关理论及研究成果，结合质性研究访谈院校学生与定量研究分析“中国大学生学习与发展追踪研究”（CCSS）的数据，系统深入地探索我国本科教育中院校支持的构成与影响机制，并基于研究发现对我国院校的本科生培养工作提出针对性建议，为进一步优化我国本科教育中的院校支持提供可靠支持，助力我国本科教育的发展与质量提升。

---

① 周廷勇, 周作宇. 高校学生发展影响因素的探索性研究[J]. 复旦教育论坛, 2012, 10(3): 48–55+86.

② Astin A W. An Empirical Typology of College Students[J]. Journal of College Student Development, 1993, 34(1): 36–46.

一、大学生学习发展院校支持的文献综述

（一）院校支持概念溯源与辨析

通过文献梳理可以发现，院校支持概念在其逐步显现和受学者关注的过程中，主要来源或得力于以下两方面：一是教育学领域的院校影响相关研究，二是社会学领域的社会支持概念及其相关研究。

院校影响相关研究方面，早在20世纪20年代中期，美国学者们就开始关注大学对学生的影响并展开相关研究。菲尔德曼等指出，20世纪20年代中期至60年代中期，全美共有1500余项有关院校影响学生发展的实证研究，研究包含院校类型、学生专业、学生文化、师生互动、住在校内还是校外、学生个人背景信息等方面的院校特征与学生就读经历。①这些研究已经涉及院校支持的有关内容，并且随着研究成果的累积和研究的深入，教育研究者总结院校影响规律的同时，逐渐从较为宽泛的院校影响中聚焦，关注院校支持对学生的影响。1967年，桑德福提出，学生的变化或发展需要满足“挑战、应对变化的准备、支持”三大条件，其中支持是指要实现学生的发展和成长，需要院校通过给予学生参与支持、防止失衡等方式，让学生应对智力性或情感性挑战，平衡学生所面临的挑战。②1970年，阿斯汀提出第一个院校影响模型——“投入—环境—产出”模型，简称“I-E-O”模型，将学校里的人群、政策、文化、就读专业、学生在校经历、住宿等因素都放入环境变量中加以探讨；1985年，帕斯卡雷拉构建了“大学生发展的综合因果”模型，将环境分解为院校的组织结构特征和校园环境，其中校园环境具体包括大学文化、课程、政策等③，将学校的组织结构特征从校园环境中提取出来；2006年，汀

① Feldman K A, Newcomb T M. The Impact of College on Students：An Analysis of Four Decades of Research[M]. San Francisco: Jossey-Bass, 1969: 1-4.

② 帕特里克・T. 特伦兹尼, 鲍威, 黄月. 只见树木, 不见森林: 什么在影响美国大学生的学习[J]. 北京大学教育评论, 2018, 16(1): 72-84+189.

③ Pascarella E T, Terenzini P T. How College Affects Students: A Third Decade of Research. Volume 2 [M]. San Francisco: Jossey-Bass, 2005: 56-57.

托构建了“学生成功的院校行动”模型[①]，模型中特别提出院校支持因素，从校园环境进一步聚焦到院校支持，院校影响相关研究逐步提炼并获取了大学影响学生的真正内核——院校支持。

通过对院校影响相关研究的梳理，我们可以发现，院校影响关注学校的类型、规模等院校特征和学生在校经历等方方面面对学生的影响，涉及的内容广泛而系统。院校支持是院校影响最重要、最核心且最具有教育研究意义的组成部分，不同于泛化的院校影响，其由院校有意提供或营造，并具有明确的辅助、培养学生成长发展的目的性和可调整、改变性等特点。院校支持不包含院校的非支持性因素，如一般情况下不可改变的院校类型、规模等因素。院校支持概念的提出，进一步聚焦了院校影响概念，是院校影响研究日渐深入的产物。相比于院校影响，院校支持概念体现了院校能动性的同时，强调院校的人才培养功能，有利于院校人才培养工作的改善和推进，更具有实践意义和理论价值。

关于社会支持概念及其相关研究，社会支持在20世纪70年代作为一个专业术语被正式提出，随后社会支持概念被心理学、医学、社会学、经济学、法学等众多学科引入和使用。[②]至20世纪80年代，社会支持的理论研究与实务运用即进入繁荣阶段[③]，发展十分迅速。豪斯等人最早对社会支持、社会关系、社会网络一系列概念之间的内在联系进行了梳理与辨别。[④]豪斯指出，按社会支持的来源分，社会支持主要包括家庭支持、院校支持以及同辈群体支持等。[⑤]不少院校支持的相关研究，特别是早期研究，也直接使用或援引社会支持概

① Tinto V, Pusser B. Moving from Theory to Action: Building a Model of Institutional Action for Student Success[R]. National Postsecondary Education Cooperative, 2006: 1–51.

② 周林刚, 冯建华. 社会支持理论——一个文献的回顾[J]. 广西师范学院学报, 2005(3): 11–14+20.

③ 倪赤丹. 社会支持理论: 社会工作研究的新“范式”[J]. 广东工业大学学报(社会科学版), 2013, 13(3): 58–65+93.

④ 赵凤. 社会支持与健康: 一个系统性回顾[J].西北人口, 2018, 39(5): 21–29.

⑤ House J S. Work Stress and Social Support[M]. New Jersey: Addison–Wesley Publishing Company, 1981: 15–25.

念[①②③④⑤]，并未将院校支持与社会支持加以严格区分。随着后期相关研究的推进，院校支持概念日益突出并成为教育学领域研究的热点。

院校支持是社会支持在学校这一具体场景的衍化，并具有自身的独特性。它们的来源范围不同，社会支持的来源更广，包括家属、学校、政府等，而院校支持来源于更为具体的高等院校。社会支持的对象通常是弱势群体，主要目的在于帮助弱者，如有学者认为“社会支持是指为各种社会形态对社会弱势群体即社会生活有困难者所提供的无偿救助和服务”[⑥]，但院校支持的主要对象是校内学生且目的在于育人。院校支持相比于社会支持，支持的来源具体为院校的同时，支持的主要对象也由社会弱者转变为院校学生，在教育学领域其概念更切合、更具有教育研究意义。

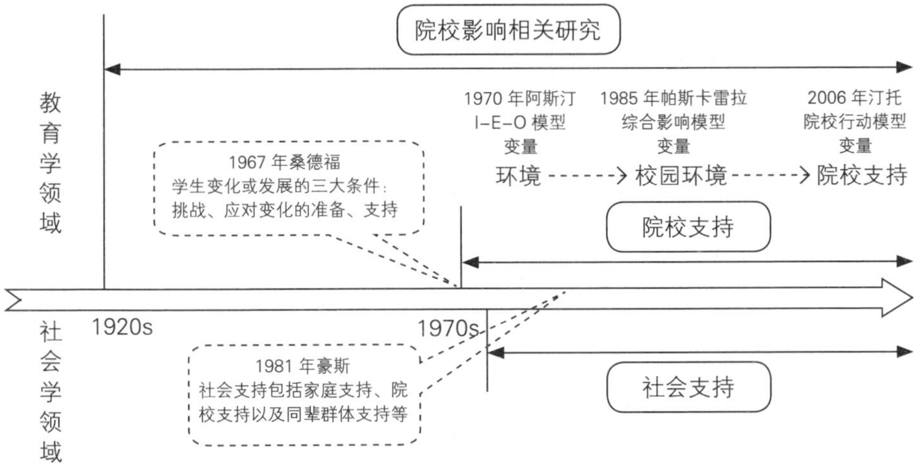

图12-2　院校支持概念溯源

① Torsheim T , Wold B . School-Related Stress, School Support, and Somatic Complaints: A General Population Study[J]. Journal of Adolescent Research, 2001, 16(3): 293-303.

② Rodríguez A C R, Noriega J A V, Cuervo A A V. Teaching Practices, School Support and Bullying[J]. World Journal of Education, 2017, 7(4): 50-59.

③ 邹国振.学校支持体系之构建——以促进贫困大学生心理健康发展为中心[J]. 教育评论, 2005(1): 32-36.

④ 葛晓宇. 控制点、家庭支持、学校支持与职业决策自我效能的关系研究[D]. 吉林大学, 2011.

⑤ 石磊. 大学生的学校层面的社会支持对学校归属感的影响研究[D]. 华中科技大学, 2013.

⑥ 管向梅. 青少年犯罪原因剖析——以社会支持理论为分析视角[J]. 社会工作, 2006(10): 29-32.

目前，学界对院校支持还未形成明确统一的概念定义，研究者对院校支持概念的界定多为描述性定义，并随研究内容或对象的不同而存在差异。总结来说，目前学者们对院校支持概念的定义可以分为两类，一类侧重客观事实，强调院校支持具体为向学生提供的关心、资源和服务等支持，更多提及的是物质方面的支持，比如汀托等认为院校支持是大学为促进学生成功而提供的学术支持、社交支持和一定程度上的经济支持①；另一类更侧重主观感受，突出被支持者对院校支持的感知或主观体验，例如葛晓宇将大学生就业中的院校支持定义为学生感受到的来自学校、教师通过各种途径给予的指导和帮助②。

笔者认为，客观事实与主观感受两者并不矛盾，在强调客观事实的同时应该关注学生的主观感受。为此，通过以上对院校支持概念的溯源与辨析，结合本研究的对象群体，本研究从院校支持的目的在于人才培养的角度，把我国本科教育中的院校支持定义为：院校为促进本科生全面成长发展，实现自身人才培养职能，为学生营造并被学生体验的各方面支持。定义特别指出，院校支持应为学生营造并被学生体验。院校为学生营造的各方面支持若未被学生实际体验，则无法促进学生的成长发展，也就对学生的学习发展没有支持作用，因而不属于院校支持。

考虑到我国本科教育中院校支持的丰富构成，定义中对院校支持的具体内容界定较为模糊，这也是本研究的主要研究内容。另外，本研究认为院校支持中的“院校”范围是相对于被支持学生个体而言的，指除被支持学生外的其他院校组成部分。院校在人员组成上包括院校专业教师、辅导员、行政管理人员、同学等，在组织层级上分为校级、学院、系所、班级等，因此院校的各类人员和不同层级对学生的支持均属于院校支持的范畴。

（二）相关研究对院校支持构成因子的探索

为研究院校支持及其相关内容，国内外学者对院校支持的构成因子进行

① Tinto V, Pusser B. Moving from Theory to Action: Building a Model of Institutional Action for Student Success[R]. National Postsecondary Education Cooperative, 2006: 1–51.

② 葛晓宇. 控制点、家庭支持、学校支持与职业决策自我效能的关系研究[D]. 吉林大学, 2011.

了较多的总结探索。本文选取具有代表性的院校支持构成因子，按国内外及文献发表时间加以整理，见表12-1。

表12-1　已有研究归纳的院校支持的构成因子

年份	研究者	主要研究内容	构成因子
2000	麦金尼斯等	澳大利亚大学生大学一年级的经历	儿童照顾、经济援助、精神关怀、英语支援服务、心理辅导、健康服务、图书馆支持服务、就业服务、学习技能支援、学生会俱乐部、体育设施及餐饮服务①
2006	汀托等	学生成功的院校行动模型	学术支持、社交支持和经济支持②
2010	莱姆等	院校支持对基于项目的学习的影响	技能支持、自我调节支持、情感关联支持③
2004	陈德明、张革华	贫困大学生就业的院校支持	观念支持、政策支持、物质支持、心理支持、渠道支持、开发支持④
2015	张优良、刘腾飞	院校支持和个体参与对学生发展的影响	管理服务、大学教学、学术活动、课外活动⑤
2016	应金柱	院校支持对本科生学校归属感的影响	生活设施支持、学习设施支持、社交支持、专业与课程支持、教师教学支持⑥
2016	项楚瑶	院校支持对工科生学习效果的影响	学业支持、社交支持、学业资助和基本设施支持⑦
2018	张俊超、任丽辉	大学生类型的分布变化及其影响因素	学习支持、社交支持、学业资助、设施支持、满意度与归属感⑧

从国内外学者对院校支持构成因子的提炼可以发现，因为院校支持内涵的丰富性及具体研究内容的不同，学者们提出的院校支持的构成因子不尽相

① McInnis C, James R, Hartley R. Trends in the First Year Experience in Australian[R]. Melbourne: University of Melbourne, 2000: 50.

② Tinto V, Pusser B. Moving from Theory to Action: Building a Model of Institutional Action for Student Success[R]. National Postsecondary Education Cooperative, 2006: 1–51.

③ Lam S F , Cheng W Y , Choy H C . School Support and Teacher Motivation to Implement Project-Based Learning[J]. Learning & Instruction, 2010, 20(6): 487–497.

④ 陈德明, 张革华. 关注贫困大学生就业　构建院校支持体系[J]. 前沿, 2004(10): 152–154.

⑤ 张优良, 刘腾飞. 院校支持和个体参与对不同类型学生发展的实证研究——基于首都高校大学生发展状况的调查[J]. 教育学术月刊, 2015(09): 82–88.

⑥ 应金柱. 院校支持对本科生学校归属感的影响研究[D]. 华中科技大学, 2016.

⑦ 项楚瑶. 院校支持对工科生学习效果的影响研究[D]. 华中科技大学, 2016.

⑧ 张俊超, 任丽辉. 大学教育力视角下大学生类型的分布变化及其影响因素——基于H大学本科生学习与发展调查的追踪研究[J]. 高等教育研究, 2018, 39(12): 61–68.

同。此外，通过对相关文献的梳理分析可以发现，目前研究提出的院校支持构成因子，忽略了学生的主观体验，且多是学者基于主观经验的概括总结，具有较大的片面性和随意性，未有严格的数理分析因子验证，需要进一步的研究探索以获得在内容与统计上具有良好信度和效度的院校支持构成因子。

（三）相关研究对院校支持影响机制的探究

国内外众多相关主题研究证明，院校支持对学生学习与发展具有重要影响。如帕斯卡雷拉等通过对多年来的相关文献进行梳理后发现，大学对学生的影响主要取决于两个方面：一是大学生自身的努力与参与程度，二是院校为鼓励和吸引学生参与而提供的各种支持[①]；汀托认为院校支持对学生成功适应大学生活并顺利完成大学学业非常重要[②]；史静寰等通过主成分分析法与回归分析发现，大学“教育性”因素比学生“先赋性”因素对其教育收获和在学满意度的影响更大[③]；莫雷指出，院校对学生的综合支持是学生系统变化的重要影响因素[④]。

随着院校支持相关研究成果的日渐丰富，对院校支持影响机制的研究逐渐深入。1970年，阿斯汀提出“投入—环境—产出”模型（“I-E-O”模型），其中环境变量具体包含的学校政策、学生在校经历等内容已涉及院校给予学生的支持。阿斯汀发现，美国20世纪70年代以前的院校影响研究主要关注大学环境对学生产出的影响，并认为大学环境对学生产出有着直接影响。[⑤]基于“I-E-O”模型，后续不少研究做了进一步深化或拓展。1985年，帕斯卡雷拉构建了“大学生发展综合因果”模型，将学校的组织结构特征与校园环

① Pascarella E T, Terenzini P T. How College Affects Students: A Third Decade of Research. Volume 2 [M]. San Francisco: Jossey-Bass, 2005: 116.

② Tinto V. Completing College: Rethinking Institutional Action[M]. Chicago: University of Chicago Press, 2012: 25-53.

③ 史静寰, 赵琳, 王鹏, 文雯, 张羽. 本科教育怎么样？ [N]. 光明日报, 2012-06-19(015).

④ Morley K R. Exploring Integration and Systems Change in a Model of Integrated Student Supports Implemented in Schools Serving Students with Complex Needs [D]. Canada. Edmonton: University of Alberta, 2018: ii-iii.

⑤ Astin A W. An Empirical Typology of College Students[J]. Journal of College Student Development, 1993, 34(1): 36-46.

境加以区分[①]；2006年，汀托提出“学生成功的院校行动”模型，特别提取院校支持因素，从校园环境进一步聚焦到院校支持。模型将大学促进学生成功的要素分为学业期望、院校支持、考核与反馈、学生投入。四个要素相互交织组成整体，通过学生学习与努力质量间接影响学生的成功（见图12-3）[②]。而目前国内研究大多停留在对院校支持影响程度和显著性进行探索分析，例如项楚瑶通过回归分析发现学校支持中教师教学对工科生学习效果的影响最大，设施支持对其影响最小[③]；应金柱研究发现学校支持及其各维度对学生的学校归属感都具有显著影响[④]。国内对院校支持的影响机制还缺乏足够研究。

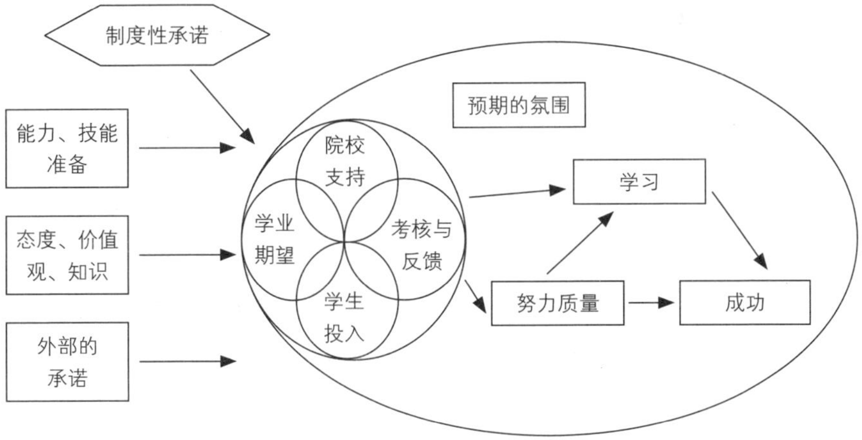

图12-3　汀托的学生成功的院校行动框架

总结来说，学者们对院校支持影响机制的探索为之后的相关研究提供了扎实的理论基础，也为促进教育发展和政策制定提供了有益借鉴。虽然不同学者构建的影响机制模型中的因子各不相同，但是对院校支持、学生学习行为和学习兴趣、学生发展三方面的关系多有涉及，学习行为方面如帕斯卡雷拉模型中的“学生努力质量”因子；学习兴趣方面如汀托模型中的“态度、价值观”等因素；学生发展方面更是各模型的共同关注点，例如阿斯丁模型

① Pascarella E T, Terenzini P T. How College Affects Students: A Third Decade of Research. Volume 2.[M]. San Francisco: Jossey-Bass, 2005: 56–57.

② Tinto V, Pusser B. Moving from Theory to Action: Building a Model of Institutional Action for Student Success[R]. National Postsecondary Education Cooperative, 2006: 1–51.

③ 项楚瑶. 学校支持对工科生学习效果的影响研究[D]. 华中科技大学, 2016.

④ 应金柱. 学校支持对本科生学校归属感的影响研究[D]. 华中科技大学, 2016.

中的“产出”变量、帕斯卡雷拉模型中的“认知发展”因素、汀托模型中的“成功”因子。这为下文构建我国本科教育中院校支持的影响机制模型提供了借鉴。

另外，目前院校支持影响机制的相关研究，或将院校环境整体作为因子，全面考虑院校环境对学生的影响，模型并未聚焦于院校支持；或虽明确提出院校支持这一院校影响的核心元素，但并未对其构成因子加以区分辨别，对院校支持的影响机制缺乏深入和系统的研究。为此，本章在对已有研究进行梳理和总结的基础上，通过对CCSS项目数据的探索挖掘，区分和提炼出有中国特色的院校支持构成因子，对我国本科教育中院校支持的影响机制进行探索研究。

二、大学生学习发展院校支持的研究设计

本章将结合定量与质性研究方法开展研究。具体来说，在质性研究方法方面，本章将使用访谈法对样本院校学生进行深入访谈，并使用计算机辅助质性分析软件NVivo 11作为编码与分析的工具；在定量研究方法方面，除了一般的描述统计，本章还将使用探索性因子分析、验证性因子分析、信度检验、测量等值性检验、差异检验、结构方程模型对有关数据进行研究分析。对于研究我国本科教育中院校支持的构成与影响机制，质性的访谈是对定量分析的良好辅证和补充，两方面相辅相成，缺一不可。具体介绍如下：

（一）质性研究准备与过程

质性研究方法指以研究者本人为研究工具，在自然情境下使用多种资料收集方法对社会现象进行整体性探究，采取归纳法分析资料和形成理论，通过和研究对象互动对其行为与意义构建获得解释性理解的一种活动。质性研究中收集资料的方法十分丰富，如访谈、观察、实物分析、口述史、叙事分析、历史法等，其中最常用的是前三种。[1]

---

① 陈向明. 质的研究方法与社会科学研究[M]. 北京: 教育科学出版社, 2000.

本章研究具体使用的收集资料方法为访谈法。顾名思义，“访谈”是指研究者“寻访”“访问”被研究者，并且与其进行“交谈”与“询问”的一种活动。访谈是一种研究性的交谈，指研究者通过口头谈话的方式从被研究者那里收集或建构第一手资料的一种研究方法。[①]按研究者对访谈结构的控制程度来分，访谈可以分为封闭型、开放型、半开放型三种类型。此三种类型也分别被称为“结构型”“无结构型”和“半结构型”。[②]综合考虑研究问题与实际需求，本研究采用半结构型访谈。在半结构型访谈过程中，研究者对访谈结构具有一定的控制，同时允许受访者积极参与。一般来说，研究者事先准备较粗线条的访谈提纲，依据自己的研究对受访者提出问题。但此访谈提纲主要作为一种提示，访谈者在提问的同时鼓励受访者提出自己的问题，并且依据访谈的具体情况对访谈的内容与程序进行灵活的调整。[①]

1. 访谈对象的选取

访谈对象选取的是已在大学学习超过2年的大三、大四学生。之所以选择这个群体，是因为他们已在所属学校学习生活较长时间，对院校给予的支持有较为全面的认识和切身的体验，能够更真实、全面地反映我国本科教育中院校支持的构成。为保证样本的代表性，研究基于2018年CCSS项目调查数据样本，选取了不同地区、不同类型的6所院校，具体包含：我国华东地区的公办地方院校A，西南地区的“985工程”大学B，华南地区的“211工程”大学C，西南地区的“211工程”大学D，华东地区的“211工程”大学E，西北地区的民办地方本科院校F。从6所院校的高年级学生样本[③]中，每所院校随机抽取3名男生和3名女生，最终得到来自29个专业，涉及法学、工学、管理学、教育学、经济学、理学、历史学、文学、医学、艺术学10门学科的36名高年级学生作为访谈对象。

2. 具体过程

（1）访谈邀请。本研究通过邮件和短信两种方式邀请被访谈对象。在

① 陈向明. 质的研究方法与社会科学研究[M]. 北京: 教育科学出版社, 2000.

② Bernard H R. The Problem of Informant Accuracy: The Validity of Retrospective Data[J]. Annual Review of Anthropology, 1984(13): 495–517.

③ 2018年CCSS抽样始于2018年3月并于当年5月开展问卷调查，本章研究访谈进行时间为2019年9中旬至10月底。故本研究访谈的高年级学生为2018年CCSS调查中的大一、大二年级学生，2019年9中旬至10月底时其年级分别为大三、大四。

2018年“中国大学生学习与发展追踪研究”（CCSS）本科问卷调查中，学生样本登记了个人邮箱和手机号，研究者据此发送邀请信邀请学生参加访谈。邀请信中详细介绍访谈的目的和内容，并告知被邀请对象其回答只用于学术研究分析，以帮助学生了解研究，消除学生顾虑。对于在约定时间内未回复或拒绝访谈的样本，研究将再抽取随机样本予以替代，直到被抽取随机样本愿意接受访谈为止。

（2）访谈。考虑到研究问题的实际需求，本研究采用半结构型访谈。在半结构型访谈过程中，以“归纳起来，您觉得学校对您的支持可以分为哪些方面？”和“回想起来，学校的这些支持对您产生影响的过程中，有哪些关键的中间或者相关因素？”等相关问题为提纲，由访谈者主动引导，同时受访者积极参与。由于与被访谈对象地理距离远且学生具体情况多样，为保证访谈质量与时效性，本研究采取电话访谈与电子邮件相结合的形式进行。具体来说，对36名学生的访谈中，10名为电话访谈，26名为邮件访谈。电话访谈合计262分钟，其中个人访谈时长最短16分钟，最长36分钟；邮件访谈往来邮件共191封，其中个人访谈往来邮件最少4封，最多12封。另外，电话访谈在征得访谈对象同意的情况下对访谈内容进行录音。被访谈学生未同意录音的，则在访谈时迅速记下其回答，并在访谈后短时间内向被访谈学生复述其回答，以保证内容的完整和准确。

（3）转录。在访谈资料的转录工作方面，录音转录过程要求逐字逐句完全忠实于录音资料，邮件转录过程要求每句每字完全同于样本的回复文本，以保证研究的信度。最终共获得相关访谈文本36份，共计48824字。将每份访谈文本进行编号，编号信息具体包括两方面的内容：院校代码和学生序号，如编号A01中，A表示该学生就读于A院校，01表明他是该院校的学生序号为01的受访者。学生序号01—03为男生，04—06为女生。

（4）编码。编码是访谈研究过程中最为重要的步骤之一。本研究编码基于扎根理论原则进行。扎根理论主要用于从经验资料的基础上构建理论，研究者于研究开始之前一般没有理论假设，而直接从原始资料中归纳命题与概念，然后上升为理论，是一种自下而上构建理论的方法，即在系统收集相关资料的基础上，探寻反映社会现象的核心概念，并在这些概念之间构建起联系而形成理论。①关于编码的步骤，具体来说，首先是一级编码，即开放式登录，从相关资料中发现概念类属，对类属进行命名，对研究现象加以命名和类属化；其次是二级编码，又称关联式登录或轴心登录，其主要任务是发现并构建概念类属之间的各种联系，以体现资料中各部分之间的有机联系。①软件NVivo 11中，一级编码形成自由节点，二级编码形成树节点。软件将统计各个节点的材料来源数和参考点数，材料来源数即包含该节点的访谈文本的数量，参考点指该节点在访谈文本中总共出现的次数。树节点位于从属关系的最顶层，其编码材料来源数与参考点数为其下属自由节点对应数值之和。

（二）定量研究说明

1.数据来源

定量研究方面，本研究使用“中国大学生学习与发展追踪研究”（CCSS）本科问卷数据开展研究。2008年，清华大学研究团队将国际知名的大学生学习投入测量工具——NSSE问卷引入中国，并结合中国高等教育情境对题目进行补充，由此形成NSSE-CHINA问卷②，即CCSS本科问卷。截至2019年，CCSS项目的全国合作院校达150余所，覆盖全国28个省（市、自治区），院校层次涵盖从一流大学到高等职业院校在内的我国高等教育全部办学层次，是目前我国规模最大、持续时间最长的高校学情调查。目前，调查问卷由A、B两部分组成，A部分关注学生大学在学经历，B部分调查学生的背景信息。其中A部分共有170多道题项，详细调查了学生对院校的课程要求、教师教学、课外活动、生师交流、同学合作互助、人际关系、课程测评方式与频率、就业、学习生活硬件、师资、学习氛围、奖助学金和助学贷款等各方面的经历体验，另外还考察了学生在课前、课上、课后的学习行为，学生的学习兴趣情况，毕业后的计划打算，对自我发展提高的评价等内容；B部分共有50多道题项，深入调查了学生的出生年月、性别、户口、民族、是否为独生子女、入学前就读中学类型、父母受教育程度、父母职业、家庭居住地类型等学生

① 陈向明. 质的研究方法与社会科学研究[M]. 北京: 教育科学出版社, 2000.

② 王文. 中国大学生学习投入的内涵变化和测量改进——来自“中国大学生学习与发展追踪研究”(CCSS)的探索[J]. 中国高教研究, 2018(12): 39-45.

背景情况。CCSS本科问卷全面调查了学生的在校经历、背景信息等学生学习与发展的相关信息，包含了众多的我国本科教育中院校支持的具体内容，为本研究提供了丰富且坚实的数据支撑，以其作为数据来源具有良好的适切性和全国代表性。

CCSS问卷调查每年进行一次，综合考虑样本院校类型、数量和时效性等因素，本研究选取2018年的调查数据。2018年，CCSS项目组对参与调查的院校基于学生的年级、性别、学科，对全体学生进行了严格的分层随机抽样，同时根据回收有效样本数量构建样本权重，确保样本数据具有良好的代表性。调查共发放调查问卷129737份，回收100757份，问卷回收率为77.66%。

2.数据准备

本研究需对问卷调查数据进行预处理。首先，根据以下四个条件删除无效样本：①测谎题选择相差2个选项单位及以上的样本；②全部计分题项的填答缺失在$\frac{2}{3}$及以上的样本；③问卷A部分有连续30道及以上题目选择同一选项的样本；④个人填答的基本信息（性别、年级）与院校提供的信息不符的样本。其次，对缺失值进行处理。对本研究涉及的相关题项进行缺失值统计，共有579份样本存在数据缺失，缺失率为0.74%。基于样本数据量较大且缺失数据样本比例小于5%，故使用列删法，删除有缺失值的样本[①]。最终得到77850份来自31所高校（其中原“985工程”大学4所，原“211工程”大学9所，普通本科院校18所）的有效随机样本。样本的具体分布情况如表12-2。

表12-2　问卷调查学生样本基本情况

样本类型		人数	占比%	样本类型		人数	占比%
年级	大一	16128	20.72	性别	男	39492	50.73
	大二	22259	28.59		女	38358	49.27
	大三	22185	28.50	院校地区	东部	36073	46.34
	大四	17278	22.19		中部及东北	20489	26.32
学科	人文类	10325	13.26		西部	21288	27.34
	社科类	17611	22.62	院校类型	原“985工程”大学	5902	7.58
	理学类	12401	15.93		原“211工程”大学	25993	33.39
	工学类	37095	47.65		普通本科院校	45955	59.03

① 王孟成. 潜变量建模与Mplus应用·基础篇[M]. 重庆: 重庆大学出版社, 2014: 250.

三、我国本科教育中院校支持的构成分析

基于以上分析与准备，本章将对我国本科教育中院校支持的构成因子进行探索研究。具体来说，首先基于学生访谈资料，通过软件NVivo整理编码，提炼总结院校支持的构成因子；随后使用问卷调查数据，进行因子分析，进一步探索和验证院校支持的构成因子，以获得具有良好效度与信度的我国本科教育中院校支持的构成因子。

（一）院校支持构成的质性研究

1.意义提取

对访谈资料进行一级编码。将访谈学生对“归纳起来，您觉得学校对您的支持可以分为哪些方面”的回答进行概念提取，从资料中提取院校支持内容，然后对相应内容加以命名形成自由节点。提取过程中，依据具体资料不断调整修正自由节点命名，在保证所提取的概念准确代表相应具体内容的同时，确保节点之间相互独立。

最后对访谈学生的回答进行意义提取，共得到20个自由节点，分别是“竞赛经费”“创新创业”“奖学金”“活动讲座”“交流交换”“教室场地”“教务管理”“课程”“就业支持”“教师指导”“贫困补助”“人际社交”“实习实践”“师资”“图书资源”“网络资源”“学费减免”“学术科研”“衣食住行”和“仪器设备”。各自由节点的具体材料信息举例如表12-3。

表12-3　我国本科教育中院校支持构成的自由节点材料信息

自由节点	材料来源数	参考点数	参考点内容举例
竞赛经费	5	5	学校对学生参加竞赛的大部分花销都会予以报销，减轻了学生的压力（E04）

续表

自由节点	材料来源数	参考点数	参考点内容举例
创新创业	9	11	学校专门开辟校区内的一条街给学生创业，学生可以按照自己的想法在街上摆摊，学校提供补贴补助，学生只需承担运营的费用（B02）
奖学金	7	9	学校设立了很多奖学金，入学奖学金、校奖学金等，这着实给予了很多学习成绩优异的人肯定和鼓励，同时也激励学生勤奋学习（A04）
教室场地	16	22	学校为我们提供了多种多样的教室，比如说，可以去实践室模拟讲课。其他专业如汉语言会有书法室。另外还有音乐教室和舞蹈教室（A06）
贫困补助	15	22	我是农村出身，家境相对贫寒，曾经一度以为无法完成大学四年的学业。来到大学，学校每个月给400元的生活补贴，冬天还有冬衣补助，让我度过了那段“艰难时期”（B03）
图书资源	10	10	我经常觉得我是个“亿万富翁”，因为我在大学期间可以免费阅读浩如烟海的书籍和论文（E03）
网络资源	7	8	学校给我们提供了学生专属邮箱，可以用于注册某些软件的学生版（C02）
学费减免	2	2	学费上的支持，我们是免费师范生，这方面给我们省了很大一笔钱（A06）
衣食住行	13	19	学校给我们提供了比较舒适的居住环境和健康的饮食条件（B02）
仪器设备	11	14	学校的设备也比较齐全，单反、无人机什么的都有几台，我可以一直用着（E01）
课程	11	12	学校常常为学生提供免费的兴趣培养课程，学生可以根据自己的爱好去学习，我就在大二上学期参加了学校的声乐课（B06）
师资	10	10	学校对我的支持首先是教师方面。教我们的老师很多都是参与编写教材的老师，他们真的很优秀（E02）
教师指导	16	16	学习上，有专业老师给予学习上的指导（D02）
活动讲座	8	11	学校会邀请知名学者、院士来校进行讲座，和同学们谈谈他们的故事、经历，凡有机会我都会去听，每次听完都受益匪浅（E06）
实习实践	15	17	我个人就读会计专业，学校和不少事务所进行合作，为我们提供实习岗位（C04）
交换交流	5	6	大二暑假，学校为家庭困难学生争取了免费出国访学的项目，访学开阔了我的眼界，让我知道国内外的一些差别，以及未来的一些规划（B06）

续表

自由节点	材料来源数	参考点数	参考点内容举例
教务管理	15	18	别的学校挂科补考需要一定费用，挂科一定科数会勒令退学，我们学校没有这些规定，而且专业选修学分可以用外专业选修学分替代。学校转专业也比较容易（B01）
就业支持	14	14	学校有校企合作项目、校园招聘会。同时每学期都会有就业指导、简历指导等关于实习就业的培训活动（F03）
人际社交	13	16	在学校认识了很多厉害的同学，老师帮助我拓展了很多知识。在与不同的人交流过程中知道了很多新东西，对某些事情有多样的看法，对某些问题有了更深入的看法（B04）
学术科研	8	10	学校老师会主动邀请我们参加他们的课题项目，同时我们也可以自己联系老师参加（E03）

注：为精简篇幅，对学生表述原文进行了不影响其原意的删减；“参考点内容举例”一栏中括号内为相应学生编号。

2.类属分析

随后进行二级编码，对上述自由节点进行类属分析。在这个过程中，具有相同属性的资料将被归入同一类别，并以一定的概念命名。[①]本研究我们依据自由节点涉及具体内容的类别从属进行归纳总结。具体来说，我们将自由节点“竞赛经费”“创新创业”“教室场地”“奖学金”“贫困补助”“图书资源”“网络资源”“学费减免”“衣食住行”“仪器设备”归属为“资金设施”这一树节点，因为学生提及这些方面院校支持的实质内容为资金奖励或者设施硬件。将“课程”“师资”和“教师指导”三个自由节点的具体内容进行归纳发现，三者内容具体从属于教师及其教学活动，因此将这三个自由节点归属为“教师教学”这一树节点。此外，访谈学生表示，目前实习实践单位一般不会从实习实践大学生中招收职工，学生更多是为了提高能力和完成毕业要求而参加实习实践。因此，本研究在进行类属分析时未将“实习实践”归入“就业支持”树节点，而是将其与“活动讲座”“交换交流”归为院校提供的课堂外学习活动，将三者归属为“课外活动”这一树节点。最后，“学术科研”“人际社交”“就业支持”与“教务管理”4个节点不属于以上类别，具体内容之间又无重叠，因此自成一树节点。具体编码情况如表12–4。

① 陈向明. 质的研究方法与社会科学研究[M]. 北京: 教育科学出版社, 2000: 290.

表12-4　我国本科教育中院校支持构成的编码情况表

一级编码节点名称	二级编码		
	节点名称	材料来源数	参考点数
竞赛经费、创新创业、教室场地、奖学金、贫困补助、图书资源、网络资源、学费减免、衣食住行、仪器设备	资金设施	95	122
课程、师资、教师指导	教师教学	37	38
活动讲座、交换交流、实习实践	课外活动	28	34
教务管理	教务管理	15	18
就业支持	就业支持	14	14
人际社交	人际社交	13	16
学术科研	学术科研	8	10

依据学生提及的院校支持涉及具体内容的类别从属，本研究将具有相同属性的自由节点进行归纳总结，以进一步归纳提炼我国本科教育中院校支持的构成因子。结果显示，我国本科教育中院校支持的构成因子可以归纳为资金设施、教师教学、课外活动、教务管理、就业支持、人际社交、学术科研。

（二）院校支持构成的定量研究

1.项目池与项目分析

依据前面对我国本科教育中院校支持的定义，本研究选取CCSS项目2018年本科问卷中具体内容是院校为学生营造的各方面支持的相应题项，了解学生对院校支持的具体体验，对我国本科教育中院校支持的构成进行因子分析。选取以院校为学生营造的各方面支持为内容的题项的同时，收集学生对相应支持的体验反馈，满足本研究院校支持定义中“为学生营造”的同时，符合“被学生体验”的要求。具体来说，本研究共预选29道相关题项形成预编量表的项目池。其中，对院校学习硬件、生活硬件、奖助学金的满意程度共3题；任课教师在课程任务过程中给予指导、给作业/测验提供及时反馈等的情况共4题；参与社会实践、社区服务等院校课外活动的情况共3题；院校学生系统工作人员、行政管理人员及任课教师在需要时能找到他们/有帮助的程度共3题；对院校的专业学习让学生具备就业领域所需知识和技能、专业课很强调对现实问题的解决能力、对未来就业单位的情况有清晰认识等的认同程度共5题；与院校任课教师/辅导员讨论职业计划和想法，讨论世界观、人生观、价值观等问题的交流情况共4题；与院校同学合作完成作业或任务、向其请教、帮助其理解课程内容等的频率共4题；与院校教师一起做科研、参加各类学术或专业竞赛等活动的情况共3题。

题目均采用李克特量表，进行正向计分，其中对院校学习硬件等的满意程度，院校学生系统工作人员等在需要时能找到他们/有帮助的程度为7级量表，记7分至1分；其他题项均为4级量表，记4分至1分。为了便于研究分析，不再使用原有问卷项目编码，将题项重新编码为a1—a29。

为检验量表中的题项是否可靠或适切，对所选题目进行项目分析。结果显示，所有项目的临界比检验均达到显著水平（$p<0.001$）；总相关系数均大于0.3且达到显著水平（$p<0.001$）；全部项目的α系数为0.8769，所有项目删除项后的α系数均不高于该值。项目分析结果良好，因此无须对题目进行删除，29道题项均进入后续分析。

2.探索性因子分析

考虑到院校支持的因子构成尚不清晰，因此首先开展探索性因子分析（EFA）并综合多种方法确定因子数量。随后根据探索性因子分析的结果，在新样本中进行验证性因子分析（CFA）验证，如果探索性因子分析及相应的验证性因子分析结果理想，则得到支持因子效度的结论。[①]因此，本研究根据吴明隆的建议[②]，随机抽取$\frac{1}{2}$的样本（n=38929）进行探索性因子分析，使用另外$\frac{1}{2}$的样本（n=38921）开展验证性因子分析。

在进行探索性因子分析之前，需要检验数据的正态性并选择合适的估计方法。正态检验结果提示所有题项在0.001水平上拒绝正态分布假设。因此为了获得更为稳健的结果，本研究使用极大似然估计方法（MLR）。另外，为

① Gerbing D W, Hamilton J G. Viability of Exploratory Factor Analysis as a Precursor to Confirmatory Factor Analysis[J]. Social Science Electronic Publishing, 1996, 3(1): 62-72.

② 吴明隆. 问卷统计分析实务——SPSS操作与应用[M]. 重庆：重庆大学出版社, 2010: 266-272.

避免确定因子个数时机械依靠单一方法做决定，结合相关研究建议，选取样本特征值大于1、变化明显和高于平行分析随机矩阵平均特征值的因子数目。综合以上信息，由图12–4可知，应选择保留二因子、六因子和八因子模型。对模型拟合情况进行检验，结果显示（见表12–5）二因子和六因子模型的拟合情况较差，八因子模型的拟合情况理想。

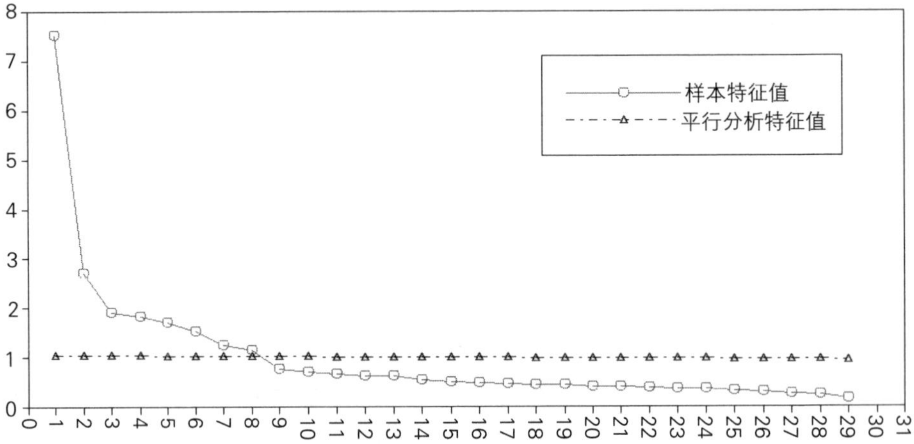

图12–4　我国本科教育中院校支持量表的探索性因子分析碎石图（含平行分析结果）

表12–5　我国本科教育中院校支持量表的因子分析模型拟合指数

模型	χ^2	*df*	*CFI*	*TLI*	*SRMR*	*RMSEA*（90% *CI*）
EFA 二因子模型	185487.029*	349	0.613	0.550	0.084	0.109（0.108，0.109）*
EFA六因子模型	52564.905*	247	0.885	0.811	0.035	0.071（0.070，0.071）*
EFA八因子模型	17720.067*	202	0.962	0.924	0.014	0.045（0.045，0.045）
CFA八因子模型	33544.275*	349	0.930	0.918	0.036	0.045（0.046，0.047）

注：$^*p<0.001$。

分析显示，八因子模型中29道题目在所属因子上的载荷系数均大于0.4且均达到统计显著水平（$p<0.001$）；八个因子之间均显著相关（$p<0.001$）且相关系数基本在0.2至0.5之间，没有相关程度过高的因子，因此最终选取八因子模型。结合因子题项具体内容对因子命名：因子F1为“资金设施”，F2为“教师教学”，F3为“课外活动”，F4为“教务管理”，F5为“就业支持”，F6为“生师交流”，F7为“生生互助”，F8为“学术科研”。

3.验证性因子分析

开展验证性因子分析，结果显示八因子模型拟合情况良好。另外，模型结构显示（见图12–5）所有题项的因子负荷介于0.45至0.95之间，其中a10的因子负荷最小为0.456，但仍在可接受范围内。①以上情况说明，八因子模型具有良好的适配度。

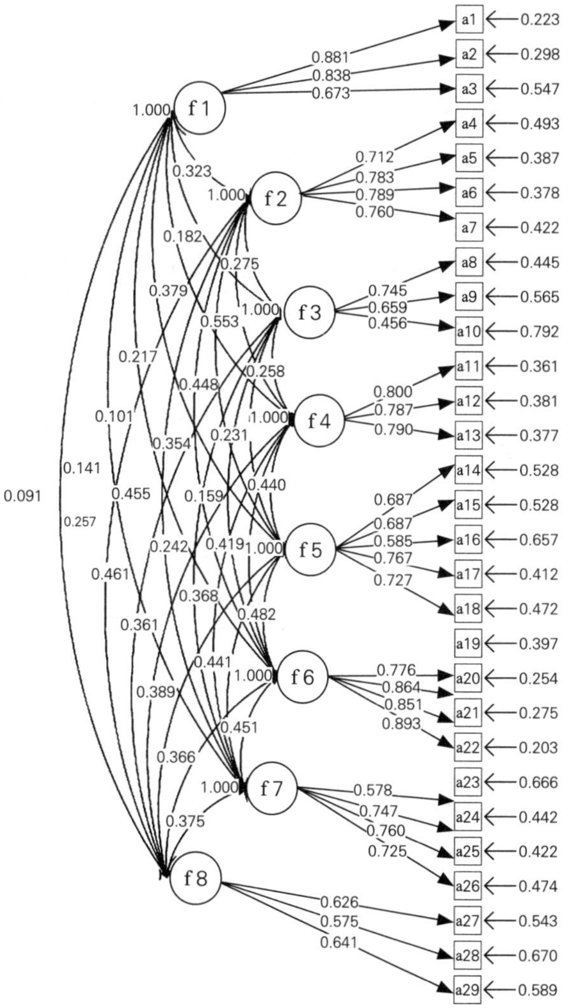

图12–5　我国本科教育中院校支持量表的验证性因子分析结构（STDYX标准化）

① Tabachnick B G, Fidell L S, Ullman J B. Using Multivariate Statistics[M]. Boston, MA: Pearson, 2007: 649.

对比质性研究结果可以发现，两者的整体吻合程度很高，定量因子分析将质性研究提炼出的“人际交流”因子进一步区分为“生师交流”和“生生互助”。质性研究与定量研究相互检验补充，进一步验证了我国本科教育中院校支持的八因子结构的信度、效度良好。

4.信度检验

因子分析之后，进行信度检验以进一步了解量表的可靠性和有效性。使用整体样本数据对院校支持量表进行信度检验，结果如表12-6。数据显示院校支持量表各因子的组合信度、α系数以及整体量表的α系数均高于0.6，大部分在0.8以上，达到理想水平。量表具有较高的内部一致性，模型内在质量良好。

表12-6　我国本科教育中院校支持量表的信度检验

因子	题项数量	组合信度	α系数	量表α系数
资金设施	3	0.847*	0.836	0.877
教师教学	4	0.848*	0.844	
课外活动	3	0.666*	0.640	
教务管理	3	0.834*	0.833	
就业支持	5	0.817*	0.815	
生师交流	4	0.911*	0.910	
生生互助	4	0.798*	0.795	
学术科研	3	0.661*	0.658	

注：$^*p<0.001$。

（三）小结

我国本科教育中院校支持的构成是值得研究的现实内容，相关研究探讨对我国高校人才培养和高等教育管理具有重要的现实意义。本章首先使用质性研究方法，通过NVivo软件对不同地区、不同类型的六所院校的36名高年级大学生的访谈资料进行编码提炼，总结发现院校支持的构成可总结为七个因子：“资金设施”“教师教学”“课外活动”“教务管理”“就业支持”“人际社交”和“学术科研”。

我国本科院校众多，对学生的院校支持内容十分丰富，情况多种多样，虽然以上质性研究选取了不同地区、不同层次院校的不同专业与学科的高年级同学作为访谈对象，样本类型丰富但是数量上仍较少，对我国本科教育中院校支持的构成的归纳可能还不够准确，有待通过大样本的定量研究予以弥补。因此，研究选取CCSS项目2018年本科问卷中涉及院校支持内容的29道题项组成量表，进行探索性因子分析和验证性因子分析，进一步探索和验证院校支持的构成因子。定量因子分析结果显示，量表中存在“资金设施”“教师教学”“课外活动”“教务管理”“就业支持”“生师交流”“生生互助”和“学术科研”八个因子，与质性研究结果的整体吻合程度很高，并将质性研究提炼出的“人际交流”因子进一步区分为“生师交流”和“生生互助”，其他六个因子相同，质性研究与定量研究相互检验补充，进一步验证了我国本科教育中院校支持的八因子结构的信度、效度良好。

通过对我国本科教育中院校支持构成因子的探索分析，研究得出我国本科教育中院校支持的八因子结构具有较好的效度与信度，下面将进一步深入分析我国本科教育中院校支持的影响机制。

四、我国本科教育中院校支持的影响机制探索

基于对已有研究的分析总结，本研究将构建并检验我国本科教育中院校支持的影响机制模型。另外，为深入探讨院校支持的影响机制，同时提升研究结果的实际指导意义，下面将依据大学教育力理论对学生进行分类，进一步考察院校支持对不同类型学生的影响机制，分析认识其间异同和规律。

（一）相关指标构建与学生分类

除了前文构建的院校支持量表，为进一步探索分析我国本科教育中院校支持的影响机制，本研究还构建了学生“学习行为”“学习兴趣”和“学生发展”量表。

具体来说，选取5道与学习行为相关题项形成学生学习行为量表，测量学生课前完成规定阅读或作业；课堂上专心听老师讲解、有侧重地做笔记；课后复习课堂笔记、总结课程中所学的频率，全面考察学生课前、课上和课后的学习行为；选取3道学习兴趣相关题项组成学生学习兴趣量表，考察学生对专心致志学习时内心充满快乐、愿意学习、学习遇到困难时想办法克服的认同程度；选取6道学生发展相关题项形成学生发展量表，调查大学学习生活让学生的专业知识与技能、运用信息技术的能力、与他人有效合作的能力、组织领导能力、确立/明晰人生观/价值观等方面的发展，从知识、能力、价值观三方面调查学生的发展提升情况。

各量表题项均采用李克特量表，为便于理解，研究对题项进行百分制正向计分。另外为更严谨科学地求得各指标得分，研究使用相关性权重法计算各指标分值。以上三个量表都依次经过项目分析、探索性因子分析、验证性因子分析和信度检验，结果显示以上四个量表的信效度良好。各指标的信度等情况如表12–7所示。

表12–7　院校支持及相关量表的信度检验

指标	题项数量	组合信度	α系数
学习行为	5	0.799*	0.799
学习兴趣	3	0.813*	0.811
学生发展	6	0.884*	0.884

注：$^*p<0.001$。

大学生规模的迅速扩大还意味着大学生群体的日益多元化和异质化。阿斯丁认为，只有借助分类学语言，才能就大学生相关研究展开有意义的对话。[①]下面将基于大学教育力理论对学生进行分类，对比分析院校支持对各类学生的影响机制，以更为透彻、有意义地探讨我国本科教育中院校支持的影响机制。

金子元久在考虑了东亚地区高等教育特征的基础上，提出了大学教育力理论。他依据学生是否进入大学教育的“射程”与学生“自我—社会认识”

① Astin A W. An Empirical Typology of College Students[J]. Journal of College Student Development, 1993, 34(1): 36–46.

是否确立，将大学生分为高度匹配型、被动顺应型、独立型及排斥型四种类型①。据此为指引，本研究以学生反馈的院校支持指标得分是否高于所在院校的院校支持均值，作为判断学生是否在大学教育“射程”内的标准；以学生在问卷中报告的毕业后有无明确计划，作为判断学生“自我—社会认识”是否确立的标准，对学生进行分类。

若样本学生的院校支持指标得分大于或等于所属院校的院校支持均值，且反馈毕业后已有明确的计划，则该学生为高度匹配型；若样本学生的院校支持指标得分小于所属院校的院校支持均值，且反馈毕业后已有明确的计划，则该学生为独立型；若样本学生的院校支持指标得分大于或等于所属院校的院校支持均值，且反馈毕业后无明确计划，则该学生为被动顺应型；若样本学生的院校支持指标得分小于所属院校的院校支持均值，且反馈毕业后无明确计划，则该学生为排斥型。具体图示如图12-6。

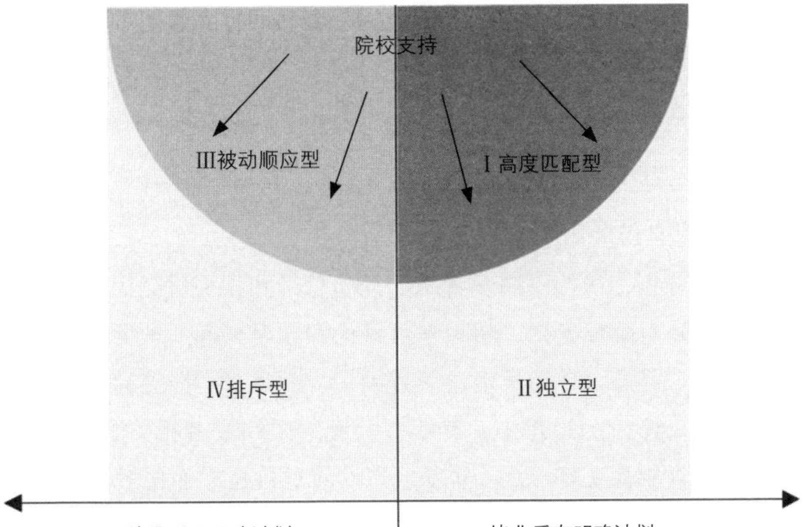

图12-6　基于大学教育力理论的学生分类

对四类学生的学习行为、学习兴趣、学生发展的特征进行分析发现（见表12-8），四类学生的学习行为、学习兴趣和学生发展情况依次为：高度匹配型学生最好，其次是被动顺应型学生，再次是独立型学生，最后是排斥型

① 金子元久. 大学教育力[M]. 徐国兴, 等, 译. 上海：华东师范大学出版社, 2009: 3-13.

学生。院校支持水平较高的高度匹配型、被动顺应型学生的学习行为、学习兴趣、学生发展情况明显较好。四类学生间的差异均达到显著，且差异效果量在学习兴趣方面达到中效果标准，在学习行为和学生发展方面达到大效果标准。可见基于大学教育力理论的学生分类，不但能有效区分院校支持情况不同的学生群体，还在一定程度上揭示了不同群体的学生在学习行为、学习兴趣、学生发展方面的显著差异，为更深入而有意义地探讨我国本科教育中院校支持的影响机制做了准备。

表12-8　四类学生在学习行为、学习兴趣及学生发展方面的情况差异

变量	均值（标准差）				F	h^2
	高度匹配型	独立型	被动顺应型	排斥型		
学习行为	71.18 （17.07）	53.45 （16.50）	68.33 （17.64）	49.40 （16.66）	7525.130*	0.23
学习兴趣	76.46 （16.00）	64.21 （15.90）	74.11 （16.30）	60.26 （17.42）	4042.037*	0.13
学生发展	71.83 （17.58）	52.13 （16.64）	67.24 （18.57）	45.53 （17.83）	9115.652*	0.26

注：$^*p<0.001$。

（二）院校支持影响机制模型的建立

综合前文分析，虽然不同学者基于经验总结和相关研究构建模型的构成因子不同，但是对院校支持、学生学习行为和学习兴趣、学生发展三方面的关系多有涉及。另外，在对学生访谈过程中，学生对“回想起来，学校的这些支持对您产生影响的过程中，有哪些关键的中间或者相关因素”的回答，学习兴趣经常被提及。如A02同学表示“以前对科技方面接触的不多，也就没有兴趣。上了大学，了解到技术的关键性和重要性，对其产生了好奇，从而有了学习的兴趣”。A06同学指出“我觉得第一个关键因素就是学生的学习兴趣。有的学生可能对这个学校不感兴趣或对所学专业不感兴趣，他就不太愿意学习”。这为构建本科教育中院校支持的影响机制初步模型提供了具体的指导与思路。

因此，本文提出院校支持影响机制的初始模型为：院校支持对学生的学习行为、学习兴趣和学生发展具有直接正向影响，同时通过学生学习行为与学习兴趣间接地正向影响学生发展。另外，学生的学习行为与学习兴趣之间相互影响促进，两者也对学生发展具有直接正向影响。相对于已有模型，本研究构建的院校支持影响机制模型主要在以下两方面做了改进和提升：（1）明确区分，全面细化院校支持的构成因子。已有相关模型未聚焦于院校支持或未对其构成因子加以区分辨别，不够深入和系统。（2）模型中聚焦院校支持的同时，综合考虑学生学习行为、学习兴趣对学生发展的影响，使影响模型更为科学完善。

随后使用全体学生的样本数据，检验以上初始模型的路径假设是否成立。设置路径假设的显著概率值p大于0.05，不显著的删去，得到院校支持影响机制修正模型，如图12–7。

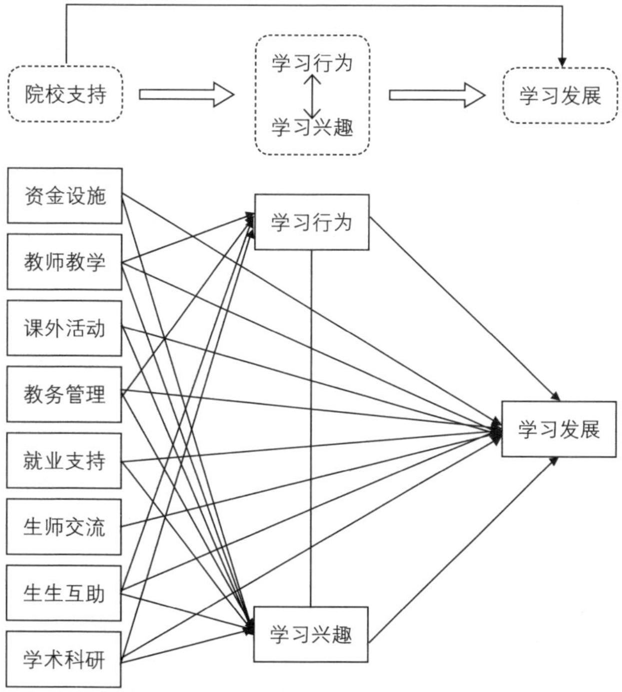

图12–7　院校支持的影响机制模型

对修正模型进行检验发现，修正后的模型中不存在负的残差项，标准差均较小，标准化系数均小于0.95且90%置信区间均不大于1，不存在违反估计的情况。对模型的拟合情况进行评估，结果整理如表12–9，模型拟合指数*CFI*和*TLI*均大于0.9，*SRMR*小于0.08，*RMSEA*及其90%置信区间上限均低于0.08

且置信区间检验不显著，模型拟合情况良好。模型可以解释学生发展变量变异的57.5%，对学生发展具有较强的解释力。检验结果说明，依据该模型研究讨论院校支持的影响机制是合适的。

表12-9　院校支持影响机制模型的拟合情况

模型样本	χ^2	*df*	*CFI*	*TLI*	*SRMR*	*RMSEA*（90% *CI*）
全体样本	115132.577*	810	0.925	0.917	0.035	0.039（0.039，0.040）

注：$^*p<0.05$。

分析模型中各因子变量对学生发展的影响可知（见表12-10），院校支持、学生学习行为、学习兴趣对学生发展的影响方式和效应大小都有所不同。三者对学生发展的效应值占模型各变量对学生发展的效应值总和的83.16%、2.89%、13.95%，院校支持产生的影响效应最大，其次是学习兴趣，最后是学习行为。在院校支持八个因子中，对学生发展的影响效应值由大到小依次为：就业支持、生生互助、生师交流、课外活动、教师教学、教务管理、学术科研、资金设施，其中就业支持和生生互助的效应值分别占模型各变量效应值总和的33.60%和14.68%，所占比例较大。而来自教师的院校支持（包括教师教学、生师交流）的效应值占模型各变量效应值总和的14.11%，也对学生发展影响较大。另外，院校支持各构成因子对学生发展影响的直接效应均大于间接效应，但间接效应也显著且不容忽视，学习行为和学习兴趣在院校支持和学生发展之间发挥着重要的中介作用。

表12-10　各变量对学生发展的影响（STDXY标准化）

影响变量		直接效应	间接效应	总效应	占效应和之比（%）
院校支持	资金设施	0.030	0.012	0.042	3.37
	教师教学	0.049	0.026	0.075	6.01
	课外活动	0.067	0.022	0.089	7.14
	教务管理	0.055	0.014	0.069	5.53
	就业支持	0.382	0.037	0.419	33.60
	生师交流	0.101	—	0.101	8.10
	生生互助	0.132	0.051	0.183	14.68
	学术科研	0.034	0.025	0.059	4.73
学习行为		0.036	—	0.036	2.89
学习兴趣		0.174	—	0.174	13.95

（三）院校支持对不同学生类型的影响机制分析与对比

使用相应类型学生的样本数据，同以上过程，检验院校支持初始影响模型，去除不显著的影响路径后，考察修正模型的拟合情况，得到拟合情况良好的院校支持影响机制模型。四类学生的院校支持影响机制模型图示如图12–8。

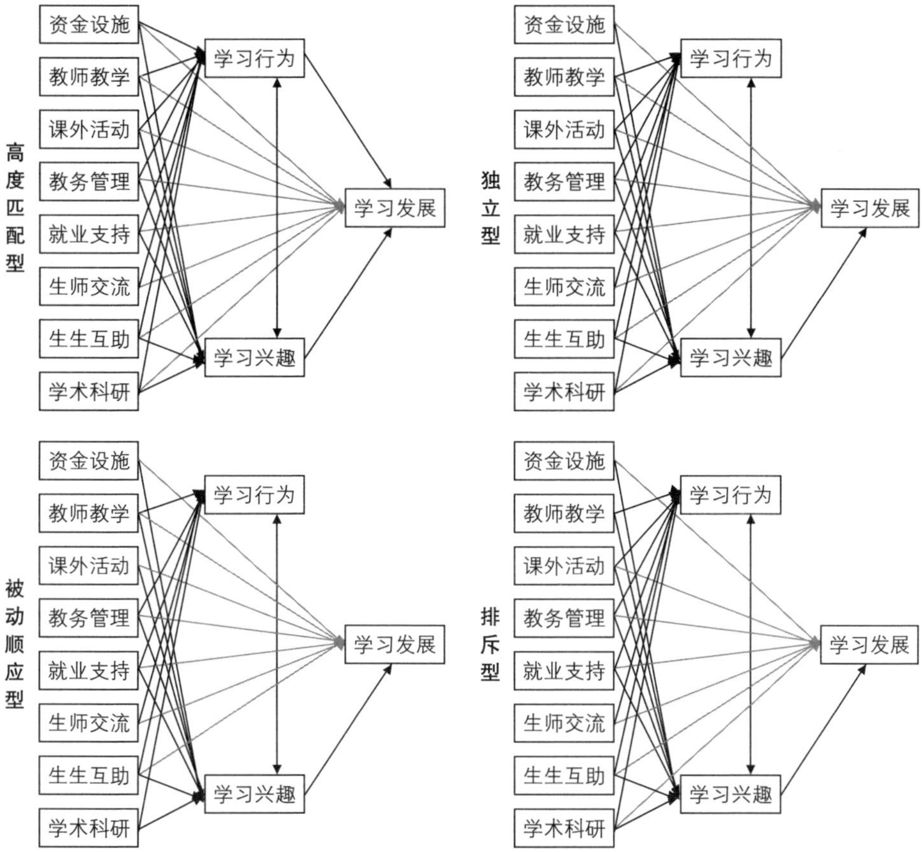

图12–8　院校支持的影响机制模型（分学生类型）

分学生类型来看，高度匹配型学生相比于整体学生对院校支持最为敏感，院校影响机制最易产生积极作用，最大比例的院校支持因子对其学习行为具有显著正向影响，院校支持影响学生发展的间接路径也更多。可见对于高度匹配型学生，院校支持不仅水平高于院校平均值，而且更多方面的院校支持显著促进了学生的学习行为和学生发展，产生了积极的影响效应，有效助力了学生学习发展。

对于独立型学生，院校支持影响机制有所不同，学生学习行为对学生发展并无显著影响，院校支持仅能直接作用于学生的学习兴趣，从而间接正向影响学生发展。虽然七个院校支持因子对学生的学习行为均具有显著正向影响，但学习行为的提升并没有显著影响学生发展。可见对于独立型学生，其学习行为更多停留于行为层面而未真正被固化和内化为学生发展，学习行为较为低效。

对于被动顺应型学生和排斥型学生，院校支持影响机制更为特殊。首先，与独立型学生类似，不少院校支持因子虽然能显著提升学生的学习行为，但学生学习行为的提升并不能显著影响学生发展，其学习行为同样较为低效，未能深化和转化为学生发展；其次，有些院校支持因子只能通过学生学习兴趣间接对学生发展产生显著影响。具体来说，给予被动顺应型学生的学术科研支持、排斥型学生的教师教学支持，对学生发展都没有显著的直接影响，仅能通过学习兴趣间接显著影响学生发展。因此只有引起被动顺应型学生和排斥型学生的学习兴趣，院校给予的学术科研或教师教学支持才能转化为学生发展。

五、本章小结与政策建议

（一）结果与发现

院校支持的构成方面：首先，目前学界对院校支持概念缺乏明确统一的定义，通过对院校支持概念的溯源和辨析可以发现，院校支持概念主要来源或得力于院校影响相关研究和社会支持概念及其相关研究。院校支持概念的提出，剔除了院校影响中对学生的非支持性因素，进一步聚焦了院校影响概念，更具有实践意义和理论价值。院校支持是社会支持在学校这一具体场景的衍化，院校支持聚焦于校内学生且富有育人的目的特征，在教育学领域更为适切，更具有教育研究意义。

其次，目前已有研究提出的院校支持构成因子多是基于研究者个人经验的概括总结，缺乏学生的声音，忽略了学生的主观体验。本研究从学生实际体验出发，通过对我国不同地区、不同类型的六所院校36名高年级大学生进行深入访谈和对全国性本科生问卷调查数据进行因子分析，质性研究与定量研究相互验证，我国本科教育中院校支持的构成因子可以归纳为资金设施、教师教学、课外活动、教务管理、就业支持、生师交流、生生互助、学术科研共八个因子。此八因子结构具有良好的信度和效度。

院校支持的影响机制方面：首先，我国本科教育中的院校支持对学生的学习与发展均具有显著正向影响，其影响机制为：院校支持对学生的学习行为、学习兴趣和学生发展具有直接正向影响，同时通过学生学习行为与学习兴趣间接正向影响学生发展。学生的学习行为与学习兴趣相互影响促进，两者也对学生发展具有直接正向影响。院校支持对学生发展的总体影响方面，就业支持、生生互助和来自教师的院校支持（包括教师教学、生师交流）对学生发展的影响效应值较大。院校支持对学生发展的间接影响方面，院校支持通过提升学生学习行为和学习兴趣间接正向影响学生发展，间接效应占总效应的一成有余，通过学习兴趣对学生发展产生间接影响的路径更多，且效应值更大。

其次，不同类型学生的院校支持影响机制存在明显差异，学生学习兴趣的中介作用相比学习行为更为稳定。对于高度匹配型学生，院校支持对学生学习行为、学习兴趣和学生发展具有显著影响的路径明显多于非高度匹配型学生及整体学生。对于不同类型学生，院校支持均可以通过学习兴趣对学生发展产生显著正向影响，但仅对高度匹配型学生，院校支持才能通过学生学习行为间接显著影响学生发展。另外，对被动顺应型学生的学术科研支持和对排斥型学生的教师教学支持，唯有通过学习兴趣变量，即引起学生的学习兴趣，才可以显著影响学生发展。

最后，院校支持的提升常伴随学生学习行为的增加，但学生学习行为的增加并不必然带来学生发展，非高度匹配型学生的学习行为未能显著影响学生发展。对比不同类型学生的院校支持影响机制可以发现，对于被动顺应型、独立型和排斥型三类非高度匹配型学生，院校支持虽能显著正向影响学生的学习行为，但其学习行为对学生发展并不存在显著影响。对于非高度匹配型学生，院校支持显著提升的学生学习行为更多停留于学习行为本身，而未真正被固化和内化为学生发展，学习行为表面化且十分低效，并不能显著促进学生发展。

（二）建议与展望

基于以上研究结果及发现，面向我国高等院校，提出如下建议：

第一，高度重视并抓好院校支持关键要素，让学生发展更有保障。研究发现我国本科教育的院校支持各因子中，就业支持、生生互助和来自教师的院校支持（包括教师教学、生师交流）对学生发展的影响效应值较大，可以作为我国院校支持的关键要素。院校应该做好学生的就业指导工作，帮助学生确立目标、做好规划，有的放矢地提升自我；有意识的引导、促进学生之间的互助，营造积极向上、共同学习的互助氛围；重视对学生的教师教学支持，保证教学质量和教育水平，积极促进学生与教师之间的交流，推进知识学习的同时引导学生树立健康的人生观、价值观。

第二，全力调动并激发学生的学习兴趣，促进院校支持转化为学生发展。学习兴趣对学生发展具有显著正向影响，也是院校支持间接影响学生发展的稳定中介。激发培养学生的学习兴趣对于学生发展具有重要意义。高校应了解学生的兴趣特征，注重对学生学习兴趣的激发与培养，提高教学内容、形式的趣味性和多样性，并依据学生已有水平合理确定学习内容的难易程度，努力提升学生学习兴趣，促进院校支持向学生发展转化。

第三，着力改善学生的低效学习行为，强化学习行为与学生发展之间的联系。非高度匹配型学生的低效学习行为不仅浪费院校给予的支持，更占用了学生的时间精力。因此，高校应高度重视学生的低效学习行为，深入研究其原因并建立应对方案，构建学生学习行为与学生发展的稳固联系；加强对非高度匹配型学生的支持与引导，让其进入院校支持的“射程”并树立明确目标，向高度匹配型学生逐步转变。同时倾听学生的需求和意见，避免学生的被动顺应和排斥，使学生需求与院校支持匹配更好，让院校支持全力促进学生发展成长。

最后需要指出的是，本研究聚焦于我国本科教育中院校支持的构成与影响机制，为研究院校支持的构成与影响机制提供了另一视角与途径，有助于深入和全面理解我国本科教育中院校支持的同时，更为其评估的操作化、指标化打下了基础。但本研究对研究生阶段教育是否适用？对国外的院校支持是否也具有适切性？这些问题值得进一步比较研究。通过比较不同阶段、不同国家院校支持的构成，探讨其异同点、发展规律及其总趋势，可以激发不同阶段、不同国家的高等教育系统相互之间取长补短，有助于提升本国高等教育质量。

另外，随着时代的快速发展和新挑战的不断涌现，高校对学生的院校支持必将变化调整。如随着网络社会的发展并逐渐改变学生的学习和生活习惯，高校给予学生网络资源支持的重要性将日渐突出，形成新的研究热点。又如随着社会竞争压力增大，就业形势严峻等原因，本科生出现心理问题的情况增多，院校对于学生的心理健康支持将格外重要，成为新的研究方向。总之，院校支持是有重要现实意义的研究内容，随着时代的发展、社会的变化，其具体内容会不断丰富更新，形成新的构成因子和研究方向。未来对院校支持构成与影响机制的研究应关注院校支持的变化调整，进一步探索和分析院校支持构成，指引院校人才培养工作的完善与改革，助力高等教育的发展与质量提高。

图书在版编目（CIP）数据

走向普及化阶段的中国大学生学习与发展研究 / 史静寰等著. -- 杭州 : 浙江教育出版社, 2020.12
ISBN 978-7-5722-1373-1

Ⅰ. ①走… Ⅱ. ①史… Ⅲ. ①大学生－教育事业－发展－研究－中国 Ⅳ. ①G649.21

中国版本图书馆CIP数据核字(2020)第270636号

走向普及化阶段的中国大学生学习与发展研究

ZOUXIANG PUJIHUA JIEDUAN DE ZHONGGUO DAXUESHENG XUEXI YU FAZHAN YANJIU

史静寰　罗燕　赵琳　文雯　郭菲　黄雨恒　等著

责任编辑：韦　勇　王婷婷
责任校对：余理阳
美术编辑：韩　波
责任印务：陈　沁
出版发行：浙江教育出版社
（杭州市天目山路40号　电话：0571-85170300-80928）
图文制作：杭州林智广告有限公司
印刷装订：杭州富春印务有限公司
开　　本：710 mm×1000 mm　1/16
印　　张：21.25　　插　　页：2
字　　数：337 000
版　　次：2020年12月第1版
印　　次：2020年12月第1次印刷
标准书号：ISBN 978-7-5722-1373-1
定　　价：68.00元